贵州经济普查年鉴

Guizhou Economic Census Yearbook

2013

产 | 业 | 卷

贵州省第三次经济普查领导小组办公室　编

图书在版编目（CIP）数据

贵州经济普查年鉴. 2013 / 贵州省第三次经济普查领导小组办公室编. -- 北京 : 中国统计出版社, 2015.12
ISBN 978-7-5037-7739-4

Ⅰ. ①贵… Ⅱ. ①贵… Ⅲ. ①经济—普查—贵州省—2013—年鉴 Ⅳ. ①F127.73-54

中国版本图书馆 CIP 数据核字(2016)第 003478 号

贵州经济普查年鉴—2013/产业卷

作　　者/贵州省第三次经济普查领导小组办公室
责任编辑/佘竞雄
封面设计/黄俊杰　李雪燕
出版发行/中国统计出版社
通信地址/北京市丰台区西三环南路甲 6 号　邮政编码/100073
电　　话/邮购（010）63376909　书店（010）68783171
网　　址/http://www.zgtjcbs.com/
印　　刷/河北天普润印刷厂
经　　销/新华书店
开　　本/880mm×1230mm　1/16
字　　数/880 千字
印　　张/28.5
版　　别/2015 年 12 月第 1 版
版　　次/2015 年 12 月第 1 次印刷
定　　价/580.00 元（全二册附光盘）

本书附同版本 CD-ROM 一张，光盘内容以书面文字为准。
如有印装差错，由本社发行部调换。

编者说明

为便于社会各界共同分享贵州省第三次经济普查的成果，更方便地开发利用普查资料，我们将经济普查资料编辑整理，汇编成《贵州经济普查年鉴—2013》一书。全书共三卷二册，即综合卷、第二产业卷和第三产业卷，并随书配送同版本光盘一张。综合卷分三篇：第一篇为“综合篇”，第二篇为“小微企业篇”，第三篇为“文化及相关产业篇”。第二产业卷分三篇：第一篇为“工业企业生产经营及财务状况”，第二篇是“规模以上工业企业科技情况”，第三篇是“建筑业企业生产经营及财务状况”。第三产业卷分五篇：第一篇为“批发和零售业基本情况及财务状况”，第二篇为“住宿和餐饮业基本情况及财务状况”，第三篇为“房地产业生产经营及财务状况”，第四篇为“其他服务业财务状况”，第五篇为“行政事业、社团及其他单位财务状况”。为使读者能够更好地使用本资料，现对有关问题做如下说明：

一、第三次经济普查的标准时点为2013年12月31日，时期资料为2013年度；

二、每卷后附有该卷详细的指标解释，使用时请仔细阅读；

三、综合卷中综合篇和小微企业篇汇总表，均不包括金融业、铁路运输业和无分组标识的部分数据；

四、本资料建筑业按注册地，其他行业按经营地进行汇总；

五、本资料对部分数据由于单位取舍不同或四舍五入而产生的差数均未作调整；

六、表中“…”表示数据不足本表最小单位数，空格表示该项统计指标数据不详或无该项数据，“#”表示其中的主要项。

我们希望此书的面世，能使社会各界对贵州省第三次经济普查有一个全面概括的了解，更愿本书的内容，能为社会经济研究工作者提供有价值的参考。

贵州省第三次经济普查资料是全省普查工作者共同辛勤工作的成果，也是广大普查对象积极支持配合的结果。在此，我们向全省所有普查工作者、普查对象和所有参与和支持普查工作的人员致以崇高的敬意和衷心的感谢！

产业卷 目录

第二产业卷

第一篇 工业企业生产经营及财务状况

一、行业部分

二、市（州）部分

第二篇 规模以上工业企业科技情况

第三产业卷

第一篇　批发和零售业基本情况及财务状况

第二篇　住宿和餐饮业基本情况及财务状况

第三篇　房地产业生产经营及财务状况

第四篇　其他服务业财务状况

第五篇 行政事业、社团及其他单位财务状况

附　录

贵州经济普查年鉴

Guizhou Economic Census Yearbook

第二产业卷

第1篇

工业企业生产经营及财务状况

一、行业部分

1-1　全部工业企业主要经济指标

单位：万元

行　　业	企　业 单位数 (个)	资产总计	实收资本	主营业务 收　　入	主营业务 税金及附加	从业人员 (万人)
总　　计	**28874**	**143488950**	**34679567**	**84993264**	**3245648**	**1394882**
煤炭开采和洗选业	1849	29736114	6670772	13896698	456190	359984
石油和天然气开采业	2	453	500	…	…	8
黑色金属矿采选业	250	414647	104800	376185	9050	8822
有色金属矿采选业	324	705064	231296	419570	12777	8870
非金属矿采选业	3035	2173751	805334	2068785	75002	48963
开采辅助活动	56	244876	80562	68583	5020	5104
其他采矿业	58	85876	14874	12940	680	860
农副食品加工业	1686	1834563	497573	2573303	22777	38348
食品制造业	764	834658	173817	1110064	8775	20765
酒、饮料和精制茶制造业	2338	12344360	2735397	6146005	488074	98230
烟草制品业	19	2484564	667693	3395859	1719431	11868
纺织业	244	166875	38232	132567	920	6244
纺织服装、服饰业	489	142956	84185	175122	1545	13142
皮革、毛皮、羽毛及其制品和制鞋业	252	90527	36309	427052	2573	8376
木材加工和木、竹、藤、棕、草制品业	1219	770409	283364	1326797	23585	32330
家具制造业	600	189024	68105	218739	3511	8247
造纸和纸制品业	311	614261	80528	512691	4804	9143
印刷和记录媒介复制业	437	324894	98344	254350	3166	8074
文教、工美、体育和娱乐用品制造业	1360	240303	88701	186288	2887	15608
石油加工、炼焦和核燃料加工业	94	1002361	253792	1144151	11904	7542
化学原料和化学制品制造业	954	12122753	2625087	7388310	60430	76546
医药制造业	289	2665051	549797	2383192	27348	36563
化学纤维制造业	4	2453	2037	2918	1	38
橡胶和塑料制品业	555	1722141	352189	1552793	12471	27930
非金属矿物制品业	6164	9167850	3962259	6887501	93186	139603
黑色金属冶炼和压延加工业	395	7768752	1101123	6077698	21479	56780
有色金属冶炼和压延加工业	282	5672462	1098031	3811265	14723	37501
金属制品业	1003	1355055	358607	1184294	11851	29743
通用设备制造业	513	1011861	215413	749503	10088	18785
专用设备制造业	478	1736558	521477	765562	6847	16964
汽车制造业	120	1158159	314140	1633168	5286	22390
铁路、船舶、航空航天和其他运输设备制造业	70	2526350	605433	990913	2928	16540
电气机械和器材制造业	459	9204267	516497	1646967	47629	28885
计算机、通信和其他电子设备制造业	145	453288	135953	532360	7682	7577
仪器仪表制造业	76	449878	78855	112338	1168	3690
其他制造业	160	264716	97985	236205	1114	2893
废弃资源综合利用业	110	195889	17778	98109	797	1936
金属制品、机械和设备修理业	104	96453	31678	28970	733	1782
电力、热力生产和供应业	1120	29114159	8432259	13791784	61696	138996
燃气生产和供应业	112	1175856	240994	457335	1446	5612
水的生产和供应业	374	1224464	407797	216330	4075	13600

注：“全部工业企业”指规模以上工业企业和规模以下工业企业的总和。“规模以上工业企业”指年主营业务收入在2000万元及以上的工业企业。

1-2 按注册类型分组的规模以上

注册类型	企业单位数（个）	工业销售产值（当年价格）		资产总计	固定资产合计		
			出口交货值			固定资产原价	累计折旧
总　计	**3590**	**76500830**	**999970**	**103398737**	**43265453**	**56251569**	**16890086**
内资企业	3518	74284710	933477	99866557	41836042	54494558	16486495
国有企业	225	16195573	289889	31680253	16185514	23056998	7549614
中央企业	49	8092435		16092294	10611245	15639829	5264171
地方企业	176	8103138	289889	15587960	5574270	7417169	2285443
集体企业	27	188662		105788	23144	32845	11973
股份合作企业	22	197397		313545	136647	145635	38417
联营企业	10	143587		294614	237339	204910	28528
国有联营企业	3	71561		270689	223288	188602	23712
集体联营企业	1	9597		1594	3050	3050	1900
国有与集体联营企业	1	5270		771	704	901	197
其他联营企业	5	57159		21561	10298	12357	2719
有限责任公司	1381	31925818	370525	40231801	16135114	19654189	5365364
国有独资公司	72	2802517	67982	7129575	2015225	2944278	1049970
其他有限责任公司	1309	29123301	302544	33102227	14119889	16709911	4315394
股份有限公司	119	5323891	240029	10009353	4169061	5860627	2182260
私营企业	1700	20107928	33033	17037546	4898050	5483762	1299390
私营独资企业	463	4899890	5017	4882855	1383973	1557217	392469
私营合伙企业	283	3009905		3010620	782404	911702	240190
私营有限责任公司	876	11251117	28016	8374218	2574578	2810948	603646
私营股份有限公司	78	947015		769852	157095	203896	63086
其他企业	34	201855		193656	51173	55592	10950
港、澳、台商投资企业	32	834893	14847	1185713	697423	873047	176868
合资经营企业(港或澳、台资)	14	370051		673489	488714	626414	138120
合作经营企业(港或澳、台资)	1	3213		12301	3806	4481	675
港澳台商独资经营企业	17	461629	14847	499923	204903	242152	38073
港澳台商投资股份有限公司							
其他港澳台商投资企业							
外商投资企业	40	1381227	51646	2346468	731988	883964	226723
中外合资经营企业	19	634265	42716	706958	347956	374769	99748
中外合作经营企业	1	105508		226822	107742	147842	40100
外资企业	18	460372	8931	593469	186659	263879	78121
外商投资股份有限公司	1	181082		819219	89632	97475	8753
其他外商投资企业	1						
二、在总计中：亏损企业	759	18607550	52777	37066996	20475824	27327874	8131481
在总计中：国有控股企业	502	34351625	812503	64727605	31212080	42893821	13739493
在总计中：大型企业	98	27735102	796556	49489624	19919261	28661687	10434803
中型企业	779	24524729	84645	32369846	15991672	19045345	4354628
小型企业	2503	23983103	118769	20824049	7188881	8356443	2053033

工业企业主要经济指标

单位：万元

流动资产合计	应收账款	存货	产成品	负债合计	流动负债合计	应付账款	所有者权益合计	实收资本	国家资本	集体资本	法人资本
40762613	**6683571**	**8981796**	**2690249**	**67420584**	**41624392**	**8760208**	**36055856**	**20412339**	**6337398**	**308308**	**6239776**
39147388	6411908	8719430	2599316	65065898	40077824	8517945	34883297	19521599	6228825	307003	5957284
9809901	852313	2209465	307463	20620383	9789760	1912478	11055835	4968389	3198275	39187	708178
2468150	343661	417823	65662	13611703	5056078	1266056	2480288	2455702	1012828		431128
7341751	508652	1791642	241801	7008680	4733682	646422	8575548	2512687	2185447	39187	277051
65528	21990	18601	6678	63129	45662	13617	35872	16728	2723	8156	3906
148785	13604	24834	7382	211408	151843	37199	88914	73473			39536
43352	5086	7996	6162	219029	154752	25092	75585	94330	88249	184	3202
33963	3183	7127	5922	206999	144207	24382	63690	88050	88050		
444	52	189		845	845	710	748	383	199	184	
67	9	52	5	651	13		120	30			
8878	1843	629	235	10534	9687		11027	5867			3202
16074703	3356624	4244315	1428785	27367642	18598152	4315508	12763849	7889283	2143681	166337	3382799
2674733	663407	544853	218232	4960976	3748090	661587	2162335	1086307	839722		245199
13399970	2693218	3699462	1210554	22406666	14850062	3653921	10601514	6802976	1303959	166337	3137600
3669735	723926	872659	289534	5928716	3631387	698644	4046689	1633020	701625	24178	584923
9222120	1414674	1320462	545588	10542890	7634923	1508048	6736952	4797426	92272	67728	1221797
2814895	401971	278780	125558	2963809	2119368	363983	2385651	1296935	30040	11123	223417
1624397	172201	73759	31420	1812634	1477890	183292	1175765	565892	3857	11116	144249
4367803	751422	899227	351137	5351648	3772214	896508	2822147	2725428	58375	43171	700680
415025	89080	68695	37472	414800	265451	64264	353389	209171		2318	153452
113264	23692	21099	7724	112702	71347	7361	79601	48950	2000	1234	12943
392387	87725	78676	26563	1047963	428414	95652	136901	217109	20300	1166	22661
136488	48882	33548	5168	727590	204450	30025	-54102	79940	20300	1166	10238
4255	1410	1310		3769	3769	88	8531	5460			5460
251643	37433	43818	21395	316603	220194	65540	182471	131708			6962
1222838	183938	183690	64370	1306723	1118154	146611	1035658	673632	88273	140	259831
335903	77988	93856	36677	362044	323738	80999	344873	280891	88273	140	58234
34836	27	22609	7	115629	105834	15717	111193	29050			
315495	74244	55788	18784	343043	274105	38426	246380	163671			1596
536605	31679	11437	8902	486006	414476	11469	333213	200000			200000
								20			
9206514	1195306	1770093	584030	29926488	15691664	3605116	7012326	7524232	2762204	145262	2534378
21346382	3057597	5548087	1276044	43642205	24138205	5168407	21063736	10546595	5982096	90912	3151453
19510302	2305029	5079194	1100607	30920243	19045409	3797937	18500180	6291383	3174521	38700	2513081
11476800	2031820	2064338	753580	23268612	13093402	2967303	9024897	5710628	2584370	90860	1844158
9432219	2260722	1795775	811615	12808789	9212244	1941715	7798712	7728135	567794	168128	1810167

1-2 续表

注册类型	个人资本	港澳台资本	外商资本	主营业务收入	主营业务成本	主营业务税金及附加	销售费用
总　　计	**4238611**	**133769**	**374588**	**73574314**	**56530343**	**2901664**	**2569564**
内资企业	4235590	11351	1657	71593620	55089105	2878786	2435587
国有企业	12487	4061		16356643	12066284	412452	461361
中央企业	8800			8081089	7501117	32150	51108
地方企业	3687	4061		8275554	4565167	380302	410253
集体企业	1745			187329	151467	1291	3627
股份合作企业	33936			168856	106296	4470	7010
联营企业	2695			139233	103308	1917	2020
国有联营企业				67333	43270	994	257
集体联营企业				9471	7937	203	
国有与集体联营企业	30			5270	5267		65
其他联营企业	2665			57159	46833	720	1698
有限责任公司	2142630	4390	1560	30748355	24176060	1996726	966545
国有独资公司	1216			2548708	2131979	25062	48133
其他有限责任公司	2141414	4390	1560	28199647	22044081	1971665	918411
股份有限公司	321380			5035061	3853020	89823	363570
私营企业	1688595	2900	97	18763539	14487333	368188	627085
私营独资企业	524357			4404193	3020486	142781	182539
私营合伙企业	399016	1000		2711403	1832934	98849	105279
私营有限责任公司	711897	1900	20	10708855	8895264	117778	270889
私营股份有限公司	53324		77	939087	738650	8780	68378
其他企业	32122			194603	145337	3920	4370
港、澳、台商投资企业	781	115112	57089	764747	579092	6319	39505
合资经营企业(港或澳、台资)	781	12553	34902	338134	257668	2230	8067
合作经营企业(港或澳、台资)				3148	2229	12	229
港澳台商独资经营企业		102559	22187	423465	319195	4076	31209
港澳台商投资股份有限公司							
其他港澳台商投资企业							
外商投资企业	2240	7306	315842	1215948	862146	16559	94473
中外合资经营企业	1870	7306	125067	657286	502239	2224	26069
中外合作经营企业			29050	105534	70059	2	3
外资企业	350		161724	408950	262304	13835	66590
外商投资股份有限公司				44177	27545	498	1810
其他外商投资企业	20						
二、在总计中：亏损企业	786315	13489	33579	17471949	16567997	125219	287961
在总计中：国有控股企业	216818	4061	67267	34355036	25639918	2287740	842623
在总计中：大型企业	410682	5229	149169	28560357	20531264	2229057	923088
中型企业	981184	87691	107218	22798383	17844699	316872	902317
小型企业	2764414	38949	118181	21966977	17945398	351499	737733

单位：万元

管理费用		财务费用			投资收益(损失以"–"号记)	营业利润	利润总额	亏损企业亏损额	应　交增值税	应　交所得税
	税金		利息收入	利息支出						
3890595	**197933**	**1961803**	**180802**	**1970167**	**216283**	**6305028**	**6365927**	**1234664**	**3365823**	**1236679**
3758402	190436	1908677	179273	1913238	190996	6091489	6141041	1222802	3279385	1204782
855637	32589	642378	111816	754870	36435	2198884	2242586	304257	1000227	616659
164519	8268	552669	11926	553818	22662	-120030	-72709	164062	294987	9743
691118	24321	89709	99889	201053	13773	2318914	2315295	140195	705240	606916
15059	370	1463	-14	903	1	18581	20389	2692	4901	434
23509	10368	6740	264	6769	1443	18535	19795	3490	14083	2718
14026	951	8894	-292	8872	165	14762	14219	5340	6956	2094
12462	720	8511	-292	8589		8135	8134	5340	4237	1577
	18				165	978	435		483	67
67						30	30			
1497	213	383		283		5619	5619		2236	450
1482541	65652	790115	43226	721832	95483	1800235	1837311	488582	1234054	325766
225030	6367	128407	7822	125900	18780	42059	67857	56285	79492	19358
1257511	59285	661707	35404	595933	76703	1758176	1769454	432297	1154562	306407
371029	14752	187053	18388	192704	43528	181811	212424	168029	278227	45947
987605	65485	268746	5842	224580	12845	1834395	1770211	248760	734586	210618
329523	21582	86034	2464	74946	3481	484574	449337	76230	256590	84920
225507	18550	44584	144	30129	3935	317437	300816	44995	170113	44235
396656	23937	128896	3156	110619	3697	948785	928204	121010	274078	73190
35920	1416	9231	77	8886	1732	83600	91854	6524	33805	8273
8996	269	3289	43	2707	1094	24286	24107	1653	6352	547
29869	1957	34940	808	37172	-1916	72794	73983	4846	35609	9571
11889	391	32217	624	32216	-1916	24576	29550	220	21639	2843
482		42				129	324			55
17498	1566	2680	184	4956		48089	44109	4626	13970	6673
102323	5540	18186	721	19757	27203	140745	150902	7016	50829	22326
31325	2381	6415	393	7372	83	88298	93643	990	21766	12455
35253	55	-2670	-40	427		3004	2928		39	477
22868	2649	9324	404	9049		33857	38323	6026	25674	8730
12877	455	5117	-37	2909	27120	15586	16008		3350	663
753997	37662	992606	27490	934035	38682	-1316097	-1234664	1234664	531492	28927
1936657	79239	1350443	151810	1455809	116535	2828461	2963530	776833	1891886	838524
1433362	60642	881463	138875	1018435	137085	2886382	3020191	464631	1638326	808128
1375550	74851	731144	27486	698062	68065	1939074	1883554	426714	1105014	299470
1067896	61706	344019	14201	249421	11146	1468449	1450243	332985	616904	128186

1-3 按行业分组的规模以上

行业	企业单位数(个)	工业销售产值(当年价格)	出口交货值	资产总计	固定资产合计	固定资产原价	累计折旧
总计	**3590**	**76500830**	**999970**	**103398737**	**43265453**	**56251569**	**16890086**
采矿业	**1090**	**15839006**	**1227**	**21676652**	**6331330**	**8023744**	**2390412**
煤炭开采和洗选业	916	14043972	652	20540158	6077607	7720582	2319967
烟煤和无烟煤开采洗选	914	14034261	652	20534285	6076207	7718523	2319302
其他煤炭采选	2	9711		5873	1401	2059	665
黑色金属矿采选业	39	306346		166393	35136	47999	14971
铁矿采选	11	51119		60979	12028	15941	4530
锰矿、铬矿采选	23	228528		84345	15808	21586	7146
其他黑色金属矿采选	5	26700		21069	7300	10471	3295
有色金属矿采选业	29	302672		258307	61042	77666	20193
常用有色金属矿采选	22	239427		239370	52395	68563	19625
铅锌矿采选	5	47752		43045	8287	9441	1223
锑矿采选	1	820		30425	9548	8430	
铝矿采选	14	165137		147894	33375	33910	2808
其他常用有色金属矿采选	2	25718		18006	1186	16781	15595
贵金属矿采选	5	63244		17973	8405	8750	456
金矿采选	5	63244		17973	8405	8750	456
稀有稀土金属矿采选	2			964	242	354	112
钨钼矿采选	1						
其他稀有金属矿采选	1			964	242	354	112
非金属矿采选业	106	1186017	575	711793	157545	177497	35282
土砂石开采	53	276058		201245	81413	83667	8890
石灰石、石膏开采	6	34662		18345	9582	9977	1925
建筑装饰用石开采	25	124770		86586	34677	35361	3400
耐火土石开采	6	36499		39258	18014	18150	2226
粘土及其他土砂石开采	16	80128		57055	19141	20178	1339
化学矿开采	44	862657	575	482380	59098	75512	25104
石棉及其他非金属矿采选	9	47301		28169	17034	18318	1288
石墨、滑石采选	1	4676		1452			
宝石、玉石采选	1	11728		15500	12000	12634	634
其他未列明非金属矿采选	7	30897		11216	5034	5685	654
制造业	**2300**	**47690541**	**998743**	**56124483**	**18606928**	**22425054**	**6731620**
农副食品加工业	199	2083382	3109	1066967	366878	386920	75835
谷物磨制	44	385705		244947	115851	134048	24415
饲料加工	25	443318		91566	20698	28047	9034
植物油加工	35	387243		173522	41798	42990	10358
食用植物油加工	31	368673		169900	40152	41210	10189
非食用植物油加工	4	18570		3622	1646	1781	169
制糖业	4	39452		84786	43426	39132	2026
屠宰及肉类加工	44	466315	58	202736	71740	75834	16742
牲畜屠宰	19	240157		62581	24809	30471	8347
禽类屠宰	1	19979		5939	2945	2524	193
肉制品及副产品加工	24	206180	58	134216	43985	42839	8202

工业企业主要经济指标

单位：万元

流动资产合计	应收账款	存货	产成品	负债合计	流动负债合计	应付账款	所有者权益合计	实收资本	国家资本	集体资本	法人资本
40762613	**6683571**	**8981796**	**2690249**	**67420584**	**41624392**	**8760208**	**36055856**	**20412339**	**6337398**	**308308**	**6239776**
9511226	**1578996**	**631816**	**304687**	**14380577**	**9942528**	**1703499**	**7730677**	**3851901**	**706995**	**117868**	**1303608**
8947603	1467931	541314	259387	13833832	9468384	1602627	7150167	3637559	671893	109223	1220220
8943227	1469592	538208	257825	13828422	9462974	1599656	7149704	3635559	671893	109223	1220220
4376		3106	1561	5410	5410	2971	463	2000			
102270	28164	20050	9171	86750	66562	23955	73027	18521	330	105	8440
41893	10645	4505	3087	30256	21198	13623	29680	7974		100	3987
48546	11487	14623	5699	38112	32540	7479	38608	8638	300	5	3783
11831	6033	921	385	18382	12823	2853	4740	1909	30		670
118333	14222	35451	17992	142883	117198	38061	117301	80447	33450	7338	14375
112722	14142	33542	17978	136118	110494	36680	103251	75342	32950	7338	11230
27740	3477	937	858	30847	27288	4675	12197	9770			9720
3058	3	538		3407	2317	37	27018	26800	26800		
65692	10595	27854	15660	91060	70386	27991	56834	32772	6150	7338	510
16232	67	4212	1461	10804	10505	3978	7202	6000			1000
5582	80	1909	14	5913	5913	591	11982	2095	500		145
5582	80	1909	14	5913	5913	591	11982	2095	500		145
29				851	790	790	2067	3010			3000
								10			
29				851	790	790	2067	3000			3000
343020	68679	35001	18137	317112	290384	38857	390182	115374	1322	1203	60574
82838	14563	17445	7500	93809	73090	16336	103796	47420	150	703	28224
4790	1231	985	446	3157	2149	291	12187	5637			4207
47518	9380	9885	5550	46495	33817	9685	39260	30279			19555
10729	1357	3922	835	20938	17758	3559	18320	4500			2700
19802	2595	2653	668	23218	19365	2801	34029	7005	150	703	1762
252537	50681	16880	10560	218741	214320	21008	263324	48404	1172	500	14190
7644	3435	676	77	4561	2974	1513	23063	19550			18160
654	210			25			1427	2000			2000
3500	1450	50		50			15000	15000			15000
3490	1775	626	77	4486	2974	1513	6636	2550			1160
27977644	**4516778**	**8114190**	**2360244**	**31928726**	**24138549**	**5338344**	**23855774**	**12532761**	**3668089**	**131372**	**4051376**
542982	102686	195863	80427	625095	482438	86839	450263	178416	7758	13208	66984
103406	19665	39742	18579	173743	140384	24471	70327	29570	5990	1434	8390
58066	13933	24111	3471	47010	36061	11973	43994	12315	309	440	8381
120206	25692	49769	26265	107417	90037	16641	65087	29659	250	1200	11303
118230	25216	48803	25381	105827	88448	16322	63356	28799	250	1200	10903
1976	476	966	884	1590	1590	319	1731	860			400
26786	2413	13293	411	84558	69353	11634	228	21000	…	8000	8000
87467	24688	21913	9411	97476	60545	11207	105133	41614		1600	11730
29044	7593	4885	3760	33839	21674	6108	28614	17516		500	3590
2364	610	765	715	4527	2137	650	1412	1250			
56060	16486	16263	4936	59110	36734	4450	75106	22849		1100	8140

1-3 续表 1

行业	企业单位数(个)	工业销售产值(当年价格)	出口交货值	资产总计	固定资产合计	固定资产原价	累计折旧
蔬菜、水果和坚果加工	15	96626	3052	46873	18747	15980	2734
蔬菜加工	15	96626	3052	46873	18747	15980	2734
其他农副食品加工	32	264723		222537	54619	50890	10526
淀粉及淀粉制品制造	9	65713		57079	14562	13682	3392
豆制品制造	5	97297		91401	10664	13992	3430
蛋品加工	4	26890		14933	10383	4965	535
其他未列明农副食品加工	14	74823		59124	19011	18251	3168
食品制造业	76	916807	4744	574943	147470	157301	38123
焙烤食品制造	9	67426		42206	14664	15047	2846
糕点、面包制造	5	54644		36620	12263	12791	2587
饼干及其他焙烤食品制造	4	12783		5587	2401	2256	259
糖果、巧克力及蜜饯制造	4	25488	2168	7161	3538	3879	344
糖果、巧克力制造	3	22837	2168	3301	698	725	30
蜜饯制作	1	2651		3860	2840	3154	314
方便食品制造	12	61306		31096	9315	9462	2776
米、面制品制造	9	38053		17377	6058	4681	534
方便面及其他方便食品制造	3	23253		13719	3257	4780	2241
乳制品制造	3	69592		99053	48539	51945	10714
罐头食品制造	2	17270		4922	2604	3392	788
蔬菜、水果罐头制造	2	17270		4922	2604	3392	788
调味品、发酵制品制造	35	591065	2576	350787	57037	64326	19602
酱油、食醋及类似制品制造	5	32565		37308	15547	15079	6878
其他调味品、发酵制品制造	30	558500	2576	313479	41490	49247	12725
其他食品制造	11	84660		39716	11774	9252	1054
营养食品制造	1	8083		6994	937	120	3
保健食品制造	2	40210		3585	2000	2431	431
冷冻饮品及食用冰制造	4	21831		12225	6486	3919	83
食品及饲料添加剂制造	2	7779		4734	1483	1695	319
其他未列明食品制造	2	6757		12178	868	1086	218
酒、饮料和精制茶制造业	248	5151640	124447	10717581	2027099	2496606	610568
酒的制造	117	4295460	97558	10129593	1792479	2223962	551526
白酒制造	106	4129316	97558	9074689	1394673	1675055	393841
啤酒制造	7	132829		1041691	394638	547780	157370
黄酒制造	1	3038		3510	180	180	16
其他酒制造	3	30277		9703	2988	947	300
饮料制造	21	319277		152314	66313	97391	31378
碳酸饮料制造	2	3485		7877	5582	5991	422
瓶(罐)装饮用水制造	13	270020		85777	46728	73501	26809
果菜汁及果菜汁饮料制造	3	10128		6597	2424	2864	679
固体饮料制造	1	2515		6758	1254	1241	…
茶饮料及其他饮料制造	2	33129		45305	10325	13793	3468
精制茶加工	110	536903	26889	435674	168308	175254	27664

单位：万元

流动资产合计	应收账款	存货	产成品	负债合计	流动负债合计	应付账款	所有者权益合计	实收资本	国家资本	集体资本	法人资本
26453	5554	12905	8904	19256	11928	1643	27163	10627	870		4517
26453	5554	12905	8904	19256	11928	1643	27163	10627	870		4517
120598	10743	34131	13387	95637	74130	9270	138332	33632	340	534	14663
11464	1312	4064	2995	10369	7671	1337	59637	8473			2263
71604	2248	11959	3302	48225	47722	4653	43176	2700			1100
4348	936	3447	3033	5443	3652	598	9158	7438	10		3000
33182	6247	14660	4057	31600	15084	2682	26361	15021	330	534	8300
362543	29457	62945	33898	317752	242308	29880	252448	76078	2303	4386	19046
24135	2533	2011	357	31693	26644	1510	10323	6628			3218
21164	1034	1665	87	29325	24726	1078	7295	5789			2429
2971	1499	346	271	2368	1918	432	3028	840			790
3538	1438	1330	244	3284	2457	620	3194	2790			300
2518	573	1280	194	1697	1182	620	1604	1200			300
1020	865	50	50	1587	1275		1590	1590			
17821	2734	4291	1811	18428	13135	869	12477	5191			2371
8556	2560	2362	1449	10149	4863	346	7056	3709			1489
9265	175	1929	363	8279	8272	523	5421	1482			882
34959	1832	5916	222	73088	49918	6358	25966	10084	2173		2400
1427	162	416	23	2511	1195	33	2404	1100			300
1427	162	416	23	2511	1195	33	2404	1100			300
256580	17186	36344	24628	169134	133221	13968	179549	38050	130		5169
17229	1946	2206	953	21175	7213	1286	16133	5918			2291
239350	15240	34138	23675	147959	126008	12682	163417	32132	130		2878
24084	3571	12636	6613	19615	15740	6523	18535	12234		4386	5288
6057	1088	4135	3438	3803	3672	3518	3191	500			500
1573	703	442	46	2480	1975		1105	1080			
5557	20	3913	16	4327	2027	575	6332	5286		4386	
1963	145	1048	41	1231	512	312	3503	688			688
8935	1616	3097	3073	7774	7554	2118	4404	4680			4100
6770736	179815	2163604	339026	2705133	2329512	275543	7972267	2087396	506090	4211	369403
6511318	114499	2092691	294144	2490095	2195452	237622	7606413	1931861	500168	300	314239
6391852	99204	2033813	272296	2167489	1876319	197265	6874116	870141	500168		268444
111248	13322	55472	19955	314979	312970	38688	726712	1058711			44443
2983	500	1686	481	3229	3229	812	281	400			
5236	1473	1720	1412	4399	2934	856	5304	2610		300	1352
59400	22768	19003	5477	75717	43746	19483	74674	52775		100	23358
2295	41	1351		2111	1025	809	5766	5400			400
30507	16053	10741	2802	38845	18034	12429	46932	34351		100	18447
3876	505	1288	1023	4667	3589	445	1930	1300		…	500
504	124	1		1336	1242	1	3500	3500			3000
22218	6044	5623	1652	28760	19856	5798	16546	8224			1011
200018	42549	51910	39405	139320	90314	18439	291180	102760	5922	3811	31806

1-3 续表 2

行　　业	企　业 单位数 (个)	工业销售 产　　值 (当年价格)	出　口 交货值	资产总计	固定资产 合　　计	固定资产 原　　价	累计折旧
烟草制品业	5	3432905	364	2482627	561916	1048464	518145
烟叶复烤	4	111048		345416	120296	208546	88250
卷烟制造	1	3321857	364	2137211	441620	839918	429895
纺织业	15	105563		94754	26044	19508	3087
棉纺织及印染精加工	8	60697		59033	17873	11572	2280
棉纺纱加工	8	60697		59033	17873	11572	2280
麻纺织及染整精加工	1	5067		4210	231	411	180
麻织造加工	1	5067		4210	231	411	180
丝绢纺织及印染精加工	2	15735		7886	1766	1349	427
缫丝加工	1	9099		4593	1690	1227	381
绢纺和丝织加工	1	6637		3293	76	122	46
化纤织造及印染精加工	2	12518		16312	4280	4280	198
化纤织造加工	2	12518		16312	4280	4280	198
针织或钩针编织物及其制品制造	1	7185		1013	14	16	2
针织或钩针编织物织造	1	7185		1013	14	16	2
非家用纺织制成品制造	1	4361		6300	1880	1880	
其他非家用纺织制成品制造	1	4361		6300	1880	1880	
纺织服装、服饰业	17	115809	1953	71248	24018	31349	9965
机织服装制造	12	87231	1953	59718	22769	30050	9831
针织或钩针编织服装制造	1	3362		2433	817	866	49
服饰制造	4	25216		9098	432	434	86
皮革、毛皮、羽毛及其制品和制鞋业	11	242962		130975	42180	44257	13521
羽毛(绒)加工及制品制造	4	44030		17488	5544	4540	449
羽毛(绒)加工	2	9261		12264	3107	3193	315
羽毛(绒)制品加工	2	34769		5225	2436	1347	134
制鞋业	7	198932		113486	36637	39717	13072
皮鞋制造	5	33855		29843	15376	14417	1049
橡胶鞋制造	2	165077		83643	21261	25301	12023
木材加工和木、竹、藤、棕、草制品业	95	1086682		335983	87060	100190	25242
木材加工	39	459337		95153	21797	24980	4545
锯材加工	16	153467		27263	4162	5578	1471
木片加工	2	8249		2807	586	589	53
单板加工	18	256838		54571	14649	16570	2826
其他木材加工	3	40784		10512	2399	2243	195
人造板制造	40	518544		151947	40656	57762	18690
胶合板制造	22	303873		56946	20813	26028	6497
纤维板制造	4	35333		44607	6811	9008	2197
刨花板制造	1	4093		3801	2056	8921	6952
其他人造板制造	13	175245		46594	10977	13805	3044
木制品制造	13	98103		70179	8976	9995	1355
建筑用木料及木材组件加工	8	81118		34398	5289	6019	838
木门窗、楼梯制造	1	2709		622	500	276	
地板制造	2	8514		30079	1150	1203	54
木制容器制造	1	3662		4590	1981	2440	464
软木制品及其他木制品制造	1	2100		490	56	56	

单位：万元

流动资产合计	应收账款	存货	产成品	负债合计	流动负债合计	应付账款	所有者权益合计	实收资本	国家资本	集体资本	法人资本
1713863	133643	1244053	68152	693372	689968	356077	1789255	666771	307771		359000
140769	9957	21198	16522	8902	8902	3161	336514	307771	307771		
1573094	123686	1222855	51630	684470	681066	352916	1452742	359000			359000
58982	10245	12626	7604	56132	50016	14711	37921	13380	1220	452	98
38350	8569	5503	2569	41058	35252	14605	17975	3450		452	98
38350	8569	5503	2569	41058	35252	14605	17975	3450		452	98
3979	1001	262	161	3919	3919		291	220	220		
3979	1001	262	161	3919	3919		291	220	220		
5620	1000	1215	638	4598	4598	586	2788	2000	1000		
2403	273	928	351	1690	1690	465	2403	1000			
3217	727	287	287	2908	2908	121	385	1000	1000		
5615		1353		5198	5198	-1039	10914	5200			
5615		1353		5198	5198	-1039	10914	5200			
999	449	65	8	944	894	404	68	10			
999	449	65	8	944	894	404	68	10			
4420	192	4229	4229	415	155	155	5885	2500			
4420	192	4229	4229	415	155	155	5885	2500			
41201	6207	10280	4958	26666	15061	5146	44582	34092	2546		20970
34716	4781	9698	4885	24881	14181	5096	34837	25476	2546		19970
1016	257	212		825	825		1608	1239			
5468	1169	370	73	961	56	50	8137	7378			1000
82145	7513	26265	15072	75351	36439	6890	68166	17100		50	5750
7571	2654	1618	1506	6954	6016	1350	10534	2450			650
4783	1279	666	659	5919	5128	1071	6345	2300			500
2788	1375	952	847	1035	888	279	4189	150			150
74574	4859	24647	13566	68396	30423	5541	57633	14650		50	5100
12192	1996	870		33744	7821	2553	8641	9600			100
62383	2863	23778	13566	34652	22602	2987	48991	5050		50	5000
200950	37168	56890	13714	172302	99265	20257	136340	92678	5120	6500	23116
59568	8404	24189	6401	39721	32394	8329	54727	28485		500	4060
19139	3165	9926	3485	11896	10192	4646	15366	6803			580
2220	15	30	10	911	911		1890	716			
32313	3892	13568	2499	20933	16328	3683	32939	16966			2981
5896	1332	665	407	5980	4962		4532	4000		500	500
87783	12930	23483	4861	88494	47354	9621	46022	40578	120	…	13706
32578	6576	14773	3478	25269	13739	3891	28800	22093	120		3160
23985	346	2321	140	25504	6621	677	4599	4351		…	
1725	824	538	236	14243	6179	262	-10441	1672			1672
29495	5183	5851	1009	23478	20815	4791	23065	12462			8873
50573	14287	8618	2216	38671	15452	1633	22302	18115		6000	5150
23691	5028	4905	2087	16480	13837	754	17180	9365			4150
93	38	33	27	4	4		612	450			
25226	8784	3095		20013	99		1798	7000		6000	1000
1213	409	320	103	1930	1268	867	2466	1200			
350	29	266		245	245	12	246	100			

1-3 续表 3

行业	企业单位数(个)	工业销售产值(当年价格)	出口交货值	资产总计	固定资产合计	固定资产原价	累计折旧
竹、藤、棕、草等制品制造	3	10698		18705	15631	7452	652
竹制品制造	3	10698		18705	15631	7452	652
家具制造业	16	148415		67340	12466	13889	3077
木质家具制造	11	58559		34628	7252	7887	878
竹、藤家具制造	2	46821		6091	2114	2075	1262
其他家具制造	3	43035		26621	3100	3928	938
造纸和纸制品业	39	409914		461330	314457	286834	54609
纸浆制造	1	5035		257399	239907	201456	38451
木竹浆制造	1	5035		257399	239907	201456	38451
造纸	14	107537		90188	17321	21034	3977
机制纸及纸板制造	14	107537		90188	17321	21034	3977
纸制品制造	24	297342		113743	57229	64344	12181
纸和纸板容器制造	16	201210		60401	19256	22094	7564
其他纸制品制造	8	96131		53342	37973	42251	4618
印刷和记录媒介复制业	16	181727		169756	63591	115248	53862
印刷	16	181727		169756	63591	115248	53862
书、报刊印刷	5	46415		33600	9650	25436	15786
包装装潢及其他印刷	11	135312		136156	53940	89812	38076
文教、工美、体育和娱乐用品制造业	15	69070	4748	60730	11799	12910	1324
工艺美术品制造	12	54367		55184	10081	10507	639
雕塑工艺品制造	7	27950		43940	6530	7004	496
金属工艺品制造	1	3156		1099	236	225	10
抽纱刺绣工艺品制造	1	10000		2985	368	222	23
其他工艺美术品制造	3	13261		7161	2947	3056	109
体育用品制造	1	4993	4748	4229	955	1564	609
球类制造	1	4993	4748	4229	955	1564	609
玩具制造	2	9710		1317	763	839	76
石油加工及炼焦	33	1010751		780124	254117	296665	72696
化学原料和化学制品制造业	199	6103579	405142	11228033	4464954	4950101	1543659
基础化学原料制造	77	1486869	7882	1983585	614923	782729	310452
无机酸制造	9	105750		218522	44068	73050	33192
无机碱制造	1	125		56861			
无机盐制造	29	606319		430047	129648	171136	74084
有机化学原料制造	10	279978	5657	861476	291757	337277	104567
其他基础化学原料制造	28	494697	2225	416680	149451	201266	98609
肥料制造	50	3739663	391950	8320896	3691402	3974076	1183195
氮肥制造	11	783962	937	2481842	1401660	1606417	301184
磷肥制造	11	1956775	391013	5361163	2183828	2202024	818592
钾肥制造	1	2804		3278	1829	1909	105
复混肥料制造	18	896423		446877	89016	147219	61119
有机肥料及微生物肥料制造	9	99700		27737	15069	16507	2195
农药制造	1	3404		2565	96	151	55
化学农药制造	1	3404		2565	96	151	55

单位：万元

流动资产合计	应收账款	存货		负债合计	流动负债合计	应付账款	所有者权益合计	实收资本			
			产成品			应付账款			国家资本	集体资本	法人资本
3026	1547	600	235	5416	4066	673	13289	5500	5000		200
3026	1547	600	235	5416	4066	673	13289	5500	5000		200
42764	9344	18319	14637	37012	29371	6968	23810	16624	2550	1200	3542
20786	6232	6676	3928	18628	13233	5280	9482	8115			1608
2564	530	1481	816	3446	1446	967	2644	1575			
19413	2582	10162	9894	14938	14692	720	11684	6934	2550	1200	1934
129465	23202	35495	16355	334650	203462	42595	123884	29330	2979	361	10473
17492	2267	10023	1023	255540	129690	27185	1859	1859	1859		
17492	2267	10023	1023	255540	129690	27185	1859	1859	1859		
58113	9758	8658	7330	31784	29144	7938	58404	8426		190	4128
58113	9758	8658	7330	31784	29144	7938	58404	8426		190	4128
53859	11178	16814	8002	47327	44629	7471	63621	19045	1120	171	6345
35355	9269	11704	3244	22422	19955	4927	35184	9964	1120	171	4285
18504	1909	5110	4758	24904	24673	2544	28438	9080			2060
94825	28684	20755	7377	58038	50177	16911	111717	43296	1010	10	27532
94825	28684	20755	7377	58038	50177	16911	111717	43296	1010	10	27532
22898	7651	4093	1285	19436	13640	5414	14163	3338	1010	10	680
71927	21033	16662	6092	38602	36537	11497	97554	39958			26852
41525	2360	6291	3621	40269	30352	2306	20247	14218	50		1802
37709	2188	3492	1869	37450	27890	1062	17660	12390	50		1802
31156	859	1884	640	30788	25637	449	13210	11020			870
786	9	464	397	535	426	2	432	300			300
1554	119	238	163	463			2521	220			132
4214	1202	905	670	5663	1828	610	1497	850	50		500
3273	134	2775	1735	2114	2114	1082	2115	1356			
3273	134	2775	1735	2114	2114	1082	2115	1356			
544	38	25	18	705	348	163	471	471			
343762	115089	73707	33049	554711	382625	74343	214941	158310	900	4578	127963
4131210	728909	936119	601103	7786986	5740223	834375	3431811	2098017	1375164	14433	512406
718016	132367	170899	92489	1610931	1314568	209138	362880	518822	236131	12305	192222
67431	7014	5065	1946	106600	84653	3255	111014	82526	50052	6000	6285
5875	459	3242	171	64504			-7643	34990			34990
237166	44241	87505	46255	218264	201279	58853	210225	98379	3304	396	65128
180509	37741	23103	6231	944633	777990	90238	-83277	210045	174667		33360
227034	42911	51984	37886	276931	250646	56792	132561	92882	8109	5909	52459
3041994	501853	688772	477039	5737426	4106885	564272	2591854	1429874	1074635	1428	274275
666098	29807	162524	86123	1542879	893129	225707	950527	612915	433863		146053
2141259	430285	464847	363223	3951277	3041183	281318	1409817	651465	640172	1328	8160
1275	270	215	108	721	721	56	2557	2000			
223193	39620	57684	24678	230218	164210	55145	216342	154295	500		116863
10169	1871	3502	2907	12333	7643	2046	12610	9199	100	100	3200
2431	552	887		2052	2052		405	102			102
2431	552	887		2052	2052		405	102			102

1-3 续表 4

行业	企业单位数(个)	工业销售产值(当年价格)	出口交货值	资产总计	固定资产合计	固定资产原价	累计折旧
涂料、油墨、颜料及类似产品制造	4	15135		13311	3417	4496	1081
涂料制造	3	13471		4932	2299	2927	630
密封用填料及类似品制造	1	1665		8379	1118	1570	452
合成材料制造	4	100297		105358	6617	6727	1478
初级形态塑料及合成树脂制造	3	96733		104102	6227	6258	1399
合成橡胶制造	1	3564		1257	391	469	78
专用化学产品制造	33	364475	5310	221894	53654	59500	13117
化学试剂和助剂制造	6	54267		26115	8918	13623	4705
专项化学用品制造	5	78065		51086	8716	9033	2460
林产化学产品制造	18	127298	3470	33764	14465	14815	2050
信息化学品制造	1	26260		60716	16959	15245	1714
环境污染处理专用药剂材料制造	1	32293	1841	42948	2904	4992	2087
其他专用化学产品制造	2	46293		7265	1693	1794	101
炸药、火工及焰火产品制造	23	307074		559742	87240	107084	25696
炸药及火工产品制造	6	176378		511298	66008	84125	23727
焰火、鞭炮产品制造	17	130696		48444	21232	22959	1969
日用化学产品制造	7	86662		20681	7605	15337	8585
肥皂及合成洗涤剂制造	3	47722		15758	5493	13954	8470
化妆品制造	1	12822		326	164	184	20
香料、香精制造	3	26117		4596	1949	1199	95
医药制造业	93	2537880	2285	2505534	491941	552502	186490
化学药品制剂制造	7	128415		128272	35818	50241	19965
中药饮片加工	4	9245		8690	4947	5688	756
中成药生产	76	2298410	2285	2243674	425274	467618	157348
生物药品制造	4	71268		91720	20576	22651	6729
卫生材料及医药用品制造	2	30542		33179	5326	6304	1691
橡胶和塑料制品业	70	1347442	193138	1410535	316492	533204	231670
橡胶制品业	13	731661	193138	862755	217654	403405	187654
轮胎制造	5	680001	193019	795792	207201	386417	181120
橡胶板、管、带制造	3	18949		26232	6493	8818	2326
橡胶零件制造	4	28282	119	39324	3381	7407	4026
再生橡胶制造	1	4429		1407	579	762	183
塑料制品业	57	615781		547780	98838	129800	44016
塑料薄膜制造	3	12425		10329	2389	20184	17795
塑料板、管、型材制造	23	378255		433696	66297	73696	17683
塑料丝、绳及编织品制造	16	129836		55561	14979	17599	3853
泡沫塑料制造	2	36339		12719	2704	3024	320
塑料人造革、合成革制造	1	2028		634	45	509	464
塑料包装箱及容器制造	6	33948		18898	7828	7941	1508
日用塑料制品制造	5	17915		13911	4311	5450	1282
其他塑料制品制造	1	5037		2032	286	1396	1111
非金属矿物制品业	501	5945685	72279	6513815	3274646	3577868	653656
水泥、石灰和石膏制造	144	2527540	3761	3954105	2544416	2695614	429776
水泥制造	129	2438310	3761	3896190	2516845	2665304	425142
石灰和石膏制造	15	89230		57915	27571	30310	4635

单位：万元

流动资产合计	应收账款	存货	产成品	负债合计	流动负债合计	应付账款	所有者权益合计	实收资本	国家资本	集体资本	法人资本
7436	1163	1585	840	8254	7203	702	5056	2500	300		300
1816	554	947	447	3308	2308	320	1624	2200			300
5620	609	638	393	4947	4896	382	3432	300	300		
44988	10128	5531	3316	98595	98294	11538	6763	8944	121		6553
44122	9512	5519	3316	98595	98294	11538	5506	7931	121		6553
866	616	12					1257	1013			
134587	44676	37111	11406	128089	102437	27371	90864	39642	14145	700	15058
11221	2725	5006	411	12771	9023	2886	13344	14760	4000		10160
41099	30900	3551	2373	31197	30299	13100	17283	4968	1050		3868
17832	3229	7126	5097	17046	14043	2603	16383	7983		700	1030
32214	6870	16127	3525	49428	37324	4097	11288	7000	7000		
30439	231	4619		15448	9803	3563	27500	2631	2095		
1781	721	683		2199	1945	1123	5066	2300			
169373	35050	25729	12664	188769	97474	16527	367733	89877	49833		17366
144314	31315	15508	7056	179689	89903	15163	331605	70351	49833		15801
25059	3736	10220	5608	9079	7571	1364	36127	19526			1565
12386	3120	5605	3349	12869	11309	4828	6257	8256			6530
9635	2253	4758	3340	10148	9118	3555	5610	7805			6229
163	65	4		115			211	211			211
2588	802	843	9	2606	2191	1273	436	240			90
1644910	381591	325702	136607	1008262	903844	136371	1489633	433480	5462	5088	232562
73220	17267	17790	11150	96370	87063	16666	29113	14679	2552		3545
2445	1051	614	166	3141	2458	647	5548	1606			700
1484342	356390	268624	109714	850789	761053	101885	1388034	398722	2910	5088	210847
59228	2567	19828	5263	32891	29600	2112	58829	13173			12773
25675	4316	18846	10314	25070	23670	15062	8109	5300			4696
744429	216653	177168	40630	858012	675348	160060	432326	196052	27373	184	60027
481637	157011	114634	15613	596166	464774	99295	265380	73453	24873	184	7675
436216	149616	103531	8086	550662	424457	90796	245130	52414	19664	184	220
13822	2742	3753	3035	13992	13882	5855	11669	13278	5210		1568
30771	4352	7294	4493	30660	26050	2644	8027	7487			5612
827	301	56		853	386		554	275			275
262792	59642	62533	25017	261846	210574	60765	166946	122599	2500		52352
6901	2099	1930	837	13355	13355	6242	-3026	14091			9030
189279	37883	42515	17250	193274	148611	35474	122158	80558			38926
38678	10527	11290	4232	29645	27173	12779	25916	12230	2500		361
10015	4827	667		3539	3272	2659	7478	4500			
590	50	345	100	50	50		584	150			150
8421	1961	1577	366	12932	11829	920	5699	3750			1235
7161	2155	3870	1928	8604	5839	2355	6551	6647			2600
1746	139	340	305	446	446	337	1586	674			50
2474055	632496	439846	173034	4323608	2901709	665678	2137424	2781992	227460	37240	626974
989518	83344	188003	65757	2682962	1584353	301825	1252811	919903	182507	5430	319532
961416	75526	186010	64411	2651084	1561374	299415	1228094	901405	180237	5340	311847
28102	7818	1992	1346	31879	22978	2409	24717	18499	2270	90	7685

1-3 续表 5

行业	企业单位数(个)	工业销售产值(当年价格)	出口交货值	资产总计	固定资产合计	固定资产原价	累计折旧
石膏、水泥制品及类似制品制造	165	1639371	3751	1368951	376730	469248	117650
水泥制品制造	143	1480855	3751	1192923	276644	345801	92566
砼结构构件制造	9	65651		58150	18709	20834	2158
轻质建筑材料制造	13	92865		117878	81378	102613	22926
砖瓦、石材等建筑材料制造	104	861782		618262	192784	201408	32740
粘土砖瓦及建筑砌块制造	50	408977		245125	108592	116617	18337
建筑陶瓷制品制造	7	63289		37692	15861	21075	5786
建筑用石加工	24	179355		122770	30169	21307	2547
防水建筑材料制造	2	24645		14667	930	4119	3189
隔热和隔音材料制造	2	14520		5281	2394	2000	468
其他建筑材料制造	19	170996		192728	34839	36290	2414
玻璃制造	7	43813		39534	26610	27169	614
平板玻璃制造	3	27169		32987	24938	25436	498
其他玻璃制造	4	16644		6547	1672	1733	116
玻璃制品制造	19	188670	13490	97925	31659	31923	6552
技术玻璃制品制造	6	43464		19135	5691	6567	979
日用玻璃制品制造	5	57584		20813	3318	3141	665
玻璃包装容器制造	7	86099	13490	52513	21579	20429	4147
其他玻璃制品制造	1	1524		5464	1071	1786	762
玻璃纤维和玻璃纤维增强塑料制品制造	6	35587		49852	6961	6964	2428
玻璃纤维及制品制造	1	2101		4958	2391	592	
玻璃纤维增强塑料制品制造	5	33486		44894	4571	6372	2428
陶瓷制品制造	3	20216		15329	4299	4469	389
特种陶瓷制品制造	1	17194		10094	96	166	70
日用陶瓷制品制造	1	741		828	558	658	100
园林、陈设艺术及其他陶瓷制品制造	1	2281		4407	3645	3645	219
耐火材料制品制造	20	355943	34869	129774	40785	51610	16287
耐火陶瓷制品及其他耐火材料制造	20	355943	34869	129774	40785	51610	16287
石墨及其他非金属矿物制品制造	33	272764	16409	240083	50402	89463	47220
石墨及碳素制品制造	7	86825		56971	7316	10891	3618
其他非金属矿物制品制造	26	185939	16409	183111	43086	78572	43602
黑色金属冶炼和压延加工业	193	5965175		4278234	1394034	2148084	894647
炼铁	9	369660		303492	115400	159556	55255
黑色金属铸造	10	261859		142936	91727	23663	2458
钢压延加工	16	2244300		2268958	745107	1392614	652313
铁合金冶炼	158	3089355		1562848	441800	572251	184620
有色金属冶炼和压延加工业	87	3968099	12651	5373889	2883275	3263599	892319
常用有色金属冶炼	49	2967281	12651	4598051	2562747	2887723	812206
铅锌冶炼	12	128053		74403	4820	7879	3367
镍钴冶炼	5	79933		69021	6892	8155	2415
锑冶炼	4	45128		39373	1949	1959	250
铝冶炼	15	2463603	74	3895440	2268705	2632960	740953
其他常用有色金属冶炼	13	250564	12577	519814	280381	236769	65220

单位：万元

流动资产合计	应收账款	存货	产成品	负债合计	流动负债合计	应付账款	所有者权益合计	实收资本	国家资本	集体资本	法人资本
812325	323390	79133	17858	972688	842665	240909	383908	1441813	8642	12974	84839
757252	304156	68315	13188	861666	744177	222079	327487	1404734	8387	9641	67729
26761	16095	3764	1258	21451	18622	8495	28870	9100		3000	2100
28312	3139	7054	3413	89570	79866	10336	27550	27980	255	334	15011
348678	148194	72453	30465	274605	177796	41520	331327	157269	2255	11000	76520
103780	20747	31517	14451	120731	85406	18119	119850	65775	2255	1000	28841
13345	54	5080	2370	21015	17213	2179	16677	8348			2000
67580	12949	11266	7915	69141	33064	6877	53569	45338		10000	24111
13410	5371	2700	938	7318	5835	3700	7349	7018			5018
1551	633	344	271	1032	1032	32	4249	2000			2000
149012	108441	21545	4520	55368	35246	10613	129633	28790			14550
10405		3609	1557	30460	27283	5530	8331	6820			530
6352		3042	1429	28193	25017	5214	4795	5040			
4053	405	567	128	2267	2265	316	3536	1780			530
55996	11362	20596	12179	56080	39597	15577	40505	125623			122129
10858	2959	1775	405	13199	6617	3056	5341	2740			1105
16010	2305	3061	1436	7580	4655	331	13233	105762			105000
26088	5440	13411	9020	32701	25725	12208	19369	15597			14499
3040	658	2350	1318	2600	2600	-19	2563	1524			1524
13033	5338	3726	2674	32599	23896	4466	17253	3700			2350
2568	356	24	24	4082	3256	320	877	500			500
10465	4982	3702	2650	28517	20640	4146	16377	3200			1850
11030	6603	1442	826	9544	9544	2637	5515	5110			4607
9998	6603	1233	826	9544	9544	2637	550	503			
270							558	200			200
762		209					4407	4407			4407
83883	21508	24703	15676	59808	52898	16044	65176	31834		936	12639
83883	21508	24703	15676	59808	52898	16044	65176	31834		936	12639
149187	35693	46182	26042	204863	143678	37171	32598	89921	34055	6900	3829
38475	10586	12865	5765	44779	25594	10674	9733	12290		6900	1250
110712	25107	33317	20277	160083	118084	26497	22865	77631	34055		2579
2288034	337588	572983	215266	3065352	2707568	922070	1209499	991094	97374	3853	676426
128590	30129	37059	10243	232132	224668	76560	71152	104964			76670
41580	2960	13839	4088	126839	116920	17208	14857	38590			36671
1161100	96404	219335	45600	1518045	1463300	465822	749946	552012	68300	683	452009
956764	208096	302750	155335	1188336	902680	362479	373544	295528	29074	3170	111077
1564139	206350	476327	118841	4084124	2438281	508771	1217598	967910	633302	22861	166220
1300119	143256	413133	104023	3641773	2082021	452027	895558	830606	583333	1000	137581
63816	4276	8519	1011	62726	60771	5125	8679	8384		1000	726
42204	12326	3747	2262	41558	35960	12363	25292	20100			19900
20850	3213	2181	…	16847	15408	1553	22526	13456			
971844	91259	334453	72994	3129271	1647613	359815	713015	692127	540446		75140
201405	32182	64232	27756	391371	322270	73171	126045	96539	42888		41815

1-3 续表 6

行业	企业单位数（个）	工业销售产值（当年价格）	出口交货值	资产总计	固定资产合计	固定资产原价	累计折旧
贵金属冶炼	11	423258		499458	226059	282079	67300
金冶炼	10	418209		497313	226059	282079	67300
银冶炼	1	5049		2145			
稀有稀土金属冶炼	2	8495		7734	2777	3229	452
其他稀有金属冶炼	2	8495		7734	2777	3229	452
有色金属合金制造	7	333756		63281	11668	7442	1221
有色金属压延加工	18	235310		205365	80025	83125	11140
铜压延加工	2	11298		8257	581	663	82
铝压延加工	11	173336		163926	68860	70354	8441
其他有色金属压延加工	5	50676		33182	10584	12107	2617
金属制品业	72	1009479	28699	966570	247242	348884	117779
结构性金属制品制造	37	434754		286305	45787	50180	9829
金属结构制造	31	359404		256720	40166	46504	9277
金属门窗制造	6	75350		29585	5622	3676	552
金属工具制造	7	73356	3186	197131	50630	88283	45321
切削工具制造	3	57751	3186	188065	44753	86368	42397
农用及园林用金属工具制造	2	4463		2082	1457	1524	67
刀剪及类似日用金属工具制造	1	6846		4220	3645		2755
其他金属工具制造	1	4297		2764	776	391	102
集装箱及金属包装容器制造	4	33718		35703	5729	9122	3417
集装箱制造	1	9269		4652	277	277	14
金属压力容器制造	2	21489		28918	4195	7460	3265
金属包装容器制造	1	2959		2133	1256	1385	139
金属丝绳及其制品制造	9	290220	22783	273803	74609	115306	41240
建筑、安全用金属制品制造	4	34725		14554	7953	8977	1055
建筑装饰及水暖管道零件制造	2	12665		6767	4504	5258	764
安全、消防用金属制品制造	1	14710		3494	1605	1865	282
其他建筑、安全用金属制品制造	1	7350		4293	1845	1855	10
金属表面处理及热处理加工	2	20901		9711	3093	3516	423
金属制日用品制造	1	7185		3228	80	100	35
金属制餐具和器皿制造	1	7185		3228	80	100	35
其他金属制品制造	8	114620	2730	146137	59361	73401	16459
锻件及粉末冶金制品制造	5	93765	2730	139199	56125	71325	16126
通用设备制造业	49	635910	1386	667438	110587	122755	47265
锅炉及原动设备制造	3	14034		7663	1745	1902	157
锅炉及辅助设备制造	2	11873		4302	1705	1862	157
风能原动设备制造	1	2161		3361	40	40	…
金属加工机械制造	10	199054		334302	48740	34140	10092
金属切削机床制造	4	101091		265178	44694	26924	6864
铸造机械制造	1	68333		50720	592	592	58
机床附件制造	1	7045		2826	22	24	2
其他金属加工机械制造	4	22584		15579	3431	6599	3168
物料搬运设备制造	7	117809		65476	8971	8643	1447
起重机制造	1	7756		1350	769		
生产专用车辆制造	1	1586		5171	1054	1054	291

单位：万元

流动资产合计	应收账款	存货		负债合计	流动负债合计		所有者权益合计	实收资本			
			产成品			应付账款			国家资本	集体资本	法人资本
120066	3252	36671	312	281664	238131	23348	217794	69631	9481	20167	10933
119281	3107	36671	312	279519	238131	23348	217794	68631	9481	20167	9933
785	145			2145				1000			1000
4626	809	327	271	3484	2932	409	4250	930		379	551
4626	809	327	271	3484	2932	409	4250	930		379	551
45354	22490	11100	6412	42945	42290	17767	20336	6385	388		3255
93974	36543	15096	7823	114258	72908	15221	79661	60357	40100	1315	13900
6526	1580	1365	1051	2349	2349	423	5889	5300			5000
71418	28494	9992	5281	87188	50157	10394	65311	45198	34000	500	6300
16030	6470	3740	1491	24721	20402	4403	8461	9860	6100	815	2600
580083	163001	178431	83657	490741	412988	108283	477302	224999	105708	2920	70203
177318	68251	36912	14048	167953	129807	51603	121485	63119	4020	20	30916
166860	65745	35605	13375	164083	127083	50962	95770	54019	4020	20	27916
10458	2506	1308	673	3870	2725	641	25715	9100			3000
105299	24647	44676	28454	117978	100316	30030	79152	55240	46424	1375	421
102110	23629	43773	28020	115146	98282	30030	72919	50193	46424	1129	
626	141	256	256	487	487		1596	668		247	421
575		201	178				4220	4220			
1988	876	446		2346	1548		418	160			
29963	11366	11587	1035	21970	21770	7298	13732	6758	5000	758	
4375	517	3246		1269	1269		3384	720			
24711	10398	8228	1020	19705	19705	7148	9213	5758	5000	758	
877	452	113	16	997	797	150	1136	280			
172734	26663	54225	31703	118482	114322	3821	155320	52803	49544	767	1054
5810	2012	572	139	4514	3593	895	10040	3700			2100
2233	1296	388		2229	1308	381	4539	1200			1200
1586	556	139	139	450	450	202	3044	1500			500
1992	160	45		1836	1836	312	2457	1000			400
5932	1176	1782	527	4070	4070	450	5641	4355			2505
3148	616	601	413	121	113	8	1713	1500			
3148	616	601	413	121	113	8	1713	1500			
79880	28270	28076	7339	55652	38996	14180	90219	37524	720		33208
76189	27255	26911	6663	52151	37639	13140	86783	34906	720		31190
438352	129710	107966	39763	413265	347738	112097	253372	128413	30456	5514	49629
5815	3614	1009	277	5236	5121	2896	2427	1858			1858
2493	806	787	277	2408	2293	123	1894	1358			1358
3321	2808	222		2828	2828	2772	533	500			500
188081	53881	30842	4316	232780	200452	65485	101522	57369	18392	5506	23297
161255	43176	28600	3415	178531	146296	45944	86646	40589	18292		22297
16686	5885	1106	442	49513	49513	17460	1207	10068			
2804	1931	312	300	1759	1759	1598	1067	1000			1000
7336	2889	824	159	2977	2884	482	12602	5711	100	5506	
48420	17182	7046	2294	46686	29535	5693	18790	15414	4572		490
581	385	101	101	901	221	34	449	300			
2649	242	1898	1234	3905	3905	746	1265				

1-3 续表 7

行业	企业单位数（个）	工业销售产值（当年价格）	出口交货值	资产总计	固定资产合计	固定资产原价	累计折旧
连续搬运设备制造	1	5157		400	226	11	2
电梯、自动扶梯及升降机制造	3	37287		56818	6675	7288	1110
其他物料搬运设备制造	1	66023		1737	247	291	44
泵、阀门、压缩机及类似机械制造	6	26072		47293	8641	12442	7363
泵及真空设备制造	2	7011		8185	1645	2941	1295
液压和气压动力机械及元件制造	4	19061		39108	6996	9501	6068
轴承、齿轮和传动部件制造	6	89131	1386	91981	17271	34418	17621
轴承制造	5	34751		53162	11898	20281	8857
齿轮及齿轮减、变速箱制造	1	54380	1386	38819	5373	14137	8764
烘炉、风机、衡器、包装等设备制造	5	64088		34451	10345	8315	2074
烘炉、熔炉及电炉制造	2	38583		18050	5399	5518	889
风机、风扇制造	3	25505		16401	4945	2797	1185
通用零部件制造	12	125723		86271	14875	22896	8510
紧固件制造	3	62616		57413	8050	14705	6656
机械零部件加工	8	62138		26611	6516	7746	1721
其他通用零部件制造	1	970		2247	310	444	134
专用设备制造业	51	664038	24065	1149420	278902	285722	48006
采矿、冶金、建筑专用设备制造	32	513625	23815	1093702	255994	264540	45501
矿山机械制造	19	279644	8841	714278	204959	196701	18519
石油钻采专用设备制造	2	52466	2628	64412	11823	19733	7911
建筑工程用机械制造	4	110305	12346	185084	22062	28193	10954
建筑材料生产专用机械制造	1	25515		23128			
冶金专用设备制造	6	45696		106800	17151	19913	8118
化工、木材、非金属加工专用设备制造	4	37957	250	20820	7221	5172	1574
炼油、化工生产专用设备制造	1	2020		3902	626	1636	1009
橡胶加工专用设备制造	1	22185		9165	3322	3514	561
模具制造	1	11009	250	6756	3255		
其他非金属加工专用设备制造	1	2745		998	19	23	4
印刷、制药、日化及日用品生产专用设备制造	1	19968		1928	1062	1207	145
制浆和造纸专用设备制造	1	19968		1928	1062	1207	145
农、林、牧、渔专用机械制造	9	51493		16612	6881	6747	246
拖拉机制造	1	10666		2940	416	375	41
机械化农业及园艺机具制造	6	36152		8610	3095	2996	200
其他农、林、牧、渔业机械制造	2	4675		5062	3370	3376	5
医疗仪器设备及器械制造	3	34063		12934	7314	7394	309
医疗诊断、监护及治疗设备制造	1	15153		3644	844	1053	210
假肢、人工器官及植(介)入器械制造	1	3020		6292	6032	6086	54
其他医疗设备及器械制造	1	15890		2999	438	255	45
环保、社会公共服务及其他专用设备制造	2	6933		3424	430	662	232
环境保护专用设备制造	1	3547		1134	430	662	232
其他专用设备制造	1	3386		2290			
汽车制造业	34	1442521	8142	1133296	381768	453688	142103
汽车整车制造	5	519412		422975	202601	232436	46012
改装汽车制造	3	82420		144028	36292	40409	4546
汽车零部件及配件制造	26	840690	8142	566292	142876	180843	91544

单位：万元

流动资产合计	应收账款	存货	产成品	负债合计	流动负债合计	应付账款	所有者权益合计	实收资本	国家资本	集体资本	法人资本
174		8	8	352	352	350	48	52			
43525	15528	4611	524	40997	24525	4033	15822	14062	4062		
1491	1028	428	428	531	531	531	1206	1000	510		490
35852	7544	9074	600	23291	22300	6119	24002	11722	2467		3909
5013	1361	3016	27	4201	3739	2421	3984	1500			
30840	6183	6058	573	19090	18561	3699	20018	10222	2467		3909
73059	20836	20865	11370	47511	37728	14392	44470	30624	2581		13972
40459	10099	14762	7749	30097	20773	4174	23065	26110			13972
32600	10737	6103	3621	17414	16956	10218	21405	4514	2581		
23373	10074	6582	3000	19341	16067	6010	14309	5652	2444	8	2200
11922	5504	2644	940	9901	6987	1246	8149	2200			2200
11451	4569	3938	2060	9440	9080	4764	6160	3452	2444	8	
63753	16580	32549	17905	38419	36535	11503	47852	5776			3903
46410	8200	29617	16198	21171	21003	8759	36242	2643			2453
15422	7662	2170	1130	15053	13337	2651	11558	2983			1300
1921	717	763	577	2196	2196	93	51	150			150
656470	148230	135991	39189	740645	637695	149526	406424	337729	92000	889	178042
632165	143259	127756	36611	719275	620123	146591	374517	317828	91980	889	171563
356598	60301	41574	7525	484827	398996	86906	229451	210036	48215		136437
45629	18864	9490	6298	15187	14587	5178	49226	20255	7655		12600
147904	41925	58729	21963	135737	124243	40237	49447	49735	10110		14831
12202		1503		17011	17011		6117	6117			6117
69831	22169	16461	825	66514	65287	14270	40276	31685	26000	889	1578
12262	1308	4289	228	10322	8922	1453	8498	8721			2349
2414	560	1566		2132	2132	289	1770	1122			
5763	562	2326		5499	4099	882	3666	5000			
3502				2215	2215		2541	2099			2099
584	186	397	228	476	476	282	522	500			250
865	429	186		986	750		941	600			
865	429	186		986	750		941	600			
4665	1182	2054	1138	6499	4349	1243	10113	7500	20		1950
1062	189	570		1222	1222	483	1718	600			600
2288	940	608	383	4268	2117	701	4342	2900	20		1350
1314	54	876	755	1009	1009	59	4052	4000			
4506	1891	1119	638	1566	1555	241	10928	2400			2000
1685	544	283		621	621	143	2582	1000			1000
260	92	39		398	387	98	5894	400			
2561	1256	798	638	547	547		2452	1000			1000
2009	161	588	573	1996	1996		1427	680			180
704		471	471	493	493		641	500			
1305	161	117	102	1503	1503		786	180			180
586492	178846	149651	58982	685277	547718	122317	446973	239897	21548	800	120524
187735	67112	52810	11705	290839	193544	7419	132136	83600			26000
80935	15584	16986	4672	70480	67849	16348	73548	81207	17430		63777
317822	96150	79855	42605	323957	286326	98550	241289	75091	4118	800	30747

1-3 续表 8

行业	企业单位数（个）	工业销售产值（当年价格）	出口交货值	资产总计	固定资产合计	固定资产原价	累计折旧
铁路、船舶、航空航天和其他运输设备制造业	37	1034432	99981	2195720	518081	777092	369841
铁路运输设备制造	4	146900	11553	179187	80105	82697	40218
铁路机车车辆及动车组制造	1	124827	11553	166909	77537	79201	39122
铁路机车车辆配件制造	3	22073		12278	2568	3496	1096
船舶及相关装置制造	2	5747		2507	841	1481	744
金属船舶制造	2	5747		2507	841	1481	744
航空、航天器及设备制造	24	811028	88428	1929722	428140	684100	327784
飞机制造	20	798152	88428	1897977	414121	661503	319206
航空、航天相关设备制造	4	12876		31745	14019	22597	8578
摩托车制造	3	8947		5721	1961	1635	74
摩托车整车制造	2	4345		3314	461	71	11
摩托车零部件及配件制造	1	4601		2408	1500	1564	63
自行车制造	2	10561		17871	2761	2761	236
助动自行车制造	2	10561		17871	2761	2761	236
潜水救捞及其他未列明运输设备制造	2	51249		60713	4274	4418	785
其他未列明运输设备制造	2	51249		60713	4274	4418	785
电气机械和器材制造业	71	1143601	10937	986516	161380	200587	49898
电机制造	4	42371		207900	24765	30245	5215
发电机及发电机组制造	2	21289		186939	21452	26039	4322
电动机制造	1	7506		19872	2529	3262	733
微电机及其他电机制造	1	13576		1089	784	944	160
输配电及控制设备制造	21	212738	338	214160	35259	46583	10944
变压器、整流器和电感器制造	4	22746		23184	2531	5271	2753
电容器及其配套设备制造	1	3155		6373			
配电开关控制设备制造	13	166695	338	178179	30444	37792	6954
电力电子元器件制造	2	14199		5257	2220	3421	1202
其他输配电及控制设备制造	1	5943		1168	64	99	35
电线、电缆、光缆及电工器材制造	15	423510		329688	29782	43055	15202
电线、电缆制造	15	423510		329688	29782	43055	15202
电池制造	5	70316	500	43096	9717	4613	2451
锂离子电池制造	3	51969	500	31263	1365	3330	1965
其他电池制造	2	18346		11833	8352	1282	485
家用电力器具制造	14	298004	10099	102631	29124	40495	12710
家用制冷电器具制造	2	214938		41877	4996	11455	6459
家用厨房电器具制造	1	3100		1127	23	29	6
家用清洁卫生电器具制造	1	2579		1663	324	246	61
家用电力器具专用配件制造	5	12454		5961	2413	2859	446
其他家用电力器具制造	5	64933	10099	52003	21367	25905	5738
非电力家用器具制造	2	10360		3934	566	521	74
燃气、太阳能及类似能源家用器具制造	1	6310		1285	214	169	74
其他非电力家用器具制造	1	4050		2649	352	352	
照明器具制造	10	86303		85107	32168	35076	3301
照明灯具制造	8	65811		75573	29231	32072	3234
灯用电器附件及其他照明器具制造	2	20492		9534	2936	3004	67

单位：万元

				负债合计			所有者权益合计				
流动资产合计	应收账款	存货			流动负债合计	应付账款		实收资本			
			产成品						国家资本	集体资本	法人资本
1311398	360621	462200	92978	1724017	1346598	422499	471117	313715	153053		113486
88896	27204	33765	3650	80526	63778	41939	98661	43797	17994		500
79527	24630	29944	2743	72494	57178	38064	94415	42200	17994		
9369	2574	3821	907	8032	6600	3875	4246	1597			500
1077	49	784		1742	1742	18	766	810			
1077	49	784		1742	1742	18	766	810			
1194584	330336	415476	84078	1584701	1226492	360230	345021	260582	133213		108986
1177832	323251	409215	84078	1561427	1209623	356013	336551	256566	129307		108986
16752	7084	6261		23275	16868	4216	8470	4016	3906		
2633	599	925	700	2960	2887	1445	2689	1680			1000
1726	504	925	700	1553	1480	1445	1689	680			
907	95			1408	1408		1000	1000			1000
13497	1818	4927	1059	15935	15843	2567	1422	3000			1000
13497	1818	4927	1059	15935	15843	2567	1422	3000			1000
10710	615	6323	3491	38154	35857	16300	22559	3846	1846		2000
10710	615	6323	3491	38154	35857	16300	22559	3846	1846		2000
662467	180726	124842	71712	630185	498101	101137	358568	230235	620	2633	148071
69446	18730	6818	5038	101784	41692	12524	106117	62893			62823
54974	17093	2701	1984	89554	29463	11262	97385	55920			55900
14167	1448	4117	3053	11591	11591	1237	8280	6923			6923
305	190			639	639	26	451	50			
161754	45774	41553	13777	130647	118056	31470	87292	49227	110	2303	30171
17072	6151	7448	4582	18917	18352	3012	4267	2966		1968	998
5679	872	1919		4363	4363	1499	2000	2000			
134866	38397	30594	8755	105132	93548	25596	76836	41913	90		28018
3033	159	682	440	1309	1229	979	3948	2108		335	1155
1105	194	911		928	565	384	241	241	20		
292254	60813	43237	30667	245895	233234	9647	83203	71568	510		29746
292254	60813	43237	30667	245895	233234	9647	83203	71568	510		29746
31005	9224	8493	6393	30420	30420	16915	11823	7457			6357
27539	7321	7086	5665	23964	23964	15553	6446	6357			5357
3466	1902	1407	729	6456	6456	1361	5377	1100			1000
66433	34563	14397	11286	48426	32007	16769	54077	27963			16633
34610	22919	2399	2246	9943	9889	12162	31933	14730			14130
1050	185			1073	443	443	54	50			50
1339	181	887	585	1120	1120		544	260			
3512	2235	931	363	2642	2493	1481	3192	2912			2402
25922	9043	10180	8092	33649	18063	2684	18355	10011			51
2653	199	792	527	2657	1473	1312	1277	1330		330	1000
1070	142	268	185	861	705	702	424	330		330	
1583	57	524	342	1796	768	610	853	1000			1000
38923	11425	9552	4024	70356	41219	12500	14781	9796			1341
32362	8202	7195	3944	62024	35596	7895	13579	8637			1341
6560	3223	2357	80	8332	5622	4605	1202	1159			

1-3 续表 9

行业	企业单位数(个)	工业销售产值(当年价格)	出口交货值	资产总计	固定资产合计	固定资产原价	累计折旧
计算机、通信和其他电子设备制造业	28	550728		210938	22061	33333	13139
计算机制造	1	8975		2180	718	56	55
计算机整机制造	1	8975		2180	718	56	55
通信设备制造	3	7611		10944	2835	6310	3475
通信终端设备制造	3	7611		10944	2835	6310	3475
广播电视设备制造	1						
广播电视接收设备及器材制造	1						
视听设备制造	1	251546		89923	6469	10214	3745
电视机制造	1	251546		89923	6469	10214	3745
电子器件制造	6	147918		56365	4132	5442	1440
电子真空器件制造	1						
半导体分立器件制造	3	21991		19455	2279	2687	508
集成电路制造	2	125927		36910	1853	2756	932
电子元件制造	13	116709		46778	4116	7474	4095
电子元件及组件制造	13	116709		46778	4116	7474	4095
其他电子设备制造	3	17970		4748	3792	3837	330
仪器仪表制造业	9	93814	675	157635	17289	23222	10171
通用仪器仪表制造	3	31287		54629	5519	3487	2203
工业自动控制系统装置制造	3	31287		54629	5519	3487	2203
专用仪器仪表制造	2	36849		76446	6454	9084	2630
环境监测专用仪器仪表制造	1	20002		38253	1782	2389	607
其他专用仪器制造	1	16847		38194	4672	6695	2022
钟表与计时仪器制造	1	7737		1221	211	289	79
光学仪器及眼镜制造	3	17941	675	25339	5106	10362	5260
光学仪器制造	3	17941	675	25339	5106	10362	5260
其他制造业	13	216119		305561	99546	138854	49538
废弃资源综合利用业	7	73636		25567	5523	5325	1371
金属废料和碎屑加工处理	5	60227		15819	2359	3457	1101
非金属废料和碎屑加工处理	2	13408		9748	3164	1868	270
金属制品、机械和设备修理业	1	2779		1426	112	97	14
其他机械和设备修理业	1	2779		1426	112	97	14
电力、热力、燃气及水生产和供应业	**200**	**12971283**		**25597602**	**18327196**	**25802771**	**7768054**
电力、热力生产和供应业	165	12543036		24403317	17779929	25187621	7590369
电力生产	82	4726373		17578018	13233536	17323688	4249950
火力发电	19	3357586		8166531	5748161	7809087	2173044
水力发电	58	1318945		8812594	7129911	9155188	2060250
风力发电	5	49842		598893	355465	359413	16657
电力供应	83	7816663		6825299	4546393	7863933	3340420
燃气生产和供应业	16	313021		568895	160016	221438	76413
水的生产和供应业	19	115226		625390	387251	393712	101272
自来水生产和供应	17	100678		598628	380991	381475	95280
污水处理及其再生利用	2	14548		26762	6260	12238	5992

单位：万元

流动资产合计	应收账款	存货	产成品	负债合计	流动负债合计	应付账款	所有者权益合计	实收资本	国家资本	集体资本	法人资本
163782	61221	48262	36763	137393	110892	70603	73438	52060	225		40303
1188	50	59		1166	1166		1014	1000			
1188	50	59		1166	1166		1014	1000			
7779	1505	2312	897	5862	5456	558	5083	14613			13773
7779	1505	2312	897	5862	5456	558	5083	14613			13773
73318	13243	34101	32069	56125	55475	41531	33797	15751			15751
73318	13243	34101	32069	56125	55475	41531	33797	15751			15751
46012	35788	6411	1764	38746	33772	26117	17619	6227	225		4469
11154	4154	3396	1557	14181	9207	2546	5274	3227	225		1469
34858	31634	3015	207	24565	24565	23572	12345	3000			3000
34530	10458	5142	2033	34436	14822	2797	12256	12369			6310
34530	10458	5142	2033	34436	14822	2797	12256	12369			6310
956	178	238		1058	201		3670	2100			
121534	69915	17123	7693	99162	94555	27062	58473	28783	8053		5871
46878	33007	2444	31	36429	33065	14080	18200	9530			5571
46878	33007	2444	31	36429	33065	14080	18200	9530			5571
60354	34471	8534	4774	47584	46341	10461	28862	13080	3000		
34356	21288	153		25496	25496	3547	12757	10080			
25998	13184	8381	4774	22088	20845	6915	16105	3000	3000		
1010	936	…	…	1309	1309	539	-89	100			100
13292	1501	6145	2887	13839	13839	1981	11500	6073	5053		200
13292	1501	6145	2887	13839	13839	1981	11500	6073	5053		200
171046	30057	30875	3272	172392	121614	53150	133050	75133	49995		12650
12188	5223	3403	2864	12381	12241	5469	11941	4563			2303
9604	5146	3073	2608	10871	10871	4818	4859	2053			1803
2584	77	330	256	1510	1371	651	7083	2510			500
1314	230	212		443	443	411	983	1000			
1314	230	212		443	443	411	983	1000			
3273743	**587796**	**235790**	**25318**	**21111281**	**7543315**	**1718365**	**4469405**	**4027677**	**1962314**	**59068**	**884792**
2868372	516353	210257	21924	20311607	7038073	1603094	4075533	3725012	1797798	56628	824304
1860571	454240	195061	20537	14779551	4762638	825735	2786047	3335600	1418744	56628	816752
1415552	376753	190259	19618	6863434	2651916	540157	1296697	1212649	865621		347028
408704	58958	4499	919	7436683	1901310	167496	1369891	2056643	516858	56628	440683
36315	18529	303		479434	209412	118082	119459	66307	36265		29042
1007801	62113	15196	1387	5532055	2275435	777359	1289486	389412	379054		7552
226777	48315	21079	3395	524954	319973	86456	43941	92918	39782	2440	47566
178594	23129	4454		274721	185269	28815	349931	209747	124734		12922
168889	22239	4394		267263	177811	28786	330626	193564	124734		2922
9706	889	60		7458	7458	29	19305	16184			10000

1-3 续表 10

行业	个人资本	港澳台资本	外商资本	主营业务收入	主营业务成本	主营业务税金及附加
总计	**4238611**	**133769**	**374588**	**73574314**	**56530343**	**2901664**
采矿业	**1188631**	**6427**	**…**	**13999363**	**9980867**	**409851**
煤炭开采和洗选业	1112765	1000	…	12224130	8744759	363671
烟煤和无烟煤开采洗选	1110765	1000	…	12214254	8737079	363608
其他煤炭采选	2000			9876	7680	63
黑色金属矿采选业	9536	10		302996	204747	4041
铁矿采选	3877	10		51908	38205	1594
锰矿、铬矿采选	4450			224616	142668	2136
其他黑色金属矿采选	1209			26472	23874	311
有色金属矿采选业	16358	3917		294435	211914	6867
常用有色金属矿采选	14907	3917		230291	160066	5686
铅锌矿采选	50			44189	33869	396
锑矿采选						
铝矿采选	14857	3917		156437	99858	5238
其他常用有色金属矿采选				29665	26338	52
贵金属矿采选	1451			64144	51848	1181
金矿采选	1451			64144	51848	1181
稀有稀土金属矿采选						
钨钼矿采选						
其他稀有金属矿采选						
非金属矿采选业	49971	1500		1177802	819447	35273
土砂石开采	16674	1500		275025	222464	5390
石灰石、石膏开采	1430			34532	28332	245
建筑装饰用石开采	10724			128864	103397	2550
耐火土石开采	1800			31832	22158	1258
粘土及其他土砂石开采	2720	1500		79798	68577	1337
化学矿开采	31908			856108	558433	29679
石棉及其他非金属矿采选	1390			46668	38550	204
石墨、滑石采选				4676	4512	
宝石、玉石采选				11728	11219	7
其他未列明非金属矿采选	1390			30264	22819	197
制造业	**3031775**	**122962**	**302877**	**47456816**	**35592404**	**2440497**
农副食品加工业	90105	250		2037243	1807511	12345
谷物磨制	13756			386980	348622	2972
饲料加工	2935	250		436962	405279	1082
植物油加工	16906			353155	326645	1718
食用植物油加工	16446			334912	310271	1664
非食用植物油加工	460			18244	16375	53
制糖业	5000			39452	27495	270
屠宰及肉类加工	28284			454469	402309	2756
牲畜屠宰	13425			234635	208160	1278
禽类屠宰	1250			19979	15783	215
肉制品及副产品加工	13609			199856	178366	1264

单位：万元

销售费用	管理费用		财务费用			投资收益(损失以“−”号记)	营业利润	利润总额	亏损企业亏损额	应交增值税	应交所得税
		税金		利息收入	利息支出						
2569564	**3890595**	**197933**	**1961803**	**180802**	**1970167**	**216283**	**6305028**	**6365927**	**1234664**	**3365823**	**1236679**
475175	**1192864**	**58404**	**394302**	**7476**	**336678**	**48083**	**1445924**	**1323545**	**383543**	**819531**	**248670**
411427	1056068	53644	378508	6772	324470	46695	1151027	1027613	380093	733886	218357
408212	1055661	53637	378476	6772	324467	46695	1152636	1029229	378477	733408	218333
3215	407	8	31		3		-1609	-1616	1616	478	25
6553	19679	1498	2335	49	631	913	73228	75617	69	13018	2957
1524	4118	779	230	37	6		5565	5675	69	5570	811
4172	14328	680	1986	-1	549	913	66633	68335		5597	2065
857	1233	40	118	12	76		1030	1607		1852	80
14587	25903	877	3401	383	3097	424	44807	44405	779	16496	2118
11281	21078	877	3384	367	3066	424	36488	36640	301	15196	1659
620	1493	452	55	1	46		9451	9389		2416	827
	699		-125				-894	-257	257	10	
10221	16796	424	3335	366	2902	424	27306	26877	43	12331	677
441	2089		119		119		626	631		439	155
3305	4638		17	16	31		8319	7958	285	1300	459
3305	4638		17	16	31		8319	7958	285	1300	459
	188							-193	193		
	188							-193	193		
42609	91213	2385	10059	272	8480	51	176862	175911	2602	56131	25238
9921	15959	1654	2101	41	1971		25034	24783	1050	9286	2041
1341	1919	1022	165	0	75		2721	2719		1149	261
4939	7269	219	1480	37	1438		14288	14167		3672	1445
1578	2725	221	294	1	295		5029	5027	623	1772	232
2063	4046	192	161	3	164		2997	2870	427	2693	103
30435	70045	498	7815	150	6304	51	146637	145938	1552	46200	23112
2254	5210	234	144	81	205		5191	5191		645	85
5	7		5				10	10			
1180	3746	202	11		11		586	586		6	
1069	1456	32	128	81	194		4595	4595		639	85
2005983	**2394122**	**126928**	**683934**	**94571**	**715850**	**117730**	**4695177**	**4841532**	**713935**	**2036398**	**951457**
53902	69277	3600	26461	1036	20040	75	95199	99307	14250	31498	9646
9494	12904	763	9777	335	5689	445	16229	8341	9420	5531	763
10689	7972	548	3365	44	2151	73	8296	13717	147	163	908
4227	6445	178	3618	88	3059	158	12254	16462	650	8099	1195
4078	6237	177	3557	88	3011	158	10228	14421	650	8027	1195
149	209	1	61		48		2026	2042		72	0
1535	4433	68	1333	1	1267	-644	6279	6471	1498	1473	1482
15658	18358	1058	3492	484	3585	33	22829	22781	2029	6989	2146
8210	9040	508	2036	94	1991	…	15777	15653	1288	3543	1458
489	2104	202	249		249		1129	1129		102	282
6959	7214	349	1207	389	1346	33	5923	5999	740	3344	406

1-3 续表 11

行业				主营业务收入	主营业务成本	主营业务税金及附加
	个人资本	港澳台资本	外商资本			
蔬菜、水果和坚果加工	5130			88887	74198	281
蔬菜加工	5130			88887	74198	281
其他农副食品加工	18094			277338	222964	3266
淀粉及淀粉制品制造	6210			66919	48623	618
豆制品制造	1600			96592	81863	581
蛋品加工	4428			27180	25131	490
其他未列明农副食品加工	5856			86647	67347	1577
食品制造业	49422		920	882694	677811	5752
焙烤食品制造	3410			51993	44703	209
糕点、面包制造	3360			41889	35776	172
饼干及其他焙烤食品制造	50			10104	8927	36
糖果、巧克力及蜜饯制造	2490			25488	21670	95
糖果、巧克力制造	900			22837	19805	70
蜜饯制作	1590			2651	1865	25
方便食品制造	2820			58264	50513	263
米、面制品制造	2220			35640	31702	114
方便面及其他方便食品制造	600			22624	18811	149
乳制品制造	5511			62259	44546	82
罐头食品制造	800			16870	15653	9
蔬菜、水果罐头制造	800			16870	15653	9
调味品、发酵制品制造	31831		920	592503	433989	4607
酱油、食醋及类似制品制造	3627			31019	18623	256
其他调味品、发酵制品制造	28204		920	561484	415366	4351
其他食品制造	2560			75317	66737	488
营养食品制造				3199	2585	20
保健食品制造	1080			40210	36058	155
冷冻饮品及食用冰制造	900			18301	16977	216
食品及饲料添加剂制造				6803	5304	56
其他未列明食品制造	580			6803	5814	41
酒、饮料和精制茶制造业	1182516	1346	23831	5632620	1807408	459107
酒的制造	1102887		14268	4760533	1158745	454060
白酒制造	101529			4540455	1006963	438682
啤酒制造	1000000		14268	186762	124475	12632
黄酒制造	400			3038	2497	37
其他酒制造	958			30277	24810	2709
饮料制造	18408	1346	9563	347090	255039	1288
碳酸饮料制造	5000			7291	5950	255
瓶(罐)装饮用水制造	4895	1346	9563	297788	218050	848
果菜汁及果菜汁饮料制造	800			12338	9348	65
固体饮料制造	500			2515	1800	
茶饮料及其他饮料制造	7213			27157	19890	120
精制茶加工	61222			524998	393624	3759

单位：万元

销售费用	管理费用		财务费用			投资收益（损失以“-”号记）	营业利润	利润总额	亏损企业亏损额	应交增值税	应交所得税
		税金		利息收入	利息支出						
2795	3844	29	989	2	957	30	10251	10593	23	1650	344
2795	3844	29	989	2	957	30	10251	10593	23	1650	344
9503	15321	957	3889	83	3331	-20	19062	20942	483	7594	2808
1498	5332		881	4	390		6098	6098		560	837
1745	4582	7	279	59	327		7866	9527		3612	1367
508	396	73	363		369		421	162	281	106	11
5752	5012	877	2365	20	2245	-20	4677	5155	202	3317	593
30945	28601	2438	5774	1994	5814	336	137880	137898	3274	42511	17045
2651	2602	164	636	4	501	136	2569	2753		1087	394
2531	2432	156	534	3	399	136	1821	1931		866	393
119	170	9	102	1	102		748	822		221	1
1002	1450	31	204	1	205		1068	1068		181	140
707	1275	23	108	1	109		873	873		181	140
295	175	8	96		96		195	195			
3150	1208	30	172	287	421	129	1579	2155		584	73
388	549	18	291		259		1065	1329		456	66
2761	660	12	-119	287	162	129	514	826		129	7
7604	3810	36	1557	674	2194	25	5093	3919		661	
128	167	1	70	…	70		823	899		39	
128	167	1	70	…	70		823	899		39	
12647	14788	1984	2430	951	1822	47	127310	127680	300	38202	16137
2601	1865	98	508	2	496	40	6907	6892		2131	632
10046	12922	1886	1922	949	1326	7	120403	120787	300	36071	15505
3765	4575	191	706	77	602		-562	-574	2974	1758	301
319	215	1	7		7		54	60		50	15
1860	1640	172	110		110		388	388		327	81
765	1861	18	496		479		-2014	-2067	2974	1100	106
607	255		12	2			809	844		149	83
213	604		82	76	6		201	201		133	16
410654	428197	30180	-7994	45583	28373	4785	2588870	2572235	4044	572396	595044
379231	395220	29221	-16531	45462	20388	4736	2451996	2436735	3540	553859	586174
350907	380700	27729	-16850	45134	19950	5036	2433600	2407791	3540	542190	582173
27697	13796	1412	76	328	194		17030	27729		11470	3851
118	124	58	41		41		222	222		98	33
510	600	22	203		203	-300	1146	993		101	116
10994	10235	336	1838	53	1747	39	64137	65082	70	9109	5056
170	337	3	65		61		574	304			27
9020	8293	273	1080	49	1041	26	57644	58422	21	7810	4677
647	602	25	187	2	151		1217	1320	49	324	316
35	21		2		2						
1122	982	35	504	2	491	12	4702	5036		975	36
20428	22742	623	6700	68	6238	10	72737	70418	434	9428	3814

1-3 续表 12

行业	个人资本	港澳台资本	外商资本	主营业务收入	主营业务成本	主营业务税金及附加
烟草制品业				3394736	938433	1719421
烟叶复烤				81335	35879	1104
卷烟制造				3313401	902554	1718318
纺织业	11610			88904	82232	141
棉纺织及印染精加工	2900			43807	42600	60
棉纺纱加工	2900			43807	42600	60
麻纺织及染整精加工				4169	3787	40
麻织造加工				4169	3787	40
丝绢纺织及印染精加工	1000			16864	13802	7
缫丝加工	1000			9099	5004	7
绢纺和丝织加工				7765	8798	
化纤织造及印染精加工	5200			12518	11152	22
化纤织造加工	5200			12518	11152	22
针织或钩针编织物及其制品制造	10			7185	7066	9
针织或钩针编织物织造	10			7185	7066	9
非家用纺织制成品制造	2500			4361	3827	3
其他非家用纺织制成品制造	2500			4361	3827	3
纺织服装、服饰业	6862	3715		106284	92749	432
机织服装制造	2960			77706	67299	332
针织或钩针编织服装制造	1239			3362	2953	21
服饰制造	2663	3715		25216	22497	79
皮革、毛皮、羽毛及其制品和制鞋业	8300			388439	364535	894
羽毛(绒)加工及制品制造	1800			43850	40496	121
羽毛(绒)加工	1800			9081	7124	85
羽毛(绒)制品加工				34769	33372	37
制鞋业	6500			344588	324039	773
皮鞋制造	6500			34389	31158	139
橡胶鞋制造				310199	292881	633
木材加工和木、竹、藤、棕、草制品业	57703			1092893	942350	16207
木材加工	23925			461887	402763	10127
锯材加工	6224			155720	133333	5357
木片加工	716			7562	6137	116
单板加工	13985			257660	224469	4597
其他木材加工	3000			40946	38824	57
人造板制造	26753			523521	450345	5122
胶合板制造	18813			311270	262777	3661
纤维板制造	4351			33902	31890	74
刨花板制造				4093	3252	39
其他人造板制造	3589			174256	152426	1349
木制品制造	6725			96787	80901	839
建筑用木料及木材组件加工	4975			78460	65710	777
木门窗、楼梯制造	450			2710	2452	6
地板制造				8501	7831	27
木制容器制造	1200			4840	2859	23
软木制品及其他木制品制造	100			2276	2049	6

单位：万元

销售费用	管理费用		财务费用			投资收益(损失以“–”号记)	营业利润	利润总额	亏损企业亏损额	应交增值税	应交所得税
		税金		利息收入	利息支出						
67682	214866	6718	-3930	4964	909	1297	461735	450773		406546	122474
10147	23187	1232	-4092	4099		273	15570	14694		9489	3674
57535	191679	5486	163	865	909	1024	446165	436079		397058	118801
840	3095	139	885	2	525		2565	5212	2682	1091	116
393	1587	85	567	…	279		-1472	333	2110	534	
393	1587	85	567	…	279		-1472	333	2110	534	
72	369		-17		-17		1	1		276	
72	369		-17		-17		1	1		276	
268	359	12	191	1	192		2932	3754	340	50	110
268	237	12	191	1	192		4094	4094		6	110
	123		0				-1162	-340	340	44	
75	555		74				643	661	233	184	
75	555		74				643	661	233	184	
29	23		34		34		25	26		47	7
29	23		34		34		25	26		47	7
4	202	42	37		37		436	436			
4	202	42	37		37		436	436			
2342	6028	69	300	73	295		5287	6030	60	969	17
2140	5490	54	231	73	250		3120	3864	60	837	17
43	44		16		16		285	253		133	
159	494	16	54		30		1883	1913			
3304	5320	345	922	60	839		14567	14294	500	7338	1493
101	259	33	171		164		3466	3466		2310	
33	96		94		94		2414	2414		148	
68	163	33	77		70		1052	1052		2162	
3204	5061	313	751	60	675		11100	10828	500	5028	1493
226	543	9	229		101		2605	2239	387	140	42
2977	4517	304	522	59	575		8495	8589	114	4887	1451
30040	45617	2413	7597	244	6440	1500	48683	49309	2658	48603	2977
13678	13710	957	2021	13	1733		20122	20328	63	20438	1051
4295	2981	86	391	1	221		11362	11480		6806	63
324	131	6	70		12		778	778		153	149
8467	9874	866	1115	3	1061		7678	7666		13187	836
592	723		446	8	438		304	404	63	292	3
12699	27799	1428	4628	41	4017	1500	19313	19739	2238	23923	1773
8382	20557	164	2753	5	2361		10254	12270	1747	16860	1038
214	806	36	304		303		2001	729		1511	40
237	281		563		563		-654	-409	409	306	
3866	6155	1228	1009	36	790	1500	7712	7149	82	5245	695
2979	3198	11	523	1	452		8994	8904		3365	127
2605	2813	6	433	1	386		6804	6715		2934	28
117	112		16		16		7	7		143	
129	150		19				316	316		148	63
88	94	5	49		50		1721	1721		78	
40	29		6				146	146		61	36

1-3 续表 13

行　　业	个人资本	港澳台资本	外商资本	主营业务收　　入	主营业务成　　本	主营业务税金及附加
竹、藤、棕、草等制品制造	300			10698	8341	119
竹制品制造	300			10698	8341	119
家具制造业	8682			139778	111493	951
木质家具制造	5857			49922	37865	552
竹、藤家具制造	1575			46821	40864	183
其他家具制造	1250			43035	32764	215
造纸和纸制品业	14437	480		423857	349553	3526
纸浆制造				19847	19523	160
木竹浆制造				19847	19523	160
造纸	3508			108543	88336	802
机制纸及纸板制造	3508			108543	88336	802
纸制品制造	10929	480		295468	241695	2563
纸和纸板容器制造	3909	480		196474	162491	2242
其他纸制品制造	7020			98994	79203	321
印刷和记录媒介复制业	2936	11808		146718	107446	1048
印刷	2936	11808		146718	107446	1048
书、报刊印刷	1638			41688	36388	196
包装装潢及其他印刷	1298	11808		105030	71057	852
文教、工美、体育和娱乐用品制造业	10909	1356		64805	55277	394
工艺美术品制造	10438			50113	41600	346
雕塑工艺品制造	10050			29249	24584	81
金属工艺品制造				3156	2437	62
抽纱刺绣工艺品制造	88			4447	3647	8
其他工艺美术品制造	300			13261	10933	195
体育用品制造		1356		4983	4507	3
球类制造		1356		4983	4507	3
玩具制造	471			9710	9170	45
石油加工及炼焦	23972	50	847	818570	704392	8659
化学原料和化学制品制造业	179364		16151	6981317	6122872	53478
基础化学原料制造	62014		16151	1420209	1301942	4597
无机酸制造	5460		14730	88210	74899	446
无机碱制造				69	165	…
无机盐制造	28130		1421	612346	542419	2034
有机化学原料制造	2018			274006	281384	631
其他基础化学原料制造	26406			445579	403075	1486
肥料制造	79037			4700007	4132279	42427
氮肥制造	33000			778417	739197	655
磷肥制造	1806			2931694	2597326	40935
钾肥制造	2000			2804	2103	13
复混肥料制造	36432			895507	720111	619
有机肥料及微生物肥料制造	5799			91586	73543	206
农药制造				3404	3253	3
化学农药制造				3404	3253	3

单位：万元

销售费用	管理费用	税金	财务费用	利息收入	利息支出	投资收益(损失以“-”号记)	营业利润	利润总额	亏损企业亏损额	应交增值税	应交所得税
683	910	17	425	190	238		254	338	358	879	27
683	910	17	425	190	238		254	338	358	879	27
6515	9589	409	761	16	616		10722	10762	202	3532	905
908	4310	57	211	…	156		6274	5795		1278	221
2027	2914	263	322	7	235		261	261	202	358	
3580	2365	89	228	9	225		4186	4705		1896	684
11933	21004	840	12285	683	9218	491	2644	5588	19269	19122	2203
1091	8646	6	6408		6408		-20353	-19238	19238	1289	
1091	8646	6	6408		6408		-20353	-19238	19238	1289	
1620	2572	229	1205	522	1695	1	4769	5113		7061	1161
1620	2572	229	1205	522	1695	1	4769	5113		7061	1161
9222	9787	605	4672	161	1115	490	18228	19713	31	10772	1042
6708	7199	537	3675	150	566	490	12944	14229	31	9560	1006
2514	2588	68	997	10	549		5283	5483	1	1212	36
2918	9027	455	841	84	865	1579	26990	27469	215	7352	2193
2918	9027	455	841	84	865	1579	26990	27469	215	7352	2193
1098	1981	65	720	-52	628		1447	1632		1233	92
1820	7047	390	121	135	237	1579	25543	25837	215	6119	2101
754	1642	60	413	2	308		5485	4680	758	614	293
601	1459	58	333	2	308		5254	4471	758	577	246
353	1055	51	278	2	262		2190	2161	758	172	25
35	5	4	11		1		510	441		28	
125	173		38		38		793	107		60	
87	226	4	7	…	7		1762	1763		317	222
78	150		59		-1		183	188		18	47
78	150		59		-1		183	188		18	47
76	33	1	20		2		48	20		20	
21912	18042	2172	16629	403	15094	2	31951	32428	4684	10108	1039
162729	303814	13972	220447	4492	236169	93237	297591	349187	150520	119315	43688
35492	81371	2896	40976	3242	37706	46956	50248	66494	79021	32987	11612
2117	6552	186	1734	2	1406	10	2851	3081	1761	3603	1257
29	5082		3558	-1	3559	-1474	-10119	-10059	10059	60	
17096	20913	453	1877	972	2727	48052	78306	79505	5332	14423	10262
4093	18223	672	28620	2155	25312	-319	-34474	-25068	52817	3652	-3007
12157	30602	1585	5187	114	4702	687	13684	19035	9051	11248	3099
99325	172564	9029	166370	-1378	184151	30604	158730	190636	60985	56275	23579
17266	42706	1618	52004	550	52360	24239	-43356	-38794	57893	11058	2806
58597	115600	6870	105559	-1873	123677	5590	29075	53985	577	42118	14109
36	242		111				998	997		240	174
20297	10724	434	7916	-55	7387	775	161523	163097	2515	959	5551
3129	3293	108	779	…	728		10491	11351		1900	939
3	28		32		32		84	84		9	
3	28		32		32		84	84		9	

1-3 续表 14

行 业				主营业务收　入	主营业务成　本	主营业务税金及附加
	个人资本	港澳台资本	外商资本			
涂料、油墨、颜料及类似产品制造	1900			12870	10253	88
涂料制造	1900			10863	8498	75
密封用填料及类似品制造				2007	1755	13
合成材料制造	2270			83078	83926	171
初级形态塑料及合成树脂制造	1257			79187	80711	84
合成橡胶制造	1013			3891	3215	87
专用化学产品制造	9740			361090	305056	1617
化学试剂和助剂制造	600			53622	48297	135
专项化学用品制造	50			76845	59206	321
林产化学产品制造	6253			127364	116736	807
信息化学品制造				25339	23132	41
环境污染处理专用药剂材料制造	537			32293	17222	302
其他专用化学产品制造	2300			45627	40463	12
炸药、火工及焰火产品制造	22678			315140	207572	4288
炸药及火工产品制造	4717			186638	124517	1543
焰火、鞭炮产品制造	17961			128502	83056	2745
日用化学产品制造	1726			85520	78590	288
肥皂及合成洗涤剂制造	1576			46580	40444	154
化妆品制造				12822	12619	37
香料、香精制造	150			26117	25527	97
医药制造业	160295	4020	26053	2279830	1205197	25226
化学药品制剂制造	8582			75533	52451	659
中药饮片加工	906			9511	6768	82
中成药生产	149804	4020	26053	2123679	1113238	24106
生物药品制造	400			53288	18692	331
卫生材料及医药用品制造	604			17819	14047	48
橡胶和塑料制品业	88624	9631	6500	1341691	1106048	10472
橡胶制品业	34221		6500	724297	587912	7699
轮胎制造	32346			679310	549216	7406
橡胶板、管、带制造			6500	18950	16516	67
橡胶零件制造	1875			18058	14467	211
再生橡胶制造				7980	7712	15
塑料制品业	54403	9631		617394	518136	2773
塑料薄膜制造	1000	4061		13196	12085	9
塑料板、管、型材制造	32689	5229		380767	311762	1761
塑料丝、绳及编织品制造	9369			131852	117601	369
泡沫塑料制造	4500			36339	29035	246
塑料人造革、合成革制造				2049	1782	5
塑料包装箱及容器制造	2175	340		29437	25793	72
日用塑料制品制造	4047			18718	15472	293
其他塑料制品制造	624			5037	4607	17
非金属矿物制品业	470039	80940	136629	5538652	4404992	54785
水泥、石灰和石膏制造	210731	75185	126508	2421813	1839328	19487
水泥制造	202278	75185	126508	2339557	1777237	18524
石灰和石膏制造	8454			82257	62091	962

单位：万元

销售费用	管理费用		财务费用			投资收益(损失以"-"号记)	营业利润	利润总额	亏损企业亏损额	应交增值税	应交所得税
		税金		利息收入	利息支出						
417	550	7	198	2	143		1163	1139		259	100
374	377	3	187		130		1151	1129		139	96
43	173	4	11	2	13		13	11		120	4
2508	4101	298	3284	1489	4493		-10972	-8526	9499	318	132
2433	4071	293	3232	1489	4493		-11059	-8613	9499	309	132
75	30	4	52				87	87		9	
11208	15410	575	2657	489	2517		28739	30148	1015	8571	3590
2062	2223	149	113	12	57		565	824	822	1500	97
5623	3133	113	305	144	104		8841	8874		2521	1213
1512	2566	137	414	1	408		6514	6594	193	3559	1011
529	1393	59	1991	5	1940		195	193		127	81
1402	5969	115	-177	327			7688	8726		595	1188
80	127	3	12		8		4937	4937		269	2
10924	28145	1014	6474	632	6667	15678	67879	67450		19690	4655
6068	22221	575	4791	631	5414	15678	43059	42629		14307	4168
4856	5924	439	1683	…	1253		24821	24821		5383	487
2853	1645	154	457	17	460		1720	1763		1207	19
2712	1371	104	343	16	346		1594	1637		1026	17
23	34	6	27		27		106	106			
118	240	44	87	1	87		20	20		181	2
574518	137500	3995	25258	4433	26181	4881	267626	274949	13013	138713	36618
12956	7086	240	2618	5	1561	1	2635	2400	2025	3283	667
286	547		104		11		2523	2522			18
556363	119057	3576	22012	4036	23712	4879	241856	249384	10989	131940	33141
4030	8976	113	71	392	451	2	20017	19854		3243	2661
883	1834	66	454	-1	446		595	790		247	131
60242	70032	3531	30864	731	25662	1574	60625	69812	4502	33798	4340
42232	43363	2023	23447	423	21078	1530	19859	22144	2017	22002	748
39323	35459	1835	22715	411	20798	1530	21611	23737		20713	679
1574	5432	107	321	10			-1253	-1544	1776	382	17
1246	2370	65	384	2	254		-535	-84	241	779	44
90	101	15	26		26		35	35		129	8
18010	26669	1508	7417	308	4583	44	40765	47668	2485	11795	3592
429	1597	47	305	106	72		-1215	-1235	1328	97	19
13293	16965	718	5519	175	2974	44	30072	36729	781	6315	2767
2548	4230	328	670	15	655		4608	4859	376	2414	184
902	1464	276	170		170		4499	4499		2385	312
131	89		1				41	41		2	10
309	718	19	262	1	202		1494	1515		392	195
368	1464	121	502	12	511		1016	1008		189	59
31	143		-13	-1			252	252			46
177970	263744	19955	125143	2299	115763	2119	507422	527688	39312	199325	61442
73400	114699	10125	86666	1561	86400	441	310677	326573	21246	113274	43894
72693	113181	10071	86076	1567	86088	441	299454	315350	20935	108191	43730
707	1518	55	590	-5	312		11223	11223	312	5083	164

1-3 续表 15

行业	个人资本	港澳台资本	外商资本	主营业务收入	主营业务成本	主营业务税金及附加
石膏、水泥制品及类似制品制造	129873	455	3030	1441153	1182847	13663
水泥制品制造	113493	455	3030	1285028	1084064	12197
砼结构构件制造	4000			64524	36588	673
轻质建筑材料制造	12380			91601	62195	793
砖瓦、石材等建筑材料制造	66994			801590	652849	10079
粘土砖瓦及建筑砌块制造	33679			363552	278158	3282
建筑陶瓷制品制造	6348			62188	52357	729
建筑用石加工	11227			179485	151324	3747
防水建筑材料制造	2000			18032	15056	475
隔热和隔音材料制造				14019	11162	179
其他建筑材料制造	13740			164314	144791	1667
玻璃制造	6290			34780	27125	867
平板玻璃制造	5040			20017	14136	621
其他玻璃制造	1250			14763	12989	247
玻璃制品制造	2913		581	166435	141511	2334
技术玻璃制品制造	1635			41000	35358	868
日用玻璃制品制造	762			50708	43998	253
玻璃包装容器制造	516		581	72727	60805	1207
其他玻璃制品制造				2000	1350	7
玻璃纤维和玻璃纤维增强塑料制品制造	1150			32368	25501	473
玻璃纤维及制品制造				2101	1678	23
玻璃纤维增强塑料制品制造	1150			30267	23822	450
陶瓷制品制造	503			20216	19127	37
特种陶瓷制品制造	503			17194	16810	4
日用陶瓷制品制造				741	515	4
园林、陈设艺术及其他陶瓷制品制造				2281	1802	30
耐火材料制品制造	13626		4633	347524	281077	3812
耐火陶瓷制品及其他耐火材料制造	13626		4633	347524	281077	3812
石墨及其他非金属矿物制品制造	37960	5300	1877	272773	235629	4034
石墨及碳素制品制造	4140			86327	70486	2207
其他非金属矿物制品制造	33820	5300	1877	186447	165143	1826
黑色金属冶炼和压延加工业	205154	3848	3638	5938260	5716649	19676
炼铁	28294			326049	333896	1005
黑色金属铸造	1920			282714	244557	1462
钢压延加工	31020			2249841	2264282	7993
铁合金冶炼	143920	3848	3638	3079657	2873914	9215
有色金属冶炼和压延加工业	113540	1936	29050	3675755	3506602	11506
常用有色金属冶炼	106756	1936		2620588	2604660	8910
铅锌冶炼	4722	1936		126292	95861	215
镍钴冶炼	200			80894	79473	7
锑冶炼	13456			48984	40266	197
铝冶炼	76541			2128174	2162364	6715
其他常用有色金属冶炼	11837			236244	226697	1776

单位：万元

销售费用	管理费用		财务费用			投资收益(损失以"-"号记)	营业利润	利润总额	亏损企业亏损额	应交增值税	应交所得税
		税金		利息收入	利息支出						
49729	67646	3118	23259	346	17467	1272	85781	85404	8332	43573	6849
44188	57793	2403	18519	341	12946	1272	60399	58209	8304	41161	5296
1924	3626	560	643	2	505		7879	8795	28	1287	651
3617	6227	155	4097	3	4016		17503	18400		1126	903
28209	49092	5282	6875	138	5585	309	69016	71116	3714	16130	8020
17631	29597	4215	2574	97	2153	309	42201	43421	1763	8721	6226
1125	2545	599	1218	…	1048		4455	4455		1898	425
3919	5092	136	1013	12	869		14045	14073	406	2653	581
922	669	2	112	1	83		2204	2275		59	5
788	3480		84	15	99		970	1004		243	161
3823	7708	329	1874	13	1334		5141	5888	1546	2556	623
169	1273	40	498	1	369	106	4620	4616		772	31
81	915	35	494	…	369		3544	3540		737	14
88	358	5	4	…		106	1076	1076		35	17
4477	5208	115	1272	35	1015	-8	7525	7480	1523	6110	529
540	1636	…	962	3	854	-8	1262	1262	1005	1085	110
808	1041		21		20		4588	4588	417	1945	204
3044	2417	115	208	32	141		1775	1730	…	3064	215
85	115	…	81				-101	-101	101	15	
1203	2828	34	70	…	69		2381	3384	47	375	177
20	86		3		3		377	377			
1183	2742	34	66	…	65		2004	3008	47	375	177
170	288	8	214	…	168		315	313		191	2
29	124		209	…	168		17	17		54	2
4	5	3	3				147	147		44	
137	160	5	2				151	149		94	
10535	10233	430	2285	100	1608		23444	22879	801	11933	1292
10535	10233	430	2285	100	1608		23444	22879	801	11933	1292
10079	12478	803	4003	118	3083		3664	5923	3649	6967	649
2318	4114	426	1901	53	1914		5306	5301	261	3455	340
7761	8364	377	2103	65	1169		-1641	621	3388	3512	309
71733	144080	11547	49235	8056	60271	-4000	-39479	14857	162128	124078	6386
4004	10923	701	2085	78	2279	-24	-10205	-10342	15301	7085	878
2711	5372	172	546	…	463	-6260	26654	27178	654	8751	916
10221	59864	7821	19352	3321	27214	2171	-108782	-90458	104376	40268	2569
54798	67921	2852	27252	4658	30314	113	52854	88479	41797	67974	2023
106102	138309	9273	70590	7929	70810	4723	28499	-1253	165089	84727	11558
101068	84590	8546	69640	5954	65131	4137	-86846	-117230	163713	75268	9173
1344	1861	212	440	2	435		24	436	959	851	40
576	1582	…	95	13	70		-1381	-1231	1331	297	
340	1575	19	199	1	137		5810	6086	128	2731	1340
94043	66898	7322	61272	5307	56906	4230	-79452	-114121	132371	66316	6000
4765	12673	993	7634	631	7584	-93	-11847	-8399	28924	5072	1793

1-3 续表 16

行业	个人资本	港澳台资本	外商资本	主营业务收入	主营业务成本	主营业务税金及附加
贵金属冶炼			29050	473673	382009	488
金冶炼			29050	468624	377022	488
银冶炼				5049	4987	
稀有稀土金属冶炼				8495	7797	11
其他稀有金属冶炼				8495	7797	11
有色金属合金制造	2742			340371	309211	81
有色金属压延加工	4042			232629	202925	2017
铜压延加工	300			10965	10784	25
铝压延加工	3398			176709	149792	1247
其他有色金属压延加工	344			44954	42349	745
金属制品业	46128	20	20	947644	811378	6304
结构性金属制品制造	28123	20	20	371230	329018	2409
金属结构制造	22023	20	20	305054	269365	1838
金属门窗制造	6100			66176	59653	571
金属工具制造	7020			95567	70349	1374
切削工具制造	2640			79925	62299	912
农用及园林用金属工具制造				4463	3421	12
刀剪及类似日用金属工具制造	4220			7236	1022	446
其他金属工具制造	160			3945	3606	5
集装箱及金属包装容器制造	1000			40207	31908	781
集装箱制造	720			9269	4449	56
金属压力容器制造				27979	25339	687
金属包装容器制造	280			2959	2119	38
金属丝绳及其制品制造	1438			284837	254542	1125
建筑、安全用金属制品制造	1600			28304	23028	145
建筑装饰及水暖管道零件制造				10768	7866	60
安全、消防用金属制品制造	1000			11582	10629	58
其他建筑、安全用金属制品制造	600			5954	4533	26
金属表面处理及热处理加工	1850			21001	18815	40
金属制日用品制造	1500			5593	5625	4
金属制餐具和器皿制造	1500			5593	5625	4
其他金属制品制造	3596			100905	78095	427
锻件及粉末冶金制品制造	2996			83338	64660	333
通用设备制造业	44014			588935	457356	7283
锅炉及原动设备制造				14326	12144	39
锅炉及辅助设备制造				12166	10162	38
风能原动设备制造				2161	1983	1
金属加工机械制造	10174			141382	121376	575
金属切削机床制造				81681	61462	137
铸造机械制造	10068			34461	38572	226
机床附件制造				2479	2238	34
其他金属加工机械制造	106			22762	19105	178
物料搬运设备制造	11552			130099	92603	3875
起重机制造	300			7756	7205	2
生产专用车辆制造	1200			13392	12528	48

单位：万元

销售费用	管理费用		财务费用			投资收益（损失以“–”号记）	营业利润	利润总额	亏损企业亏损额	应交增值税	应交所得税
		税金		利息收入	利息支出						
799	46534	183	-132	1933	4666	515	34338	31509	348	257	2015
754	46488	183	-132	1933	4666	515	34282	31453	348	198	2015
46	46						56	56		59	
66	444	12	8		7		11	9	75	50	
66	444	12	8		7		11	9	75	50	
621	1766	109	94	…	76	1	59162	60452	34	1479	11
3549	4975	424	981	42	930	70	21835	24007	920	7674	359
106	380	40	52	1	52		-278	767		562	65
2725	3077	165	436	31	400	1	20506	21927	178	6399	113
717	1518	219	492	11	478	69	1608	1313	742	713	181
34232	52464	2735	10979	810	10545	254	31771	35981	5978	19585	4657
7389	15717	833	2359	45	1761	205	14959	14938	2172	4725	1189
6188	14325	833	2245	44	1745	205	11825	11803	2172	4682	1040
1201	1392		115	…	16		3134	3134		43	149
2521	12699	529	1152	188	1137	31	4386	7089		2812	709
2298	11513	529	1053	188	1038	31	3280	4099		2784	689
223	297		9		9		501	432		7	
							526	2478			
	888		90		90		80	80		21	20
959	2307	32	297	22	318		2730	1673	167	2120	297
551	768		27		27		948	948		545	90
46	1234		237	22	258		1680	623	167	1507	208
363	304	32	34		34		102	102		69	
19020	10834	1038	4555	511	4878	3	-3368	-2816	3557	7570	541
1451	1184		148	…	126		2227	2240	82	402	245
1068	791		127	…	126		868	881	82	36	
106	91		14				675	675		209	108
277	301		7				684	684		158	137
636	780	17	182	1	183		548	548		297	133
13	9	4	2		1		10	9		4	1
13	9	4	2		1		10	9		4	1
2243	8936	282	2284	44	2141	15	10279	12300		1654	1542
1918	8248	282	2126	43	1983	15	7264	9286		1574	1530
18851	49622	976	7566	2051	4216	972	39544	47736	7226	15175	4137
548	776	46	64	…	64		717	717		177	33
524	666	42	64		64		711	711		166	31
24	111	3	…	…			5	6		11	2
2190	12654	349	2149	382	1442	684	4372	7716	6425	3377	674
1978	10073	287	1290	24	963	684	7925	10961	796	1085	98
154	381		810	365	422		-5681	-5617	5617	852	
48	212		…				-12	-12	12	100	
11	1989	63	49	-8	58		2140	2385		1340	575
7656	12519	34	2559	-4	1523		4180	4298		4972	916
4	54		…				491	491		96	
94	699		-2	-2			61	61		124	15

1-3 续表 17

行业	个人资本	港澳台资本	外商资本	主营业务收入	主营业务成本	主营业务税金及附加
连续搬运设备制造	52			5157	5027	50
电梯、自动扶梯及升降机制造	10000			37771	27425	205
其他物料搬运设备制造				66023	40418	3571
泵、阀门、压缩机及类似机械制造	5346			28158	18675	220
泵及真空设备制造	1500			7289	5911	30
液压和气压动力机械及元件制造	3846			20869	12765	191
轴承、齿轮和传动部件制造	14070			86931	75908	274
轴承制造	12137			34691	30434	112
齿轮及齿轮减、变速箱制造	1933			52240	45474	163
烘炉、风机、衡器、包装等设备制造	1000			64776	38938	1943
烘炉、熔炉及电炉制造				38583	32021	217
风机、风扇制造	1000			26193	6917	1726
通用零部件制造	1873			123261	97712	356
紧固件制造	190			61141	46735	198
机械零部件加工	1683			61291	50244	154
其他通用零部件制造				830	733	3
专用设备制造业	42004		21848	567935	460289	2777
采矿、冶金、建筑专用设备制造	28602		21848	424057	342269	2162
矿山机械制造	25384			228961	194797	1046
石油钻采专用设备制造				39724	28960	287
建筑工程用机械制造			21848	109943	83408	462
建筑材料生产专用机械制造				7555	6183	
冶金专用设备制造	3218			37874	28922	367
化工、木材、非金属加工专用设备制造	6372			35375	32452	77
炼油、化工生产专用设备制造	1122			1736	1477	6
橡胶加工专用设备制造	5000			20186	18833	15
模具制造				11009	10220	52
其他非金属加工专用设备制造	250			2445	1922	5
印刷、制药、日化及日用品生产专用设备制造	600			19968	17672	86
制浆和造纸专用设备制造	600			19968	17672	86
农、林、牧、渔专用机械制造	5530			50589	41560	248
拖拉机制造				10545	9347	11
机械化农业及园艺机具制造	1530			35369	28058	113
其他农、林、牧、渔业机械制造	4000			4675	4155	124
医疗仪器设备及器械制造	400			32536	21744	102
医疗诊断、监护及治疗设备制造				12846	11105	68
假肢、人工器官及植(介)入器械制造	400			3800	3624	2
其他医疗设备及器械制造				15890	7015	31
环保、社会公共服务及其他专用设备制造	500			5411	4593	102
环境保护专用设备制造	500			2413	1942	12
其他专用设备制造				2998	2651	90
汽车制造业	95918		1108	1465390	1338442	4021
汽车整车制造	57600			513208	492534	914
改装汽车制造				94096	63428	1041
汽车零部件及配件制造	38318		1108	858086	782480	2067

单位：万元

销售费用	管理费用		财务费用			投资收益(损失以"–"号记)	营业利润	利润总额	亏损企业亏损额	应交增值税	应交所得税
		税金		利息收入	利息支出						
	76		…				4	4		34	1
1606	2762	34	1965	-2	1523		3556	3674		1742	900
5952	8928		595				68	68		2976	
989	4804	88	180	20	147	226	3706	4841	157	1773	660
558	824	6	53	…	3		10	10		199	2
431	3980	82	127	20	144	226	3697	4831	157	1574	658
2150	6027	126	344	164	261	30	1590	4276	555	1956	600
765	2253	64	159	9	167		126	2234	555	1009	324
1385	3774	62	185	155	94	30	1464	2043		947	276
1817	1727	103	565	2	544	32	21297	21203		2345	669
1566	1600	99	553	1	541	32	2779	2686		1813	403
252	127	4	12	1	2		18517	18517		532	266
3501	11114	229	1705	1487	236		3682	4685	88	576	585
2875	7742	48	1612	1487	103		1698	2876		97	472
553	3261	180	94		133		2072	1898		434	113
73	111	2	-1				-88	-88	88	45	
32014	60004	1186	7684	527	6529	-50	2766	6727	21879	16156	4434
23230	52692	1023	7080	507	5982		-4230	-154	21746	14455	4023
7815	30848	414	3979	226	2203		-8219	-7760	18464	6144	979
3004	3012	166	373	29	373		4383	4740		1984	711
9515	12874	363	1166	214	1894		681	2106	1731	5433	2207
69	258		11				610	610			
2828	5700	81	1551	39	1512		-1685	150	1550	894	127
1541	1210	22	371	-1	362		132	258	98	433	18
40	198	19	113		113		-98	-98	98	34	
602	555	2	253	-1	250		219	343		150	17
423	423		5				2	5		246	
476	34	1	0				8	8		4	2
984	893	82	70		70		262	262		451	42
984	893	82	70		70		262	262		451	42
899	1512	47	122	4	114	-50	4462	4223		403	345
466	592	14	24	…	22		135	136			9
312	806	30	72	4	68	-50	4191	3965		299	320
121	114	3	25		25		136	122		104	17
5139	3295	9	54	…	…		2055	2055	36	298	
219	239		26				1043	1043			
	210	1	…	…	…		-36	-36	36	22	
4921	2846	8	28				1048	1048		276	
222	403	4	-12	17			84	82		117	5
171	260	4	-16	17			24	22		78	5
51	143		4				60	60		39	
30006	53878	2755	13563	1445	12475	-987	4019	17699	19674	91688	5890
7295	9344	375	8105	684	8813	43	739	521	7839	22200	2090
4766	4839	1531	383	398	504	-6977	-10562	-1664	2234	2937	55
17945	39695	850	5075	362	3158	5947	13841	18842	9602	66550	3746

1-3 续表 18

行业				主营业务收入	主营业务成本	主营业务税金及附加
	个人资本	港澳台资本	外商资本			
铁路、船舶、航空航天和其他运输设备制造业	29303		6623	975632	803820	2357
铁路运输设备制造	25303			144096	123108	62
铁路机车车辆及动车组制造	24206			124827	107681	8
铁路机车车辆配件制造	1097			19269	15427	54
船舶及相关装置制造	810			6736	5531	5
金属船舶制造	810			6736	5531	5
航空、航天器及设备制造	510		6623	753289	613193	1900
飞机制造	400		6623	742325	603714	1888
航空、航天相关设备制造	110			10964	9479	12
摩托车制造	680			9320	6889	86
摩托车整车制造	680			4719	3782	19
摩托车零部件及配件制造				4601	3107	67
自行车制造	2000			8835	9355	6
助动自行车制造	2000			8835	9355	6
潜水救捞及其他未列明运输设备制造				53356	45746	298
其他未列明运输设备制造				53356	45746	298
电气机械和器材制造业	49461	3561	28000	1070887	929800	5483
电机制造	70			39741	36366	120
发电机及发电机组制造	20			20040	19321	28
电动机制造				6125	4885	28
微电机及其他电机制造	50			13576	12160	64
输配电及控制设备制造	18755			196549	159194	1342
变压器、整流器和电感器制造				27835	24071	120
电容器及其配套设备制造	2000			2446	1883	11
配电开关控制设备制造	15916			147205	116782	1065
电力电子元器件制造	618			14031	12432	19
其他输配电及控制设备制造	221			5032	4025	126
电线、电缆、光缆及电工器材制造	13312		28000	475593	426279	1749
电线、电缆制造	13312		28000	475593	426279	1749
电池制造	1100			47041	42636	180
锂离子电池制造	1000			29224	26344	82
其他电池制造	100			17817	16292	98
家用电力器具制造	7769	3561		226813	196327	850
家用制冷电器具制造	600			145649	134468	253
家用厨房电器具制造				2197	1147	72
家用清洁卫生电器具制造	260			2150	1817	6
家用电力器具专用配件制造	510			12578	9520	112
其他家用电力器具制造	6399	3561		64238	49375	408
非电力家用器具制造				10360	6770	584
燃气、太阳能及类似能源家用器具制造				6310	3328	583
其他非电力家用器具制造				4050	3442	1
照明器具制造	8456			74790	62228	658
照明灯具制造	7297			54298	43507	517
灯用电器附件及其他照明器具制造	1159			20492	18721	141

单位：万元

销售费用	管理费用	税金	财务费用	利息收入	利息支出	投资收益(损失以“-”号记)	营业利润	利润总额	亏损企业亏损额	应交增值税	应交所得税
17100	155648	1259	45573	3141	44756	3630	-38542	-28323	64110	10655	3653
1863	15240	317	179	398	424	1160	4719	4975	98	1325	96
1645	14012	314	162	397	406	1160	2392	2583		1151	
218	1228	3	18	1	18		2327	2392	98	174	96
2	222	2	90	…	90		851	221	59	91	5
2	222	2	90	…	90		851	221	59	91	5
11963	136755	923	44270	2739	43291	2470	-48669	-36728	61076	7824	3551
11198	131675	894	43486	2719	42494	2470	-43505	-32595	56492	7623	3494
765	5080	29	784	20	797		-5164	-4133	4584	201	57
776	767		71		71		731	666		63	1
385	382		6		6		145	80		63	1
391	385		65		65		586	586			
432	1264	…	150	12	152		-1253	-1254	1380	11	
432	1264	…	150	12	152		-1253	-1254	1380	11	
2064	1400	17	812	-8	727		5079	3797	1497	1343	
2064	1400	17	812	-8	727		5079	3797	1497	1343	
34869	53525	4045	14304	1097	9414	1141	29398	33667	4974	13931	4609
1003	5354	211	5442	45	1764	406	-3494	-2196	2417	1996	30
29	3758	110	5358	42	1679	406	-3661	-2385	2417	1624	3
358	1000	51	31	3	33		81	102		306	27
616	597	51	52		52		86	86		66	
9841	13874	272	2138	203	1731	931	11771	11775	1823	4946	1474
866	2687	82	336	4	189	…	-669	-631	779	1194	36
107	362		114				-31	-26	26	66	
8812	9141	181	1693	191	1541	931	11669	11616	1019	3669	1438
56	1184	8	-6	8			422	435		17	
	500		1				380	380			
15899	15250	865	4341	760	4339	10	12327	12267	59	2903	1832
15899	15250	865	4341	760	4339	10	12327	12267	59	2903	1832
666	1013	7	341	36	273		1528	1587	10	1012	337
613	799	3	323	36	255		13	409	10	666	1
53	214	4	18		18		1514	1178		347	336
5555	9829	2595	1345	4	676	44	5556	7961		2293	723
2646	5773	2314	-1	6			3341	3404		1232	497
5	18						956	956			
125	159		23		17		21	18		35	
564	1261	43	414		122		137	121		420	19
2217	2618	238	909	-2	537	44	1101	3463		606	208
516	1123		73	2	51		727	726		27	
490	990		38	2	16		381	381		16	
25	133		35		35		346	345		11	
1389	7083	95	626	48	581	-250	983	1547	665	754	213
1062	6659	5	300	48	346		447	1061	665	730	213
327	424	90	326		235	-250	536	485		24	

1-3 续表 19

行业	个人资本	港澳台资本	外商资本	主营业务收入	主营业务成本	主营业务税金及附加
计算机、通信和其他电子设备制造业	10692		840	484584	412951	6703
计算机制造	1000			6960	5125	10
计算机整机制造	1000			6960	5125	10
通信设备制造			840	10413	8636	44
通信终端设备制造			840	10413	8636	44
广播电视设备制造						
广播电视接收设备及器材制造						
视听设备制造				230126	195041	837
电视机制造				230126	195041	837
电子器件制造	1533			135142	123481	1298
电子真空器件制造						
半导体分立器件制造	1533			15540	11904	1102
集成电路制造				119602	111577	196
电子元件制造	6059			83974	66505	4508
电子元件及组件制造	6059			83974	66505	4508
其他电子设备制造	2100			17970	14164	6
仪器仪表制造业	14039		820	95178	65844	812
通用仪器仪表制造	3959			30624	16542	353
工业自动控制系统装置制造	3959			30624	16542	353
专用仪器仪表制造	10080			40988	32186	279
环境监测专用仪器仪表制造	10080			20002	17661	154
其他专用仪器制造				20986	14525	125
钟表与计时仪器制造				7737	6654	32
光学仪器及眼镜制造			820	15828	10462	148
光学仪器制造			820	15828	10462	148
其他制造业	12488			211665	147315	538
废弃资源综合利用业	2260			73242	59684	201
金属废料和碎屑加工处理	250			59927	51959	108
非金属废料和碎屑加工处理	2010			13315	7725	93
金属制品、机械和设备修理业	1000			2681	1976	1
其他机械和设备修理业	1000			2681	1976	1
电力、热力、燃气及水生产和供应业	**18205**	**4380**	**71711**	**12118136**	**10957072**	**51316**
电力、热力生产和供应业	14694	4380		11680421	10553166	49634
电力生产	14694	4380		4134403	3297017	29541
火力发电				3170074	2703636	16890
水力发电	13694	4380		916917	573450	12649
风力发电	1000			47412	19932	2
电力供应				7546017	7256149	20093
燃气生产和供应业	3130			335415	335089	462
水的生产和供应业	380		71711	102301	68817	1220
自来水生产和供应	380		65527	96646	64803	1113
污水处理及其再生利用			6184	5655	4014	107

单位：万元

销售费用	管理费用		财务费用			投资收益(损失以"-"号记)	营业利润	利润总额	亏损企业亏损额	应交增值税	应交所得税
		税金		利息收入	利息支出						
33800	11380	912	645	46	766		24092	26646	1108	10184	2383
308	34		17		17		1804	1804		36	1
308	34		17		17		1804	1804		36	1
1049	1758	2	64	6	68		332	416	911	61	
1049	1758	2	64	6	68		332	416	911	61	
27389	4847	667	-251	17			5669	7704		6508	1158
27389	4847	667	-251	17			5669	7704		6508	1158
495	1306	213	393	3	372		8155	8268		2945	1224
495	1017	86	255	3	234		735	730		1333	93
	288	127	138		138		7421	7538		1612	1131
4103	3071	30	245	20	139		5282	5604	197	575	
4103	3071	30	245	20	139		5282	5604	197	575	
456	365		177		172		2850	2850		59	
5223	14751	211	1956	129	1797	-99	6715	8984	71	5397	1246
2024	5687	26	268	18	208	22	4786	5967		3261	737
2024	5687	26	268	18	208	22	4786	5967		3261	737
1313	5981	122	1163	72	1026	-120	1228	2286		901	385
76	1193	30	1000	67	912		1119	1529			229
1238	4788	92	163	5	114	-120	110	757		901	155
59	162	6					17	17		25	
1826	2920	57	525	39	564		684	714	71	1210	124
1826	2920	57	525	39	564		684	714	71	1210	124
2043	23985	459	-884	2241	1103	270	30210	30882	1382	827	812
814	1022	281	68	1	59		9701	9671	373	1066	158
187	569	160	16	1	8		3720	3722	227	950	158
628	452	121	51		51		5980	5950	146	117	
	62		…		…		642	642		98	
	62		…		…		642	642		98	
88406	**303609**	**12601**	**883567**	**78756**	**917640**	**50471**	**163926**	**200850**	**137186**	**509894**	**36553**
70712	267795	10493	867828	77074	899462	40428	169563	196144	121239	502047	34155
2327	128410	5286	656493	73051	690482	32421	148708	153982	92902	269996	27404
47	109447	3543	263226	60466	320305	11874	191120	190426	14349	154498	26016
1033	17382	1709	378763	12491	355583	20547	-54792	-48931	77471	115498	1224
1246	1581	33	14504	94	14595		12381	12487	1082		164
68386	139384	5207	211334	4024	208980	8007	20855	42162	28337	232051	6750
11019	15554	493	11546	1652	13833	10043	-10090	-2581	14052	2428	957
6674	20261	1615	4193	30	4346		4453	7287	1896	5419	1441
6674	19543	1601	4227	-17	4334		3575	6210	1896	5419	1283
	719	15	-33	47	12		879	1077		…	157

1-4 按行业分组的规模以上国有及

(2013年)

行业	企业单位数(个)	工业销售产值(当年价格)	出口交货值	资产总计	固定资产合计	固定资产原价	累计折旧
总计	**502**	**34351625**	**812503**	**64727605**	**31212080**	**42893821**	**13739493**
采矿业	**77**	**3324595**		**8250261**	**2954576**	**4320581**	**1530832**
煤炭开采和洗选业	69	3067586		8045944	2932093	4295755	1523581
烟煤和无烟煤开采洗选	69	3067586		8045944	2932093	4295755	1523581
有色金属矿采选业	2	51350		53895	13465	12347	1776
常用有色金属矿采选	2	51350		53895	13465	12347	1776
非金属矿采选业	6	205659		150422	9019	12479	5475
土砂石开采	2	11069		9141	480	550	71
化学矿开采	4	194590		141281	8539	11928	5405
制造业	**265**	**18455004**	**812503**	**31951847**	**10667566**	**13678329**	**4626953**
农副食品加工业	12	93532		53532	20414	26036	7020
谷物磨制	5	34073		14321	4019	4755	736
饲料加工	1	12532		3611	592	1432	840
植物油加工	3	11928		8096	4812	5423	2009
制糖业	1	2801		5188			
屠宰及肉类加工	2	32198		22316	10991	14426	3435
食品制造业	1	42435		45962	24839	22594	4981
乳制品制造	1	42435		45962	24839	22594	4981
酒、饮料和精制茶制造业	9	2996136	97558	7234647	974342	1298383	325594
酒的制造	6	2973222	97558	7213314	960523	1284051	324444
精制茶加工	3	22914		21333	13819	14331	1150
烟草制品业	5	3432905	364	2482627	561916	1048464	518145
烟叶复烤	4	111048		345416	120296	208546	88250
卷烟制造	1	3321857	364	2137211	441620	839918	429895
纺织业	1	5067		4210	231	411	180
麻纺织及染整精加工	1	5067		4210	231	411	180
纺织服装、服饰业	3	47372		29704	6634	12173	8065
机织服装制造	3	47372		29704	6634	12173	8065
皮革、毛皮、羽毛及其制品和制鞋业	1	133471		82810	21235	24985	11733
制鞋业	1	133471		82810	21235	24985	11733
木材加工和木、竹、藤、棕、草制品业	5	34725		17086	10784	10066	6987
木材加工	1	2109		2542	1061	1068	8
人造板制造	3	30612		5236	2056	8921	6952
竹、藤、棕、草等制品制造	1	2004		9307	7668	77	28
家具制造业	1	26665		24410	1235	2063	828
其他家具制造	1	26665		24410	1235	2063	828
造纸和纸制品业	1	5035		257399	239907	201456	38451
纸浆制造	1	5035		257399	239907	201456	38451

国有控股工业企业主要经济指标

单位：万元

流动资产合计	应收账款	存货	产成品	负债合计	流动负债合计	应付账款	所有者权益合计	实收资本	国家资本	集体资本	法人资本
21346382	**3057597**	**5548087**	**1276044**	**43642205**	**24138205**	**5168407**	**21063736**	**10546595**	**5982096**	**90912**	**3151453**
2202562	**490976**	**250399**	**138360**	**5847265**	**3647632**	**759565**	**2387972**	**1226910**	**636665**	**32571**	**481143**
2130128	475405	238181	127058	5756781	3606262	753707	2274139	1189976	602398	32571	478993
2130128	475405	238181	127058	5756781	3606262	753707	2274139	1189976	602398	32571	478993
15324	2267	9352	8814	25845	14830	208	28050	32950	32950		
15324	2267	9352	8814	25845	14830	208	28050	32950	32950		
57110	13305	2866	2488	64640	26539	5650	85783	3984	1317		2150
8632	675	283		5947	5058	877	3194	320	150		
48478	12630	2583	2488	58692	21481	4773	82588	3664	1167		2150
15997993	**2033073**	**5083333**	**1112699**	**17675479**	**13243440**	**2759066**	**14279228**	**5479816**	**3411826**	**13698**	**1893208**
26981	12685	5198	939	31406	15650	2210	22125	9852	3907	1250	2613
9659	6763	1673	153	10528	9424	515	3793	3750	3398	50	300
2978	1420	721	181	2837	2453	1568	773	259	259		
3043	222	830	105	4544	3772	127	3552	3530	250	1200	
1200	1	411	411	3868			1320	…	…		
10101	4279	1564	90	9629			12688	2313			2313
21123	1477	2058	90	38370	34423	3829	7592	2173	2173		
21123	1477	2058	90	38370	34423	3829	7592	2173	2173		
5292263	9540	1453907	81448	1120275	1104650	61608	6114154	525093	503900		21193
5285784	9091	1453114	81299	1112969	1101030	61524	6100345	521193	500000		21193
6479	449	793	149	7306	3620	84	13809	3900	3900		
1713863	133643	1244053	68152	693372	689968	356077	1789255	666771	307771		359000
140769	9957	21198	16522	8902	8902	3161	336514	307771	307771		
1573094	123686	1222855	51630	684470	681066	352916	1452742	359000			359000
3979	1001	262	161	3919	3919		291	220	220		
3979	1001	262	161	3919	3919		291	220	220		
22908	1782	8809	4705	11636	8480	2970	18068	11166	2546		8620
22908	1782	8809	4705	11636	8480	2970	18068	11166	2546		8620
61575	2835	23411	13326	33907	21857	2986	48903	5000			5000
61575	2835	23411	13326	33907	21857	2986	48903	5000			5000
5254	1880	1350	905	20210	9779	670	-3125	7777	5000	500	1977
982		418	357	1370	352		1173	500		500	
2634	880	932	548	14392	6179	262	-9156	2277			1977
1639	1000			4449	3249	408	4859	5000	5000		
19067	2380	10162	9894	14692	14692	720	9719	5000	2550	1200	
19067	2380	10162	9894	14692	14692	720	9719	5000	2550	1200	
17492	2267	10023	1023	255540	129690	27185	1859	1859	1859		
17492	2267	10023	1023	255540	129690	27185	1859	1859	1859		

1-4 续表 1

行 业	企业单位数(个)	工业销售产值(当年价格)	出口交货值	资产总计	固定资产合计	固定资产原价	累计折旧
印刷和记录媒介复制业	2	9847		17840	4380	14569	10190
印刷	2	9847		17840	4380	14569	10190
文教、工美、体育和娱乐用品制造业	1	3620		1597	422	486	65
工艺美术品制造	1	3620		1597	422	486	65
石油加工及炼焦	1	254414		383550	134175	145330	11155
化学原料和化学制品制造业	47	2954106	393238	8870670	3805817	4033802	1212952
基础化学原料制造	21	332238	2225	867261	290924	375234	178320
肥料制造	14	2328643	391013	7305476	3417507	3532981	996070
涂料、油墨、颜料及类似产品制造	1	1665		8379	1118	1570	452
合成材料制造	1	58603		95506	5582	5332	1118
专用化学产品制造	4	57536		75742	21597	24004	5836
炸药、火工及焰火产品制造	5	158585		507770	64870	83010	23704
日用化学产品制造	1	16837		10535	4219	11673	7453
医药制造业	1	67124		11552	3422	4742	2022
化学药品制剂制造	1	67124		11552	3422	4742	2022
橡胶和塑料制品业	5	683231	193019	813835	209760	410115	200347
橡胶制品业	3	662394	193019	802643	205045	386038	180985
塑料制品业	2	20837		11193	4715	24078	19363
非金属矿物制品业	43	1099725	747	1848835	1152793	1311134	192278
水泥、石灰和石膏制造	27	668959		1531407	1035772	1139363	126621
石膏、水泥制品及类似制品制造	11	335572		211537	84098	114613	35010
砖瓦、石材等建筑材料制造	3	71822		49541	21272	16208	902
玻璃制品制造	1	8408		6675	2440	3589	1149
石墨及其他非金属矿物制品制造	1	14965	747	49675	9212	37362	28595
黑色金属冶炼和压延加工业	11	2237236		2543669	871694	1581060	723089
炼铁	1	208435		166782	77706	128984	51278
钢压延加工	3	1857591		2147537	706128	1349869	643741
铁合金冶炼	7	171210		229350	87860	102207	28070
有色金属冶炼和压延加工业	14	1364739	12577	2658173	1560793	1967604	649005
常用有色金属冶炼	6	1258940	12577	2556997	1528177	1917620	630039
贵金属冶炼	5	90274		77644	25162	41010	16797
有色金属合金制造	1	2012		6215	1166	569	40
有色金属压延加工	2	13513		17317	6288	8405	2129
金属制品业	10	374216	12412	602009	149397	246989	98253
结构性金属制品制造	3	63929		62441	5509	11160	5651
金属工具制造	2	52332	2833	183736	43376	85611	42235
集装箱及金属包装容器制造	2	21489		28918	4195	7460	3265
金属丝绳及其制品制造	1	194432	8643	253393	68793	104558	35765
其他金属制品制造	2	42035	936	73521	27524	38201	11338
通用设备制造业	15	248790	1386	351487	57665	60574	31386
锅炉及原动设备制造	1	2161		3361	40	40	…
金属加工机械制造	3	53562		188501	33763	15426	6104

单位：万元

流动资产合计	应收账款	存货	产成品	负债合计	流动负债合计	应付账款	所有者权益合计	实收资本	国家资本	集体资本	法人资本
13449	3361	7797	4771	11083	10333	2469	6757	3100	1000		2100
13449	3361	7797	4771	11083	10333	2469	6757	3100	1000		2100
1175	64	759	670	1480	1180	28	117	50	50		
1175	64	759	670	1480	1180	28	117	50	50		
108007	37368	22939	2486	273478	180255	33286	110071	100000			100000
3105245	560038	686823	456825	6299430	4470658	528974	2579079	1530758	1257349	6012	249808
362174	60473	90365	48672	814353	618474	62097	52198	224861	120631	4744	83590
2511848	448017	555644	393578	5146289	3616504	432781	2170265	1209293	1074535	1267	133035
5620	609	638	393	4947	4896	382	3432	300	300		
36332	6087	3246	1927	93639	93338	9979	1867	6553			6553
41032	12074	19162	3838	55371	40097	6117	17847	16650	12050		4600
141924	31295	14910	6706	177226	89814	15074	330540	66871	49833		15801
6316	1484	2858	1712	7606	7536	2543	2930	6229			6229
8130	1178	959	515	2199	2199	396	8708	3670			2040
8130	1178	959	515	2199	2199	396	8708	3670			2040
447105	151364	108887	11209	566902	440885	104253	246363	72211	27174		8630
441000	150051	105124	9508	553704	427688	93883	248367	57020	24674		
6105	1312	3763	1701	13197	13197	10370	-2005	15191	2500		8630
465136	58871	86666	35431	1362621	769993	99925	485435	412066	189865	90	207773
293267	24395	49834	15783	1069253	531138	53072	462044	351527	147767	90	191573
109318	23314	17477	6750	179899	164962	31647	30969	21697	5787		14200
27296	2093	10500	8235	25541	11662	4958	24000	4520	2255		2000
4137	1840	1523	830	6372	4196	3922	303	266			
31118	7229	7333	3831	81556	58037	6326	-31881	34055	34055		
1269311	130430	256397	63074	1793596	1737071	555193	747547	662671	97354		565316
58640	17143	18205	3231	158030	157854	64247	8752	65957			65957
1083810	79926	185368	30933	1448071	1401451	441890	699466	517659	68300		449359
126861	33361	52824	28910	187495	177766	49056	39329	79054	29054		50000
586509	87070	276286	65131	2033415	1092934	119537	624539	608567	556115	167	52277
541579	81840	266492	64456	1965177	1055301	116971	591601	583936	540446		43490
30546	27	7739	113	54162	23557	824	23482	16760	9481	167	7112
4125	395	394		4251	4251	13	1964	172	88		75
10259	4807	1661	562	9825	9825	1729	7492	7700	6100		1600
365969	92923	128142	67129	307957	285791	77552	294051	137155	101682	1887	29316
37662	18855	14337	7031	51951	51951	31814	10490	4810			4810
99915	23017	42656	27064	112276	96711	29710	71460	50137	46419	1129	
24711	10398	8228	1020	19705	19705	7148	9213	5758	5000	758	
159059	23699	47050	27181	102545	101583	1389	150848	49544	49544		
44622	16955	15871	4834	21480	15840	7490	52041	26906	720		24506
237606	74239	62757	23311	232742	212670	76654	118745	55237	28012		21521
3321	2808	222		2828	2828	2772	533	500			500
102244	31663	18225	1489	147064	131567	44580	41437	28392	18392		10000

1-4 续表 2

行业	企业单位数(个)	工业销售产值(当年价格)	出口交货值	资产总计	固定资产合计	固定资产原价	累计折旧
物料搬运设备制造	3	84628		20964	815	1471	657
泵、阀门、压缩机及类似机械制造	3	18075		38131	6819	9138	5882
轴承、齿轮和传动部件制造	3	59357	1386	49714	8630	20627	12470
通用零部件制造	2	31007		50816	7599	13872	6272
专用设备制造业	12	138760	2655	439789	134607	132046	26794
采矿、冶金、建筑专用设备制造	12	138760	2655	439789	134607	132046	26794
汽车制造业	8	450201	4303	508875	130963	219044	113827
汽车整车制造	3	160394		91046	55240	67395	28331
改装汽车制造	2	32422		56646	4138	8182	4425
汽车零部件及配件制造	3	257385	4303	361183	71585	143467	81070
铁路、船舶、航空航天和其他运输设备制造业	24	927238	93233	2091462	500438	753883	362727
铁路运输设备制造	1	124827	11553	166909	77537	79201	39122
航空、航天器及设备制造	22	801916	81680	1916403	421620	672936	323140
潜水救捞及其他未列明运输设备制造	1	495		8150	1281	1746	465
电气机械和器材制造业	7	266798	338	97031	9716	23654	13940
电机制造	1	7506		19872	2529	3262	733
输配电及控制设备制造	3	26306	338	24871	3245	8112	4867
电线、电缆、光缆及电工器材制造	1	13667		3475	747	816	68
电池制造	1	24932		14170	1220	3170	1950
家用电力器具制造	1	194388		34643	1974	8296	6322
计算机、通信和其他电子设备制造业	16	400314		156564	10535	18927	8421
通信设备制造	2	3290		8679	854	4094	3240
广播电视设备制造	1						
视听设备制造	1	251546		89923	6469	10214	3745
电子器件制造	5	140632		51669	3031	4342	1339
电子元件制造	7	4847		6293	181	277	97
仪器仪表制造业	4	48336	675	91242	8152	13846	5697
通用仪器仪表制造	1	16384		30933	356	671	314
专用仪器仪表制造	1	16847		38194	4672	6695	2022
光学仪器及眼镜制造	2	15105	675	22116	3124	6481	3361
其他制造业	5	108969		231280	61299	93891	42822
电力、热力、燃气及水生产和供应业	**160**	**12572025**		**24525498**	**17589939**	**24894911**	**7581708**
电力、热力生产和供应业	137	12243442		23412029	17070952	24313428	7409479
电力生产	54	4426779		16586730	12524559	16449495	4069060
电力供应	83	7816663		6825299	4546393	7863933	3340420
燃气生产和供应业	6	228067		501289	132522	188641	71108
水的生产和供应业	17	100516		612180	386465	392841	101121
自来水生产和供应	16	95893		597175	380597	381081	95214
污水处理及其再生利用	1	4624		15005	5868	11760	5907

单位：万元

流动资产合计	应收账款	存货	产成品	负债合计	流动负债合计	应付账款	所有者权益合计	实收资本	国家资本	集体资本	法人资本
19930	14219	428	428	17002	13481	3950	3961	5062	4572		490
30039	5597	5876	549	18221	17922	3306	19910	10147	2467		3909
40122	13760	9703	5330	29298	28712	13626	20416	10486	2581		5972
41949	6193	28303	15515	18328	18160	8420	32488	650			650
191375	70165	51966	13338	254940	181505	74073	184949	139397	91980	889	41443
191375	70165	51966	13338	254940	181505	74073	184949	139397	91980	889	41443
318584	94314	89467	40439	324833	268492	78331	184042	85783	20483		43112
34354	3357	15532	4435	95426	72263	643	-4381	26000			26000
39304	12408	11081	1496	46875	44244	14538	9771	17430	17430		
244926	78549	62855	34508	182532	151986	63150	178651	42353	3053		17112
1271815	354057	443611	87846	1657003	1283920	396682	434459	297895	153053		108986
79527	24630	29944	2743	72494	57178	38064	94415	42200	17994		
1188520	329044	412100	84078	1576600	1218834	358389	339803	253849	133213		108986
3769	383	1567	1025	7909	7909	229	241	1846	1846		
80227	33220	23272	15230	52785	51656	26475	44246	30876	510	1703	26578
14167	1448	4117	3053	11591	11591	1237	8280	6923			6923
19243	4098	9829	4485	17716	17588	5636	7155	5966		1703	2178
2714	310	966	474	2448	1448	249	1027	1000	510		490
12950	4972	6175	5167	11230	11230	7265	2940	2857			2857
31153	22392	2184	2052	9800	9800	12089	24844	14130			14130
130849	50041	44573	36199	102145	96986	67660	54420	35703	225		32705
7495	1407	2216	897	5447	5041	558	3233	14325			13485
73318	13243	34101	32069	56125	55475	41531	33797	15751			15751
44901	34762	6326	1679	35050	32388	24733	16619	5227	225		3469
5136	629	1931	1555	5522	4082	838	771	400			
68583	38961	14560	7660	56690	55379	20496	34552	11253	8053		3200
30334	24312	942		24520	24452	11921	6413	3000			3000
25998	13184	8381	4774	22088	20845	6915	16105	3000	3000		
12251	1466	5237	2886	10082	10082	1660	12034	5253	5053		200
144416	25919	18241	795	118854	68425	38828	112307	58513	48995		
3145826	**533547**	**214355**	**24986**	**20119460**	**7247133**	**1649776**	**4396536**	**3839870**	**1933605**	**44642**	**777103**
2766130	470709	193307	21782	19366312	6781806	1549149	4036216	3562296	1769089	44642	731358
1758329	408597	178112	20395	13834256	4506371	771790	2746730	3172884	1390035	44642	723807
1007801	62113	15196	1387	5532055	2275435	777359	1289486	389412	379054		7552
202211	40023	16615	3204	484126	285756	71878	17163	74390	39782		32822
177486	22815	4433		269023	179571	28749	343157	203184	124734		12922
168604	22029	4379		266917	177465	28730	330257	193184	124734		2922
8882	787	53		2106	2106	19	12899	10000			10000

1-4 续表 3

行　业				主营业务收入	主营业务成本	主营业务税金及附加
	个人资本	港澳台资本	外商资本			
总　计	**216818**	**4061**	**67267**	**34355036**	**25639918**	**2287740**
采矿业	**73946**			**2876500**	**2189390**	**91922**
煤炭开采和洗选业	73946			2627501	2033283	86624
烟煤和无烟煤开采洗选	73946			2627501	2033283	86624
有色金属矿采选业				53190	26976	704
常用有色金属矿采选				53190	26976	704
非金属矿采选业				195809	129130	4594
土砂石开采				10819	8902	268
化学矿开采				184989	120228	4327
制造业	**141086**	**4061**	**1740**	**19756840**	**12798516**	**2147105**
农副食品加工业	2082			91938	84617	422
谷物磨制	2			32968	31195	82
饲料加工				12575	12042	
植物油加工	2080			11396	9978	216
制糖业				2801	4681	
屠宰及肉类加工				32198	26721	123
食品制造业				38115	28774	58
乳制品制造				38115	28774	58
酒、饮料和精制茶制造业				3516266	392517	342563
酒的制造				3494267	374845	342467
精制茶加工				21999	17672	96
烟草制品业				3394736	938433	1719421
烟叶复烤				81335	35879	1104
卷烟制造				3313401	902554	1718318
纺织业				4169	3787	40
麻纺织及染整精加工				4169	3787	40
纺织服装、服饰业				38193	33779	49
机织服装制造				38193	33779	49
皮革、毛皮、羽毛及其制品和制鞋业				279003	261660	577
制鞋业				279003	261660	577
木材加工和木、竹、藤、棕、草制品业	300			34725	28910	171
木材加工				2109	1737	2
人造板制造	300			30612	25209	108
竹、藤、棕、草等制品制造				2004	1964	61
家具制造业	1250			26665	18167	133
其他家具制造	1250			26665	18167	133
造纸和纸制品业				19847	19523	160
纸浆制造				19847	19523	160

单位：万元

销售费用	管理费用		财务费用			投资收益(损失以"-"号记)	营业利润	利润总额	亏损企业亏损额	应交增值税	应交所得税
		税金		利息收入	利息支出						
842623	**1936657**	**79239**	**1350443**	**151810**	**1455809**	**116535**	**2828461**	**2963530**	**776833**	**1891886**	**838524**
73761	**339423**	**10090**	**165841**	**3514**	**156288**	**10558**	**72838**	**76311**	**171406**	**198339**	**42591**
62822	320055	9819	162271	3254	153033	10135	22507	25559	171040	188548	40486
62822	320055	9819	162271	3254	153033	10135	22507	25559	171040	188548	40486
4430	10177	18	2447	241	2769	424	13688	13899	257	6067	321
4430	10177	18	2447	241	2769	424	13688	13899	257	6067	321
6509	9191	253	1124	19	486		36644	36853	108	3723	1784
307	688		35	4	39		619	612	108	250	
6202	8503	253	1089	15	447		36025	36241		3474	1784
685098	**1305418**	**56637**	**345019**	**70865**	**421177**	**53436**	**2609195**	**2707602**	**471486**	**1201672**	**760616**
3616	3694	108	395	36	360	389	344	1421	1498	1209	92
392	596	…	75		75	389	1007	1033		15	…
156	309		-9				74	70			19
240	342		45	46	…		480	1535		2	17
178	186	4	121		121		-1498	-1498	1498		
2650	2261	104	163		163		281	281		1193	56
5547	2085		175	49	187		1884	1895		567	
5547	2085		175	49	187		1884	1895		567	
273874	295321	11114	-39947	43783	955	3309	2273473	2250868		490951	569835
273334	294647	11113	-40242	43773	670	3309	2271247	2248542		490801	569835
540	674	1	295	10	285		2226	2327		150	
67682	214866	6718	-3930	4964	909	1297	461735	450773		406546	122474
10147	23187	1232	-4092	4099		273	15570	14694		9489	3674
57535	191679	5486	163	865	909	1024	446165	436079		397058	118801
72	369		-17	17			1	1		276	
72	369		-17	17			1	1		276	
844	3700	35	65	52	115		807	1144	60	290	
844	3700	35	65	52	115		807	1144	60	290	
2977	4462	285	523	59	575		8609	8702		4485	1450
2977	4462	285	523	59	575		8609	8702		4485	1450
1696	2167	1	1021	197	767		386	715	766	745	3
116	190		49	8	42		14	14		11	3
1537	1786	1	785		725		814	1059	409	734	
44	191		188	189	1		-442	-358	358		
3442	2244	87	179	9	176		2779	3267		1808	684
3442	2244	87	179	9	176		2779	3267		1808	684
1091	8646	6	6408		6408		-20353	-19238	19238	1289	
1091	8646	6	6408		6408		-20353	-19238	19238	1289	

1-4 续表 4

行业	个人资本	港澳台资本	外商资本	主营业务收入	主营业务成本	主营业务税金及附加
印刷和记录媒介复制业				6843	5588	76
印刷				6843	5588	76
文教、工美、体育和娱乐用品制造业				3620	3098	13
工艺美术品制造				3620	3098	13
石油加工及炼焦				173680	155459	245
化学原料和化学制品制造业	17589			4050305	3580655	42927
基础化学原料制造	15896			329054	296268	1410
肥料制造	456			3438520	3066229	39971
涂料、油墨、颜料及类似产品制造				2007	1755	13
合成材料制造				41057	45145	1
专用化学产品制造				55127	50299	110
炸药、火工及焰火产品制造	1237			168845	109215	1343
日用化学产品制造				15696	11744	79
医药制造业	1630			18183	9022	273
化学药品制剂制造	1630			18183	9022	273
橡胶和塑料制品业	32346	4061		683343	555065	7132
橡胶制品业	32346			661757	534685	7132
塑料制品业		4061		21586	20380	
非金属矿物制品业	13438		900	977088	701830	6066
水泥、石灰和石膏制造	12097			674665	446347	3876
石膏、水泥制品及类似制品制造	810		900	216734	197983	1171
砖瓦、石材等建筑材料制造	265			60762	35530	803
玻璃制品制造	266			8715	7250	96
石墨及其他非金属矿物制品制造				16212	14719	120
黑色金属冶炼和压延加工业				2217591	2264406	6585
炼铁				186342	200076	646
钢压延加工				1862985	1901862	5388
铁合金冶炼				168263	162468	551
有色金属冶炼和压延加工业	9			1424640	1437938	5928
常用有色金属冶炼				1285535	1327576	5681
贵金属冶炼				130662	102480	222
有色金属合金制造	9			2012	1690	5
有色金属压延加工				6431	6191	19
金属制品业	4270			376101	319671	2881
结构性金属制品制造				46609	42064	229
金属工具制造	2590			74506	57596	905
集装箱及金属包装容器制造				27979	25339	687
金属丝绳及其制品制造				190788	166317	879
其他金属制品制造	1680			36220	28355	181
通用设备制造业	5704			231070	166392	4081
锅炉及原动设备制造				2161	1983	1
金属加工机械制造				36947	27243	121

单位：万元

销售费用	管理费用		财务费用			投资收益(损失以"–"号记)	营业利润	利润总额	亏损企业亏损额	应交增值税	应交所得税
		税金		利息收入	利息支出						
238	1129	8	4	-52	1		-133	-26	215	567	50
238	1129	8	4	-52	1		-133	-26	215	567	50
70	171	3	6	…	6		211	211		217	50
70	171	3	6	…	6		211	211		217	50
6238	5556	495	5431	141	5540		2186	2267			359
102202	223994	10446	178648	3854	201225	40027	-1854	34571	102682	72354	20034
18235	52069	1681	25182	3072	26948	-5412	-40627	-30322	49499	13251	-1209
72966	144059	8018	143574	-1389	162418	29761	5907	30092	42862	42819	16719
43	173	4	11	2	13		13	11		120	4
1720	3401	205	2854	1469	4321		-11779	-9499	9499	10	
2056	2179	70	2068	57	1940		1134	1174	822	1892	351
4942	21211	375	4751	631	5374	15678	42943	42513		13542	4168
2240	903	93	209	12	210		556	602		720	
5658	3532		-21	21			2635	2710		138	295
5658	3532		-21	21			2635	2710		138	295
39170	39960	1910	22753	425	20846	1364	18486	21210	1766	20898	618
38662	38103	1838	22633	421	20724	1364	19841	22513	438	20139	606
508	1857	73	120	4	122		-1355	-1302	1328	759	12
32888	52623	2141	43662	35	43074	-4	146393	153244	9806	46560	26751
24705	35291	1678	38022	7	37533	1	123951	128866	7649	41652	21023
5703	8054	247	5106	20	5014	-5	6498	7265	434	2922	1035
456	6203	97	516	…	517		17248	17335	1307	805	4661
924	205	91	-1	1			266	194		769	32
1099	2870	28	18	8	10		-1569	-416	416	413	1
13283	74177	8885	20539	2736	29394	1836	-147269	-123852	129575	31607	284
2829	8789	647	963	70	1190	-264	-13588	-13734	13734	3762	4
6105	52737	7424	17092	3321	25062	2170	-121337	-104118	104118	25294	162
4349	12650	814	2484	-655	3142	-70	-12343	-6000	11724	2551	118
15835	49524	5862	47650	5632	51812	1386	-117045	-93385	116182	60281	3701
15472	45116	5820	45774	5578	49868	1317	-138763	-115266	115266	60123	3701
189	3766	3	1749	45	1802		21967	22414	348	7	…
64	268	3	-24			1	9	9		26	
110	374	36	151	9	142	69	-257	-541	568	125	…
20912	30836	1773	5959	742	6284	210	953	2506	5148	13801	1679
1106	5022	286	45	6	31	176	-1753	-1796	1821	1358	
2233	11218	528	955	188	940	31	3028	3848		2746	689
46	1234		237	22	258		1680	623	167	1507	208
16737	8182	801	4213	507	4533	3	-3680	-3159	3159	6897	416
791	5181	158	509	20	522		1679	2991		1293	366
12095	34577	368	3336	1678	957	941	5746	10980	800	6701	1514
24	111	3	…	…			5	6		11	2
1418	9278	155	299	20	167	684	-127	1800		634	98

1-4 续表 5

行业	个人资本	港澳台资本	外商资本	主营业务收入	主营业务成本	主营业务税金及附加
物料搬运设备制造				84479	56314	3578
泵、阀门、压缩机及类似机械制造	3771			19890	11895	186
轴承、齿轮和传动部件制造	1933			58170	51098	183
通用零部件制造				29424	17859	12
专用设备制造业	2138			104815	79197	991
采矿、冶金、建筑专用设备制造	2138			104815	79197	991
汽车制造业	22187			484075	410992	2386
汽车整车制造				162543	161410	874
改装汽车制造				44098	16182	81
汽车零部件及配件制造	22187			277435	233400	1431
铁路、船舶、航空航天和其他运输设备制造业	24606			870089	714291	1903
铁路运输设备制造	24206			124827	107681	8
航空、航天器及设备制造	400			744469	606108	1895
潜水救捞及其他未列明运输设备制造				793	502	
电气机械和器材制造业	2085			173620	155597	453
电机制造				6125	4885	28
输配电及控制设备制造	2085			19026	15247	111
电线、电缆、光缆及电工器材制造				7774	6966	2
电池制造				15596	14047	77
家用电力器具制造				125099	114452	235
计算机、通信和其他电子设备制造业	1933		840	368919	322322	1096
通信设备制造			840	6091	5522	16
广播电视设备制造						
视听设备制造				230126	195041	837
电子器件制造	1533			127857	117619	239
电子元件制造	400			4845	4139	3
仪器仪表制造业				50284	31552	376
通用仪器仪表制造				16383	9200	130
专用仪器仪表制造				20986	14525	125
光学仪器及眼镜制造				12915	7827	121
其他制造业	9518			98922	75275	101
电力、热力、燃气及水生产和供应业	**1786**		**65527**	**11721696**	**10652012**	**48713**
电力、热力生产和供应业				11378628	10332854	47271
电力生产				3832611	3076705	27178
电力供应				7546017	7256149	20093
燃气生产和供应业	1786			246730	255317	283
水的生产和供应业			65527	96338	63842	1159
自来水生产和供应			65527	91860	60549	1052
污水处理及其再生利用				4478	3293	107

单位：万元

销售费用	管理费用		财务费用			投资收益（损失以“-”号记）	营业利润	利润总额	亏损企业亏损额	应交增值税	应交所得税
		税金		利息收入	利息支出						
6350	10380	25	1049	-5	358		67	225		3296	20
431	3917	82	127	20	144	226	3645	4782	157	1543	646
1784	4557	68	286	157	196	30	625	1488	555	1123	276
2088	6335	34	1574	1486	92		1531	2680	88	95	472
7372	15188	436	3524	103	2400		-636	2009	4728	4807	1017
7372	15188	436	3524	103	2400		-636	2009	4728	4807	1017
17751	36435	1280	4534	916	3536	-1071	-9686	2314	14438	11846	1853
1906	3416	64	1215	29	1189		-6314	-6551	6551	136	
2488	2923	611	317	542	300	-6977	-8095	569		606	55
13357	30096	605	3003	345	2047	5906	4723	8295	7887	11105	1799
13609	150596	1236	44438	3134	43582	3630	-47396	-36658	62573	8903	3551
1645	14012	314	162	397	406	1160	2392	2583		1151	
11944	135892	923	44279	2737	43176	2470	-49574	-37744	61076	7752	3551
19	692		-2				-214	-1497	1497		
4283	11085	2417	457	22	465	-26	4043	3689	851	3041	580
358	1000	51	31	3	33		81	102		306	27
698	3743	82	209	12	219	-26	395	-413	851	1065	1
186	298	27	123	1	123		190	275		20	55
598	485	3	100		90		133	417		654	
2444	5560	2255	-5	6			3245	3308		996	497
28776	7673	803	311	26	479		13595	15841	911	8484	2380
751	1481	2	44	6	49		-255	-170	911	61	
27389	4847	667	-251	17	-2		5669	7704		6508	1158
425	1078	133	330	3	309		8143	8260		1887	1222
211	267		188		124		38	48		28	
3123	10369	137	671	62	677	-120	3834	4508	67	2990	561
79	2908	26	-17	18			3037	3033		1073	282
1238	4788	92	163	5	114	-120	110	757		901	155
1807	2673	20	525	39	564		688	718	67	1015	124
754	20441	83	-1755	2240	467	270	5463	5913	184	313	800
83763	**291815**	**12513**	**839583**	**77431**	**878344**	**52540**	**146428**	**179617**	**133941**	**491876**	**35316**
69801	259237	10463	824410	75806	860755	42508	156119	179184	118070	484821	33165
1415	119852	5256	613075	71783	651776	34500	135265	137022	89733	252771	26415
68386	139384	5207	211334	4024	208980	8007	20855	42162	28337	232051	6750
7369	12895	434	11044	1596	13307	10033	-13940	-6448	13975	1879	711
6593	19684	1615	4130	29	4282		4249	6882	1896	5175	1441
6593	19455	1601	4164	-18	4270		3336	5970	1896	5175	1283
	229	15	-34	47	12		913	912		…	157

1-5 按行业分组的规模以上

行业	企业单位数(个)	工业销售产值(当年价格)	出口交货值	资产总计	固定资产合计	固定资产原价	累计折旧
总计	**1700**	**20107928**	**33033**	**17037546**	**4898050**	**5483762**	**1299390**
采矿业	**781**	**9301767**	**1227**	**9355499**	**2361663**	**2674450**	**668396**
煤炭开采和洗选业	689	8620011	652	8952257	2255332	2541101	635028
烟煤和无烟煤开采洗选	687	8610299	652	8946384	2253932	2539042	634363
其他煤炭采选	2	9711		5873	1401	2059	665
黑色金属矿采选业	17	114963		65277	19347	24826	6711
铁矿采选	4	10653		15710	3534	4461	1336
锰矿、铬矿采选	11	98227		43825	11282	14967	4492
其他黑色金属矿采选	2	6083		5743	4531	5398	883
有色金属矿采选业	16	166600		109175	21750	38011	16787
常用有色金属矿采选	12	116039		94039	14050	29981	16346
贵金属矿采选	3	50561		14172	7458	7676	329
稀有稀土金属矿采选	1			964	242	354	112
非金属矿采选业	59	400193	575	228790	65235	70512	9870
土砂石开采	34	177917		127884	47637	48312	4915
化学矿开采	19	188888	575	90119	12627	16585	4307
石棉及其他非金属矿采选	6	33388		10787	4972	5615	648
制造业	**911**	**10779601**	**31807**	**7631936**	**2505464**	**2771293**	**622114**
农副食品加工业	92	884167	3109	321637	113189	111657	24368
谷物磨制	22	164117		58183	17894	19748	4920
饲料加工	10	145006		29600	7045	9090	3343
植物油加工	14	168537		55258	14896	18012	4668
制糖业	1	3717		11510	6209	260	260
屠宰及肉类加工	19	236244	58	89978	30610	29718	4897
蔬菜、水果和坚果加工	9	52131	3052	22539	11268	11600	1792
其他农副食品加工	17	114415		54568	25267	23228	4487
食品制造业	42	601375	2576	355058	62318	70285	21177
焙烤食品制造	9	67426		42206	14664	15047	2846
糖果、巧克力及蜜饯制造	1	2007		1127	159	183	27
方便食品制造	7	39441		23805	7486	8232	2567
调味品、发酵制品制造	20	438954	2576	271957	36266	42696	15290
其他食品制造	5	53546		15963	3744	4127	447
酒、饮料和精制茶制造业	131	924661	2	1147084	253181	284395	55563
酒的制造	61	586208		850915	152915	177493	36495
饮料制造	9	59696		60693	14842	19574	4778
精制茶加工	61	278758	2	235476	85424	87328	14290
纺织业	7	46007		22403	2646	2391	589
棉纺织及印染精加工	4	21253		13441	751	914	162
丝绢纺织及印染精加工	2	15735		7886	1766	1349	427
化纤织造及印染精加工	1	9018		1075	129	129	
纺织服装、服饰业	6	25268	1953	11279	3483	4996	1598
机织服装制造	3	10867	1953	4581	2244	3708	1464
针织或钩针编织服装制造	1	3362		2433	817	866	49
服饰制造	2	11039		4266	422	422	84
皮革、毛皮、羽毛及其制品和制鞋业	5	63856		17742	3872	2784	137
羽毛(绒)加工及制品制造	3	42664		7970	3862	2772	134
制鞋业	2	21192		9772	10	12	3
木材加工和木、竹、藤、棕、草制品业	43	404107		139595	35659	39145	5709
木材加工	18	221661		43299	10354	12290	2395

私营工业企业主要经济指标

单位：万元

流动资产合计	应收账款	存货	产成品	负债合计	流动负债合计	应付账款	所有者权益合计	实收资本	国家资本	集体资本	法人资本
9222120	**1414674**	**1320462**	**545588**	**10542890**	**7634923**	**1508048**	**6736952**	**4797426**	**92272**	**67728**	**1221797**
5370973	**750120**	**258076**	**102253**	**5819178**	**4287006**	**684194**	**3974594**	**1958269**	**31848**	**24385**	**446127**
5165332	720379	208046	84872	5614976	4116539	646697	3779801	1870736	31848	16520	416672
5160957	722040	204940	83311	5609566	4111129	643725	3779338	1868736	31848	16520	416672
4376	-1661	3106	1561	5410	5410	2971	463	2000			
34724	5514	7129	1380	27538	22791	7470	35664	11127			2742
11577	2629	146	82	3619	3580	2635	11048	3847			
22336	2123	6946	1261	19384	19212	4835	23410	6190			2742
811	762	37	37	4536			1207	1090			
65106	6066	22221	7208	64059	53135	17830	46993	29661		7033	5935
62349	6066	22221	7208	61095	50232	16428	32943	25206		7033	2930
2728				2113	2113	612	11982	1455			5
29				851	790	790	2067	3000			3000
105811	18161	20680	8793	112605	94541	12198	112136	46746		833	20778
52244	8346	14565	6095	57285	44860	7287	66960	25789		703	14436
50377	8509	5535	2620	52414	48049	4653	37390	17157		130	3182
3190	1306	580	77	2906	1632	258	7786	3800			3160
3843029	**661869**	**1061754**	**443292**	**4689653**	**3318538**	**820242**	**2747045**	**2827661**	**60425**	**41003**	**770399**
158401	31227	63202	27553	147244	105235	24173	171322	78892	2401	9463	24389
32844	5667	14441	4496	29135	24070	8257	28805	10216	1191	723	3390
16772	2456	7281	1409	12133	11184	2494	16904	4905		240	2860
35122	4524	15474	8801	24053	21770	4707	30889	10481			1300
5301	560	2891		11010	1200	500	500	12000		8000	2000
31480	9745	8225	3519	46165	29852	3918	43813	13505		500	1952
9598	1517	5081	2938	6981	4185	1075	15105	6997	870		3487
27285	6759	9810	6390	17767	12976	3222	35306	20788	340		9400
256250	17011	35096	22417	195846	158497	10606	156902	33660	130		9961
24135	2533	2011	357	31693	26644	1510	10323	6628			3218
968	508	290		630	630	258	497	500			
14506	1431	2651	857	14543	10226	869	9026	2280			480
206611	11829	26401	18068	140531	113052	7719	129543	18171	130		2162
10030	710	3743	3135	8450	7945	250	7513	6080			4100
675867	66859	319249	130210	549495	323211	48877	589036	203089	1665	3111	102819
527020	36750	278787	101361	458426	264955	34073	389350	154303	168		87487
27533	8055	7191	1755	33760	23918	8250	25010	14504			4431
121314	22054	33271	27094	57309	34338	6553	174676	34282	1497	3111	10900
19257	6994	1817	638	17073	16478	11868	4630	3000	1000		
12690	5322	594		11804	11209	10676	1637	800			
5620	1000	1215	638	4598	4598	586	2788	2000	1000		
947	672	8		670	670	606	205	200			
4199	1616	472	82	3239	2664	434	8040	5309			1850
2337	1107	17	9	2128	1783	384	2453	850			850
1016	257	212		825	825		1608	1239			
846	252	243	73	286	56	50	3980	3220			1000
9249	2554	1409	1020	8525	6064	1490	9217	4150			650
4109	2431	1125	1020	1903	1756	1128	6067	650			650
5141	123	285		6622	4308	362	3150	3500			
85685	20580	23910	4725	57357	29863	6002	72051	41039	120	6000	8045
28049	3829	14142	2078	14699	10417	2089	27968	17315			890

1-5 续表 1

行业	企业单位数(个)	工业销售产值(当年价格)	出口交货值	资产总计	固定资产合计	固定资产原价	累计折旧
人造板制造	16	126918		31712	11833	13109	1570
木制品制造	8	51021		56498	6354	7235	1138
竹、藤、棕、草等制品制造	1	4507		8086	7117	6512	606
家具制造业	7	38514		17073	3874	4520	950
木质家具制造	4	15566		10975	1308	1516	208
竹、藤家具制造	1	6578		3887	701	1139	632
其他家具制造	2	16370		2211	1865	1865	110
造纸和纸制品业	17	130582		52574	19619	22677	6164
造纸	5	27948		10761	3613	4051	598
纸制品制造	12	102635		41813	16007	18626	5566
印刷和记录媒介复制业	1	2081		2861	1572	1641	69
印刷	1	2081		2861	1572	1641	69
文教、工美、体育和娱乐用品制造业	10	48015		16599	6828	7000	384
工艺美术品制造	8	38305		15282	6066	6161	308
玩具制造	2	9710		1317	763	839	76
石油加工及炼焦	13	255435		57475	12127	42453	33565
化学原料和化学制品制造业	67	1493938	4406	772980	196802	278763	110707
基础化学原料制造	17	265535		144775	51596	34685	4863
肥料制造	15	903700	937	543141	113705	210484	101574
合成材料制造	1	5097		31	1	2	0
专用化学产品制造	15	145364	3470	30526	8865	9191	1408
炸药、火工及焰火产品制造	14	117239		44689	19413	20921	1750
日用化学产品制造	5	57002		9819	3222	3481	1112
医药制造业	30	309447		357557	93387	116771	32728
化学药品制剂制造	1	10949		22742	14159	14159	2738
中药饮片加工	2	5339		4932	3012	3521	524
中成药生产	24	265362		297663	71070	94004	28748
生物药品制造	2	10254		6324	1476	1485	73
卫生材料及医药用品制造	1	17542		25897	3671	3602	645
橡胶和塑料制品业	26	198276		241096	38129	39313	4544
橡胶制品业	4	39004		14208	1661	2041	392
塑料制品业	22	159273		226888	36467	37271	4153
非金属矿物制品业	197	1971970	17241	1479702	685891	774340	143206
水泥、石灰和石膏制造	50	702094		767171	445737	503452	92427
石膏、水泥制品及类似制品制造	61	456291	3751	370815	117492	136237	24270
砖瓦、石材等建筑材料制造	49	455331		186542	69435	74624	11092
玻璃制造	4	14830		7878	3912	4057	200
玻璃制品制造	10	86754	13490	38252	8362	9336	2010
玻璃纤维和玻璃纤维增强塑料制品制造	3	7354		8079	3169	1408	38
陶瓷制品制造	2	3022		5235	4203	4303	319
耐火材料制品制造	9	199749		56216	27638	34291	9359
石墨及其他非金属矿物制品制造	9	46546		39513	5943	6632	3491
黑色金属冶炼和压延加工业	75	1359837		693535	202336	262233	95042
炼铁	2	41315		11721	5594	6720	1127
黑色金属铸造	3	39814		8023	760	981	221
钢压延加工	6	275741		80491	29030	31851	5177
铁合金冶炼	64	1002967		593301	166952	222680	88517
有色金属冶炼和压延加工业	26	822830		936230	516033	434077	48792
常用有色金属冶炼	14	429046		848384	496185	415833	45449
贵金属冶炼	3	14297		5752	1493	1566	173
稀有稀土金属冶炼	2	8495		7734	2777	3229	452
有色金属合金制造	4	323071		55519	10379	6598	1028
有色金属压延加工	3	47921		18842	5200	6852	1691

单位：万元

流动资产合计	应收账款	存货	产成品	负债合计	流动负债合计	应付账款	所有者权益合计	实收资本	国家资本	集体资本	法人资本
14126	3202	3164	1042	12051	9091	2365	19310	8748	120		2805
42542	13147	6269	1503	29874	9623	1282	17419	14775		6000	4150
969	402	336	102	732	732	266	7354	200			200
6985	1567	2041	1078	5306	3060	772	6518	3606			2434
4866	1044	928	364	2814	2814	559	2913	1100			500
1773	322	1113	714	2246	246	214	1641	571			
346	202			246			1965	1934			1934
28000	7932	6597	3791	23115	19566	7599	28366	7673			1995
5918	4134	986	719	7879	5265	4357	2883	1821			485
22082	3799	5611	3072	15236	14301	3242	25484	5852			1510
1137	249	106	106	1118	1118	432	1743	1038			
1137	249	106	106	1118	1118	432	1743	1038			
7660	1649	1942	710	7849	2438	1005	8551	2641			1632
7116	1612	1917	692	7144	2090	842	8080	2170			1632
544	38	25	18	705	348	163	471	471			
37670	3290	9241	5789	43337	31299	3666	13098	14100		4500	300
411496	60619	108625	52069	457100	372597	145893	302276	222222		6000	135140
85464	28268	22762	10777	96550	78035	32764	39728	31882		6000	7991
280151	24439	67559	31744	332493	272431	103777	210629	163626			124444
10	10			31	31			30			
16236	3087	5832	2773	14730	11604	5740	15461	6738			1080
23728	3245	9729	5138	8147	6722	1328	33342	18130			1535
5907	1571	2744	1638	5149	3774	2284	3116	1816			90
216303	81801	49982	24627	154147	130082	34240	201118	75396			43511
8347	2937	3423	2494	20914	20914	2085	1828	1000			
1690	826	270		1647	1367	55	3286	1150			500
183100	75815	28235	12386	107855	86028	17515	187515	66546			36711
1608	34	954		1866	508		4458	3400			3000
21557	2189	17100	9747	21865	21265	14585	4032	3300			3300
70524	13268	9643	4017	76389	43112	10574	45097	34721			8685
9800	828	396	120	12004	10422		2204	1495			1495
60723	12440	9247	3897	64385	32690	10574	42893	33226			7190
602050	145101	137611	63758	1001284	690460	156621	452499	1592883	11160	9346	196478
241663	33518	55746	27354	593369	392387	70120	165809	116609	11160	200	28472
180417	62679	20937	4195	236667	187473	51144	125090	1279420		8646	21202
93205	26341	34075	14119	96024	62553	14991	84248	60899			29608
3697	388	416	111	2236	1760	170	5643	4320			30
25534	5546	7252	4560	17175	10054	736	20287	108626			106584
4854	948	1636	1611	5937	5111	1656	2142	1500			1000
1032		209					4965	4607			4607
27134	9450	7333	5625	20622	18299	10178	34260	12852		500	4475
24515	6232	10006	6184	29255	12823	7625	10055	4051			500
417783	67017	113197	43754	519933	389434	165003	170757	135099			25250
5917	213	2649	753	1912	1912	1553	9809	9713			4713
4925	780	1512	764	5390	2741		1393	1000			1000
49283	12879	21256	7055	42109	39855	19600	38185	19240			1000
357658	53145	87780	35182	470522	344926	143850	121370	105147			18538
245026	29000	71395	17503	803354	478551	115794	130373	110308	42888	1379	35171
186295	5038	57906	10616	739730	419966	93183	106437	101179	42888	1000	29619
1296	145	167		4711	1578	7	1040	1821			1821
4626	809	327	271	3484	2932	409	4250	930		379	551
39874	21424	10261	6035	38280	37869	17653	17239	5180			3180
12936	1583	2734	582	17149	16206	4543	1407	1198			

1-5 续表 2

行 业	企 业单位数(个)	工业销售产 值(当年价格)	出 口交货值	资产总计	固定资产合 计	固定资产原 价	累计折旧
金属制品业	30	267077		159806	35866	37349	3772
结构性金属制品制造	20	194295		140667	26802	26850	2327
金属工具制造	2	4463		2082	1457	1524	67
集装箱及金属包装容器制造	1	2959		2133	1256	1385	139
金属丝绳及其制品制造	2	32551		2247	1129	1374	245
建筑、安全用金属制品制造	1	6147		4206	3568	4218	650
金属表面处理及热处理加工	1	5612		4737	125	258	134
其他金属制品制造	3	21050		3735	1530	1742	212
通用设备制造业	16	219409		187053	31591	35187	7021
锅炉及原动设备制造	1	8684		1864	907	1011	104
金属加工机械制造	3	118976		129747	12231	13201	1222
泵、阀门、压缩机及类似机械制造	2	5766		7038	1698	3040	1342
轴承、齿轮和传动部件制造	2	16609		21768	6875	9912	3038
烘炉、风机、衡器、包装等设备制造	2	20188		13824	5730	3415	653
通用零部件制造	6	49187		12812	4150	4608	663
专用设备制造业	16	154568		359126	94710	96283	7896
采矿、冶金、建筑专用设备制造	10	99335		347644	90220	91575	7403
印刷、制药、日化及日用品生产专用设备制造	1	19968		1928	1062	1207	145
农、林、牧、渔专用机械制造	4	20112		5911	2584	2448	139
医疗仪器设备及器械制造	1	15153		3644	844	1053	210
汽车制造业	9	99605	2518	29407	10844	11919	2085
汽车零部件及配件制造	9	99605	2518	29407	10844	11919	2085
铁路、船舶、航空航天和其他运输设备制造业	4	25179		23920	4792	5429	873
铁路运输设备制造	1	10017		3642	531	1105	574
摩托车制造	1	4601		2408	1500	1564	63
自行车制造	2	10561		17871	2761	2761	236
电气机械和器材制造业	26	270695		137231	40381	42668	7939
电机制造	1	13576		1089	784	944	160
输配电及控制设备制造	7	42586		35481	7508	11496	1575
电线、电缆、光缆及电工器材制造	5	111530		30038	9747	12252	2505
电池制造	2	18346		11833	8352	1282	485
家用电力器具制造	6	44014		35568	9062	11404	2342
非电力家用器具制造	2	10360		3934	566	521	74
照明器具制造	3	30284		19288	4362	4768	796
计算机、通信和其他电子设备制造业	4	30252		22375	1981	2216	235
通信设备制造	1	4321		2265	1981	2216	235
电子元件制造	3	25931		20110			
其他制造业	6	89524		56055	30732	36604	5871
废弃资源综合利用业	5	42930		14485	3622	4198	1130
金属废料和碎屑加工处理	4	40405		11670	2303	3397	1094
非金属废料和碎屑加工处理	1	2525		2815	1319	802	35
电力、热力、燃气及水生产和供应业	**8**	**26560**		**50111**	**30923**	**38019**	**8881**
电力、热力生产和供应业	3	8021		23711	21114	26041	6599
电力生产	3	8021		23711	21114	26041	6599
燃气生产和供应业	4	13753		24947	9415	11584	2216
水的生产和供应业	1	4785		1453	394	394	65
自来水生产和供应	1	4785		1453	394	394	65

单位：万元

流动资产合计	应收账款	存货	产成品	负债合计	流动负债合计	应付账款	所有者权益合计	实收资本	国家资本	集体资本	法人资本
93771	25169	18029	4857	85224	56400	6147	75872	43809	20	267	23337
83708	22618	15173	3921	78733	51088	5202	63224	38033	20	20	19188
626	141	256	256	487	487		1596	668		247	421
877	452	113	16	997	797	150	1136	280			
1119	746	141	12	834	500		1413	523			23
638	95			551	551		3654	200			200
4612	503	1652	485	2285	2285	423	2451	2505			2505
2193	614	694	168	1337	692	373	2398	1600			1000
110871	26322	28598	8542	103622	79395	22661	83431	36063	22	8	23155
956	453	204	20	970	854		894	358			358
77341	17824	11576	2376	82261	65489	18977	47486	22365			12297
4321	874	3117	50	3568	3282	2516	3470	1075			
14204	3116	9397	4337	4225	1366	113	17543	8495			8000
8094	2478	2926	728	7172	4023	337	6653	1230	22	8	1200
5955	1578	1378	1030	5427	4381	718	7386	2540			1300
219354	11023	10034	3557	257773	245900	11284	100903	116488	20		103974
214783	9578	8656	2812	253212	243037	10894	94423	111838			101974
865	429	186		986	750		941	600			
2021	473	909	745	2954	1492	247	2957	3050	20		1000
1685	544	283		621	621	143	2582	1000			1000
17044	5998	3886	2171	12958	10185	5534	16331	4239			471
17044	5998	3886	2171	12958	10185	5534	16331	4239			471
17178	2524	5471	1603	18781	18689	2574	4626	4937			2000
2773	610	544	544	1439	1439	7	2204	937			
907	95			1408	1408		1000	1000			1000
13497	1818	4927	1059	15935	15843	2567	1422	3000			1000
86813	24671	24514	13606	72862	53124	14996	68098	33901		930	10582
305	190			639	639	26	451	50			
28313	11442	7187	1470	20053	18958	4770	19256	9898		600	698
20291	4335	3269	1737	14672	4877	1530	15366	9877			7638
3466	1902	1407	729	6456	6456	1361	5377	1100			1000
21598	6145	7915	5856	19091	11427	2911	16379	6596			196
2653	199	792	527	2657	1473	1312	1277	1330		330	1000
10187	458	3944	3288	9295	9295	3086	9993	5050			50
16431	3900	830	12	16006	415		6369	6888			1388
284	98	96		415	415		1850	288			288
16147	3802	734	12	15591			4519	6600			1100
20788	2432	11616	2321	40905	40890	8067	15150	8500	1000		5380
7237	1496	3242	2777	9814	9814	3932	4671	4013			1803
5742	1494	3073	2608	8725	8725	3562	2945	2003			1803
1496	2	169	169	1089	1089	370	1726	2010			
8119	**2685**	**632**	**43**	**34059**	**29380**	**3612**	**15313**	**11496**		**2340**	**5272**
1467	246	…	…	16321	14618	163	7391	6636			3250
1467	246	…	…	16321	14618	163	7391	6636			3250
6367	2229	617	43	17392	14415	3393	7555	4480		2340	2022
285	211	15		346	346	56	368	380			
285	211	15		346	346	56	368	380			

1-5 续表 3

行业	个人资本	港澳台资本	外商资本	主营业务收入	主营业务成本	主营业务税金及附加
总计	**1688595**	**2900**	**97**	**18763539**	**14487333**	**368188**
采矿业	**932996**	**1000**		**8337829**	**5779915**	**254869**
煤炭开采和洗选业	888070	1000		7656381	5271176	240367
烟煤和无烟煤开采洗选	886070	1000		7646505	5263496	240303
其他煤炭采选	2000			9876	7680	63
黑色金属矿采选业	8385			117969	75325	1875
铁矿采选	3847			10653	6539	681
锰矿、铬矿采选	3448			101232	63304	1143
其他黑色金属矿采选	1090			6083	5482	51
有色金属矿采选业	11694			160283	124701	3128
常用有色金属矿采选	10243			109721	83678	2041
贵金属矿采选	1451			50561	41023	1087
稀有稀土金属矿采选						
非金属矿采选业	24847			403197	308714	9500
土砂石开采	10651			184378	147934	3382
化学矿开采	13556			186292	135454	5950
石棉及其他非金属矿采选	640			32527	25326	168
制造业	**753594**	**20**	**97**	**10400838**	**8689864**	**113153**
农副食品加工业	42529			861884	760954	6290
谷物磨制	4913			157030	138135	802
饲料加工	1805			144248	128991	1077
植物油加工	9181			151168	137050	1173
制糖业	2000			3717	2402	…
屠宰及肉类加工	11053			236804	213485	1395
蔬菜、水果和坚果加工	2530			44504	38586	212
其他农副食品加工	11048			124413	102305	1630
食品制造业	23569			591149	456639	3671
焙烤食品制造	3410			51993	44703	209
糖果、巧克力及蜜饯制造	500			2007	1646	6
方便食品制造	1800			42253	36180	147
调味品、发酵制品制造	15879			441351	326989	3135
其他食品制造	1980			53546	47121	174
酒、饮料和精制茶制造业	95495			793257	525916	49801
酒的制造	66648			459621	275715	47481
饮料制造	10073			52436	39428	578
精制茶加工	18774			281200	210774	1743
纺织业	2000			47050	41059	60
棉纺织及印染精加工	800			21168	19256	34
丝绢纺织及印染精加工	1000			16864	13802	7
化纤织造及印染精加工	200			9018	8001	19
纺织服装、服饰业	3459			25268	21169	201
机织服装制造				10867	8566	127
针织或钩针编织服装制造	1239			3362	2953	21
服饰制造	2220			11039	9651	52
皮革、毛皮、羽毛及其制品和制鞋业	3500			66636	62750	249
羽毛(绒)加工及制品制造				42484	39146	112
制鞋业	3500			24152	23604	138
木材加工和木、竹、藤、棕、草制品业	26875			412844	356684	7647
木材加工	16426			222013	197625	4627

单位：万元

销售费用	管理费用		财务费用			投资收益（损失以“-”号记）	营业利润	利润总额	亏损企业亏损额	应交增值税	应交所得税
		税金		利息收入	利息支出						
627085	**987605**	**65485**	**268746**	**5842**	**224580**	**12845**	**1834395**	**1770211**	**248760**	**734586**	**210618**
315067	**628038**	**38861**	**163066**	**3059**	**133573**	**10288**	**1025751**	**918658**	**154726**	**489358**	**156313**
285590	586424	37065	157017	2683	129002	9375	936849	829755	153581	464351	148583
282375	586017	37058	156986	2683	129000	9375	938458	831371	151965	463873	148559
3215	407	8	31		3		-1609	-1616	1616	478	25
2896	4693	517	1111	3	286	913	31362	32250		3213	1887
808	1310	246	213	1	6		1098	1098		725	161
1974	3214	257	874	2	280	913	30022	30910		2305	1726
115	170	14	24				242	242		184	
7663	10408	468	793	140	208		17621	18200	193	5555	910
5166	6749	468	778	124	177		9988	11088		4688	450
2497	3471		15	16	31		7633	7306		866	459
	188		…		…			-193	193		
18918	26513	811	4144	233	4076	1	39919	38453	952	16239	4933
7346	10895	627	1638	23	1535		17707	17681	797	5757	1652
10649	14335	152	2383	129	2358	1	17644	16204	155	9894	3209
923	1282	32	123	81	184		4568	4568		588	72
310982	**357457**	**26620**	**103738**	**2782**	**89067**	**2557**	**805997**	**848921**	**93943**	**244607**	**54224**
22336	22095	2102	9286	140	8160	-660	42107	46794	938	13776	3881
3341	3193	206	1313	9	899	15	9040	9802		2245	484
4930	3306	318	2161	8	1468		2414	3000		119	340
1763	2569	53	1311	4	1308		8272	10895		1897	497
202	604	51	59	…	58	-655	192	192		204	
4743	4727	501	1533	97	1497		12235	12604	715	4483	1618
1450	1498	20	684	1	677		3639	3957	23	1299	221
5906	6200	954	2226	22	2254	-20	6315	6344	200	3530	721
17873	16335	2159	2009	1315	1958	176	98257	99571	300	31166	13306
2651	2602	164	636	4	501	136	2569	2753		1087	394
44	52		18		18		241	241		87	
2651	735	8	146	287	408		1321	1896		190	73
10113	10580	1806	1007	948	905	40	92708	93316	300	29348	12653
2415	2366	180	202	76	126		1418	1365		455	187
41579	47740	2034	10664	451	9845	1615	99870	101634	424	23049	6806
28661	34659	1805	7154	407	6657	1593	55311	56648	424	16818	4539
2263	2417	35	599	2	581	12	6788	7122		1496	88
10655	10664	194	2912	42	2607	10	37772	37864		4736	2180
355	754	16	192	1	192		5021	5844	340	622	110
87	290	4	1				1196	1196		388	
268	359	12	191	1	192		2932	3754	340	50	110
	105						893	893		184	
504	851	24	74	1	50		2193	2192		133	4
332	452	18	21	1	21		1100	1100			4
43	44		16		16		285	253		133	
129	355	6	38		14		808	839			
221	288	42	92	…	85		4273	4273		2400	42
101	188	33	77		70		2918	2918		2310	
120	100	9	15	…	15		1355	1355		90	42
11456	12446	1198	1863	6	1753		23440	25796	145	15307	1009
6023	4688	646	782	1	741		11243	11427	63	8554	238

1-5 续表 4

行业	个人资本	港澳台资本	外商资本	主营业务收入	主营业务成本	主营业务税金及附加
人造板制造	5824			134125	114186	2257
木制品制造	4625			52200	41929	705
竹、藤、棕、草等制品制造				4507	2944	59
家具制造业	1172			38300	31772	587
木质家具制造	600			15352	12059	393
竹、藤家具制造	571			6578	5115	112
其他家具制造	…			16370	14597	82
造纸和纸制品业	5677			131213	116366	820
造纸	1336			29105	27484	242
纸制品制造	4342			102109	88882	577
印刷和记录媒介复制业	1038			2081	1774	
印刷	1038			2081	1774	
文教、工美、体育和娱乐用品制造业	909			43580	37052	366
工艺美术品制造	438			33870	27882	321
玩具制造	471			9710	9170	45
石油加工及炼焦	9300			206258	189796	628
化学原料和化学制品制造业	81082			1470633	1217199	4348
基础化学原料制造	17891			250783	221406	645
肥料制造	39182			896626	733709	326
合成材料制造	30			5097	4562	53
专用化学产品制造	5658			146081	130084	801
炸药、火工及焰火产品制造	16595			115044	73211	2351
日用化学产品制造	1726			57002	54228	172
医药制造业	31885			293663	163647	2798
化学药品制剂制造	1000			10989	9012	58
中药饮片加工	650			5339	3712	58
中成药生产	29835			259944	138455	2650
生物药品制造	400			10254	7313	11
卫生材料及医药用品制造				7138	5156	22
橡胶和塑料制品业	22822			201642	170145	781
橡胶制品业				31687	26843	255
塑料制品业	22822			169955	143302	527
非金属矿物制品业	175813		77	1902297	1555026	21214
水泥、石灰和石膏制造	76767			686423	577610	5667
石膏、水泥制品及类似制品制造	49496		77	425625	331778	5303
砖瓦、石材等建筑材料制造	31290			434835	359121	7019
玻璃制造	4290			14782	13045	268
玻璃制品制造	2042			80216	69991	1239
玻璃纤维和玻璃纤维增强塑料制品制造	500			7354	5995	36
陶瓷制品制造				3022	2317	33
耐火材料制品制造	7877			203432	153336	1521
石墨及其他非金属矿物制品制造	3551			46610	41834	130
黑色金属冶炼和压延加工业	109049			1382355	1285334	6456
炼铁	5000			41115	38382	170
黑色金属铸造				39815	40212	163
钢压延加工	18240			274774	253613	2511
铁合金冶炼	85809			1026652	953127	3613
有色金属冶炼和压延加工业	30870			825573	759610	2111
常用有色金属冶炼	27673			425596	401710	1360
贵金属冶炼				14297	13254	
稀有稀土金属冶炼				8495	7797	11
有色金属合金制造	2000			329684	299065	64
有色金属压延加工	1198			47502	37785	677

单位：万元

销售费用	管理费用		财务费用			投资收益（损失以“-”号记）	营业利润	利润总额	亏损企业亏损额	应交增值税	应交所得税
		税金		利息收入	利息支出						
2922	5283	542	858	3	834		5391	7563	82	4678	743
2086	1922	8	204		158		6200	6200		1803	28
426	553	2	20	1	21		606	605		270	
645	1072	265	341	7	253		3659	3690		481	11
362	639		112		112		1789	1789		64	11
146	312	263	180	7	93		463	463		329	
138	121	2	49		49		1407	1438		88	
3690	4639	398	589	24	527	1	5089	5325	31	1923	898
262	294	9	130		126	1	572	808		338	2
3428	4345	389	459	24	400		4517	4517	31	1585	895
11	201	6	33	…	33		62	62			
11	201	6	33	…	33		62	62			
554	546	10	87	1	57		5553	4774		299	196
478	513	8	67	1	55		5505	4753		279	196
76	33	1	20		2		48	20		20	
4251	3196	878	1696	253	1751		3403	3924	824	1899	79
29485	27451	1627	13020	-90	11939	834	203609	204846	10188	16902	8078
2407	5144	208	1581	3	1287	-5	18364	18936	2979	4441	1307
19548	12881	745	9279	-110	8906	839	151029	151601	7078	3664	5675
140	260	53	80		80		3	3			
2563	3301	259	334	13	342		9784	9879	131	3050	711
4237	5156	308	1524	…	1101		23372	23372		5261	366
590	708	55	221	4	223		1058	1056		487	19
58781	17489	938	4923	230	4682	48	23099	25645	1901	18689	2499
1268	890	48	-17	-17			-279	-60	60	390	-27
165	304		47		11		1044	1044			18
56883	14892	846	4502	248	4279	48	20982	23391	1840	18154	2473
215	328		2	…	2		1124	1124		114	
250	1074	45	390	-1	390		227	147		31	35
6024	8126	536	2528	44	1307		9061	9294	245	1970	406
1807	2189	100	103		103		490	490		593	56
4217	5937	436	2425	44	1204		8571	8805	245	1378	350
56759	85697	9789	27825	-894	26318	357	150551	152505	10495	59152	9119
14536	24445	2762	17320	-950	18802	-69	53174	53784	4493	28250	3712
16538	21400	1732	5459	33	4403	125	36407	36771	1740	10516	1992
16135	29316	4898	2680	10	2035	309	33494	34732	1386	7278	2046
90	274	4	12	…	9		1092	1054		165	31
1213	1764	…	151		67	-8	6387	6387	526	3728	314
169	282	2	6	…	5		699	699	47	101	93
141	164	8	5				298	296		138	
5333	5549	228	1004	11	708		20681	20510		8098	791
2605	2504	155	1188	2	290		-1680	-1728	2302	879	140
24988	31748	1058	12188	593	10688	54	35923	54370	10409	38827	3971
141	225		4				2194	2194	390	1420	646
161	388	36	107		103	40	-1138	-308	377	3408	
3778	5890	323	1888	-1	1866		11304	12325	36	14435	2317
20907	25246	699	10188	594	8719	15	23563	40159	9607	19565	1008
5192	15323	767	8103	235	3331	10	41018	44122	30711	6391	1008
4309	11717	603	7366	211	2937	10	-27289	-25473	30636	2751	939
166	668		276	…			1704	1704		59	
66	444	12	8		7		11	9	75	50	
469	1407	106	79		37		59164	60454		1398	4
183	1088	46	375	24	350		7429	7429		2133	65

1-5 续表 5

行业	个人资本	港澳台资本	外商资本	主营业务收入	主营业务成本	主营业务税金及附加
金属制品业	20145	20	20	235276	204120	1412
结构性金属制品制造	18765	20	20	162495	142989	1071
金属工具制造				4463	3421	12
集装箱及金属包装容器制造	280			2959	2119	38
金属丝绳及其制品制造	500			32551	28998	145
建筑、安全用金属制品制造				6147	3934	45
金属表面处理及热处理加工				5612	5474	3
其他金属制品制造	600			21050	17185	98
通用设备制造业	12878			183002	158701	752
锅炉及原动设备制造				8684	7451	32
金属加工机械制造	10068			82485	74984	301
泵、阀门、压缩机及类似机械制造	1075			5759	4452	16
轴承、齿轮和传动部件制造	495			16947	14066	71
烘炉、风机、衡器、包装等设备制造				20876	17135	89
通用零部件制造	1240			48250	40613	244
专用设备制造业	12495			144750	127369	529
采矿、冶金、建筑专用设备制造	9865			91567	81580	247
印刷、制药、日化及日用品生产专用设备制造	600			19968	17672	86
农、林、牧、渔专用机械制造	2030			20369	17012	127
医疗仪器设备及器械制造				12846	11105	68
汽车制造业	3768			99102	85622	227
汽车零部件及配件制造	3768			99102	85622	227
铁路、船舶、航空航天和其他运输设备制造业	2937			23453	20202	78
铁路运输设备制造	937			10017	7741	5
摩托车制造				4601	3107	67
自行车制造	2000			8835	9355	6
电气机械和器材制造业	24500			252152	223379	1612
电机制造	50			13576	12160	64
输配电及控制设备制造	10711			40130	34484	120
电线、电缆、光缆及电工器材制造	2239			111962	102000	470
电池制造	100			17817	16292	98
家用电力器具制造	6400			41479	35543	176
非电力家用器具制造				10360	6770	584
照明器具制造	5000			16829	16130	101
计算机、通信和其他电子设备制造业	5500			30386	26587	97
通信设备制造				4321	3114	27
电子元件制造	5500			26065	23473	70
其他制造业	2120			94500	54368	360
废弃资源综合利用业	2210			42536	36624	58
金属废料和碎屑加工处理	200			40105	34193	58
非金属废料和碎屑加工处理	2010			2431	2431	
电力、热力、燃气及水生产和供应业	2004	1880		24873	17554	166
电力、热力生产和供应业	1506	1880		7769	2769	46
电力生产	1506	1880		7769	2769	46
燃气生产和供应业	118			12318	10532	59
水的生产和供应业	380			4785	4254	61
自来水生产和供应	380			4785	4254	61

单位：万元

销售费用	管理费用	税金	财务费用	利息收入	利息支出	投资收益(损失以“-”号记)	营业利润	利润总额	亏损企业亏损额	应交增值税	应交所得税
6239	9053	654	1650	33	1147	121	12824	13975	66	1888	508
3195	5908	493	1397	33	894	121	7945	9165	66	1477	430
223	297		9		9		501	432		7	
363	304	32	34		34		102	102		69	
1550	1467	129	104		104		286	286		298	69
581	614		12		12		963	963			
5	65		47		47		18	18		7	1
323	398		49	…	49		3009	3009		31	9
4266	9570	473	2183	378	1501		5682	8537	6413	2974	379
524	488	39	61		61		129	129		135	
713	2549	131	1799	369	1217		2209	3627	6413	1679	
553	637	…	50	…			60	58		130	14
191	1284	58	-7	7	1		341	2164		677	324
1269	1063	85	172	1	171		1151	1151		310	41
1016	3550	159	108		52		1791	1409		42	
3789	22990	337	1052	20	924	-50	-8289	-8457	17011	1601	452
2268	21530	251	872	20	769		-12036	-11978	17011	1029	74
984	893	82	70		70		262	262		451	42
319	328	4	84		84	-50	2442	2215		122	336
219	239		26				1043	1043			
1622	2363	62	405	8	387	3	3411	3527		1257	384
1622	2363	62	405	8	387	3	3411	3527		1257	384
840	1706	…	234	12	236		1507	1506	1380	47	17
17	57		18		18		2174	2174		37	17
391	385		65		65		586	586			
432	1264	…	150	12	152		-1253	-1254	1380	11	
8089	11101	712	1819	7	1328	47	5489	5733	1534	3214	905
616	597	51	52		52		86	86		66	
1549	2461	36	437	3	147	-7	-78	0	890	467	52
3341	3035	460	501	2	499	10	2271	2186		1449	341
53	214	4	18		18		1514	1178		347	336
1718	1973	161	651	1	475	44	1475	1789		830	147
516	1123		73	2	51		727	726		27	
297	1699		86		85		-506	-232	645	29	29
586	1252		50	4	20		1817	1817		6	
298	277		20		20		587	587			
288	975		31	4			1231	1231		6	
662	2798	347	820	…	585		25650	25904	217	183	
185	627	189	16	1	12		1722	1723	373	454	156
161	446	160	11	1	7		1867	1868	227	454	156
24	181	30	5		5		-146	-146	146		
1036	2111	5	1942	1	1940		2647	2632	91	620	80
	1457		1865		1865		1307	1309	91	376	80
	1457		1865		1865		1307	1309	91	376	80
955	567	5	13		11		1101	1083			
81	87		63	1	64		239	239		244	
81	87		63	1	64		239	239		244	

1-6 按行业分组的规模以上外商投资和

行业	企业单位数（个）	工业销售产值（当年价格）	出口交货值	资产总计	固定资产合计	固定资产原价	累计折旧
总计	**72**	**2216120**	**66493**	**3532181**	**1429412**	**1757011**	**403591**
采矿业	**4**	**223068**		**857904**	**92441**	**101502**	**10004**
煤炭开采和洗选业	1	181082		819219	89632	97475	8753
烟煤和无烟煤开采洗选	1	181082		819219	89632	97475	8753
黑色金属矿采选业	2	27754		5595	2449	3511	1094
铁矿采选	1	7302		3600	2196	3258	1062
锰矿、铬矿采选	1	20452		1996	253	253	32
有色金属矿采选业	1	14232		33090	360	516	156
常用有色金属矿采选	1	14232		33090	360	516	156
制造业	**65**	**1772748**	**66493**	**1920783**	**724701**	**986070**	**267317**
农副食品加工业	5	140212		37592	16686	21937	5329
饲料加工	3	112149		9309	2929	4459	1578
植物油加工	1	2025		7416	2766	3052	316
屠宰及肉类加工	1	26038		20867	10991	14426	3435
食品制造业	1	11361		8543	2431	1825	1382
调味品、发酵制品制造	1	11361		8543	2431	1825	1382
酒、饮料和精制茶制造业	5	277692		164670	70094	106245	35953
酒的制造	2	73194		102499	31024	43451	12229
饮料制造	3	204498		62172	39070	62794	23723
纺织服装、服饰业	1	2293		3725			
服饰制造	1	2293		3725			
造纸和纸制品业	2	8964		5723	318	565	474
纸制品制造	2	8964		5723	318	565	474
印刷和记录媒介复制业	2	69987		59904	20073	39661	19588
印刷	2	69987		59904	20073	39661	19588
文教、工美、体育和娱乐用品制造业	1	4993	4748	4229	955	1564	609
体育用品制造	1	4993	4748	4229	955	1564	609
石油加工及炼焦	1	12745		27438	4442	5480	1107
化学原料和化学制品制造业	4	41397		117358	43517	68393	24876
基础化学原料制造	3	38184		105057	39711	63911	24201
专用化学产品制造	1	3213		12301	3806	4481	675
医药制造业	7	251168		184951	19060	35044	17084
中成药生产	6	238168		177670	17405	32343	16038
卫生材料及医药用品制造	1	13000		7282	1655	2701	1046

港澳台商投资工业企业主要经济指标

单位：万元

流动资产合计	应收账款	存货	产成品	负债合计	流动负债合计	应付账款	所有者权益合计	实收资本	国家资本	集体资本	法人资本
1615225	**271663**	**262366**	**90933**	**2354686**	**1546567**	**242264**	**1172559**	**890740**	**108573**	**1306**	**282491**
553157	**33619**	**12827**	**10293**	**504166**	**430184**	**11967**	**353737**	**204227**	**300**		**200000**
536605	31679	11437	8902	486006	414476	11469	333213	200000			200000
536605	31679	11437	8902	486006	414476	11469	333213	200000			200000
3146	938	425	425	3243	791	498	2352	310	300		
1404	86	98	98	791	791	498	2808	10			
1742	852	328	328	2452			-456	300	300		
13407	1002	965	965	14917	14917		18173	3917			
13407	1002	965	965	14917	14917		18173	3917			
963815	**206058**	**233873**	**80641**	**1093738**	**875933**	**210680**	**822110**	**514713**	**8185**	**1306**	**82491**
20351	4907	9000	4571	20968	11174	3504	16589	4960			4710
5830	493	2954	485	5612	5612	3169	3697	2402			2152
4645	163	4482	3996	5863	5562	335	1517	1558			1558
9876	4251	1564	90	9493			11375	1000			1000
5913	1013	983	820	3324	2022	1346	5214	2088			
5913	1013	983	820	3324	2022	1346	5214	2088			
84715	23183	28679	1717	98765	80853	20212	65906	42329			17151
64675	9948	22792	559	72617	71923	11454	29882	14268			
20040	13235	5887	1159	26148	8930	8759	36024	28061			17151
3525	917	105		10			3715	3715			
3525	917	105		10			3715	3715			
3967	1805	1173	335	2691	2691	119	3032	1948	1120	171	
3967	1805	1173	335	2691	2691	119	3032	1948	1120	171	
35784	9639	5903	1238	13701	13701	3309	46203	16100			4292
35784	9639	5903	1238	13701	13701	3309	46203	16100			4292
3273	134	2775	1735	2114	2114	1082	2115	1356			
3273	134	2775	1735	2114	2114	1082	2115	1356			
22288	8086	3283	685	24167	24167	11892	3270	3000			1530
46038	8141	2479	494	49412	49382	427	67946	37896			21745
41783	6731	1170	494	45642	45612	339	59415	32436			16285
4255	1410	1310		3769	3769	88	8531	5460			5460
134199	39304	18780	6111	89486	80926	10636	94847	37123			6446
130081	37176	17034	5544	86281	78521	10159	90770	35123			5050
4118	2127	1746	567	3205	2405	477	4077	2000			1396

1-6 续表 1

行 业	企业单位数（个）	工业销售产值（当年价格）	出口交货值	资产总计	固定资产合计	固定资产原价	累计折旧
橡胶和塑料制品业	3	135935		101018	27497	32341	7171
橡胶制品业	1	3762		13990	4647	5010	364
塑料制品业	2	132173		87027	22851	27331	6807
非金属矿物制品业	20	396671	31700	610215	380292	464769	84778
水泥、石灰和石膏制造	11	341201	3761	562840	363424	440295	75616
石膏、水泥制品及类似制品制造	3	8193		8490	2996	4202	1367
耐火材料制品制造	3	22304	14084	17807	2831	5989	3875
石墨及其他非金属矿物制品制造	3	24972	13855	21078	11041	14283	3920
黑色金属冶炼和压延加工业	4	130605		85025	6223	11234	5035
铁合金冶炼	4	130605		85025	6223	11234	5035
有色金属冶炼和压延加工业	2	105508		266999	107806	147934	40128
常用有色金属冶炼	1			40177	65	92	28
贵金属冶炼	1	105508		226822	107742	147842	40100
专用设备制造业	1	90750	12346	145413	7244	13361	6118
采矿、冶金、建筑专用设备制造	1	90750	12346	145413	7244	13361	6118
汽车制造业	1	6236	852	7666	1266	3411	2145
汽车零部件及配件制造	1	6236	852	7666	1266	3411	2145
铁路、船舶、航空航天和其他运输设备制造业	1	6748	6748	12279	6395	10939	4544
航空、航天器及设备制造	1	6748	6748	12279	6395	10939	4544
电气机械和器材制造业	2	73357	10099	67624	7864	15880	8049
电线、电缆、光缆及电工器材制造	1	63258		61299	6818	12565	5780
家用电力器具制造	1	10099	10099	6325	1047	3316	2269
计算机、通信和其他电子设备制造业	1	3290		7188	556	1606	1049
通信设备制造	1	3290		7188	556	1606	1049
仪器仪表制造业	1	2837		3223	1982	3881	1900
光学仪器及眼镜制造	1	2837		3223	1982	3881	1900
电力、热力、燃气及水生产和供应业	**3**	**220304**		**753494**	**612269**	**669439**	**126271**
电力、热力生产和供应业	1	176310		486516	405330	502704	97374
电力生产	1	176310		486516	405330	502704	97374
水的生产和供应业	2	43993		266978	206939	166735	28896
自来水生产和供应	1	34069		255220	206548	166258	28811
污水处理及其再生利用	1	9924		11757	392	477	85

单位：万元

流动资产合计	应收账款	存货	产成品	负债合计	流动负债合计	应付账款	所有者权益合计	实收资本	国家资本	集体资本	法人资本
66001	7051	15644	8307	55228	55228	15456	45790	18266			6537
6737	1541	1280	1280	9274	9274	2059	4717	6500			
59264	5510	14364	7027	45954	45954	13397	41073	11766			6537
181106	14532	31841	11639	348518	202412	55664	257675	226264	6000	1135	2749
153545	5524	22373	6093	324096	181233	50610	234723	209153	6000	140	1300
5494	4768	107		5563	5563	1680	2927	3503		995	
12966	3327	4655	3671	7513	6650	194	10294	5303			319
9101	912	4705	1875	11347	8966	3179	9731	8306			1129
74187	17755	20814	12794	77562	56141	25143	7210	9286			1800
74187	17755	20814	12794	77562	56141	25143	7210	9286			1800
74947	1237	22776	77	156525	146730	17425	110474	30986			
40112	1210	167	69	40896	40896	1708	-719	1936			
34836	27	22609	7	115629	105834	15717	111193	29050			
130148	36238	52314	19635	102565	100033	38922	42848	36218			14371
130148	36238	52314	19635	102565	100033	38922	42848	36218			14371
6147	930	1165	680	1442	1442	847	6224	2172	1065		
6147	930	1165	680	1442	1442	847	6224	2172	1065		
5335	941	3008		7206	7206	1526	5073	6623			
5335	941	3008		7206	7206	1526	5073	6623			
58535	29046	10259	9002	32524	32524	2503	35100	31561			
53395	25088	9483	8227	31907	31907	1582	29392	28000			
5140	3958	775	775	618	618	921	5707	3561			
6315	1167	1984	801	3773	3431	350	3415	2000			1160
6315	1167	1984	801	3773	3431	350	3415	2000			1160
1041	36	908	1	3757	3757	321	-534	820			
1041	36	908	1	3757	3757	321	-534	820			
98253	**31985**	**15667**		**756782**	**240451**	**19616**	**-3288**	**171800**	**100089**		
48756	25847	15322		640717	140917	17907	-154201	20000	20000		
48756	25847	15322		640717	140917	17907	-154201	20000	20000		
49497	6138	344		116065	99534	1708	150913	151800	80089		
48673	6035	338		110713	94182	1699	144507	145616	80089		
824	103	7		5352	5352	10	6406	6184			

1-6 续表 2

行业				主营业务收入	主营业务成本	主营业务税金及附加
	个人资本	港澳台资本	外商资本			
总　计	**3021**	**122418**	**372931**	**1980695**	**1441238**	**22878**
采矿业		**3927**		**85651**	**52146**	**3106**
煤炭开采和洗选业				44177	27545	498
烟煤和无烟煤开采洗选				44177	27545	498
黑色金属矿采选业		10		26493	16079	136
铁矿采选		10		7656	4450	115
锰矿、铬矿采选				18837	11629	22
有色金属矿采选业		3917		14981	8522	2472
常用有色金属矿采选		3917		14981	8522	2472
制造业	**3021**	**118490**	**301220**	**1686751**	**1225948**	**18300**
农副食品加工业		250		140226	130376	130
饲料加工		250		112149	108080	1
植物油加工				2038	1675	8
屠宰及肉类加工				26038	20621	121
食品制造业	1168		920	11361	10094	192
调味品、发酵制品制造	1168		920	11361	10094	192
酒、饮料和精制茶制造业		1346	23831	319660	212970	9340
酒的制造			14268	85452	41621	8980
饮料制造		1346	9563	234207	171349	360
纺织服装、服饰业		3715		2293	1954	2
服饰制造		3715		2293	1954	2
造纸和纸制品业	178	480		8189	6734	47
纸制品制造	178	480		8189	6734	47
印刷和记录媒介复制业		11808		42378	23600	448
印刷		11808		42378	23600	448
文教、工美、体育和娱乐用品制造业		1356		4983	4507	3
体育用品制造		1356		4983	4507	3
石油加工及炼焦	702		768	21505	21342	63
化学原料和化学制品制造业			16151	41713	25882	305
基础化学原料制造			16151	38565	23653	292
专用化学产品制造				3148	2229	12
医药制造业	604	4020	26053	186575	79511	2793
中成药生产		4020	26053	175894	70620	2767
卫生材料及医药用品制造	604			10681	8892	26

单位：万元

销售费用	管理费用		财务费用			投资收益（损失以“-”号记）	营业利润	利润总额	亏损企业亏损额	应交增值税	应交所得税
		税金		利息收入	利息支出						
133978	**132192**	**7497**	**53126**	**1529**	**56929**	**25287**	**213539**	**224886**	**11862**	**86438**	**31897**
2357	**16136**	**509**	**5151**	**-40**	**2948**	**27120**	**25401**	**24623**		**6041**	**663**
1810	12877	455	5117	-37	2909	27120	15586	16008		3350	663
1810	12877	455	5117	-37	2909	27120	15586	16008		3350	663
120	638		-5	-4			7768	7717		1017	
120	324		-4	-4			1078	1027		651	
	314		…				6690	6690		367	
426	2621	54	39	1	39		2047	898		1675	
426	2621	54	39	1	39		2047	898		1675	
129332	**109334**	**6451**	**14465**	**1207**	**20412**	**435**	**188112**	**194744**	**11862**	**65438**	**30634**
4359	3338	155	418	1	319		1604	1606		1280	293
1649	1054	50	196	1	157		1168	1170		8	237
69	47		59				180	180		100	
2641	2238	104	162		162		256	256		1172	56
251	265	35	258		258		300	300		130	75
251	265	35	258		258		300	300		130	75
22081	6250	560	-247	367	159		68297	69918		11936	8327
15806	4946	296	-247	318	109		13428	14299		5981	3839
6275	1304	264	1	49	50		54868	55620		5955	4488
2	103	1	…		…		212	212			
2	103	1	…		…		212	212			
184	807		43				464	465		108	51
184	807		43				464	465		108	51
732	4272	188	-104	111		352	13906	14082		3539	1999
732	4272	188	-104	111		352	13906	14082		3539	1999
78	150		59				183	188		18	47
78	150		59				183	188		18	47
357	487	56	321	…	321		-830	-876	876		
2320	4190	55	1558	17	1402		7073	7230		2047	1206
2091	3708	55	1516	17	1402		6945	6906		2047	1152
229	482		42				129	324			55
68346	12522	598	1826	137	1802		21523	19052	3825	18056	3339
67713	11762	576	1762	137	1746		21155	18409	3825	17841	3242
633	760	22	64		56		368	643		215	97

1-6 续表 3

行业	个人资本	港澳台资本	外商资本	主营业务收入	主营业务成本	主营业务税金及附加
橡胶和塑料制品业		5229	6500	136007	106722	600
橡胶制品业			6500	3834	3332	6
塑料制品业		5229		132173	103390	595
非金属矿物制品业	370	80940	135071	365315	265618	3635
水泥、石灰和石膏制造	20	75185	126508	319144	227092	1648
石膏、水泥制品及类似制品制造		455	2053	8150	6488	59
耐火材料制品制造	350		4633	12987	9518	1867
石墨及其他非金属矿物制品制造		5300	1877	25034	22520	61
黑色金属冶炼和压延加工业		3848	3638	119740	116506	296
铁合金冶炼		3848	3638	119740	116506	296
有色金属冶炼和压延加工业		1936	29050	105534	70059	2
常用有色金属冶炼		1936				
贵金属冶炼			29050	105534	70059	2
专用设备制造业			21848	88730	65542	246
采矿、冶金、建筑专用设备制造			21848	88730	65542	246
汽车制造业			1108	6560	4504	51
汽车零部件及配件制造			1108	6560	4504	51
铁路、船舶、航空航天和其他运输设备制造业			6623	6456	5196	
航空、航天器及设备制造			6623	6456	5196	
电气机械和器材制造业		3561	28000	73324	69476	111
电线、电缆、光缆及电工器材制造			28000	63258	60739	107
家用电力器具制造		3561		10066	8737	4
计算机、通信和其他电子设备制造业			840	3290	2721	10
通信设备制造			840	3290	2721	10
仪器仪表制造业			820	2913	2635	27
光学仪器及眼镜制造			820	2913	2635	27
电力、热力、燃气及水生产和供应业			**71711**	**208293**	**163144**	**1472**
电力、热力生产和供应业				176157	143799	1249
电力生产				176157	143799	1249
水的生产和供应业			71711	32137	19345	224
自来水生产和供应			65527	30959	18623	224
污水处理及其再生利用			6184	1177	722	

单位：万元

销售费用	管理费用	税金	财务费用	利息收入	利息支出	投资收益（损失以"-"号记）	营业利润	利润总额	亏损企业亏损额	应交增值税	应交所得税
5041	7763	411	316	4	42	44	15666	15423	1764	4918	2467
442	817		328				-1043	-1338	1338		
4599	6946	411	-12	4	42	44	16708	16761	426	4918	2467
11747	19591	3895	10412	145	12517		54140	59273	4145	16381	9849
9376	16707	3813	9773	89	12135		54291	58367	3404	14429	9671
816	684		208	…	1		-80	-103	220	489	23
360	940	24	254	1	193		109	113	300	914	
1196	1261	58	177	55	188		-181	896	221	548	155
3350	1561	28	422	-16	516		-2629	-1239	1249	988	
3350	1561	28	422	-16	516		-2629	-1239	1249	988	
3	35253	55	-2670	-40	427		3004	2928		39	477
3	35253	55	-2670	-40	427		3004	2928		39	477
8400	8689	242	1120	204	1839		2737	3634		4763	2193
8400	8689	242	1120	204	1839		2737	3634		4763	2193
219	1014	4	6	8		39	805	822		339	209
219	1014	4	6	8		39	805	822		339	209
	863		-10	2	115		453	565		72	
	863		-10	2	115		453	565		72	
1323	1220	132	735	263	690		465	425		568	101
1150	513	95	537	266	690		213	173		568	38
173	707	38	197	-3			252	251			63
520	751	…	2	5	6		745	741		61	
520	751	…	2	5	6		745	741		61	
19	247	37	…				-4	-4	4	195	
19	247	37	…				-4	-4	4	195	
2289	**6723**	**538**	**33510**	**362**	**33569**	**-2268**	**25**	**5519**		**14958**	**599**
			30467	313	30483	-2268	-1478	1359		13040	
			30467	313	30483	-2268	-1478	1359		13040	
2289	6723	538	3043	49	3087		1503	4160		1918	599
2289	6233	538	3043	49	3087		1538	3995		1918	599
	490		…				-35	166			

1-7 按行业分组的规模以上大中型

行业	企业单位数(个)	工业销售产值(当年价格)	出口交货值	资产总计	固定资产合计	固定资产原价	累计折旧
总计	**877**	**52259832**	**881201**	**81859470**	**35910933**	**47707032**	**14789431**
采矿业	**347**	**8952381**	**41**	**15519798**	**4709925**	**6346425**	**2004340**
煤炭开采和洗选业	331	8446632	41	15252478	4678554	6299714	1988417
烟煤和无烟煤开采洗选	331	8446632	41	15252478	4678554	6299714	1988417
黑色金属矿采选业	6	68678		30933	5983	10331	4432
铁矿采选	2	9902		6913	2796	4444	1647
锰矿、铬矿采选	3	47796		12900	1129	1628	582
其他黑色金属矿采选	1	10980		11120	2058	4260	2202
有色金属矿采选业	2	35114		24012	2141	4677	2606
常用有色金属矿采选	2	35114		24012	2141	4677	2606
非金属矿采选业	8	401956		212376	23247	31702	8885
化学矿开采	8	401956		212376	23247	31702	8885
制造业	**430**	**31381408**	**881160**	**43610070**	**14956797**	**18209795**	**5656500**
农副食品加工业	15	348648	3052	271281	85755	87165	13506
谷物磨制	2	59787		30089	7140	6402	1314
饲料加工	2	87037		5858	1398	1899	549
制糖业	3	36652		79598	43426	39132	2026
屠宰及肉类加工	3	51299		39141	18048	21343	5055
蔬菜、水果和坚果加工	2	18382	3052	11978	5395	5226	1254
其他农副食品加工	3	95492		104617	10348	13163	3308
食品制造业	7	425712	2531	357476	74849	84205	24516
焙烤食品制造	1	21107		27125	7928	8684	1691
方便食品制造	1	18057		12297	2535	4680	2221
乳制品制造	2	67307		93009	45960	47814	9079
调味品、发酵制品制造	3	319241	2531	225044	18426	23028	11525
酒、饮料和精制茶制造业	40	3902537	116944	8808287	1381096	1695786	423761
酒的制造	30	3605505	97558	8619245	1294783	1587845	393964
饮料制造	3	211515		78226	38828	61398	22570
精制茶加工	7	85518	19387	110816	47485	46542	7227
烟草制品业	4	3432905	364	2482627	561916	1048464	518145
烟叶复烤	3	111048		345416	120296	208546	88250
卷烟制造	1	3321857	364	2137211	441620	839918	429895
纺织业	4	41904		47016	16156	9873	1940
棉纺织及印染精加工	3	36837		42806	15925	9462	1760
麻纺织及染整精加工	1	5067		4210	231	411	180
纺织服装、服饰业	1	41480		23354	4823	8343	6047
机织服装制造	1	41480		23354	4823	8343	6047
皮革、毛皮、羽毛及其制品和制鞋业	7	228372		104658	26654	27735	12296
羽毛(绒)加工及制品制造	1	32282		4522	2307	1218	134
制鞋业	6	196091		100136	24347	26517	12162
木材加工和木、竹、藤、棕、草制品业	21	491872		107985	34301	42586	10275
木材加工	11	231060		41054	11739	13750	2713
人造板制造	10	260812		66931	22561	28836	7562

工业企业主要经济指标

单位：万元

流动资产合计				负债合计	流动负债合计		所有者权益合计	实收资本			
	应收账款	存货				应付账款			国家资本	集体资本	法人资本
			产成品								
30987102	**4336848**	**7143532**	**1854187**	**54188854**	**32138811**	**6765240**	**27525077**	**12002011**	**5758891**	**129560**	**4357240**
6266755	**1026910**	**362300**	**195147**	**10458080**	**7069481**	**1234568**	**5003378**	**2199788**	**637561**	**85098**	**861894**
6096359	1000261	349277	186321	10340768	6958172	1225664	4854562	2167871	636364	85093	855536
6096359	1000261	349277	186321	10340768	6958172	1225664	4854562	2167871	636364	85093	855536
20250	6040	2546	2504	16870	15267	4291	12871	2875	30	5	570
4106	2077	98	98	3444	3444	3096	3469	670			
8467	940	2258	2222	2599	2019	325	9109	2105		5	500
7676	3023	190	185	10826	9803	869	294	100	30		70
14810	…	4152	1400	20810	20810	932	3202	2000			2000
14810	…	4152	1400	20810	20810	932	3202	2000			2000
135336	20610	6325	4922	79633	75233	3681	132743	27042	1167		3788
135336	20610	6325	4922	79633	75233	3681	132743	27042	1167		3788
21709464	**2798673**	**6554619**	**1635043**	**24932090**	**18825909**	**3996466**	**18600940**	**7309022**	**3431819**	**44462**	**2761716**
155416	11416	50306	8354	190300	152304	20575	80981	31007		8000	12129
21941	1582	6842	2755	22219	19285	818	7870	2586			
3894	487	2448	363	3992	3992	1358	1866	502			502
25586	2412	12882		80690	69353	11634	-1092	21000		8000	8000
18953	5482	4801	380	19438	8946	1880	19703	1892			1000
5595	938	3932	1909	2581	1079	239	9397	2527			2127
79447	517	19402	2947	61380	49650	4647	43238	2500			500
251804	2940	26925	18037	216518	181426	16767	140958	16109	2173		4684
17453	-80	1408	22	23334	20834	356	3792	4520			1160
8566	11	1561	134	8179	8172	523	4118	280			280
31494	1657	5355	215	69200	46152	6164	23809	8653	2173		2400
194291	1352	18602	17666	115805	106269	9724	109239	2655			844
6212747	86210	1885631	180055	2096937	1888883	200409	6685624	806562	501511	1941	248930
6129994	66201	1861576	165929	2026628	1851091	192088	6567191	767473	500000		230067
30988	11736	9780	1572	37072	13950	5547	41154	32497			18162
51764	8272	14275	12554	33237	23842	2774	77279	6591	1511	1941	700
1713863	133643	1244053	68152	693372	689968	356077	1789255	666771	307771		359000
140769	9957	21198	16522	8902	8902	3161	336514	307771	307771		
1573094	123686	1222855	51630	684470	681066	352916	1452742	359000			359000
28623	4133	4750	2730	31145	25934	3843	15870	2770	220	452	98
24644	3133	4487	2569	27227	22016	3843	15579	2550		452	98
3979	1001	262	161	3919	3919		291	220	220		
18531	803	8059	4617	9847	6999	2407	13507	8620			8620
18531	803	8059	4617	9847	6999	2407	13507	8620			8620
76438	6094	25193	14114	59236	30966	5697	58674	11750		50	5200
2215	1235	548	548	689	542	157	3832	100			100
74224	4859	24646	13566	58546	30423	5541	54842	11650		50	5100
63833	9434	24518	5164	43005	32504	6115	61772	38059			9444
26165	3875	10154	2083	16618	16435	3177	23804	11003			1100
37668	5559	14364	3081	26387	16068	2938	37967	27057			8344

1-7 续表 1

行业	企业单位数（个）	工业销售产值（当年价格）	出口交货值	资产总计	固定资产合计	固定资产原价	累计折旧
家具制造业	2	39088		25931	2323	3194	961
木质家具制造	1	12423		1520	1088	1131	134
其他家具制造	1	26665		24410	1235	2063	828
造纸和纸制品业	5	115179		335707	251780	216368	41600
纸浆制造	1	5035		257399	239907	201456	38451
造纸	1	34091		59932	6600	7793	1193
纸制品制造	3	76053		18376	5272	7119	1956
印刷和记录媒介复制业	2	44584		66263	29066	49663	20597
印刷	2	44584		66263	29066	49663	20597
文教、工美、体育和娱乐用品制造业	2	10077	4748	8912	3478	4131	653
工艺美术品制造	1	5084		4683	2523	2567	44
体育用品制造	1	4993	4748	4229	955	1564	609
石油加工及炼焦	6	525935		543413	204841	221533	32279
化学原料和化学制品制造业	48	4675923	401672	10271049	4189907	4604799	1434710
基础化学原料制造	21	958254	7882	1379830	457138	571123	237206
肥料制造	19	3418970	391950	8188674	3647343	3926507	1170545
合成材料制造	1	58603		95506	5582	5332	1118
专用化学产品制造	3	72909	1841	107766	21312	21685	4107
炸药、火工及焰火产品制造	4	167188		499274	58532	80152	21733
医药制造业	26	1805011		1836838	321856	354739	122510
化学药品制剂制造	3	49104		85162	24325	33352	12613
中成药生产	22	1717382		1683986	283786	307552	105215
生物药品制造	1	38525		67690	13745	13835	4682
橡胶和塑料制品业	9	904323	193138	967480	240719	431760	195315
橡胶制品业	4	677321	193138	801976	209153	390650	183389
塑料制品业	5	227002		165504	31567	41111	11926
非金属矿物制品业	68	2692455	21532	3696060	2358061	2547030	405690
水泥、石灰和石膏制造	48	1946860		3217972	2203591	2330758	326241
石膏、水泥制品及类似制品制造	6	376650		244317	67360	100920	36878
砖瓦、石材等建筑材料制造	5	102438		67765	27758	25879	6201
玻璃制造	1	20528		28883	22240	22593	353
玻璃制品制造	4	78595		33488	14937	13206	2638
耐火材料制品制造	2	140796	20785	36582	8407	9055	2081
石墨及其他非金属矿物制品制造	2	26587	747	67053	13768	44620	31298
黑色金属冶炼和压延加工业	41	4155852		3481662	1216834	1929750	831833
炼铁	3	286556		261675	106285	149496	53456
黑色金属铸造	2	143112		111132	83671	14820	716
钢压延加工	4	2101469		2197050	722320	1369896	648460
铁合金冶炼	32	1624714		911805	304558	395538	129202
有色金属冶炼和压延加工业	22	3279173	12651	4819305	2746322	3124972	851511
常用有色金属冶炼	13	2547400	12651	4262108	2485099	2810930	789766
贵金属冶炼	5	376018		453931	213397	265115	59959
有色金属合金制造	1	299009		20223	2730	2187	102
有色金属压延加工	3	56746		83042	45095	46740	1684
金属制品业	10	388012	14206	635600	158286	252638	96506
结构性金属制品制造	3	69133		74893	5540	11160	5620
金属工具制造	2	52332	2833	183736	43376	85611	42235

单位：万元

流动资产合计	应收账款	存货		负债合计	流动负债合计	应付账款	所有者权益合计	实收资本			
			产成品						国家资本	集体资本	法人资本
19499	2419	10451	9947	14832	14832	720	10779	6060	2550	1200	
432	39	289	54	140	140		1060	1060			
19067	2380	10162	9894	14692	14692	720	9719	5000	2550	1200	
68941	6029	19397	7718	277414	150442	30386	56929	9709	1859		2500
17492	2267	10023	1023	255540	129690	27185	1859	1859	1859		
40958	1340	5834	5834	16939	16939	1026	42993	2500			2500
10491	2422	3540	861	4935	3813	2175	12077	5350			
30984	11586	8800	2095	19394	19184	6752	46869	19970	1000		18970
30984	11586	8800	2095	19394	19184	6752	46869	19970	1000		18970
5433	710	2921	1735	5649	2114	1082	3263	1856			500
2160	576	147		3535			1148	500			500
3273	134	2775	1735	2114	2114	1082	2115	1356			
193728	75658	42026	18306	389533	268058	46765	153879	105775			100000
3666171	609152	828862	543780	7191912	5319404	734829	3087963	1786259	1287596	1361	394360
459479	80125	125751	65935	1210117	1052989	160536	169713	311858	177167	661	105953
2965727	484806	663612	464097	5656444	4046523	543030	2543793	1383964	1054232		266053
36332	6087	3246	1927	93639	93338	9979	1867	6553			6553
65307	7686	21528	4131	65358	47610	7728	42408	10331	9095	700	
139326	30448	14726	7690	166355	78944	13557	330181	73553	47103		15801
1265695	269809	239625	99781	703292	637757	67059	1130592	303143	2710	4378	175540
43573	5878	10483	7951	71819	65036	9329	12350	6952			
1171069	262166	212224	87105	609834	553016	55961	1072191	288051	2710	4378	167400
51054	1764	16919	4725	21640	19706	1769	46051	8140			8140
541399	168077	136477	22274	655501	517590	123909	311408	84174	24453	184	6587
437394	151028	110151	13378	553118	424921	95758	248287	57483	21953	184	1125
104005	17049	26326	8896	102383	92669	28151	63121	26691	2500		5462
1029307	107748	208255	82555	2567937	1585836	311284	1117965	796349	212497		291946
749415	55130	147770	54642	2168745	1242147	247496	1041487	713222	174255		261426
155226	38062	20884	5442	220105	212629	39855	24175	12387	2187		4000
33761	799	11639	9081	17561	5003	374	49519	11082	2000		8532
5215	-3426	2868	1373	27459	24759	5214	1424	2000			
16226	3560	10493	6190	13174	11858	6174	20313	17631			17000
27399	5452	4997	1354	21765	18630	2998	13122	2972			989
42065	8171	9603	4473	99129	70809	9173	-32076	37055	34055		
1757710	220812	377332	112844	2406916	2210606	725632	1071258	824549	92304	3000	645232
101157	20213	29657	8110	200136	199260	68852	61540	90670			75670
24918	50	7683	2044	103648	103648	14085	7484	34941			34941
1115263	92233	197468	35289	1468145	1421526	459234	728904	530609	68250		449359
516372	108316	142525	67402	634988	486173	183461	273330	168329	24054	3000	85263
1237940	119276	419075	96138	3735874	2145175	443607	1033848	855077	623038	20167	112530
1092689	106303	371905	88558	3435018	1887298	406882	777774	763257	583333		110530
110155	1373	35930	120	245929	220155	22442	208002	56922	7705	20167	
14224	8725	5499	5012	8532	8321	8035	11691	2000			2000
20872	2875	5740	2449	46395	29402	6247	36381	32898	32000		
401652	110218	131567	67893	334947	298508	90586	300653	123809	101682	1129	14291
64918	34111	17123	9022	59265	55365	42648	15628	8710			7590
99915	23017	42656	27064	112276	96711	29710	71460	50137	46419	1129	

1-7 续表 2

行业	企业单位数(个)	工业销售产值(当年价格)	出口交货值	资产总计	固定资产合计	固定资产原价	累计折旧
集装箱及金属包装容器制造	1	19243		24346	2843	5027	2184
金属丝绳及其制品制造	1	194432	8643	253393	68793	104558	35765
其他金属制品制造	3	52872	2730	99232	37734	46282	10702
通用设备制造业	14	337525	1386	420393	67817	64657	29404
金属加工机械制造	3	118782		236870	33648	14908	5758
物料搬运设备制造	3	81321		23511	1816	2472	947
泵、阀门、压缩机及类似机械制造	2	16863		28467	4587	4901	3876
轴承、齿轮和传动部件制造	3	63116	1386	67880	14783	26738	12428
烘炉、风机、衡器、包装等设备制造	2	27405		15096	5694	2211	255
通用零部件制造	1	30038		48569	7289	13427	6139
专用设备制造业	10	262274	15001	501110	56604	82453	34979
采矿、冶金、建筑专用设备制造	10	262274	15001	501110	56604	82453	34979
汽车制造业	12	1245064	4303	916305	305650	401597	123288
汽车整车制造	3	513481		381826	194239	214335	36261
改装汽车制造	3	82420		144028	36292	40409	4546
汽车零部件及配件制造	6	649164	4303	390451	75120	146853	82481
铁路、船舶、航空航天和其他运输设备制造业	19	867686	78860	1987563	478097	711990	343175
铁路运输设备制造	1	124827	11553	166909	77537	79201	39122
航空、航天器及设备制造	18	742859	67307	1820654	400560	632789	304053
电气机械和器材制造业	12	493161	10099	392077	31826	52340	20515
电机制造	1	7506		19872	2529	3262	733
输配电及控制设备制造	4	86479		94073	10467	16828	6362
电线、电缆、光缆及电工器材制造	2	147237		185093	3149	6553	3404
家用电力器具制造	4	244605	10099	68831	14523	24444	9921
照明器具制造	1	7334		24209	1158	1254	95
计算机、通信和其他电子设备制造业	12	394109		156687	11645	19185	8305
视听设备制造	1	251546		89923	6469	10214	3745
电子器件制造	3	125927		36910	1853	2756	932
电子元件制造	8	16637		29854	3324	6216	3628
仪器仪表制造业	4	51287	675	82566	13072	15808	6970
通用仪器仪表制造	1	13068		21726	5138	2733	1829
专用仪器仪表制造	1	16847		38194	4672	6695	2022
钟表与计时仪器制造	1	7737		1221	211	289	79
光学仪器及眼镜制造	1	13635	675	21425	3051	6091	3040
其他制造业	6	170376		255535	81218	115967	44979
废弃资源综合利用业	1	10884		6933	1844	1067	235
非金属废料和碎屑加工处理	1	10884		6933	1844	1067	235
电力、热力、燃气及水生产和供应业	**100**	**11926043**		**22729601**	**16244211**	**23150812**	**7128592**
电力、热力生产和供应业	90	11596286		21785012	15789646	22654310	6987426
电力生产	28	4113538		15059342	11292740	14873161	3685379
电力供应	62	7482749		6725670	4496907	7781149	3302046
燃气生产和供应业	3	260456		451640	115740	169533	62045
水的生产和供应业	7	69302		492949	338825	326969	79121
自来水生产和供应	7	69302		492949	338825	326969	79121

单位：万元

流动资产合计	应收账款	存货	产成品	负债合计	流动负债合计	应付账款	所有者权益合计	实收资本	国家资本	集体资本	法人资本
21503	9478	6178		16923	16923	5809	7424	5000	5000		
159059	23699	47050	27181	102545	101583	1389	150848	49544	49544		
56257	19913	18561	4626	43938	27926	11029	55294	10418	720		6702
261483	77432	72819	29491	274843	253144	88216	145550	67028	24978	8	26271
117286	37121	19236	1923	195295	179833	61887	41575	38360	18292		10000
20056	12013	2326	1662	18801	16236	3568	4711	4572	4082		490
23880	3227	3973	352	5509	5368	476	22958	7680			3909
51561	16087	17191	9115	30810	27933	12376	37070	14886	2581		10372
8673	3508	2553	1501	8296	7810	1583	6800	1030	22	8	1000
40028	5476	27540	14938	16132	15964	8326	32437	500			500
332733	104550	101923	32752	303718	256560	85881	197392	133128	45310	889	42444
332733	104550	101923	32752	303718	256560	85881	197392	133128	45310	889	42444
499228	162767	124801	52942	518425	395020	86426	397380	188630	20483		93209
159303	66062	40244	11210	244552	156316	4076	137274	62000			10000
80935	15584	16986	4672	70480	67849	16348	73548	81207	17430		63777
258989	81121	67572	37059	203393	170855	66002	186558	45423	3053		19432
1206235	327663	428944	81176	1600577	1242656	385092	386985	258758	127216		107336
79527	24630	29944	2743	72494	57178	38064	94415	42200	17994		
1126708	303033	399000	78433	1528083	1185478	347028	292570	216558	109222		107336
334998	72741	49166	28863	288442	268488	34081	103635	63833		1703	49574
14167	1448	4117	3053	11591	11591	1237	8280	6923			6923
77287	15980	15726	7050	53246	46087	13715	40827	19403		1703	12555
177852	18420	18036	11352	166573	166507	2749	18520	15966			15966
49768	30781	8509	7055	33070	20340	13031	35761	21042			14130
15923	6112	2777	353	23962	23962	3349	246	500			
128069	49034	39521	32754	102867	86883	66193	53733	25251			24751
73318	13243	34101	32069	56125	55475	41531	33797	15751			15751
34858	31634	3015	207	24565	24565	23572	12345	3000			3000
19894	4157	2405	478	22177	6842	1090	7591	6500			6000
53240	22456	14854	7673	43834	39295	10394	38732	14083	8053		2071
14598	7149	1496	26	10586	7290	1385	11141	5930			1971
25998	13184	8381	4774	22088	20845	6915	16105	3000	3000		
1010	936	…	…	1309	1309	539	-89	100			100
11634	1188	4976	2873	9851	9851	1556	11574	5053	5053		
152675	25791	28209	3016	155404	105093	45404	100131	59434	44416		5000
1089	75	161	88	421	281	281	5357	500			500
1089	75	161	88	421	281	281	5357	500			500
3010884	**511265**	**226614**	**23996**	**18798684**	**6243421**	**1534206**	**3920760**	**2493202**	**1689511**		**733630**
2694331	472668	205937	20939	18182268	5837698	1450838	3592588	2268243	1564646		700851
1729660	413367	192056	19618	12696127	3601890	685826	2356815	1893752	1195546		698205
964671	59301	13881	1321	5486141	2235808	765012	1235773	374492	369099		2645
185610	32228	18269	3057	399269	263380	67628	52371	52000	18235		31979
130943	6369	2408		217148	142343	15740	275801	172958	106631		800
130943	6369	2408		217148	142343	15740	275801	172958	106631		800

1-7 续表 3

行业	个人资本	港澳台资本	外商资本	主营业务收入	主营业务成本	主营业务税金及附加
总计	**1391867**	**92920**	**256387**	**51358740**	**38375963**	**2545929**
采矿业	**605126**	**10**		**7913900**	**5400338**	**241228**
煤炭开采和洗选业	580778			7418314	5107619	222974
烟煤和无烟煤开采洗选	580778			7418314	5107619	222974
黑色金属矿采选业	2260	10		70445	47503	1441
铁矿采选	660	10		10256	6061	557
锰矿、铬矿采选	1600			49210	32284	665
其他黑色金属矿采选				10980	9158	220
有色金属矿采选业				35101	30160	70
常用有色金属矿采选				35101	30160	70
非金属矿采选业	22087			390040	215055	16743
化学矿开采	22087			390040	215055	16743
制造业	**784955**	**92910**	**190860**	**32058704**	**22589480**	**2258936**
农副食品加工业	10878			343769	295614	1112
谷物磨制	2586			59007	53977	47
饲料加工				88743	85309	
制糖业	5000			36652	22814	270
屠宰及肉类加工	892			45827	36650	271
蔬菜、水果和坚果加工	400			18382	15505	94
其他农副食品加工	2000			95158	81359	431
食品制造业	9251			404703	281100	2239
焙烤食品制造	3360			8352	7208	58
方便食品制造				18065	14801	43
乳制品制造	4080			59963	42385	79
调味品、发酵制品制造	1811			318322	216706	2059
酒、饮料和精制茶制造业	30350		23831	4410639	944917	393267
酒的制造	23138		14268	4086683	713892	392466
饮料制造	4772		9563	235543	171273	405
精制茶加工	2440			88414	59752	396
烟草制品业				3394736	938433	1719421
烟叶复烤				81335	35879	1104
卷烟制造				3313401	902554	1718318
纺织业	2000			23111	22770	54
棉纺织及印染精加工	2000			18942	18983	13
麻纺织及染整精加工				4169	3787	40
纺织服装、服饰业				32707	29036	16
机织服装制造				32707	29036	16
皮革、毛皮、羽毛及其制品和制鞋业	3500			374029	352918	804
羽毛(绒)加工及制品制造				32282	31096	33
制鞋业	3500			341747	321822	771
木材加工和木、竹、藤、棕、草制品业	28615			503070	424622	8941
木材加工	9902			235040	201253	5537
人造板制造	18713			268030	223369	3403

单位：万元

销售费用	管理费用	税金	财务费用	利息收入	利息支出	投资收益（损失以“-”号记）	营业利润	利润总额	亏损企业亏损额	应交增值税	应交所得税
1825405	**2808912**	**135493**	**1612607**	**166360**	**1716497**	**205150**	**4825455**	**4903745**	**891344**	**2743339**	**1107598**
255357	**793617**	**34599**	**303127**	**5361**	**266332**	**40909**	**809976**	**765303**	**240743**	**574478**	**187383**
246186	740738	33959	297895	5338	261215	40891	702921	659268	240743	541170	170492
246186	740738	33959	297895	5338	261215	40891	702921	659268	240743	541170	170492
1794	9781	321	266	8	233		17145	17295		4726	1475
510	454		22	-4			1079	1027		830	
581	8493	321	233	…	233		15092	15080		2369	1406
703	834		12	12			975	1188		1526	69
233	2215		95	-1	95		1327	1274		741	155
233	2215		95	-1	95		1327	1274		741	155
7144	40883	318	4871	15	4790	18	88583	87467		27842	15261
7144	40883	318	4871	15	4790	18	88583	87467		27842	15261
1489991	**1744730**	**89501**	**513263**	**89949**	**590596**	**114497**	**3874063**	**3961856**	**552327**	**1702015**	**887681**
10268	16785	810	3191	442	3352	-644	21117	23442		8967	3343
1352	3752	536	813	140	950		1878	2264		1478	155
1229	700	43	124	1	85		1413	1412		…	185
1357	4247	64	1212	1	1146	-644	7776	7969		1473	1482
4381	3306	154	351	241	541		992	959		1820	140
485	369	5	356	…	356		1573	1656		663	95
1463	4411	7	335	59	273		7485	9182		3533	1286
14921	11051	997	972	1806	2723	201	96532	96730		22811	13881
882	1146	155	287	3	279	136	134	194		489	98
2508	486	1	-124	287	158		451	763		33	7
7603	3566	30	1539	654	2156	25	5237	3911		640	
3928	5854	811	-729	862	131	40	90709	91862		21648	13777
353796	354466	24314	-22659	45458	15528	3437	2456370	2431843	2344	542743	588022
341807	347938	23947	-23561	45394	14655	3425	2383926	2358235	2344	533819	582082
7325	2219	299	183	51	219	12	54301	55407		6107	4488
4664	4310	68	719	13	654		18144	18201		2818	1451
67682	214866	6718	-3930	4964	909	1297	461735	450773		406546	122474
10147	23187	1232	-4092	4099		273	15570	14694		9489	3674
57535	191679	5486	163	865	909	1024	446165	436079		397058	118801
327	1566	81	500	…	213		-1990	-141	1390	351	
255	1197	81	517	…	230		-1991	-143	1390	74	
72	369		-17		-17		1	1		276	
700	1707	32	66	51	115		1009	1006		78	
700	1707	32	66	51	115		1009	1006		78	
3230	5179	345	735	60	660		11501	11229	500	6695	1493
63	143	33	70		70		877	877		1686	
3167	5036	313	665	60	590		10624	10352	500	5009	1493
13809	25073	739	3345	6	3045		23420	24349	1697	30030	2067
5738	7372	265	894	2	894		13625	13625		14028	620
8072	17701	475	2451	4	2151		9795	10724	1697	16002	1447

1-7 续表 4

行业	个人资本	港澳台资本	外商资本	主营业务收入	主营业务成本	主营业务税金及附加
家具制造业	2310			39088	27131	203
木质家具制造	1060			12423	8963	70
其他家具制造	1250			26665	18167	133
造纸和纸制品业	5350			129233	104369	1799
纸浆制造				19847	19523	160
造纸				34090	28214	206
纸制品制造	5350			75297	56633	1433
印刷和记录媒介复制业				40975	27444	378
印刷				40975	27444	378
文教、工美、体育和娱乐用品制造业		1356		10067	8710	176
工艺美术品制造				5084	4203	173
体育用品制造		1356		4983	4507	3
石油加工及炼焦	5775			438923	378290	681
化学原料和化学制品制造业	102444			5594653	4948555	44751
基础化学原料制造	28078			908801	857579	2580
肥料制造	63180			4397592	3884537	40190
合成材料制造				41057	45145	1
专用化学产品制造	537			71670	53688	398
炸药、火工及焰火产品制造	10649			175532	107607	1582
医药制造业	91809	3730	24976	1659920	803695	19684
化学药品制剂制造	6952			47560	38823	280
中成药生产	84857	3730	24976	1573843	754772	19116
生物药品制造				38517	10100	288
橡胶和塑料制品业	47721	5229		900655	731370	8106
橡胶制品业	34221			676536	547626	7313
塑料制品业	13500	5229		224119	183744	793
非金属矿物制品业	129203	75185	87517	2445834	1843295	16459
水泥、石灰和石膏制造	115420	75185	86936	1854372	1342596	11805
石膏、水泥制品及类似制品制造	6200			248493	234692	1426
砖瓦、石材等建筑材料制造	550			95002	62015	992
玻璃制造	2000			13425	8649	596
玻璃制品制造	50		581	68016	58673	986
耐火材料制品制造	1983			138693	111962	388
石墨及其他非金属矿物制品制造	3000			27834	24709	267
黑色金属冶炼和压延加工业	76526	3848	3638	4169345	4013256	16006
炼铁	15000			264464	272330	923
黑色金属铸造				164610	138083	1228
钢压延加工	13000			2106863	2126267	7833
铁合金冶炼	48526	3848	3638	1633408	1476577	6022
有色金属冶炼和压延加工业	70292		29050	3030071	2933789	7406
常用有色金属冶炼	69394			2237734	2253851	6340
贵金属冶炼			29050	426433	353319	387
有色金属合金制造				308909	279216	10
有色金属压延加工	898			56994	47403	669
金属制品业	6707			406411	343478	3324
结构性金属制品制造	1120			66533	61054	667
金属工具制造	2590			74506	57596	905

单位：万元

销售费用	管理费用		财务费用			投资收益（损失以“-”号记）	营业利润	利润总额	亏损企业亏损额	应交增值税	应交所得税
		税金		利息收入	利息支出						
3495	4776	87	179	9	176		3583	4020		2505	872
53	2532						803	752		697	188
3442	2244	87	179	9	176		2779	3267		1808	684
4962	11986	172	9983	552	7633	490	-11133	-9534	19238	15160	1008
1091	8646	6	6408		6408		-20353	-19238	19238	1289	
780	1077	26	579	518	1098		1966	1966		6007	955
3091	2264	141	2997	34	128	490	7254	7738	1	7864	53
631	2642	183	204	-38	217	1226	11009	11373		2848	50
631	2642	183	204	-38	217	1226	11009	11373		2848	50
87	162		60		…		868	874		18	218
9	12		1		1		686	686			171
78	150		59		-1		183	188		18	47
16097	10844	1096	12553	146	12664		21899	21692	450	6785	618
122516	244886	11290	204197	4183	222401	93659	217607	260780	128451	86740	36306
25288	52991	2053	30572	3184	28177	48967	38663	49562	58224	22543	10665
88398	159958	8362	163577	-1389	182005	29014	133087	162470	60728	48735	20896
1720	3401	205	2854	1469	4321		-11779	-9499	9499	10	
2093	7535	184	1894	332	2020		8206	9242		1265	1349
5017	21003	486	5301	587	5880	15678	49430	49004		14187	3395
467799	93915	2900	17946	4184	19446	1116	220864	226147	8817	109721	31338
4470	2948	197	2629	-16	1551	1	-1626	-1934	1934	2298	110
459532	84936	2590	15393	3807	17590	1116	204024	209816	6883	104541	28567
3797	6032	113	-75	393	305		18466	18265		2882	2661
47531	49378	2397	24840	401	22129	1444	38368	41195	438	27574	3295
39144	38075	1898	22943	423	20949	1400	20411	22951	438	20850	682
8387	11303	499	1897	-22	1180	44	17957	18244		6725	2613
73328	114165	8179	82040	1466	86499	1387	336023	348757	8762	108780	48034
63215	91056	7558	73285	1248	78355	1083	294576	306605	7018	90489	42689
3257	7761	297	5555	76	5448	304	2736	3280	768	6014	453
582	6813	162	762	6	768		22981	22967	299	2150	4658
34	764	33	486	…	361		2670	2704		596	
1702	2309		84	31	59		4545	4544	…	2729	111
3260	1906	89	969	97	625		10347	9334		5618	123
1277	3556	41	900	8	885		-1830	-677	677	1184	1
44688	116578	10496	39188	7893	52808	2227	-47271	-5486	132019	105427	4348
3539	10011	698	1512	75	1726	-24	-10239	-10385	13734	6006	841
1841	3227	15	118	2	105		24117	24115		4693	
9697	57664	7733	18248	3321	26212	2170	-109743	-91504	103221	39388	2479
29610	45676	2051	19309	4496	24765	81	48594	72287	15064	55341	1028
96510	119206	8187	65198	7887	66612	4642	-22501	-55446	158269	68257	7983
95789	74424	7891	65429	5933	61811	4127	-107818	-139672	157922	65159	6073
473	43173	180	-604	1932	4468	515	18356	15684	348	198	1872
7	341	91	75		35		59810	59810		852	1
241	1268	26	297	22	298		7151	8732		2048	38
21766	33228	1787	7434	752	7644	225	5093	7995	4980	14020	2512
1419	5631	291	580	6	559	176	-681	-340	1821	1440	221
2233	11218	528	955	188	940	31	3028	3848		2746	689

1-7 续表 5

行　业	个人资本	港澳台资本	外商资本	主营业务收　入	主营业务成　本	主营业务税金及附加
集装箱及金属包装容器制造				25978	23645	678
金属丝绳及其制品制造				190788	166317	879
其他金属制品制造	2996			48607	34866	196
通用设备制造业	16972			297247	230772	4455
金属加工机械制造	10068			68118	63622	289
物料搬运设备制造	1200			92978	64098	3619
泵、阀门、压缩机及类似机械制造	3771			17196	9487	157
轴承、齿轮和传动部件制造	1933			62268	53488	244
烘炉、风机、衡器、包装等设备制造				28093	22951	138
通用零部件制造				28594	17126	8
专用设备制造业	22638		21848	260303	203063	1120
采矿、冶金、建筑专用设备制造	22638		21848	260303	203063	1120
汽车制造业	74937			1269525	1168961	3343
汽车整车制造	52000			507074	485496	819
改装汽车制造				94096	63428	1041
汽车零部件及配件制造	22937			668355	620037	1483
铁路、船舶、航空航天和其他运输设备制造业	24206			813158	669427	1552
铁路运输设备制造	24206			124827	107681	8
航空、航天器及设备制造				688332	561746	1544
电气机械和器材制造业	8995	3561		477752	404562	1834
电机制造				6125	4885	28
输配电及控制设备制造	5145			87954	66519	541
电线、电缆、光缆及电工器材制造				202549	173562	681
家用电力器具制造	3350	3561		173790	153696	285
照明器具制造	500			7334	5900	298
计算机、通信和其他电子设备制造业	500			364074	317724	1090
视听设备制造				230126	195041	837
电子器件制造				119602	111577	196
电子元件制造	500			14345	11106	57
仪器仪表制造业	3959			52454	33251	481
通用仪器仪表制造	3959			12178	5475	214
专用仪器仪表制造				20986	14525	125
钟表与计时仪器制造				7737	6654	32
光学仪器及眼镜制造				11553	6597	110
其他制造业	10018			161370	103638	144
废弃资源综合利用业				10884	5294	93
非金属废料和碎屑加工处理				10884	5294	93
电力、热力、燃气及水生产和供应业	**1786**		**65527**	**11386136**	**10386146**	**45764**
电力、热力生产和供应业				11046196	10061290	44911
电力生产				3807273	3085602	26273
电力供应				7238923	6975688	18639
燃气生产和供应业	1786			275739	284045	135
水的生产和供应业			65527	64201	40811	718
自来水生产和供应			65527	64201	40811	718

单位：万元

销售费用	管理费用		财务费用			投资收益（损失以“-”号记）	营业利润	利润总额	亏损企业亏损额	应交增值税	应交所得税
		税金		利息收入	利息支出						
	943		122	22	143		1856	790		1440	208
16737	8182	801	4213	507	4533	3	-3680	-3159	3159	6897	416
1378	7255	166	1564	29	1468	15	4569	6856		1497	978
12789	35233	444	4459	2050	1736	972	4747	11492	5846	9320	2203
1572	8285	155	1110	385	589	684	-5646	-3900	5617	1109	98
6441	10981	25	997	-7	358		135	250		3404	26
398	3537	82	127	20	144	226	3802	4939		1311	646
1882	5509	126	262	164	179	30	1245	3936	228	1744	600
482	699	22	387	2	375	32	3593	3499		1702	362
2014	6223	33	1575	1486	92		1619	2768		49	472
19983	26221	735	4634	316	5117		8714	11612	3624	11546	3393
19983	26221	735	4634	316	5117		8714	11612	3624	11546	3393
26267	43833	2607	11625	1372	11158	-1028	-821	12424	14859	87501	4444
7174	7438	374	7746	628	8511	43	4294	4076	4284	22200	2090
4766	4839	1531	383	398	504	-6977	-10562	-1664	2234	2937	55
14326	31557	702	3496	346	2143	5906	5447	10013	8341	62364	2300
11679	143302	1038	42853	3009	42392	3630	-49649	-37862	60427	8742	2985
1645	14012	314	162	397	406	1160	2392	2583		1151	
10034	129290	724	42692	2612	41986	2470	-52041	-40445	60427	7591	2985
20737	25506	2653	3733	674	3352	44	16653	17611	…	5790	2971
358	1000	51	31	3	33		81	102		306	27
6197	6412	96	1092	141	1008	…	7379	7892		3494	1034
10429	10381	165	2024	476	2024		5471	5471		644	1322
3677	7001	2341	464	6	118	44	4108	4146		1346	588
77	712		123	48	170		-386	…	…		
27707	6417	821	-89	20	150		14667	16912		8567	2289
27389	4847	667	-251	17	-2		5669	7704		6508	1158
	288	127	138		138		7421	7538		1612	1131
318	1282	26	24	3	15		1577	1671		447	
4962	10056	118	950	44	877	-99	2623	4485		4007	732
1862	2669		263		200	22	1741	2926		2158	453
1238	4788	92	163	5	114	-120	110	757		901	155
59	162	6					17	17		25	
1804	2436	20	525	39	563		755	785		924	124
1121	21433	186	-993	2243	996	270	26901	27491	217	372	800
604	271	91	46		46		6126	6095		117	
604	271	91	46		46		6126	6095		117	
80057	**270564**	**11393**	**796218**	**71050**	**859570**	**49744**	**141416**	**176585**	**98274**	**466847**	**32534**
68433	244440	10078	782298	69568	843342	39712	150155	176028	84015	461390	30441
47	113281	5181	571438	65673	634934	31709	145654	150122	55735	246425	26386
68386	131159	4897	210860	3895	208408	8002	4501	25905	28279	214965	4056
6611	11229	400	10169	1493	12324	10033	-10873	-4896	12995	1573	847
5014	14895	915	3751	-11	3904		2135	5453	1265	3883	1247
5014	14895	915	3751	-11	3904		2135	5453	1265	3883	1247

二、市（州）部分

1-8 按市(州)分组的规模以上

地区	企业单位数(个)	工业销售产值(当年价格)	出口交货值	资产总计	固定资产合计	固定资产原价	累计折旧	流动资产合计
贵州省	**3590**	**76500830**	**999970**	**103398737**	**43265453**	**56251569**	**16890086**	**40762613**
贵阳市	500	23483125	557475	32108976	14818010	20887552	7238331	11569249
六盘水市	329	11510671	141	18424895	6859972	9438738	2963395	6804288
遵义市	653	12003970	160222	17899106	6033679	6935398	1660849	9306130
安顺市	261	3632439	67377	4768415	1558214	2176015	909189	2586366
毕节市	352	5635303	1547	8455038	4043508	5267225	1504847	2869188
铜仁市	435	3686138	10225	3222567	1346104	1690315	453048	1071822
黔西南布依族苗族自治州	307	4967656	2285	6837134	3174482	3656784	799427	2383870
黔东南苗族侗族自治州	348	4791278	12651	4330110	2560615	3068568	572281	1406769
黔南布依族苗族自治州	405	6790249	188046	7352498	2870869	3130974	788721	2764931

注：各地区数据按总部经济统计，下同。

1-8 续表

地区	个人资本	港澳台资本	外商资本	主营业务收入	主营业务成本	主营业务税金及附加	销售费用
贵州省	**4238611**	**133769**	**374588**	**73574314**	**56530343**	**2901664**	**2569564**
贵阳市	523713	29430	194412	24145903	18780166	1862937	905447
六盘水市	477974	1346	14788	9747773	8149131	143449	232938
遵义市	493132	4372	50967	12131569	7304059	496552	580447
安顺市	225673	80533		3302920	2586581	39322	97814
毕节市	423200	1946	10955	5234704	3969955	144230	140806
铜仁市	1261203	2500	77	3477354	2880238	29206	95879
黔西南布依族苗族自治州	330324	1930	52371	4439329	3507082	78251	155775
黔东南苗族侗族自治州	242877	9015	26567	4725534	4082764	39380	138678
黔南布依族苗族自治州	260516	2696	24451	6369230	5270367	68339	221781

工业企业主要经济指标

单位：万元

应收账款	存货	产成品	负债合计	流动负债合计	应付账款	所有者权益合计	实收资本	国家资本	集体资本	法人资本
6683571	**8981796**	**2690249**	**67420584**	**41624392**	**8760208**	**36055856**	**20412339**	**6337398**	**308308**	**6239776**
2074879	3231752	1048173	22864981	12597069	2890517	9234408	4465339	1819747	69991	1816923
1214742	689640	254573	12869299	8383715	1898724	5440024	3352192	1189194	72282	1566754
718444	2631632	548916	7965772	5783698	820202	9835719	3615947	1352870	21294	682546
508973	670854	169841	3245143	2534433	646652	1509335	886409	203113	9301	356337
520360	361339	105567	6331117	4474197	694993	2062027	1097839	237632	51714	368569
245715	302028	137544	1627718	1174332	320567	1568846	2709154	76296	17553	142569
325463	351886	146384	4662530	2569341	542522	2154804	1116654	100224	50652	578434
340152	288033	115524	3282120	1389639	459384	979876	817973	375099	7019	157156
734843	454634	163727	4571906	2717969	486647	3270817	2350832	983223	8502	570488

单位：万元

管理费用	税金	财务费用	利息收入	利息支出	投资收益(损失以"–"号记)	营业利润	利润总额	亏损企业亏损额	应交增值税	应交所得税
3890595	**197933**	**1961803**	**180802**	**1970167**	**216283**	**6305028**	**6365927**	**1234664**	**3365823**	**1236679**
943467	38803	738644	35605	725769	74225	1129493	1236266	268652	1058045	235491
559778	36532	367215	8659	347798	50963	433297	285507	334803	367196	86384
824078	44433	189633	60844	217601	25118	2805587	2823279	211834	871905	635681
267703	7182	74111	4890	77469	2228	200434	267587	88657	115731	31109
346499	15582	178977	61476	213863	2322	424668	421970	146265	334115	94948
132284	5867	44178	1424	37868	1809	378007	403836	16140	84858	17276
307037	12681	155590	8484	146056	-610	300115	272756	85925	189061	49429
215912	22126	117527	1319	111904	2594	164756	188765	36186	163601	19456
293839	14728	95929	-1899	91840	57634	468671	465961	46203	181312	66906

1-9 按市(州)分组的规模以上国有及

地　区	企业单位数(个)	工业销售产值(当年价格)	出口交货值	资产总计	固定资产合计	固定资产原价	累计折旧	流动资产合计
贵州省	**502**	**34351625**	**812503**	**64727605**	**31212080**	**42893821**	**13739493**	**21346382**
贵阳市	137	15103322	439927	25948840	13249737	19031126	6723076	7845805
六盘水市	48	5853806	27	11583374	5184984	7648344	2563742	3237892
遵义市	81	5738312	121705	12487840	4038435	4902478	1252621	6752286
安顺市	32	1210402	65571	2303008	749213	1303173	646113	1211010
毕节市	44	1755473		3726855	2629430	3666161	1118442	513064
铜仁市	32	639780	2225	495554	300788	448988	155783	150831
黔西南布依族苗族自治州	50	1445764		2810440	1935169	2337267	432748	349096
黔东南苗族侗族自治州	29	675055		1439316	1314857	1607151	298455	101325
黔南布依族苗族自治州	49	1929710	183048	3932377	1809467	1949133	548513	1185073

1-9　续表

地　区	个人资本	港澳台资本	外商资本	主营业务收入	主营业务成本	主营业务税金及附加	销售费用
贵州省	**216818**	**4061**	**67267**	**34355036**	**25639918**	**2287740**	**842623**
贵阳市	89376	4061	66367	16254348	12625528	1802513	277846
六盘水市	70865			5270090	4748002	76860	52418
遵义市	31019		900	6017492	2583784	354124	353989
安顺市	15866			1157436	984384	6906	20285
毕节市	4908			1658631	1358984	15065	42657
铜仁市	2796			577425	524287	3390	18294
黔西南布依族苗族自治州	1108			1031822	813966	14212	28934
黔东南苗族侗族自治州	700			655690	552465	4128	12450
黔南布依族苗族自治州	180			1732103	1448518	10542	35750

国有控股工业企业主要经济指标

单位：万元

应收账款	存货	产成品	负债合计	流动负债合计	应付账款	所有者权益合计	实收资本	国家资本	集体资本	法人资本
3057597	**5548087**	**1276044**	**43642205**	**24138205**	**5168407**	**21063736**	**10546595**	**5982096**	**90912**	**3151453**
1215097	2456821	687017	19302752	9651355	2236819	6654409	3261668	1782810	49045	1255812
696384	452303	141255	8258063	4859578	1244600	3323884	2175225	1040091	87	1048262
276845	1846613	250114	4832813	3577799	424497	7652519	2604611	1303393	2483	266816
303882	408543	77004	1825067	1431928	412506	477940	381459	200973	1200	163169
113220	96895	13482	3253015	2193983	325355	454155	334008	186888	31290	110922
36127	46342	22241	355875	205913	70007	136290	82663	66205	50	11117
55102	70075	13104	2114326	570196	172233	693266	350712	78351	2393	268142
12496	29292	17749	1148741	316451	129804	290575	352805	351549	75	482
348444	141204	54077	2551554	1331003	152586	1380699	1003445	971836	4290	26732

单位：万元

管理费用	税金	财务费用	利息收入	利息支出	投资收益（损失以“-”号记）	营业利润	利润总额	亏损企业亏损额	应交增值税	应交所得税
1936657	**79239**	**1350443**	**151810**	**1455809**	**116535**	**2828461**	**2963530**	**776833**	**1891886**	**838524**
625827	24162	663701	29127	661828	66134	415126	493821	219616	808747	156505
320518	21470	244300	6393	248116	19954	-38792	-14309	210776	217676	34039
499572	21510	90835	53568	129921	22214	2192118	2207396	170798	590966	586347
152994	811	49060	2477	51066	-1678	-37109	-23763	63098	41438	7023
112894	1448	91938	58417	145940	3168	101244	102506	41614	76415	25288
28810	1580	15377	258	15467	955	14516	17937	7682	26734	3499
65799	986	95349	4593	99772	-946	56454	58934	30105	48853	5969
34358	1859	50596	152	50526	3532	10014	9596	14391	35369	2423
95887	5414	49288	-3175	53172	3201	114891	111413	18754	45689	17432

1-10 按市(州)分组的规模以上

地区	企业单位数(个)	工业销售产值(当年价格)	出口交货值	资产总计	固定资产合计	固定资产原价	累计折旧	流动资产合计
贵州省	**27**	**188662**		**105788**	**23144**	**32845**	**11973**	**65528**
贵阳市	4	36972		26380	2582	2799	1461	22254
六盘水市	1	1894		3290	3015	3801	786	275
遵义市	5	13265		18089	4038	5987	1955	11997
安顺市	3	13399		7563	1529	3512	1995	5588
毕节市	1	920		1493	348	800	452	378
铜仁市	5	48593		19210	1057	1505	565	12740
黔西南布依族苗族自治州	1	2045		8805	5877	8402	3126	1884
黔东南苗族侗族自治州	1	1004		4687	287	538	251	1477
黔南布依族苗族自治州	6	70570		16271	4412	5502	1381	8935

1-10 续表

地区	个人资本	港澳台资本	外商资本	主营业务收入	主营业务成本	主营业务税金及附加	销售费用
贵州省	**1745**			**187329**	**151467**	**1291**	**3627**
贵阳市	503			36172	33890	84	713
六盘水市				1894	1763	94	123
遵义市				10552	9313	95	189
安顺市	864			13415	8558	512	1031
毕节市				920	672	11	10
铜仁市	68			50458	30952	57	1350
黔西南布依族苗族自治州				2000	1730	4	
黔东南苗族侗族自治州				2157	2028	8	48
黔南布依族苗族自治州	310			69761	62562	426	163

集体工业企业主要经济指标

单位：万元

应收账款	存货	产成品	负债合计	流动负债合计	应付账款	所有者权益合计	实收资本	国家资本	集体资本	法人资本
21990	**18601**	**6678**	**63129**	**45662**	**13617**	**35872**	**16728**	**2723**	**8156**	**3906**
9046	6028	2349	20569	20569	3931	5811	1306	50	683	70
			576	576		2714	600		600	
2829	3852	1504	12257	4675	2062	4603	3503		1025	2478
2222	2275	282	6220	1665	89	1185	1500		436	
12	4	…	335	135	65	1158	1000		1000	
4706	4513	1880	5604	5491	1889	8206	576		505	3
940	116	116	2941	703	70	5864	6800	2673	2851	1276
289	302		4076	4076		611	815		815	
1945	1511	547	10551	7773	5511	5720	628		240	78

单位：万元

管理费用	税金	财务费用	利息收入	利息支出	投资收益（损失以"-"号记）	营业利润	利润总额	亏损企业亏损额	应交增值税	应交所得税
15059	**370**	**1463**	**-14**	**903**	**1**	**18581**	**20389**	**2692**	**4901**	**434**
1744	8	373	2	324	1	-409	-409	897	705	77
789	8	-2	2	…		-874	-891	891	24	
1053	6	189	…	189		-260	-233	264	427	10
2462	86	182	…	182		870	1874	353	1114	
138	6	3				96	60		140	
6634		542	…	6		14471	15306		237	11
179	1	2	2			86	84		120	21
393	2	-27	-27			-170	-174	174	53	
1668	253	203	8	203		4769	4771	114	2082	316

1-11 按市(州)分组的规模以上有限

地区	企业单位数(个)	工业销售产值(当年价格)	出口交货值	资产总计	固定资产合计	固定资产原价	累计折旧	流动资产合计
贵州省	**1381**	**31925818**	**370525**	**40231801**	**16135114**	**19654189**	**5365364**	**16074703**
贵阳市	297	10832511	270628	13572200	4660317	5584511	1709701	6850688
六盘水市	85	5568506	74	10256014	4452822	6181212	1865074	2993823
遵义市	239	3665971	22315	3682420	1752991	1862041	357622	1535629
安顺市	120	1672147	64749	2148834	651559	806283	348875	1166455
毕节市	84	1800947		2397859	1105771	1263030	278835	696661
铜仁市	138	1059733	10225	1545317	581424	769074	217179	380769
黔西南布依族苗族自治州	121	2238495	2285	2726211	1204387	1269510	283748	920132
黔东南苗族侗族自治州	142	2140921		1453660	527063	595782	97092	728955
黔南布依族苗族自治州	155	2946587	250	2449288	1198781	1322747	207238	801591

1-11 续表

地区	个人资本	港澳台资本	外商资本	主营业务收入	主营业务成本	主营业务税金及附加	销售费用
贵州省	**2142630**	**4390**	**1560**	**30748355**	**24176060**	**1996726**	**966545**
贵阳市	250776		581	11582829	7861438	1796272	483777
六盘水市	76870			4956541	4620383	33029	93217
遵义市	156402		900	3560293	2843175	54471	118814
安顺市	136146	1500		1419491	1169280	14090	29324
毕节市	127020			1711842	1408972	20637	35554
铜仁市	1069237	2500		996344	828431	6834	29072
黔西南布依族苗族自治州	128578	50	79	1756413	1429742	22293	37724
黔东南苗族侗族自治州	127594			2073229	1824125	15535	72485
黔南布依族苗族自治州	70009	340		2691374	2190513	33564	66579

责任公司工业企业主要经济指标

单位：万元

应收账款	存货		负债合计	流动负债合计		所有者权益合计	实收资本			
		产成品			应付账款			国家资本	集体资本	法人资本
3356624	**4244315**	**1428785**	**27367642**	**18598152**	**4315508**	**12763849**	**7889283**	**2143681**	**166337**	**3382799**
1152398	2304631	717040	8829416	6660544	1356810	4735013	1965431	503163	58015	1142846
705935	433348	144261	7677621	4546164	1126277	2588466	1843908	834945	65552	851471
386856	389273	132501	2333094	1578313	360338	1326535	751889	285278	15371	291829
254944	370292	102198	1571128	1237196	296669	569846	399099	96475	8260	145719
186546	126589	48570	1872519	1336314	270565	517368	394449	54437	190	210105
123829	107185	64367	618135	496660	119180	929359	1142456	14030	4650	48039
162354	198308	95065	1980607	1126783	355989	731098	554532	32905	10909	379293
183140	142986	62849	951518	536023	176734	450450	237928	7950	120	102024
200623	171702	61935	1533605	1080154	252945	915715	599590	314498	3270	211474

单位：万元

管理费用		财务费用			投资收益（损失以"-"号记）	营业利润	利润总额	亏损企业亏损额	应交增值税	应交所得税
	税金		利息收入	利息支出						
1482541	**65652**	**790115**	**43226**	**721832**	**95483**	**1800235**	**1837311**	**488582**	**1234054**	**325766**
572613	20910	219996	16771	209255	24581	759145	806262	85287	602787	184928
169144	14720	218265	5960	211723	15897	68439	-9252	178635	123509	17771
191704	12596	89733	8265	88127	1807	270446	281168	63865	148442	22871
119923	1628	38219	1148	37238	5644	44579	98368	28607	27999	10866
87181	3283	67961	1895	53111	-6433	57658	66021	65932	125519	22540
38638	2045	11515	247	7938	903	131191	144936	4566	25967	5590
88420	2710	74364	2048	62334	625	149359	129647	23721	50906	9344
89231	3137	21977	216	16806	-390	52764	54868	15191	57407	8160
125687	4623	48086	6677	35301	52850	266654	265293	22779	71518	43697

1-12 按市(州)分组的规模以上股份

地区	企业单位数(个)	工业销售产值(当年价格)		资产总计	固定资产合计			流动资产合计
			出口交货值			固定资产原价	累计折旧	
贵州省	**119**	**5323891**	**240029**	**10009353**	**4169061**	**5860627**	**2182260**	**3669735**
贵阳市	31	2632444	224824	3290425	1058734	1715254	843431	1520942
六盘水市	3	765606		1724776	601171	1209684	608513	515280
遵义市	17	382110	12577	1561678	569828	528919	190534	556347
安顺市	8	226597	2628	533047	65309	109833	54092	347004
毕节市	9	325319		710998	363292	523749	178217	246272
铜仁市	14	135674		101196	39161	49714	12311	40032
黔西南布依族苗族自治州	11	440844		1600052	1310245	1531158	238879	188500
黔东南苗族侗族自治州	7	115948		56662	28577	36082	8432	23920
黔南布依族苗族自治州	19	299350		430520	132744	156234	47852	231438

1-12 续表

地区				主营业务收入	主营业务成本	主营业务税金及附加	销售费用
	个人资本	港澳台资本	外商资本				
贵州省	**321380**			**5035061**	**3853020**	**89823**	**363570**
贵阳市	144830			2528787	2061069	17049	214031
六盘水市	68730			551953	354394	31169	10552
遵义市	15087			411565	299052	14019	40523
安顺市	16915			225231	125340	2836	32260
毕节市	2648			317847	225400	11357	8615
铜仁市	25284			117707	88381	2708	4838
黔西南布依族苗族自治州	7721			484394	408001	4939	7522
黔东南苗族侗族自治州	10380			114813	97788	479	1883
黔南布依族苗族自治州	29786			282764	193596	5269	43347

有限公司工业企业主要经济指标

单位：万元

应收账款	存货	产成品	负债合计	流动负债合计	应付账款	所有者权益合计	实收资本	国家资本	集体资本	法人资本
723926	**872659**	**289534**	**5928716**	**3631387**	**698644**	**4046689**	**1633020**	**701625**	**24178**	**584923**
432503	364255	102759	2045450	1438568	331036	1244330	629113	331549	1919	150815
87552	21546	707	888613	582724	136327	835860	292102	63401		159971
51594	185296	86785	928377	718133	71779	628786	319045	189973		113985
53477	78418	35741	219013	214418	33105	314034	105860			88945
38037	93957	15752	484639	230146	69039	200399	94422	70000		20861
8137	21035	6825	37847	33744	6780	62463	49556	19336	1611	3325
12744	36181	17436	1104260	280065	30026	494950	45249	804	20396	16328
2873	11155	6626	35172	16547	4977	21463	12580			2200
37010	60817	16902	185345	117042	15574	244405	85093	26562	252	28493

单位：万元

管理费用	税金	财务费用	利息收入	利息支出	投资收益（损失以“-”号记）	营业利润	利润总额	亏损企业亏损额	应交增值税	应交所得税
371029	**14752**	**187053**	**18388**	**192704**	**43528**	**181811**	**212424**	**168029**	**278227**	**45947**
148076	7318	61159	6356	61989	18546	35355	54922	69476	128241	9579
107519	2767	19735	1087	20375	612	38560	39613	30932	75759	13169
41568	1205	21830	689	18593	24548	10722	17043	40850	15823	5178
22072	576	1896	3033	5063	-4007	32116	37382	2267	18440	5840
9744	905	23083	765	20107	1841	39545	39754	522	3265	8889
5867	137	1128	9	1122	35	14937	13429	434	2532	69
10610	957	52993	5751	59903	520	-13380	-15478	20527	17839	1595
6107	326	1702	-4	1676	1558	6836	8331		2354	303
19467	563	3528	703	3876	-124	17120	17428	3021	13974	1327

1-13 按市(州)分组的规模以上

地区	企业单位数(个)	工业销售产值(当年价格)		资产总计				
			出口交货值		固定资产合计	固定资产原价	累计折旧	流动资产合计
贵州省	**1700**	**20107928**	**33033**	**17037546**	**4898050**	**5483762**	**1299390**	**9222120**
贵阳市	92	2338442	2576	1455133	511164	594514	131561	700253
六盘水市	221	4110431	41	4078292	923122	968876	216365	2407638
遵义市	346	3205595	19130	2798467	1054810	1083529	212379	1304095
安顺市	107	983847		859875	229389	274172	78579	537331
毕节市	223	2210164	1547	2738855	738251	919989	269157	1558763
铜仁市	235	1850845		1138770	458471	490532	102964	534807
黔西南布依族苗族自治州	135	1734672		1817257	372236	442010	139312	1111760
黔东南苗族侗族自治州	163	1629838	9739	690597	205860	243918	68375	399977
黔南布依族苗族自治州	178	2044094		1460300	404747	466223	80699	667497

1-13 续表

地区	个人资本	港澳台资本	外商资本	主营业务收入	主营业务成本	主营业务税金及附加	销售费用
贵州省	**1688595**	**2900**	**97**	**18763539**	**14487333**	**368188**	**627085**
贵阳市	125533			2274012	1873410	11993	73639
六盘水市	318222	20	20	3489103	2498898	61515	106936
遵义市	311827			3123754	2362993	84071	118245
安顺市	71532			935222	658892	18200	22845
毕节市	272357			1948102	1323785	100692	55615
铜仁市	155402		77	1788820	1463342	16361	44438
黔西南布依族苗族自治州	193635	1880		1634298	1206216	45486	86666
黔东南苗族侗族自治州	97049			1643788	1445866	16031	46119
黔南布依族苗族自治州	143038	1000		1926439	1653932	13840	72581

私营工业企业主要经济指标

单位：万元

应收账款	存货	产成品	负债合计	流动负债合计	应付账款	所有者权益合计	实收资本	国家资本	集体资本	法人资本
1414674	**1320462**	**545588**	**10542890**	**7634923**	**1508048**	**6736952**	**4797426**	**92272**	**67728**	**1221797**
109182	179298	78167	1009197	701271	190813	445289	188666	22	7891	57094
321859	139565	61576	2705276	2048325	402860	1247674	597440	17585	6043	240766
183413	432098	180698	1614233	1092172	196968	1119580	551140	46693	4354	179611
98556	63748	21083	459421	344151	48362	394535	151621	1660	605	77824
224703	79657	33651	1620556	1212135	189315	1103692	425843	21983	18384	112909
85162	142521	56449	669857	482647	143841	454055	1450149	211	9553	83197
141311	73584	28306	1161962	937189	117644	651576	341939	1000	14440	130984
109044	99706	42366	378992	272140	110363	295235	140088	1000	6009	36030
141445	110285	43291	923395	544892	107882	1025316	950540	2120	450	303383

单位：万元

管理费用	税金	财务费用	利息收入	利息支出	投资收益(损失以"-"号记)	营业利润	利润总额	亏损企业亏损额	应交增值税	应交所得税
987605	**65485**	**268746**	**5842**	**224580**	**12845**	**1834395**	**1770211**	**248760**	**734586**	**210618**
54349	3802	21785	972	14408	221	284798	291803	22534	48191	17317
190081	12703	88406	1548	77934	3800	356893	271396	77836	129646	47373
193137	12599	40216	1447	33585	1643	314987	313491	26154	137971	28576
53263	3715	9419	72	7951	13	135978	144310	2213	39266	8074
163579	10716	41875	601	36976	5587	232638	222193	69084	145783	50346
56900	2323	15775	915	13672	870	198946	209154	5418	32987	8195
131681	8599	21247	439	13526	-416	150042	142013	24077	101076	33945
70201	6106	10477	275	9460	47	76347	91121	4212	43982	4181
74414	4922	19547	-429	17069	1082	83768	84730	17232	55683	12612

1-14 按市(州)分组的规模以上

地区	企业单位数(个)	工业销售产值(当年价格)		资产总计				
			出口交货值		固定资产合计			流动资产合计
						固定资产原价	累计折旧	
贵州省	**32**	**834893**	**14847**	**1185713**	**697423**	**873047**	**176868**	**392387**
贵阳市	11	221776	10099	122034	30011	59445	29807	83703
六盘水市								
遵义市	2	16502		35595	611	1153	542	15662
安顺市	4	187144		223486	139226	155472	16246	69429
毕节市	4	32785		97737	40988	47365	6538	50387
铜仁市	2	23665		14296	4059	4735	707	5998
黔西南布依族苗族自治州	1	13751		26385	9591	18030	8439	13394
黔东南苗族侗族自治州	4	230480		577584	458170	565046	107555	82377
黔南布依族苗族自治州	4	108790	4748	88595	14769	21804	7034	71438

1-14 续表

地区				主营业务收入	主营业务成本	主营业务税金及附加	销售费用
	个人资本	港澳台资本	外商资本				
贵州省	**781**	**115112**	**57089**	**764747**	**579092**	**6319**	**39505**
贵阳市	781	19389	840	162290	106101	1166	23586
六盘水市							
遵义市		4372		17112	10274	2488	652
安顺市		79033		156793	111064	374	6085
毕节市		1946	10955	33386	21872	306	1523
铜仁市				21985	13858	34	229
黔西南布依族苗族自治州			23107	13518	11448	114	229
黔东南苗族侗族自治州		9015	18966	230184	182706	1623	2105
黔南布依族苗族自治州		1356	3221	129480	121770	215	5095

港澳台商投资工业企业主要经济指标

单位：万元

应收账款	存货		负债合计			所有者权益合计				
		产成品		流动负债合计	应付账款		实收资本	国家资本	集体资本	法人资本
87725	**78676**	**26563**	**1047963**	**428414**	**95652**	**136901**	**217109**	**20300**	**1166**	**22661**
30757	17319	6440	53909	48300	9565	67506	33482		171	12301
3128	974	965	16467	16467	1242	19128	4917		545	
2884	12038	3740	115204	52133	28477	108282	80033			1000
2564	2952	519	89034	79534	6258	8703	14451		450	1100
2262	1637	328	6221	3769	88	8075	5760	300		5460
364	1448	382	3313	2998	1873	23072	23107			
26757	22242	2305	692935	185247	24125	-115351	47981	20000		
19008	20065	11884	70878	39964	24024	17486	7377			2800

单位：万元

管理费用		财务费用			投资收益（损失以“-”号记）	营业利润	利润总额	亏损企业亏损额	应交增值税	应交所得税
	税金		利息收入	利息支出						
29869	**1957**	**34940**	**808**	**37172**	**-1916**	**72794**	**73983**	**4846**	**35609**	**9571**
11094	382	668	123	524	352	21600	16538	3825	9371	2793
2736	54	38	…	39		2069	918		1802	
6102	917	1700	55	3619		31584	31807	289	1816	3661
1666	6	1840	-35	1509		4693	5354	220	1105	
797		42				6819	7014		367	55
969	34	-223	225			-328	653		2302	538
3274	433	30746	440	31319	-2268	7613	11757		16806	2422
3233	131	128	…	162		-1256	-58	512	2040	103

1-15 按市(州)分组的规模以上

地区	企业单位数(个)	工业销售产值(当年价格)	出口交货值	资产总计	固定资产合计	固定资产原价	累计折旧	流动资产合计
贵州省	**40**	**1381227**	**51646**	**2346468**	**731988**	**883964**	**226723**	**1222838**
贵阳市	22	860141	48734	893135	333259	370629	112339	503585
六盘水市	4	234192		889622	117988	144232	25969	576999
遵义市	5	98630		168324	115477	135197	19750	31967
安顺市								
毕节市								
铜仁市								
黔西南布依族苗族自治州	2	107661		227698	107862	148890	41028	35591
黔东南苗族侗族自治州	4	17576	2912	19202	2938	5532	2618	5700
黔南布依族苗族自治州	3	63027		148487	54465	79484	25019	68997

1-15 续表

地区	个人资本	港澳台资本	外商资本	主营业务收入	主营业务成本	主营业务税金及附加	销售费用
贵州省	**2240**	**7306**	**315842**	**1215948**	**862146**	**16559**	**94473**
贵阳市	1168	5979	192991	848581	609076	8351	81413
六盘水市	702	1326	14768	105118	78900	900	2656
遵义市	370		50067	76387	57715	2337	755
安顺市							
毕节市							
铜仁市							
黔西南布依族苗族自治州			29185	107687	72173	10	81
黔东南苗族侗族自治州			7601	8858	8052	28	349
黔南布依族苗族自治州			21230	69317	36231	4932	9220

外商投资工业企业主要经济指标

单位：万元

应收账款	存货	产成品	负债合计	流动负债合计	应付账款	所有者权益合计	实收资本	国家资本	集体资本	法人资本
183938	**183690**	**64370**	**1306723**	**1118154**	**146611**	**1035658**	**673632**	**88273**	**140**	**259831**
127790	118255	46854	451087	408053	77627	442042	323627	82273		41215
43453	18240	10282	524400	453049	34441	365222	224326	6000		201530
4441	8053	6475	117669	53310	8439	46597	51995			1558
…	22725	7	116846	107051	15780	110851	29525		140	200
2155	955	106	11565	11565	1602	7615	8122			521
6100	15462	646	85156	85126	8722	63331	36036			14806

单位：万元

管理费用	税金	财务费用	利息收入	利息支出	投资收益（损失以“-”号记）	营业利润	利润总额	亏损企业亏损额	应交增值税	应交所得税
102323	**5540**	**18186**	**721**	**19757**	**27203**	**140745**	**150902**	**7016**	**50829**	**22326**
42082	2313	7091	961	8016	83	99133	105869	2755	36746	14767
15423	1284	5344	55	3230	27120	21338	22808	876	6090	2754
4465	1734	7057	-341	6803		4770	5670	2603	4382	1145
35380	55	-2670	-40	427		2830	2814	114	89	477
1079	1	50		12		-690	-406	669	225	23
3894	153	1314	85	1269		13363	14148		3298	3160

1-16 按市(州)分组的规模以上

地区	企业单位数(个)	工业销售产值(当年价格)	出口交货值	资产总计	固定资产合计	固定资产原价	累计折旧	流动资产合计
贵州省	**98**	**27735102**	**796556**	**49489624**	**19919261**	**28661687**	**10434803**	**19510302**
贵阳市	38	14451141	434065	23037819	11347924	16718561	6168554	7219110
六盘水市	15	4622104		8728190	2859197	4641024	1883442	3197173
遵义市	12	4889849	118777	9837101	2464544	2974707	698690	6028598
安顺市	10	1159532	58441	2544231	814351	1254377	633680	1338940
毕节市	10	1043764		1705286	1101067	1587265	507171	395710
铜仁市	2	97490	2225	157235	45812	83820	39715	104996
黔西南布依族苗族自治州	5	514882		895650	311412	404563	110118	228972
黔东南苗族侗族自治州	1	309912		530578	287182	309144	26515	195188
黔南布依族苗族自治州	5	646429	183048	2053533	687773	688226	366920	801614

1-16 续表

地区	个人资本	港澳台资本	外商资本	主营业务收入	主营业务成本	主营业务税金及附加	销售费用
贵州省	**410682**	**5229**	**149169**	**28560357**	**20531264**	**2229057**	**923088**
贵阳市	154788	5229	120119	15640728	11793219	1803926	413276
六盘水市	88531			4018814	3632372	68462	47171
遵义市	750			5348321	2152447	336620	314355
安顺市	67871			1018783	885891	4245	34133
毕节市	59500			1014570	838042	8959	20876
铜仁市	23000			91736	79953	802	3318
黔西南布依族苗族自治州	500		29050	494924	399790	3323	11169
黔东南苗族侗族自治州	960			309912	248530		28061
黔南布依族苗族自治州	14782			622570	501020	2719	50730

大型工业企业主要经济指标

单位：万元

应收账款	存货	产成品	负债合计	流动负债合计	应付账款	所有者权益合计	实收资本	国家资本	集体资本	法人资本
2305029	**5079194**	**1100607**	**30920243**	**19045409**	**3797937**	**18500180**	**6291383**	**3174521**	**38700**	**2513081**
942196	2291310	608907	16779344	8359932	1868505	6258471	2287785	1053409		954239
547194	367405	115642	5892979	4327685	957912	2834908	1568009	426312		1053166
128041	1658451	170985	2657768	2241619	224070	7179115	1072854	986574		85530
258901	409546	90652	1903678	1534825	398228	639653	369196	162305		139020
85690	150174	29561	1508871	1232832	174707	176848	154411	13006	18700	63205
14019	27106	20433	96163	59851	24600	61072	33000			10000
9040	53761	16746	535237	398143	47025	360413	99744		20000	50194
	1208	1208	399134	114297	54447	83236	48000			47040
319949	120234	46474	1147069	776225	48444	906464	658385	532915		110688

单位：万元

管理费用	税金	财务费用	利息收入	利息支出	投资收益（损失以“-”号记）	营业利润	利润总额	亏损企业亏损额	应交增值税	应交所得税
1433362	**60642**	**881463**	**138875**	**1018435**	**137085**	**2886382**	**3020191**	**464631**	**1638326**	**808128**
497242	20552	601776	22741	607681	61374	655348	722080	148442	808198	166413
280594	16430	146208	5847	151421	41152	-54304	-23178	158255	171923	33848
349368	17605	30995	52360	79184	27453	2225614	2223178	78982	532160	578355
118319	928	50328	4895	54269	1132	-57137	-21515	66986	32460	7677
66838	963	16297	59186	69902	43	74456	75560	1402	61185	11605
5234	261	2537	375	2699	630	1146	1918	1639	5170	65
48730	217	12565	1996	17684	520	15996	12609	6412	9894	5045
13899	586	9936	-1	6871		9487	9487		4021	2372
53136	3101	10823	-8524	28724	4781	15776	20051	2515	13315	2747

1-17 按市(州)分组的规模以上

地　区	企　业 单位数 (个)	工业销售 产　值 (当年价格)	出　口 交货值	资产总计	固定资产 合　计	固定资产 原　价	累计折旧	流动资产 合　计
贵州省	**779**	**24524729**	**84645**	**32369846**	**15991672**	**19045345**	**4354628**	**11476800**
贵阳市	124	5128089	46323	5860325	2359717	2741925	627283	2650861
六盘水市	94	3881741	141	6390626	3062445	3793007	874094	1814721
遵义市	125	3335584	25366	4822245	2386850	2688446	708439	1893687
安顺市	47	1058856	7130	1117058	394381	519201	142564	638598
毕节市	113	2859538	937	3964926	1809063	2278778	634639	1405477
铜仁市	41	1034514		745208	438983	559225	170520	229348
黔西南布依族苗族自治州	114	2804711		4175205	2324170	2697185	538407	1388667
黔东南苗族侗族自治州	60	1999123		2479584	1933621	2363235	446737	447882
黔南布依族苗族自治州	61	2422573	4748	2814669	1282442	1404344	211946	1007559

1-17 续表

地　区	个人资本	港澳台资本	外商资本	主营业务 收　入	主营业务 成　本	主营业务 税金及附加	销售费用
贵州省	**981184**	**87691**	**107218**	**22798383**	**17844699**	**316872**	**902317**
贵阳市	114743	7291	10144	4965396	3992372	33092	322649
六盘水市	203960		14000	3286224	2561014	46455	104435
遵义市	126977		44067	3302480	2501142	68799	139643
安顺市	34868	79033		975935	685746	12909	31147
毕节市	139661	10	9903	2706694	2061745	54134	70259
铜仁市	20235			989940	849347	6040	21645
黔西南布依族苗族自治州	188805			2391898	1814176	46197	98393
黔东南苗族侗族自治州	74101		19383	2004090	1693083	18136	48555
黔南布依族苗族自治州	77835	1356	9721	2175726	1686075	31112	65590

中型工业企业主要经济指标

单位：万元

应收账款	存货	产成品	负债合计	流动负债合计	应付账款	所有者权益合计	实收资本	国家资本	集体资本	法人资本
2031820	**2064338**	**753580**	**23268612**	**13093402**	**2967303**	**9024897**	**5710628**	**2584370**	**90860**	**1844158**
580416	560751	258943	3999269	2637841	600816	1868640	1382411	649199	8927	593307
363138	190793	81566	4729852	2499355	622468	1654536	1185389	717056	52314	187959
264349	601268	163841	3363755	2109946	362686	1414016	730378	228747	3376	327210
122764	94138	32426	734570	543500	139783	380798	194432	19441	5	60834
248892	115592	31439	2863090	1733352	302850	1060559	534255	186432	12900	184849
35272	49745	10778	549503	308901	102948	207274	104717	57751	3946	17289
189680	163900	77249	2888899	1441104	357060	1289974	574172	48115	9342	327911
74971	122698	42002	2177821	773731	247865	298311	477057	355002		28571
152339	165453	55336	1961852	1045672	230828	850788	527818	322628	50	116227

单位：万元

管理费用	税金	财务费用	利息收入	利息支出	投资收益（损失以“–”号记）	营业利润	利润总额	亏损企业亏损额	应交增值税	应交所得税
1375550	**74851**	**731144**	**27486**	**698062**	**68065**	**1939074**	**1883554**	**426714**	**1105014**	**299470**
276109	10570	76586	10652	77561	5951	347654	376243	76968	153404	50694
158657	11181	160819	1962	150522	6162	362827	238034	82671	136383	40642
264147	9830	94775	7103	86980	-5093	236800	257079	100507	196055	33721
84133	5193	12421	-95	14281	1007	130224	133753	11052	47194	14097
169245	9757	117178	1516	105435	6264	222597	224207	77029	194757	60274
45857	2112	19856	269	19416	-70	81273	88854	6107	42882	7308
171415	8589	106524	6030	104871	-654	200788	192790	32714	139824	36937
99636	14210	93738	832	93738	1595	70767	85588	19450	102873	8809
106353	3409	49247	-782	45257	52904	286144	287006	20216	91641	46990

1-18 按市(州)分组的规模以上

地　　区	企　业单位数(个)	工业销售产　值(当年价格)	出　口交货值	资产总计	固定资产合　计	固定资产原　价	累计折旧	流动资产合　计
贵州省	**2503**	**23983103**	**118769**	**20824049**	**7188881**	**8356443**	**2053033**	**9432219**
贵阳市	336	3900880	77087	3177288	1109436	1426146	442453	1684950
六盘水市	196	2950999		3180966	912146	976626	200631	1716335
遵义市	463	3752844	16078	3104455	1127146	1213978	245884	1349743
安顺市	194	1386569	1806	1077118	345042	398356	128230	587507
毕节市	205	1708511	611	2696168	1115273	1378137	353764	1021216
铜仁市	336	2482502	8000	2215205	825556	1007766	234393	699221
黔西南布依族苗族自治州	171	1641339	2285	1610309	523953	532271	141697	670956
黔东南苗族侗族自治州	272	2450431	12651	1294729	333180	388420	96810	749344
黔南布依族苗族自治州	330	3709029	250	2467811	897150	1034743	209172	952947

1-18　续表

地　　区	个人资本	港澳台资本	外商资本	主营业务收　　入	主营业务成　　本	主营业务税金及附加	销售费用
贵州省	**2764414**	**38949**	**118181**	**21966977**	**17945398**	**351499**	**737733**
贵阳市	254182	16909	64150	3536082	2992023	25857	169418
六盘水市	175398	1326	768	2391167	1910793	27903	79977
遵义市	347326	4372	6900	3447550	2624400	90341	125518
安顺市	119796	1500		1280888	990550	21518	31915
毕节市	218300	1936	1053	1496414	1059702	79975	48279
铜仁市	1190550	2500	77	2333488	1897860	21789	69506
黔西南布依族苗族自治州	131451	50	23321	1545672	1287677	28708	45946
黔东南苗族侗族自治州	164849	9015	7184	2377000	2110707	21094	61771
黔南布依族苗族自治州	162562	1340	14730	3558717	3071687	34315	105403

小型工业企业主要经济指标

单位：万元

应收账款	存货	产成品	负债合计	流动负债合计	应付账款	所有者权益合计	实收资本	国家资本	集体资本	法人资本
2260722	**1795775**	**811615**	**12808789**	**9212244**	**1941715**	**7798712**	**7728135**	**567794**	**168128**	**1810167**
538581	379344	180219	2075889	1588817	410905	1084232	785573	107568	61064	269378
285023	122818	50297	2176700	1494032	307891	898727	559461	45806	19948	296580
316178	368740	212399	1853117	1388267	232045	1217917	1782116	137300	16715	261447
126538	162714	43086	587426	442212	106400	482296	318322	21367	8096	156363
164439	90745	41734	1893258	1453935	211543	802909	385636	37610	18416	104999
192533	217963	103717	932520	767245	183262	1253602	2531257	18545	13107	104428
115011	124643	48083	1142995	697618	135503	467433	420208	52110	15311	195246
261613	160122	70224	690850	490289	150242	587650	287557	20097	7019	79154
260806	168687	61857	1456034	889829	203925	1003946	658005	127392	8452	342573

单位：万元

管理费用	税金	财务费用	利息收入	利息支出	投资收益（损失以“-”号记）	营业利润	利润总额	亏损企业亏损额	应交增值税	应交所得税
1067896	**61706**	**344019**	**14201**	**249421**	**11146**	**1468449**	**1450243**	**332985**	**616904**	**128186**
169903	7620	60280	2210	40527	6901	126511	137866	43242	96382	18381
117707	8693	59458	752	45197	3597	124559	71180	90378	57965	11726
207961	16880	61619	1378	49531	2758	344131	344062	29859	143005	23523
64418	1055	11202	90	8766	89	126963	152874	10326	36066	9304
107838	4804	44954	761	38140	-3815	127200	122530	65426	77498	23156
78943	3448	20763	659	14947	1143	287323	304782	7612	35948	9699
86209	3809	36161	458	23226	-475	83410	67242	46136	39283	7367
101599	7188	13731	487	11230	999	81764	90958	16535	55907	7877
133319	8208	35852	7406	17857	-51	166589	158749	23472	74849	17153

1-19 按市(州)分组的规模以上

地　　区	工业销售产值(当年价格)	出口交货值	资产总计	固定资产合计	固定资产原价	累计折旧	流动资产合计
贵州省	**15839006**	**1227**	**21676652**	**6331330**	**8023744**	**2390412**	**9511226**
贵阳市	471449		668548	135971	200637	68259	310926
六盘水市	6083147	41	10650356	3046428	4138147	1401148	4466639
遵义市	1190894	575	1522401	639947	751625	131266	514498
安顺市	796455		784440	224539	274122	74887	470357
毕节市	2838696	611	4305878	1394358	1684427	465500	1820360
铜仁市	393348		203342	60582	74475	19738	110577
黔西南布依族苗族自治州	2475033		2480588	547165	653955	184642	1332716
黔东南苗族侗族自治州	317795		87107	43783	50862	10042	30364
黔南布依族苗族自治州	1272191		973992	238557	195494	34932	454789

1-19　续表

地　　区	个人资本	港澳台资本	外商资本	主营业务收入	主营业务成本	主营业务税金及附加	销售费用
贵州省	**1188631**	**6427**		**13999363**	**9980867**	**409851**	**475175**
贵阳市	28492			444917	309926	13333	15358
六盘水市	389755			4878602	3582428	120682	141425
遵义市	123646	3917		1193603	841421	29376	62117
安顺市	50659	1500		755344	471018	19861	25116
毕节市	316280	10		2472377	1610020	120581	68289
铜仁市	20901			390587	271674	4717	11100
黔西南布依族苗族自治州	186889			2312535	1734052	63470	106159
黔东南苗族侗族自治州	6658			315299	248479	6472	24365
黔南布依族苗族自治州	65350	1000		1236100	911850	31361	21246

采掘业主要经济指标

单位：万元

应收账款	存货	产成品	负债合计	流动负债合计	应付账款	所有者权益合计	实收资本	国家资本	集体资本	法人资本
1578996	**631816**	**304687**	**14380577**	**9942528**	**1703499**	**7730677**	**3851901**	**706995**	**117868**	**1303608**
45434	36851	17619	381129	300127	54125	284339	108654	49597	7753	22575
776621	296463	150266	7072778	4901970	920576	3595872	1554792	499688	59210	594398
101928	44630	29002	1138794	783902	90327	334325	290126	41636	2061	110210
84723	21753	6044	479028	354708	42696	299698	123230	4657	1505	64910
289653	101991	46837	2973809	2035994	325171	1308954	667492	68551	44174	235154
22709	28048	12397	100155	85716	17826	98960	48376	480	505	25190
184131	72373	35109	1632158	1224975	206049	852796	430795	40128	1960	199100
10117	3761	2251	37143	18457	3316	49672	9395		205	2532
63681	25947	5162	565582	236678	43413	906062	619041	2258	497	49540

单位：万元

管理费用	税金	财务费用	利息收入	利息支出	投资收益（损失以“-”号记）	营业利润	利润总额	亏损企业亏损额	应交增值税	应交所得税
1192864	**58404**	**394302**	**7476**	**336678**	**48083**	**1445924**	**1323545**	**383543**	**819531**	**248670**
45598	959	5934	1227	6226	2512	57680	57763	16851	25170	15775
390525	19264	193006	3881	179447	37321	387873	309979	152382	259727	74718
146918	8630	35843	676	27988	430	121971	121092	53737	82316	10307
71775	3133	7878	-257	7012	33	120633	122045	5972	50967	12147
234661	13066	98356	852	77274	6874	252148	241710	119564	190775	67203
25584	661	3226	129	2676	913	88589	90713	435	11374	3367
173405	9796	36968	655	28367		206940	179851	30557	122037	42151
23254	326	343	142	432		17959	17233	538	8627	1454
81143	2572	12748	170	7256	1	192132	183159	3507	68540	21548

1-20 按市(州)分组的规模以上

地区	工业销售产值(当年价格)		资产总计				
		出口交货值		固定资产合计			流动资产合计
					固定资产原价	累计折旧	
贵州省	**14043972**	**652**	**20540158**	**6077607**	**7720582**	**2319967**	**8947603**
贵阳市	279109		453551	89239	143509	56009	173544
六盘水市	6071637	41	10630636	3044684	4135384	1400128	4450759
遵义市	995055		1378993	601945	697321	109309	450194
安顺市	744099		719415	201585	250603	73518	436524
毕节市	2784945	611	4238781	1384321	1670938	461790	1770410
铜仁市	11412		30832	18790	20117	6246	8593
黔西南布依族苗族自治州	2468899	…	2435547	526932	634735	184538	1327523
黔东南苗族侗族自治州	54154		48979	28766	33477	7262	14171
黔南布依族苗族自治州	634662		603425	181345	134498	21167	315886

1-20 续表

地区				主营业务收入	主营业务成本	主营业务税金及附加	销售费用
	个人资本	港澳台资本	外商资本				
贵州省	**1112765**	**1000**	**…**	**12224130**	**8744759**	**363671**	**411427**
贵阳市	13753			274113	232104	5967	10485
六盘水市	388295			4867351	3573588	120056	140727
遵义市	111610			992891	711093	22814	50371
安顺市	47990			704819	432201	19223	24246
毕节市	316080			2417179	1566427	119911	67333
铜仁市	12389			11509	8252	64	431
黔西南布依族苗族自治州	186389		…	2304396	1727341	63285	105760
黔东南苗族侗族自治州	2468			55434	41781	569	2932
黔南布依族苗族自治州	33792	1000		596438	451973	11783	9142

煤炭开采和洗选业主要经济指标

单位：万元

应收账款	存货	产成品	负债合计	流动负债合计	应付账款	所有者权益合计	实收资本	国家资本	集体资本	法人资本
1467931	**541314**	**259387**	**13833832**	**9468384**	**1602627**	**7150167**	**3637559**	**671893**	**109223**	**1220220**
24608	14334	9577	270573	195323	23838	182898	82633	48430	350	20100
773834	295943	150266	7060727	4891662	916949	3588203	1553112	499688	59210	594348
90733	26661	12148	1059858	733496	84985	271666	260060	35486	1359	107960
77199	18289	5350	446652	338304	33772	267143	102973	4652	1505	48827
280965	97153	43212	2928798	2000003	314183	1287546	661896	68551	44074	229867
635	162	53	9319	6255	58	20452	18494		500	4405
184026	70820	35109	1616315	1210222	205521	823599	403465	13328	1960	199070
4799	91		25385	8522	629	23380	2693		75	150
31133	17861	3671	416206	84598	22693	685282	552234	1758	192	15493

单位：万元

管理费用	税金	财务费用	利息收入	利息支出	投资收益（损失以“-”号记）	营业利润	利润总额	亏损企业亏损额	应交增值税	应交所得税
1056068	**53644**	**378508**	**6772**	**324470**	**46695**	**1151027**	**1027613**	**380093**	**733886**	**218357**
31890	790	3763	1192	4550	2494	10738	10405	16851	11258	8585
389416	19264	192947	3878	179410	37321	387947	310062	152080	259208	74647
125077	6681	31381	329	24664	6	90596	90192	53667	67558	9017
69597	3128	7692	-259	6911		109322	110750	5917	46938	10476
232087	12830	98351	816	77268	6874	246418	235932	119496	185284	66421
366		331		331		2279	2332	242	233	4
171952	9575	37092	655	28366	…	207941	180337	29697	121712	42151
5381	124	49	1	13		4712	4712	427	3770	368
30303	1253	6902	161	2956		91075	82892	1717	37925	6689

1-21 按市(州)分组的规模以上

地区	工业销售产值(当年价格)	出口交货值	资产总计	固定资产合计	固定资产原价	累计折旧	流动资产合计
贵州省	**306346**		**166393**	**35136**	**47999**	**14971**	**102270**
贵阳市							
六盘水市	2600		3313	600	1186	585	2703
遵义市	24605		17675	13685	16200	3635	2969
安顺市							
毕节市	38799		46977	8584	11827	3433	38257
铜仁市	237011		91678	12226	18749	7302	58091
黔西南布依族苗族自治州							
黔东南苗族侗族自治州							
黔南布依族苗族自治州	3331		6750	40	37	15	251

1-21 续表

地区	个人资本	港澳台资本	外商资本	主营业务收入	主营业务成本	主营业务税金及附加	销售费用
贵州省	**9536**	**10**		**302996**	**204747**	**4041**	**6553**
贵阳市							
六盘水市	660			2600	1611	442	390
遵义市	5962			24605	15588	986	1265
安顺市							
毕节市	200	10		40246	31197	533	888
铜仁市	2685			232871	155001	1686	4009
黔西南布依族苗族自治州							
黔东南苗族侗族自治州							
黔南布依族苗族自治州	30			2674	1350	395	

黑色金属矿采选业主要经济指标

单位：万元

应收账款	存货	产成品	负债合计	流动负债合计	应付账款	所有者权益合计	实收资本	国家资本	集体资本	法人资本
28164	**20050**	**9171**	**86750**	**66562**	**23955**	**73027**	**18521**	**330**	**105**	**8440**
1992			2653	2653	2598	660	660			
1404	529	477	5176	384	231	11102	6562			600
8115	4215	3005	26287	17268	10988	20014	4297		100	3987
16559	15150	5689	51495	45117	10137	35641	6973	330	5	3853
95	156		1140	1140		5610	30			

单位：万元

管理费用	税金	财务费用	利息收入	利息支出	投资收益（损失以“-”号记）	营业利润	利润总额	亏损企业亏损额	应交增值税	应交所得税
19679	**1498**	**2335**	**49**	**631**	**913**	**73228**	**75617**	**69**	**13018**	**2957**
130		26				1	1		180	
2133	403	1087		18		2597	2597		1349	365
2140	192	4	37	6		4814	4924	69	4691	758
14401	404	1200	12	607	913	65780	68059		6419	1825
875	500	18				36	36		380	9

1-22 按市(州)分组的规模以上

地　　区	工业销售产值(当年价格)	出口交货值	资产总计	固定资产合计	固定资产原价	累计折旧	流动资产合计
贵州省	**302672**		**258307**	**61042**	**77666**	**20193**	**118333**
贵阳市	33927		58803	25584	25584	21	21575
六盘水市							
遵义市	117692		92519	7822	21327	15607	51479
安顺市	23752		21386	6586	7265	679	14800
毕节市	14952		20119	1453	1661	278	11693
铜仁市	23068		7997	1001	3650	2648	5715
黔西南布依族苗族自治州	820		30425	9548	8430		3058
黔东南苗族侗族自治州	81949		17947	8637	9288	762	5324
黔南布依族苗族自治州	6512		9111	412	460	199	4690

1-22 续表

地　　区	个人资本	港澳台资本	外商资本	主营业务收入	主营业务成本	主营业务税金及附加	销售费用
贵州省	**16358**	**3917**		**294435**	**211914**	**6867**	**14587**
贵阳市	12167			22488	15735	1027	698
六盘水市							
遵义市	2640	3917		126423	77572	4193	8836
安顺市				20189	13322		538
毕节市				14952	12396	137	68
铜仁市				23055	20112	52	201
黔西南布依族苗族自治州							
黔东南苗族侗族自治州	1551			81823	68095	1427	3609
黔南布依族苗族自治州				5506	4681	30	638

有色金属矿采选业主要经济指标

单位：万元

应收账款	存货		负债合计	流动负债合计		所有者权益合计	实收资本			
		产成品			应付账款			国家资本	集体资本	法人资本
14222	**35451**	**17992**	**142883**	**117198**	**38061**	**117301**	**80447**	**33450**	**7338**	**14375**
1435	12194	147	39022	35659	26427	19780	19200		7033	
7879	15624	15485	55239	37881	4174	37280	18217	6150		500
2582			10806	7362	4295	10580	8000			8000
573	623	621	18724	18724		1395	1300			1300
…	4032	1281	5682	5621	1722	4269	4000			4000
3	538		3407	2317	37	27018	26800	26800		
1539	530	445	4380	4236	1428	13489	2125			575
210	1909	14	5621	5399	-21	3490	805	500	305	

单位：万元

管理费用		财务费用			投资收益（损失以“-”号记）	营业利润	利润总额	亏损企业亏损额	应交增值税	应交所得税
	税金		利息收入	利息支出						
25903	**877**	**3401**	**383**	**3097**	**424**	**44807**	**44405**	**779**	**16496**	**2118**
906	46	427	21	1		4037	4087		831	
15680	534	2906	345	2890	424	22608	22141		11038	615
606	5	44	1	45		8470	8470		1228	801
434	44	1	-1			916	854		801	24
2277		95		95		506	321	193	434	155
699		-125				-894	-257	257	10	
4795	4	18	17	32		8945	8613	43	1789	524
507	243	36		36		220	176	285	365	

1-23 按市(州)分组的规模以上非金属

地 区	工业销售产值(当年价格)		资产总计				
		出口交货值		固定资产合计			流动资产合计
					固定资产原价	累计折旧	
贵州省	**1186017**	**575**	**711793**	**157545**	**177497**	**35282**	**343020**
贵阳市	158413		156195	21148	31543	12229	115807
六盘水市	8910		16407	1144	1578	434	13178
遵义市	53542	575	33215	16495	16777	2714	9857
安顺市	28605		43639	16368	16253	690	19033
毕节市							
铜仁市	121857		72836	28564	31960	3541	38179
黔西南布依族苗族自治州	5313		14615	10685	10789	104	2136
黔东南苗族侗族自治州	181691		20181	6380	8097	2018	10870
黔南布依族苗族自治州	627686		354706	56761	60500	13552	133962

1-23 续表

地 区	个人资本	港澳台资本	外商资本	主营业务收入	主营业务成本	主营业务税金及附加	销售费用
贵州省	**49971**	**1500**		**1177802**	**819447**	**35273**	**42609**
贵阳市	2572			148316	62088	6339	4175
六盘水市	800			8650	7229	185	307
遵义市	3434			49684	37168	1383	1645
安顺市	2670	1500		30336	25495	638	333
毕节市							
铜仁市	5828			123152	88308	2915	6460
黔西南布依族苗族自治州	500			8140	6712	185	400
黔东南苗族侗族自治州	2640			178042	138603	4475	17824
黔南布依族苗族自治州	31528			631482	453846	19153	11466

矿采选业主要经济指标

单位：万元

应收账款	存货	产成品	负债合计	流动负债合计	应付账款	所有者权益合计	实收资本	国家资本	集体资本	法人资本
68679	**35001**	**18137**	**317112**	**290384**	**38857**	**390182**	**115374**	**1322**	**1203**	**60574**
19391	10323	7894	71534	69145	3860	81661	6821	1167	370	2475
795	520		9399	7656	1029	7008	1020			50
1911	1816	892	18522	12141	938	14278	5287		703	1150
4942	3464	694	21570	9043	4629	21975	12258	5		8083
5515	8703	5374	33659	28722	5910	38598	18910	150		12932
103	1014		12436	12436	491	2179	530			30
3779	3140	1806	7378	5700	1259	12803	4577		130	1807
32243	6021	1477	142615	145542	20741	211681	65972			34047

单位：万元

管理费用	税金	财务费用	利息收入	利息支出	投资收益（损失以“-”号记）	营业利润	利润总额	亏损企业亏损额	应交增值税	应交所得税
91213	**2385**	**10059**	**272**	**8480**	**51**	**176862**	**175911**	**2602**	**56131**	**25238**
12802	123	1744	14	1675	18	42905	43271		13081	7190
979		34	3	37		-74	-83	302	339	71
4029	1012	470	2	417		6169	6162	70	2371	311
1572		142	2	56	33	2841	2825	56	2801	871
8541	257	1601	118	1644		20024	20001		4287	1384
755	221	1	…	1		-108	-229	603	314	
13078	198	276	123	387		4302	3908	68	3069	562
49458	575	5792	9	4264	1	100802	100056	1505	29869	14850

1-24　按市(州)分组的规模以上

地　　区	工业销售产　值（当年价格）	出　口交货值	资产总计	固定资产合　计	固定资产原　价	累计折旧	流动资产合　计
贵州省	**47690541**	**998743**	**56124483**	**18606928**	**22425054**	**6731620**	**27977644**
贵阳市	16682475	557475	18945420	6068520	7706415	2717060	9809692
六盘水市	3952542	100	4049144	1448223	2185329	785180	1522390
遵义市	9945645	159647	15337632	4622946	5189763	1167518	8656937
安顺市	2435175	67377	3469147	961829	1186800	485693	2016042
毕节市	1522563	937	1591800	668895	745731	170642	729310
铜仁市	2890738	10225	2694055	1057605	1275291	316078	900018
黔西南布依族苗族自治州	1524485	2285	2391064	934495	971891	265421	889276
黔东南苗族侗族自治州	3715710	12651	2330694	815969	937932	179289	1266017
黔南布依族苗族自治州	5021207	188046	5315528	2028448	2225902	644741	2187964

1-24　续表

地　　区	个人资本	港澳台资本	外商资本	主营业务收　　入	主营业务成　　本	主营业务税金及附加	销售费用
贵州省	**3031775**	**122962**	**302877**	**47456816**	**35592404**	**2440497**	**2005983**
贵阳市	493435	29430	128885	17355984	12513219	1829631	879147
六盘水市	88101	1346	14788	3510357	3385682	16974	88385
遵义市	362465	455	50967	10284708	5886323	462797	516762
安顺市	171364	79033		2147830	1740655	17242	71619
毕节市	106920	1936	10955	1510886	1290686	16539	39888
铜仁市	1237222		77	2724832	2270840	22203	72725
黔西南布依族苗族自治州	143435	50	52371	1573761	1344314	11828	33973
黔东南苗族侗族自治州	234218	9015	20383	3679270	3223304	28244	104373
黔南布依族苗族自治州	194616	1696	24451	4669187	3937383	35038	199110

制造业主要经济指标

单位：万元

应收账款	存货	产成品	负债合计	流动负债合计	应付账款	所有者权益合计	实收资本	国家资本	集体资本	法人资本
4516778	**8114190**	**2360244**	**31928726**	**24138549**	**5338344**	**23855774**	**12532761**	**3668089**	**131372**	**4051376**
1880871	3159292	1027267	11878736	8947122	1944603	7060177	3297335	1254968	22406	1357327
262333	330255	84578	2955282	2544829	778807	959339	1030723	209679	10072	703022
587674	2574283	519684	5990057	4462600	682076	9300150	2174487	1186754	13823	557912
380186	634339	163782	2406081	1921166	525722	1058250	646488	96470	7796	290625
155668	200213	57612	1174941	953591	214141	384480	281929	21655	7540	132423
212079	265902	125066	1290567	983888	268134	1385720	2614267	41547	17048	113213
98897	256044	111056	1564990	1085963	236347	804756	525501	20765	45221	263659
290658	266759	112896	1468012	956228	313106	794861	428062	6866	4814	152526
648413	427103	158303	3200060	2283161	375408	2108042	1533969	829387	2650	480669

单位：万元

管理费用	税金	财务费用	利息收入	利息支出	投资收益（损失以“-”号记）	营业利润	利润总额	亏损企业亏损额	应交增值税	应交所得税
2394122	**126928**	**683934**	**94571**	**715850**	**117730**	**4695177**	**4841532**	**713935**	**2036398**	**951457**
861396	36492	261849	27693	260716	37541	1149461	1220375	186446	816412	222596
128736	12462	48419	3568	46432	1826	-21556	-91705	164198	53352	5643
630951	34747	119246	59776	154676	24508	2652823	2671087	154322	738064	621210
175837	3963	51520	4996	55532	1706	76202	141674	81165	43241	17475
44062	1707	29468	2279	27134	-6393	82006	91334	17383	96806	8397
86408	3938	28061	1066	22346	896	284920	308808	11667	52969	11876
98244	2339	42999	3643	40884	-1138	61603	60993	43283	30401	6114
166290	20057	36747	708	31030	1330	143358	165251	21316	109663	15523
202199	11224	65625	-9157	77100	57454	266359	273714	34155	95490	42624

1-25 按市(州)分组的规模以上

地　　区	工业销售产值(当年价格)	出口交货值	资产总计	固定资产合计	固定资产原价	累计折旧	流动资产合计
贵州省	**2083382**	**3109**	**1066967**	**366878**	**386920**	**75835**	**542982**
贵阳市	556955		202073	36181	43658	12907	146721
六盘水市	20915		124065	82602	97593	17353	28508
遵义市	468595	3109	192984	55332	58893	11069	115103
安顺市	373061		148889	43060	45141	14726	94460
毕节市	23872		12603	5249	6635	1588	6067
铜仁市	276875		121164	52331	48427	8273	55931
黔西南布依族苗族自治州	127656		148773	38782	33416	3645	48375
黔东南苗族侗族自治州	145505		45403	19316	14781	1509	22877
黔南布依族苗族自治州	89948		71013	34026	38376	4766	24939

1-25 续表

地　　区	个人资本	港澳台资本	外商资本	主营业务收入	主营业务成本	主营业务税金及附加	销售费用
贵州省	**90105**	**250**		**2037243**	**1807511**	**12345**	**53902**
贵阳市	5269	250		555176	514137	1349	15388
六盘水市	1300			31174	27975	1478	2634
遵义市	21160			473188	411041	3828	11068
安顺市	22184			325723	304864	1151	3973
毕节市				17895	12704	150	598
铜仁市	20283			282486	243804	1881	7726
黔西南布依族苗族自治州	12480			119538	99306	712	3053
黔东南苗族侗族自治州	6779			143387	128946	927	3275
黔南布依族苗族自治州	650			88675	64736	869	6187

农副食品加工业主要经济指标

单位：万元

应收账款	存货	产成品	负债合计	流动负债合计	应付账款	所有者权益合计	实收资本	国家资本	集体资本	法人资本
102686	**195863**	**80427**	**625095**	**482438**	**86839**	**450263**	**178416**	**7758**	**13208**	**66984**
25279	39740	11160	117124	96219	19080	84948	15447	607		9321
4891	13995	9411	96584	74172	12055	26531	11500	200		10000
14840	52381	24926	105769	73840	13341	85102	35669	2201	973	11335
20256	31873	16315	90989	73452	19646	57899	30589		2300	6105
580	2546	1516	7861	6236	586	4601	3433			3433
19491	18233	10206	49854	41191	3676	80266	34947	4751	1695	8107
5136	21736	3015	80246	60441	7811	71170	26700	…	8240	5980
5717	7370	3499	29246	21947	3734	16158	9309			2530
6497	7990	380	47424	34940	6911	23589	10823			10173

单位：万元

管理费用	税金	财务费用	利息收入	利息支出	投资收益（损失以“-”号记）	营业利润	利润总额	亏损企业亏损额	应交增值税	应交所得税
69277	**3600**	**26461**	**1036**	**20040**	**75**	**95199**	**99307**	**14250**	**31498**	**9646**
16784	256	2608	440	2095	73	13883	21326	1109	9777	2057
3424	300	7740	26	3902	22	-41	-9552	9620	48	180
12924	1555	6014	280	5343	51	28051	27745	121	9569	1813
3909	167	1968	70	1682	33	10051	12599	1024	502	1124
368	8	327	35	162	130	264	287		16	
8917	183	1900	49	1781	389	24382	27666	12	2902	1416
7699	115	2874	5	2255	-648	7958	8109	2107	3163	925
8317	755	1323	103	1159	15	3589	3918	256	3630	472
6935	262	1707	27	1663	11	7063	7209		1893	1658

1-26 按市(州)分组的规模以上

地区	工业销售产值(当年价格)	出口交货值	资产总计	固定资产合计	固定资产原价	累计折旧	流动资产合计
贵州省	**916807**	**4744**	**574943**	**147470**	**157301**	**38123**	**362543**
贵阳市	482374	4744	370557	89438	92419	25297	248262
六盘水市	8553		13552	2676	2513	79	8570
遵义市	250690		117412	32267	37405	7781	67601
安顺市	12379		10432	3967	4407	2071	3606
毕节市							
铜仁市	23133		8126	4145	4537	549	3685
黔西南布依族苗族自治州	15990		13905	4826	4175	251	8729
黔东南苗族侗族自治州	26814		8388	2905	3323	419	5380
黔南布依族苗族自治州	96875		32572	7247	8521	1677	16711

1-26 续表

地区	个人资本	港澳台资本	外商资本	主营业务收入	主营业务成本	主营业务税金及附加	销售费用
贵州省	**49422**		**920**	**882694**	**677811**	**5752**	**30945**
贵阳市	14339		920	446978	333764	2633	18357
六盘水市	730			11357	9999	148	69
遵义市	21135			252709	185589	2233	7177
安顺市	1924			12503	10784	241	273
毕节市							
铜仁市	1800			22673	17996	96	513
黔西南布依族苗族自治州	4554			16158	12451	71	601
黔东南苗族侗族自治州	700			26814	24060	41	847
黔南布依族苗族自治州	4240			93503	83168	290	3108

食品制造业主要经济指标

单位：万元

应收账款	存货	产成品	负债合计	流动负债合计	应付账款	所有者权益合计	实收资本	国家资本	集体资本	法人资本
29457	**62945**	**33898**	**317752**	**242308**	**29880**	**252448**	**76078**	**2303**	**4386**	**19046**
9410	35742	21323	220022	178043	20567	148923	28679	2173	4386	6860
535	3416	3321	7562	6851	463	5616	4830			4100
11217	15068	6606	45025	34591	5702	69789	23694	130		2429
889	1839	870	6207	4441	325	4224	1924			
1438	978	488	3832	517	226	4285	3019			1219
332	601	9	7480	3369	174	6275	5964			1410
1441	3074	717	4096	3325	60	4292	880			180
4195	2227	563	23527	11171	2363	9044	7088			2848

单位：万元

管理费用	税金	财务费用	利息收入	利息支出	投资收益(损失以"－"号记)	营业利润	利润总额	亏损企业亏损额	应交增值税	应交所得税
28601	**2438**	**5774**	**1994**	**5814**	**336**	**137880**	**137898**	**3274**	**42511**	**17045**
15482	996	2255	1521	3570	201	76641	76725	2974	21644	11397
479	4	243	76	167		569	552		838	26
6281	1133	2078	309	1080		50965	50687		17828	4462
565	7	173	2	160		1267	1266		323	34
554		245		234		4352	4352		318	222
653	18	146	86	54	136	1832	1866		46	414
510	4	303	0	303		1054	1054		453	189
4078	276	333	1	247		1201	1397	300	1062	302

1-27 按市(州)分组的规模以上酒、饮料和

地 区	工业销售产值(当年价格)	出口交货值	资产总计	固定资产合计	固定资产原价	累计折旧	流动资产合计
贵州省	**5151640**	**124447**	**10717581**	**2027099**	**2496606**	**610568**	**6770736**
贵阳市	414179		293280	120226	129065	40077	115075
六盘水市	21212		30115	11010	16032	5984	13308
遵义市	4031474	116947	8738016	1356056	1667094	398379	6154280
安顺市	53571		64280	9505	14910	5796	37477
毕节市	58296		172959	33872	23982	4123	112147
铜仁市	246137	7500	1032654	386920	526495	142911	103618
黔西南布依族苗族自治州	60773		101691	21182	24148	3012	57683
黔东南苗族侗族自治州	91423		155511	48639	52180	3876	104740
黔南布依族苗族自治州	174575		129077	39691	42700	6411	72409

1-27 续表

地 区	个人资本	港澳台资本	外商资本	主营业务收入	主营业务成本	主营业务税金及附加	销售费用
贵州省	**1182516**	**1346**	**23831**	**5632620**	**1807408**	**459107**	**410654**
贵阳市	200	20	17331	420158	289082	9960	25468
六盘水市	1000	1326		21221	15751	1702	1215
遵义市	109032			4443117	982293	413100	339583
安顺市	4747			49883	30104	3579	903
毕节市	5000			44325	15976	3057	7862
铜仁市	1046157			272147	207424	5042	15412
黔西南布依族苗族自治州	2800			98535	81341	5542	2033
黔东南苗族侗族自治州	1998			110063	63228	2865	6032
黔南布依族苗族自治州	11582		6500	173171	122210	14261	12146

精制茶制造业主要经济指标

单位：万元

应收账款	存货	产成品	负债合计	流动负债合计	应付账款	所有者权益合计	实收资本	国家资本	集体资本	法人资本
179815	**2163604**	**339026**	**2705133**	**2329512**	**275543**	**7972267**	**2087396**	**506090**	**4211**	**369403**
27903	38905	15337	154084	123797	16691	139195	82702		100	65051
3696	6872	1407	17260	17167	6657	10932	10527		…	8200
97454	1895937	226860	1895053	1617326	122403	6829332	765709	501979	1000	153698
3038	23252	3606	37436	34969	11048	26844	24298		300	19251
6229	71101	14269	118127	106647	55533	35265	22500			17500
12875	52766	31101	257443	229055	23347	771222	1065688	2211	2811	14510
10726	42088	39860	26796	24515	3223	74053	73800			71000
4070	8099	2847	107573	98878	14510	47739	19998	600		17400
13824	24584	3740	91360	77158	22131	37685	22175	1300		2793

单位：万元

管理费用	税金	财务费用	利息收入	利息支出	投资收益(损失以"–"号记)	营业利润	利润总额	亏损企业亏损额	应交增值税	应交所得税
428197	**30180**	**-7994**	**45583**	**28373**	**4785**	**2588870**	**2572235**	**4044**	**572396**	**595044**
17843	2404	2783	385	3090		74608	76080		20103	8523
1605	196	-1	8	2		367	558	49	879	46
354518	14151	-22664	44249	17407	4915	2398399	2375183	2527	532485	580898
2249	29	592		558		9378	11096	110	494	77
4048	209	2980	594	-143		6844	6507	729	397	
14926	1015	2486	39	1994		33309	40674	608	3261	419
4434	1185	1627	8	1635	26	35449	29299		979	296
16895	10345	2911	220	2914	-184	21128	22354	21	10024	2418
11678	647	1292	81	916	28	9389	10484		3774	2367

1-28 按市(州)分组的规模以上

地　区	工业销售产值(当年价格)	出口交货值	资产总计	固定资产合计	固定资产原价	累计折旧	流动资产合计
贵州省	**3432905**	**364**	**2482627**	**561916**	**1048464**	**518145**	**1713863**
贵阳市	3400342	364	2482627	561916	1048464	518145	1713863
六盘水市							
遵义市							
安顺市							
毕节市	15016						
铜仁市							
黔西南布依族苗族自治州	17547						
黔东南苗族侗族自治州							
黔南布依族苗族自治州							

1-28 续表

地　区	个人资本	港澳台资本	外商资本	主营业务收入	主营业务成本	主营业务税金及附加	销售费用
贵州省				**3394736**	**938433**	**1719421**	**67682**
贵阳市				3394736	938433	1719421	67682
六盘水市							
遵义市							
安顺市							
毕节市							
铜仁市							
黔西南布依族苗族自治州							
黔东南苗族侗族自治州							
黔南布依族苗族自治州							

烟草制品业主要经济指标

应收账款	存货	产成品	负债合计	流动负债合计	应付账款	所有者权益合计	实收资本	国家资本	集体资本	法人资本
133643	**1244053**	**68152**	**693372**	**689968**	**356077**	**1789255**	**666771**	**307771**		**359000**
133643	1244053	68152	693372	689968	356077	1789255	666771	307771		359000

管理费用	税金	财务费用	利息收入	利息支出	投资收益(损失以"−"号记)	营业利润	利润总额	亏损企业亏损额	应交增值税	应交所得税
214866	**6718**	**-3930**	**4964**	**909**	**1297**	**461735**	**450773**		**406546**	**122474**
214866	6718	-3930	4964	909	1297	461735	450773		406546	122474

1-29 按市(州)分组的规模以上

地　　区	工业销售产值(当年价格)	出口交货值	资产总计	固定资产合计	固定资产原价	累计折旧	流动资产合计
贵州省	**105563**		**94754**	**26044**	**19508**	**3087**	**58982**
贵阳市	7185		1013	14	16	2	999
六盘水市							
遵义市	14988		24453	9048	2959	1106	14906
安顺市	6106		18023	5349	5349	557	5683
毕节市	4098		5044	968	1272	304	4076
铜仁市							
黔西南布依族苗族自治州							
黔东南苗族侗族自治州	63758		35711	8555	7621	939	24919
黔南布依族苗族自治州	9428		10510	2111	2291	180	8399

1-29 续表

地　　区	个人资本	港澳台资本	外商资本	主营业务收入	主营业务成本	主营业务税金及附加	销售费用
贵州省	**11610**			**88904**	**82232**	**141**	**840**
贵阳市	10			7185	7066	9	29
六盘水市							
遵义市	1000			12957	8579	12	350
安顺市	5100			7197	7511	16	126
毕节市	1000			4098	4303	9	1
铜仁市							
黔西南布依族苗族自治州							
黔东南苗族侗族自治州	2000			48937	47159	53	259
黔南布依族苗族自治州	2500			8529	7614	43	76

纺织业主要经济指标

单位：万元

应收账款	存货	产成品	负债合计	流动负债合计	应付账款	所有者权益合计	实收资本	国家资本	集体资本	法人资本
10245	**12626**	**7604**	**56132**	**50016**	**14711**	**37921**	**13380**	**1220**	**452**	**98**
449	65	8	944	894	404	68	10			
412	1427	546	15842	6985	1427	8111	1550		452	98
-1523	1767		6555	6555	-1559	11468	5100			
637	2140	1293	4835	4435	360	209	1000			
9078	2738	1368	23622	27073	13924	11890	3000	1000		
1192	4491	4389	4334	4074	155	6176	2720	220		

单位：万元

管理费用	税金	财务费用	利息收入	利息支出	投资收益（损失以“-”号记）	营业利润	利润总额	亏损企业亏损额	应交增值税	应交所得税
3095	**139**	**885**	**2**	**525**		**2565**	**5212**	**2682**	**1091**	**116**
23		34		34		25	26		47	7
750	12	387	1	388		3585	5341		6	110
550		123		49		-927	-953	953	72	
100	1	1				-316	-316	316	74	
1101	84	322		34		-239	676	1413	616	
571	42	19		19		438	438		276	

1-30 按市(州)分组的规模以上纺织服装、

地区	工业销售产值(当年价格)	出口交货值	资产总计	固定资产合计	固定资产原价	累计折旧	流动资产合计
贵州省	**115809**	**1953**	**71248**	**24018**	**31349**	**9965**	**41201**
贵阳市	9256		3206	525	525		739
六盘水市							
遵义市	2006	1953	1745	118	488	370	1627
安顺市							
毕节市							
铜仁市	25470		8147	4502	5755	1361	2268
黔西南布依族苗族自治州	13883		20582	11543	11717	174	9039
黔东南苗族侗族自治州	20352		11782	1691	3655	1964	7981
黔南布依族苗族自治州	44842		25786	5639	9209	6096	19547

1-30 续表

地区	个人资本	港澳台资本	外商资本	主营业务收入	主营业务成本	主营业务税金及附加	销售费用
贵州省	**6862**	**3715**		**106284**	**92749**	**432**	**2342**
贵阳市	1960			9256	8171	66	555
六盘水市							
遵义市				2006	1844	2	
安顺市							
毕节市							
铜仁市	1000			25470	20540	200	616
黔西南布依族苗族自治州				13174	11286	50	216
黔东南苗族侗族自治州	2663	3715		20309	18920	76	212
黔南布依族苗族自治州	1239			36068	31989	37	743

服饰业主要经济指标

单位：万元

应收账款	存货	产成品	负债合计	流动负债合计	应付账款	所有者权益合计	实收资本	国家资本	集体资本	法人资本
6207	**10280**	**4958**	**26666**	**15061**	**5146**	**44582**	**34092**	**2546**		**20970**
140	17	17	1238	438	159	1968	1960			
886	17	9	1548	1548	384	197	150			150
514	235	87	2381	1056	225	5767	2700			1700
1905	753	68	9052	3226	1408	11530	10600	100		10500
1702	987	161	1776	970	562	10006	8824	2446		
1060	8272	4617	10672	7824	2407	15115	9859			8620

单位：万元

管理费用	税金	财务费用	利息收入	利息支出	投资收益（损失以“-”号记）	营业利润	利润总额	亏损企业亏损额	应交增值税	应交所得税
6028	**69**	**300**	**73**	**295**		**5287**	**6030**	**60**	**969**	**17**
360		93	…	47		8	8		64	3
128	18	…	1			33	33			4
1133	6	74		69		2758	3201		112	8
1326	1	12	21	33		244	435		370	2
1330	13	40	…	16		951	1094	60	212	
1751	32	82	51	130		1293	1259		211	

1-31 按市(州)分组的规模以上皮革、毛皮、

地区	工业销售产值(当年价格)	出口交货值	资产总计	固定资产合计	固定资产原价	累计折旧	流动资产合计
贵州省	**242962**		**130975**	**42180**	**44257**	**13521**	**82145**
贵阳市	133471		82810	21235	24985	11733	61575
六盘水市							
遵义市							
安顺市							
毕节市							
铜仁市	35221		39361	17058	16185	1364	15654
黔西南布依族苗族自治州							
黔东南苗族侗族自治州	42664		7970	3862	2772	134	4109
黔南布依族苗族自治州	31607		833	25	315	290	808

1-31 续表

地区	个人资本	港澳台资本	外商资本	主营业务收入	主营业务成本	主营业务税金及附加	销售费用
贵州省	**8300**			**388439**	**364535**	**894**	**3304**
贵阳市				279003	261660	577	2977
六盘水市							
遵义市							
安顺市							
毕节市							
铜仁市	8300			35755	32508	149	226
黔西南布依族苗族自治州							
黔东南苗族侗族自治州				42484	39146	112	101
黔南布依族苗族自治州				31196	31221	56	

羽毛及其制品和制鞋业主要经济指标

单位：万元

应收账款	存货	产成品	负债合计	流动负债合计	应付账款	所有者权益合计	实收资本	国家资本	集体资本	法人资本
7513	**26265**	**15072**	**75351**	**36439**	**6890**	**68166**	**17100**		**50**	**5750**
2835	23411	13326	33907	21857	2986	48903	5000			5000
2219	1363	486	38795	12081	2775	13108	11400			100
2431	1125	1020	1903	1756	1128	6067	650			650
28	367	240	745	745	1	88	50		50	

单位：万元

管理费用	税金	财务费用	利息收入	利息支出	投资收益(损失以“-”号记)	营业利润	利润总额	亏损企业亏损额	应交增值税	应交所得税
5320	**345**	**922**	**60**	**839**		**14567**	**14294**	**500**	**7338**	**1493**
4462	285	523	59	575		8609	8702		4485	1450
615	9	323	…	195		3154	2788	387	140	42
188	33	77		70		2918	2918		2310	
56	19	-1	1			-114	-114	114	402	2

1-32 按市(州)分组的规模以上木材加工和

地区	工业销售产值(当年价格)	出口交货值	资产总计	固定资产合计	固定资产原价	累计折旧	流动资产合计
贵州省	**1086682**		**335983**	**87060**	**100190**	**25242**	**200950**
贵阳市	4093		3801	2056	8921	6952	1725
六盘水市							
遵义市	36311		35226	22201	15271	1960	8282
安顺市	9178		6735	322	376	54	5022
毕节市							
铜仁市	28568		24827	6651	6967	396	15804
黔西南布依族苗族自治州	8758		60227		81	81	44388
黔东南苗族侗族自治州	943031		186675	49841	60289	13505	115208
黔南布依族苗族自治州	56743		18492	5990	8284	2295	10521

1-32 续表

地区	个人资本	港澳台资本	外商资本	主营业务收入	主营业务成本	主营业务税金及附加	销售费用
贵州省	**57703**			**1092893**	**942350**	**16207**	**30040**
贵阳市				4093	3252	39	237
六盘水市							
遵义市	3261			37496	30015	348	1323
安顺市	1000			9556	7066	9	153
毕节市							
铜仁市	1966			26240	21195	131	1326
黔西南布依族苗族自治州	326			8758	5693	617	2382
黔东南苗族侗族自治州	47942			949445	822376	14923	23779
黔南布依族苗族自治州	3207			57305	52752	141	841

木、竹、藤、棕、草制品业主要经济指标

单位：万元

应收账款	存货	产成品	负债合计	流动负债合计	应付账款	所有者权益合计	实收资本	国家资本	集体资本	法人资本
37168	**56890**	**13714**	**172302**	**99265**	**20257**	**136340**	**92678**	**5120**	**6500**	**23116**
824	538	236	14243	6179	262	-10441	1672			1672
2580	1884	1169	14034	10804	4324	20999	9121	5000	500	360
901	901		4425	3396	107	2310	1000			
4448	1264	143	9528	9378		14511	6116			4150
8761	2627		37455				6326		6000	
18640	45669	11985	80849	59680	14926	102543	63916			15733
1013	4008	182	11768	9828	637	6418	4526	120		1200

单位：万元

管理费用	税金	财务费用	利息收入	利息支出	投资收益（损失以“-”号记）	营业利润	利润总额	亏损企业亏损额	应交增值税	应交所得税
45617	**2413**	**7597**	**244**	**6440**	**1500**	**48683**	**49309**	**2658**	**48603**	**2977**
281		563		563		-654	-409	409	306	
2133	122	565	197	188		2981	3060	358	749	59
440	3	83	…	81		1720	1720		55	
1089	23	279		232		2037	2037		1102	27
62		5				14	14			
40262	2127	5618	44	4987	1500	39576	41190	1891	44688	2637
1350	138	486	3	389		3009	1697		1704	255

1-33 按市(州)分组的规模以上

地区	工业销售产值(当年价格)	出口交货值	资产总计	固定资产合计	固定资产原价	累计折旧	流动资产合计
贵州省	**148415**		**67340**	**12466**	**13889**	**3077**	**42764**
贵阳市	32557		28085	1269	2115	846	22707
六盘水市							
遵义市	53221		14011	6677	6674	1436	5922
安顺市	12613		8242	259	589	344	7982
毕节市							
铜仁市	15475		11050	1056	1242	186	4265
黔西南布依族苗族自治州							
黔东南苗族侗族自治州	34550		5953	3205	3270	265	1887
黔南布依族苗族自治州							

1-33 续表

地区	个人资本	港澳台资本	外商资本	主营业务收入	主营业务成本	主营业务税金及附加	销售费用
贵州省	**8682**			**139778**	**111493**	**951**	**6515**
贵阳市	1250			32557	22990	144	3484
六盘水市							
遵义市	5767			52754	44011	243	2295
安顺市				4116	3884	7	
毕节市							
铜仁市	100			16020	12274	391	354
黔西南布依族苗族自治州							
黔东南苗族侗族自治州	1565			34331	28335	165	383
黔南布依族苗族自治州							

家具制造业主要经济指标

单位：万元

应收账款	存货	产成品	负债合计	流动负债合计	应付账款	所有者权益合计	实收资本	国家资本	集体资本	法人资本
9344	**18319**	**14637**	**37012**	**29371**	**6968**	**23810**	**16624**	**2550**	**1200**	**3542**
3661	11517	10531	17333	17333	766	10752	6008	2550	1200	1008
1491	1584	816	7175	1857	970	6836	5767			
2786	3654	2545	8065	5988	4674	176	100			100
694	678	315	2438	2438	270	2414	1250			500
713	885	431	2001	1755	289	3632	3499			1934

单位：万元

管理费用	税金	财务费用	利息收入	利息支出	投资收益(损失以"–"号记)	营业利润	利润总额	亏损企业亏损额	应交增值税	应交所得税
9589	**409**	**761**	**16**	**616**		**10722**	**10762**	**202**	**3532**	**905**
2395	90	179	9	177		3645	4135		1911	688
3383	304	366	7	279		2230	2230	202	374	
123		1				101	92		39	18
605	12	166		112		2405	2003		46	
3083	2	49		49		2341	2302		1162	199

1-34 按市(州)分组的规模以上

地区	工业销售产值(当年价格)	出口交货值	资产总计	固定资产合计	固定资产原价	累计折旧	流动资产合计
贵州省	**409914**		**461330**	**314457**	**286834**	**54609**	**129465**
贵阳市	75754		31722	9388	10598	4197	20269
六盘水市							
遵义市	176129		384092	287971	256511	46464	86920
安顺市	28251		14408	1775	2582	1654	8681
毕节市							
铜仁市	9301		1330	883	1019	137	448
黔西南布依族苗族自治州	5644		3073	975	1407	432	1913
黔东南苗族侗族自治州	7647		5384	1715	1715		2434
黔南布依族苗族自治州	107186		21320	11750	13001	1726	8799

1-34 续表

地区	个人资本	港澳台资本	外商资本	主营业务收入	主营业务成本	主营业务税金及附加	销售费用
贵州省	**14437**	**480**		**423857**	**349553**	**3526**	**11933**
贵阳市	3369	480		75379	69212	415	1327
六盘水市							
遵义市	2001			196308	150340	2387	7440
安顺市	5286			28471	27254	279	698
毕节市							
铜仁市	360			9265	6956	95	226
黔西南布依族苗族自治州	280			4936	4080	18	106
黔东南苗族侗族自治州	1080			7647	6907	1	69
黔南布依族苗族自治州	2060			101851	84805	331	2067

造纸和纸制品业主要经济指标

单位：万元

应收账款	存货	产成品	负债合计	流动负债合计	应付账款	所有者权益合计	实收资本	国家资本	集体资本	法人资本
23202	**35495**	**16355**	**334650**	**203462**	**42595**	**123884**	**29330**	**2979**	**361**	**10473**
8310	7654	2245	13773	13337	6500	17611	7698	1120	171	2558
6878	22616	12783	300693	172639	31552	82035	9190	1859		4729
1956	1948	382	8193	8193	1184	6215	5499			213
195	51	12	266	35	1	1064	360			
413	991	41	1513	1513	813	467	280			
1259	408	314	2927	897	571	2457	1730			650
4192	1828	580	7285	6848	1974	14035	4573		190	2323

单位：万元

管理费用	税金	财务费用	利息收入	利息支出	投资收益（损失以“-”号记）	营业利润	利润总额	亏损企业亏损额	应交增值税	应交所得税
21004	**840**	**12285**	**683**	**9218**	**491**	**2644**	**5588**	**19269**	**19122**	**2203**
2341	15	313	131	111	1	1902	2423		882	51
14953	536	11150	540	8363	490	-4353	-3235	19238	16505	1720
529	14	258	…	258		-420	780	31	138	
278		97		97		1730	1730		6	
179	3	89	1	87		464	464		93	3
118		91	…	90		473	473		11	
2607	272	287	10	211		2848	2954		1488	429

1-35 按市(州)分组的规模以上印刷和

地区	工业销售产值(当年价格)	出口交货值	资产总计	固定资产合计	固定资产原价	累计折旧	流动资产合计
贵州省	**181727**		**169756**	**63591**	**115248**	**53862**	**94825**
贵阳市	164473		156042	58053	108913	51036	86813
六盘水市							
遵义市							
安顺市							
毕节市							
铜仁市							
黔西南布依族苗族自治州	266		5723	1511	4227	2715	4199
黔东南苗族侗族自治州	2081		2861	1572	1641	69	1137
黔南布依族苗族自治州	14906		5130	2454	467	42	2676

1-35 续表

地区	个人资本	港澳台资本	外商资本	主营业务收入	主营业务成本	主营业务税金及附加	销售费用
贵州省	**2936**	**11808**		**146718**	**107446**	**1048**	**2918**
贵阳市	1758	11808		132079	94232	1019	2537
六盘水市							
遵义市							
安顺市							
毕节市							
铜仁市							
黔西南布依族苗族自治州				286	341	1	35
黔东南苗族侗族自治州	1038			2081	1774		11
黔南布依族苗族自治州	140			12271	11098	27	335

记录媒介复制业主要经济指标

单位：万元

应收账款	存货	产成品	负债合计	流动负债合计	应付账款	所有者权益合计	实收资本	国家资本	集体资本	法人资本
28684	**20755**	**7377**	**58038**	**50177**	**16911**	**111717**	**43296**	**1010**	**10**	**27532**
27618	16461	3524	50156	43450	16143	105886	39018	1010	10	24432
96	4036	3637	4787	4237	213	936	2100			2100
249	106	106	1118	1118	432	1743	1038			
720	152	111	1977	1372	124	3153	1140			1000

单位：万元

管理费用	税金	财务费用	利息收入	利息支出	投资收益（损失以“-”号记）	营业利润	利润总额	亏损企业亏损额	应交增值税	应交所得税
9027	**455**	**841**	**84**	**865**	**1579**	**26990**	**27469**	**215**	**7352**	**2193**
8361	437	798	83	826	1579	27028	27515		7307	2193
129	8	8		6		-223	-215	215	2	
201	6	33	…	33		62	62			
336	3	3		1		123	107		43	

1-36 按市(州)分组的规模以上文教、工美、

地区	工业销售产值(当年价格)	出口交货值	资产总计	固定资产合计	固定资产原价	累计折旧	流动资产合计
贵州省	**69070**	**4748**	**60730**	**11799**	**12910**	**1324**	**41525**
贵阳市							
六盘水市							
遵义市							
安顺市	3620		1597	422	486	65	1175
毕节市	3887		37473	3542	3796	253	28675
铜仁市	33931		13681	5879	5997	310	5780
黔西南布依族苗族自治州							
黔东南苗族侗族自治州	18209		2574	238	228	10	2209
黔南布依族苗族自治州	9422	4748	5406	1718	2403	685	3686

1-36 续表

地区	个人资本	港澳台资本	外商资本	主营业务收入	主营业务成本	主营业务税金及附加	销售费用
贵州省	**10909**	**1356**		**64805**	**55277**	**394**	**754**
贵阳市							
六盘水市							
遵义市							
安顺市				3620	3098	13	70
毕节市	10000			4263	3951	10	32
铜仁市	138			29301	23376	249	435
黔西南布依族苗族自治州							
黔东南苗族侗族自治州	300			18209	16129	77	68
黔南布依族苗族自治州	471	1356		9412	8724	45	149

体育和娱乐用品制造业主要经济指标

单位：万元

应收账款	存货	产成品	负债合计	流动负债合计	应付账款	所有者权益合计	实收资本	国家资本	集体资本	法人资本
2360	**6291**	**3621**	**40269**	**30352**	**2306**	**20247**	**14218**	**50**		**1802**
64	759	670	1480	1180	28	117	50	50		
513	664	445	28363	24599	192	9110	10000			
1041	1453	296	6020	1037	257	7719	1690			1452
594	641	476	1587	1074	585	714	650			350
148	2775	1735	2819	2462	1245	2587	1828			

单位：万元

管理费用	税金	财务费用	利息收入	利息支出	投资收益（损失以"-"号记）	营业利润	利润总额	亏损企业亏损额	应交增值税	应交所得税
1642	**60**	**413**	**2**	**308**		**5485**	**4680**	**758**	**614**	**293**
171	3	6	…	6		211	211		217	50
525	2	218	1	217		-727	-758	758	33	
677	10	70	1	55		4376	3693		200	196
90	44	42	…	30		1411	1326		142	
179	1	77		1		214	208		23	47

1-37 按市(州)分组的规模以上

地　区	工业销售产值(当年价格)	出口交货值	资产总计	固定资产合计	固定资产原价	累计折旧	流动资产合计
贵州省	**1010751**		**780124**	**254117**	**296665**	**72696**	**343762**
贵阳市							
六盘水市	703902		562491	167985	188975	30695	229786
遵义市							
安顺市							
毕节市	82910		21312	5554	38261	32779	7992
铜仁市	43351		16327	4256	4421	451	7474
黔西南布依族苗族自治州	111243		99260	50049	42160	5239	44997
黔东南苗族侗族自治州							
黔南布依族苗族自治州	69346		80734	26275	22848	3533	53513

1-37 续表

地　区	个人资本	港澳台资本	外商资本	主营业务收入	主营业务成本	主营业务税金及附加	销售费用
贵州省	**23972**	**50**	**847**	**818570**	**704392**	**8659**	**21912**
贵阳市							
六盘水市	6177		768	507261	467855	875	14870
遵义市							
安顺市							
毕节市	2850			97174	77963	6238	2763
铜仁市	5000			44961	38369	197	555
黔西南布依族苗族自治州	4650	50	79	106404	81044	247	2652
黔东南苗族侗族自治州							
黔南布依族苗族自治州	5295			62769	39160	1102	1071

石油加工及炼焦主要经济指标

单位：万元

应收账款	存货	产成品	负债合计	流动负债合计	应付账款	所有者权益合计	实收资本	国家资本	集体资本	法人资本
115089	**73707**	**33049**	**554711**	**382625**	**74343**	**214941**	**158310**	**900**	**4578**	**127963**
80566	43536	15652	400158	285099	58221	151861	131075		2500	121630
	4663	3122	19707	6726	903	1606	2850			
486	2703	1414	8701	3611	36	7626	7500		2000	500
10749	5575	3762	55996	40251	8878	43264	11490	900	78	5733
24487	17231	9099	70149	46939	6305	10585	5395			100

单位：万元

管理费用	税金	财务费用	利息收入	利息支出	投资收益（损失以“-”号记）	营业利润	利润总额	亏损企业亏损额	应交增值税	应交所得税
18042	**2172**	**16629**	**403**	**15094**	**2**	**31951**	**32428**	**4684**	**10108**	**1039**
11408	1615	7476	164	7416		5932	6350	2894	4023	557
1066	30	765	1	764		246	232	662	240	70
902	186	491	236	343		4346	4346		347	
2666	184	5624	2	4826	…	4337	4337	883	3640	412
2001	157	2272		1745	2	17090	17162	245	1857	

1-38 按市(州)分组的规模以上化学原料和

地区	工业销售产值(当年价格)	出口交货值	资产总计	固定资产合计	固定资产原价	累计折旧	流动资产合计
贵州省	**6103579**	**405142**	**11228033**	**4464954**	**4950101**	**1543659**	**4131210**
贵阳市	2928987	215463	5519336	2249539	2376225	670335	2208622
六盘水市	80660		416649	58489	74559	18956	15640
遵义市	688838		1274866	606660	654329	131901	367618
安顺市	208297		260860	57906	86776	44769	155472
毕节市	122046	937	243935	90600	149757	60479	111710
铜仁市	346042	2225	185453	76997	95199	35103	94800
黔西南布依族苗族自治州	205646		476217	176427	255808	104717	169708
黔东南苗族侗族自治州	240553	3470	96888	27867	39514	15814	63930
黔南布依族苗族自治州	1282511	183048	2753828	1120470	1217933	461585	943711

1-38 续表

地区	个人资本	港澳台资本	外商资本	主营业务收入	主营业务成本	主营业务税金及附加	销售费用
贵州省	**179364**		**16151**	**6981317**	**6122872**	**53478**	**162729**
贵阳市	48796		1421	3885851	3407149	40795	71192
六盘水市	7873			66069	70967	108	515
遵义市	21989			676978	572169	3202	28312
安顺市	55578			201063	166397	2160	10212
毕节市				123107	129884	338	659
铜仁市	14903			336486	279459	1511	7637
黔西南布依族苗族自治州	7161			196674	182917	245	2041
黔东南苗族侗族自治州	4315			242210	220144	1374	2612
黔南布依族苗族自治州	18748		14730	1252879	1093786	3746	39550

化学制品制造业主要经济指标

单位：万元

应收账款	存货	产成品	负债合计	流动负债合计	应付账款	所有者权益合计	实收资本	国家资本	集体资本	法人资本
728909	**936119**	**601103**	**7786986**	**5740223**	**834375**	**3431811**	**2098017**	**1375164**	**14433**	**512406**
251884	497976	373415	4349430	3162718	364091	1177868	410695	206648	6276	147554
4711	4947	2553	347890	298391	60717	68760	128873	121000		
30689	95549	54937	683978	440447	91583	585101	330440	275284	700	32466
20468	46015	21591	97318	94213	21182	163194	99842	19592		24672
15653	23237	13766	214447	209878	62169	29291	41432		6000	34932
25581	34045	25275	107415	86992	41137	76324	36498	1600	100	19895
7491	48790	20152	292695	212471	54134	183439	91466	1984	396	81926
12917	35161	21604	77511	71123	13237	12418	8890	2500		2075
359514	150398	67808	1616301	1163989	126126	1135417	949881	746556	960	168887

单位：万元

管理费用	税金	财务费用	利息收入	利息支出	投资收益(损失以"-"号记)	营业利润	利润总额	亏损企业亏损额	应交增值税	应交所得税
303814	**13972**	**220447**	**4492**	**236169**	**93237**	**297591**	**349187**	**150520**	**119315**	**43688**
139760	6228	136249	10509	138351	17491	168898	202110	58259	58242	15880
1668	9	4539	1	130		-13769	-13623	14816	512	171
36914	2057	29278	1763	30469	24247	41952	45673	23337	13393	8373
11079	247	951	963	1574	-3994	12207	16194	2674	7478	2086
6888	209	6418	-21	6371	-306	-16452	-11964	12293	1285	
8299	651	1890	11	1526	646	37895	38247	1760	7824	1027
11230	171	15140	184	15243	-1470	-16294	-14961	18818	5016	705
9388	287	862	7	779	20	7362	7270	2161	4334	411
78588	4114	25121	-8924	41725	56603	75792	80241	16402	21232	15036

1-39 按市(州)分组的规模以上

地区	工业销售产值(当年价格)	出口交货值	资产总计	固定资产合计	固定资产原价	累计折旧	流动资产合计
贵州省	**2537880**	**2285**	**2505534**	**491941**	**552502**	**186490**	**1644910**
贵阳市	1568614		1380035	235865	271386	96022	950235
六盘水市	3449		12194	2649	7590	5176	8804
遵义市	427565		233319	94009	65157	14603	117658
安顺市	127135		397718	46587	64054	17467	262481
毕节市	8985		17699	3762	3762	1254	13937
铜仁市	43765		40404	15834	17712	2074	13961
黔西南布依族苗族自治州	38296	2285	64595	12350	22445	10554	25174
黔东南苗族侗族自治州	38325		44200	12484	16749	4695	23311
黔南布依族苗族自治州	281747		315370	68401	83647	34645	229349

1-39 续表

地区	个人资本	港澳台资本	外商资本	主营业务收入	主营业务成本	主营业务税金及附加	销售费用
贵州省	**160295**	**4020**	**26053**	**2279830**	**1205197**	**25226**	**574518**
贵阳市	99472	4020	26053	1343877	572322	17382	450439
六盘水市				2378	753	11	1063
遵义市	13977			413952	335590	3062	14169
安顺市	237			139526	66136	1390	24650
毕节市				6529	1938	104	2481
铜仁市	3103			44359	31152	286	1258
黔西南布依族苗族自治州	7498			38022	28900	320	7573
黔东南苗族侗族自治州	7930			20353	15591	104	221
黔南布依族苗族自治州	28079			270834	152815	2567	72663

医药制造业主要经济指标

单位：万元

应收账款	存货	产成品	负债合计	流动负债合计	应付账款	所有者权益合计	实收资本	国家资本	集体资本	法人资本
381591	**325702**	**136607**	**1008262**	**903844**	**136371**	**1489633**	**433480**	**5462**	**5088**	**232562**
219342	154726	80499	552896	513576	75680	823460	260612		4388	126679
3236	907		12081	11074	1787	113	3552	2552	700	300
19910	58032	18980	101029	75000	14375	129740	27846	1200		12669
23869	45279	21338	160077	153538	14441	237295	62416	200		61979
8494	5444	2443	11529	9005	5406	5406	480			480
4031	4486	166	9886	4167	669	30518	8499			5396
6181	7029	4956	61939	50477	7562	2656	10773			3275
8698	4822	2593	25592	18271	2243	18608	9563			1633
87831	44978	5631	73234	68736	14209	241836	49739	1510		20151

单位：万元

管理费用	税金	财务费用	利息收入	利息支出	投资收益(损失以“-”号记)	营业利润	利润总额	亏损企业亏损额	应交增值税	应交所得税
137500	**3995**	**25258**	**4433**	**26181**	**4881**	**267626**	**274949**	**13013**	**138713**	**36618**
94817	2710	12725	1428	12737	4612	172677	176740	6216	92619	24961
671	40	…		…		-120	-66	90	281	6
11758	235	2192	162	1896		40512	40818		9183	4410
7404	297	2392	2141	4582		26377	26807	1583	11707	4356
331	10	…		…		1675	1675		821	251
1568	2	264	21	160		5894	5894		114	18
2337	138	3723		2622	1	-4827	-4537	4968	2053	145
3302	63	849	25	870	18	285	404	157	513	18
15312	500	3113	656	3314	251	25152	27214		21421	2453

1-40 按市(州)分组的规模以上橡胶和

地区	工业销售产值(当年价格)	出口交货值	资产总计	固定资产合计	固定资产原价	累计折旧	流动资产合计
贵州省	**1347442**	**193138**	**1410535**	**316492**	**533204**	**231670**	**744429**
贵阳市	1070434	193138	1111496	263344	476734	219960	637247
六盘水市	25631		150253	19469	18156	2469	16636
遵义市	34073		6765	895	980	93	5855
安顺市	39061		38923	7894	9555	5379	25178
毕节市	1875		3469	623	615	28	1825
铜仁市	37950		27494	7810	8480	796	13086
黔西南布依族苗族自治州	17228		14729	3481	3594	414	10558
黔东南苗族侗族自治州	27018		28205	4830	5432	736	17786
黔南布依族苗族自治州	94173		29201	8145	9659	1795	16259

1-40 续表

地区	个人资本	港澳台资本	外商资本	主营业务收入	主营业务成本	主营业务税金及附加	销售费用
贵州省	**88624**	**9631**	**6500**	**1341691**	**1106048**	**10472**	**60242**
贵阳市	63081	9291	6500	1073585	877448	8434	52335
六盘水市	1745			36187	28346	129	746
遵义市	3200			36084	30053	261	902
安顺市	2372			30068	25238	989	1382
毕节市	3100			2835	2121	21	200
铜仁市	3010			23024	18505	172	754
黔西南布依族苗族自治州	4875			17747	14916	64	613
黔东南苗族侗族自治州	3049			24957	23180	15	101
黔南布依族苗族自治州	4192	340		97206	86240	388	3210

塑料制品业主要经济指标

单位：万元

应收账款	存货	产成品	负债合计	流动负债合计	应付账款	所有者权益合计	实收资本	国家资本	集体资本	法人资本
216653	**177168**	**40630**	**858012**	**675348**	**160060**	**432326**	**196052**	**27373**	**184**	**60027**
194051	152123	30429	750147	605397	143290	360609	143357	22164	184	42138
4095	4047	2931	15134	8959	5774	15048	13669	5210		3000
3195	696	8	3186	3186	2521	3210	3200			
4290	8604	2690	22314	19226	2599	16607	10300			7928
1290	404	285	1621	1621	625	3100	3100			
726	1968	580	23177	12059	1755	4317	4710			1700
2192	1482	151	8961	8961	1887	5501	5000			125
1103	3265	1834	19953	6922		8251	6100			3051
5712	4580	1724	13518	9016	1608	15683	6617			2085

单位：万元

管理费用	税金	财务费用	利息收入	利息支出	投资收益（损失以“–”号记）	营业利润	利润总额	亏损企业亏损额	应交增值税	应交所得税
70032	**3531**	**30864**	**731**	**25662**	**1574**	**60625**	**69812**	**4502**	**33798**	**4340**
54739	2733	28632	670	24057	1574	47984	48837	3460	28168	3467
4844	169	85	42	1		882	955	683	214	72
1480	277	175		171		3112	3112		2425	314
2394	30	812		588		750	8896	260	733	51
210	48	33	12	45		202	202		12	1
909	49	62	6	55		2829	2893		476	110
1309	4	280	1	141		567	519	54	495	108
576	23	280		145		805	905	44	157	50
3572	199	505	…	459		3493	3493		1117	168

1-41 按市(州)分组的规模以上非金属

地 区	工业销售产值(当年价格)	出口交货值	资产总计	固定资产合计	固定资产原价	累计折旧	流动资产合计
贵州省	**5945685**	**72279**	**6513815**	**3274646**	**3577868**	**653656**	**2474055**
贵阳市	1255049	50320	1210575	496135	597397	151673	597479
六盘水市	359644		428390	207444	235737	54835	129919
遵义市	1038267	13490	1218847	747381	851914	120413	371489
安顺市	451399	1806	449542	231235	251813	43598	184944
毕节市	302117		479620	270859	316873	48199	149830
铜仁市	610518		431082	217383	245072	43773	162126
黔西南布依族苗族自治州	254504		707858	365908	257627	58612	202258
黔东南苗族侗族自治州	458567	6663	521839	200269	231965	44692	280798
黔南布依族苗族自治州	1215621		1066062	538032	589471	87862	395212

1-41 续表

地 区				主营业务收入	主营业务成本	主营业务税金及附加	销售费用
	个人资本	港澳台资本	外商资本				
贵州省	**470039**	**80940**	**136629**	**5538652**	**4404992**	**54785**	**177970**
贵阳市	62398		17422	1200673	1001781	9035	40346
六盘水市	31821		14000	373627	328415	2468	7314
遵义市	89749	455	50967	1018543	787355	17106	30777
安顺市	19761	75185		409737	278041	3630	14823
毕节市	29920		10955	299522	210826	3108	17395
铜仁市	50599		77	538836	409768	6664	20363
黔西南布依族苗族自治州	77472		23242	246693	210801	3030	7935
黔东南苗族侗族自治州	63305	5300	19966	445533	368980	3869	14821
黔南布依族苗族自治州	45014			1005488	809024	5876	24196

矿物制品业主要经济指标

单位：万元

应收账款	存货	产成品	负债合计	流动负债合计	应付账款	所有者权益合计	实收资本	国家资本	集体资本	法人资本
632496	**439846**	**173034**	**4323608**	**2901709**	**665678**	**2137424**	**2781992**	**227460**	**37240**	**626974**
198193	96747	47731	894252	704993	140357	311196	258830	36310	1500	141200
38311	32848	19487	258412	160193	38088	169237	127781	54601		27359
91162	70615	34714	832543	477983	111926	372138	278318	32950	7619	95067
42181	34928	5732	243746	141739	63915	203734	124975	255	4596	24978
34164	27935	7524	334300	238098	39747	136515	91021	16218	1540	32388
48537	36977	9973	259019	159897	45978	161600	1292107	8550	6696	25185
17785	26727	6003	524294	297743	86787	183056	187802	8300	10340	68447
129853	38122	17022	240324	182319	46506	272363	118281	300	3500	25910
32309	74948	24849	736719	538744	92375	327585	302878	69975	1450	186439

单位：万元

管理费用	税金	财务费用	利息收入	利息支出	投资收益(损失以"–"号记)	营业利润	利润总额	亏损企业亏损额	应交增值税	应交所得税
263744	**19955**	**125143**	**2299**	**115763**	**2119**	**507422**	**527688**	**39312**	**199325**	**61442**
54449	2768	28546	882	26115	37	62797	63364	10188	47686	12095
15141	1456	7390	110	7250	-8	12959	16594	3962	12084	3655
46098	4641	25639	89	24419	251	92412	94322	8889	49861	7036
25447	1960	4680	73	5831	1007	89921	93620	913	11163	6512
19136	592	10607	1008	12015		36648	41759	1719	13210	5291
20867	1095	9937	138	7567	106	71941	70748	533	18517	5252
13908	240	12055	1429	7846	239	5099	7970	7589	10867	1004
31662	4711	3520	144	3420	58	30530	34083	779	12630	3065
37036	2491	22768	-1574	21300	430	105115	105228	4740	23308	17531

1-42 按市(州)分组的规模以上黑色金属冶炼和

地区	工业销售产值(当年价格)	出口交货值	资产总计	固定资产合计	固定资产原价	累计折旧	流动资产合计
贵州省	**5965175**		**4278234**	**1394034**	**2148084**	**894647**	**2288034**
贵阳市	653502		1060664	137116	242797	119487	688575
六盘水市	1978125		1555859	714696	1315592	600896	654503
遵义市	819990		304229	150288	175024	38284	132219
安顺市	92159		35609	7283	7209	2559	26044
毕节市	184975		126263	86731	17880	1574	32915
铜仁市	654698		471592	167102	200288	62524	248307
黔西南布依族苗族自治州	213095		162384	20538	28092	8175	134192
黔东南苗族侗族自治州	859210		330910	77104	117373	49325	213310
黔南布依族苗族自治州	509421		230724	33179	43829	11824	157969

1-42 续表

地区	个人资本	港澳台资本	外商资本	主营业务收入	主营业务成本	主营业务税金及附加	销售费用
贵州省	**205154**	**3848**	**3638**	**5938260**	**5716649**	**19676**	**71733**
贵阳市	48456			675457	658959	1793	11871
六盘水市	5000			1929259	1991094	5405	4904
遵义市	10271			816229	705632	4886	10946
安顺市	2900	3848		60132	53044	438	1413
毕节市	500			206473	173256	1229	1939
铜仁市	49672			622747	570290	2550	7874
黔西南布依族苗族自治州	16928			224553	222887	377	3821
黔东南苗族侗族自治州	49625		417	876730	842835	2259	18421
黔南布依族苗族自治州	21801		3221	526681	498652	739	10543

压延加工业主要经济指标

单位：万元

应收账款	存货	产成品	负债合计	流动负债合计	应付账款	所有者权益合计	实收资本	国家资本	集体资本	法人资本
337588	**572983**	**215266**	**3065352**	**2707568**	**922070**	**1209499**	**991094**	**97374**	**3853**	**676426**
83980	116726	60262	588714	579657	132164	471545	237694	59405	733	129100
65111	160128	13814	1251853	1206285	461481	304005	412353	15386		391967
39325	36014	21451	102243	71303	30749	198522	96371			86100
5180	8266	6255	33642	29185	7317	1967	7248			500
1002	11408	2392	118786	109387	15086	7132	35641			35141
36185	64741	26164	362505	295529	100962	105888	86773	22435	3000	11366
21993	53673	29020	170471	136842	39563	-6333	20158			3230
42214	81640	35826	264786	204765	104517	66006	60441	20	120	10258
42600	40388	20082	172352	74616	30233	60766	34417	128		8766

单位：万元

管理费用	税金	财务费用	利息收入	利息支出	投资收益(损失以“-”号记)	营业利润	利润总额	亏损企业亏损额	应交增值税	应交所得税
144080	**11547**	**49235**	**8056**	**60271**	**-4000**	**-39479**	**14857**	**162128**	**124078**	**6386**
20114	1606	5392	62	5906	335	-10425	-4852	11320	10475	1320
50503	7187	17219	3086	25111	1812	-128253	-113367	113367	28744	122
23107	1295	10148	4312	15210		53996	54489	7194	44393	2975
871	12	645	-8	596		-1719	1091	326	351	
3727	15	293	2	210	-6260	24425	24074	90	6432	
13323	376	6670	509	5500	-103	35191	48510	7369	11340	820
5594	75	1358	-28	1343	63	-8968	-4798	8173	3306	80
18712	382	5897	121	5708	153	-4180	8991	11368	15096	858
8131	600	1613	1	688		453	718	2922	3942	211

1-43 按市(州)分组的规模以上有色金属

地区	工业销售产值(当年价格)	出口交货值	资产总计	固定资产合计	固定资产原价	累计折旧	流动资产合计
贵州省	**3968099**	**12651**	**5373889**	**2883275**	**3263599**	**892319**	**1564139**
贵阳市	1173891		2143420	1158374	1417099	451566	408960
六盘水市	515214	74	185015	52606	84591	32058	120946
遵义市	849873	12577	1362825	926164	978119	227150	353364
安顺市	266216		317355	174612	130822	68337	141252
毕节市	16066		77672	1682	1945	278	69274
铜仁市	227718		133643	37466	34498	11261	89813
黔西南布依族苗族自治州	426902		509584	226070	282134	67344	126459
黔东南苗族侗族自治州	363654		564968	296461	322990	31082	215972
黔南布依族苗族自治州	128565		79407	9841	11400	3243	38100

1-43 续表

地区	个人资本	港澳台资本	外商资本	主营业务收入	主营业务成本	主营业务税金及附加	销售费用
贵州省	**113540**	**1936**	**29050**	**3675755**	**3506602**	**11506**	**106102**
贵阳市	11118			1174389	1187061	4497	7934
六盘水市	20725			299365	292163	179	46773
遵义市	10399			875273	863631	3988	13856
安顺市	41005			154581	182842	469	2846
毕节市	50	1936		15925	14343	36	250
铜仁市	11380			183158	162108	1378	2752
黔西南布依族苗族自治州	3111		29050	475325	383125	529	910
黔东南苗族侗族自治州	4070			364303	296874	246	29065
黔南布依族苗族自治州	11683			133436	124455	184	1717

冶炼和压延加工业主要经济指标

单位：万元

应收账款	存货	产成品	负债合计	流动负债合计	应付账款	所有者权益合计	实收资本	国家资本	集体资本	法人资本
206350	**476327**	**118841**	**4084124**	**2438281**	**508771**	**1217598**	**967910**	**633302**	**22861**	**166220**
68193	223148	58539	1662349	627343	123629	476977	462936	412043		39775
30952	26235	6924	148445	148245	89454	36580	22581		1000	856
34751	114095	28365	1091978	879471	100359	270575	257336	209778		37159
8265	38039	9033	288496	246914	72563	27959	42005			
4873	3062	678	68037	60962	4861	6626	10536			8550
37681	21867	10447	83447	65252	27124	36693	22736	2000	500	8856
4860	39572	383	282145	240757	23466	227439	71742	9481	20167	9933
6562	5083	2027	421493	135666	56163	95247	53455		1194	48191
10213	5227	2446	37735	33672	11153	39502	24583			12900

单位：万元

管理费用	税金	财务费用	利息收入	利息支出	投资收益（损失以“–”号记）	营业利润	利润总额	亏损企业亏损额	应交增值税	应交所得税
138309	**9273**	**70590**	**7929**	**70810**	**4723**	**28499**	**-1253**	**165089**	**84727**	**11558**
33106	3369	19625	3972	18557	1488	-26961	-16757	78968	50746	1196
5354	613	1334	44	1036		89400	8185	607	254	3
25177	3777	34283	1884	34943	-91	-69461	-52373	68042	18574	2755
3299	408	2898	105	2857	2810	-39137	-14459	14659	910	51
776	178	3	1	…		496	510	390	221	
4633	75	1957	4	1438		25430	26921	357	5000	1721
46633	199	18	1934	4754	515	34399	31570	476	252	2015
15946	651	10151	-28	6933		11392	11796	523	6901	2877
3384	4	319	13	292		2941	3353	1067	1868	940

1-44 按市(州)分组的规模以上

地区	工业销售产值(当年价格)	出口交货值	资产总计	固定资产合计	固定资产原价	累计折旧	流动资产合计
贵州省	**1009479**	**28699**	**966570**	**247242**	**348884**	**117779**	**580083**
贵阳市	299395	19121	407630	100759	159281	62056	239356
六盘水市	49168		48600	3040	3468	594	31798
遵义市	244784	9579	309679	83841	128511	45399	199744
安顺市	36491		23400	6820	2973	3154	16580
毕节市							
铜仁市	95823		45781	22301	22653	1599	20930
黔西南布依族苗族自治州							
黔东南苗族侗族自治州	60080		35447	8712	10853	2506	25636
黔南布依族苗族自治州	223738		96033	21770	21145	2471	46039

1-44 续表

地区	个人资本	港澳台资本	外商资本	主营业务收入	主营业务成本	主营业务税金及附加	销售费用
贵州省	**46128**	**20**	**20**	**947644**	**811378**	**6304**	**34232**
贵阳市	7635			299906	257271	2377	6417
六盘水市	9020	20	20	47940	41533	298	622
遵义市	2360			241138	206775	1160	18352
安顺市	5808			34079	22223	536	589
毕节市							
铜仁市	8497			95815	81053	520	1745
黔西南布依族苗族自治州							
黔东南苗族侗族自治州	6188			42347	36967	236	996
黔南布依族苗族自治州	6620			186420	165556	1178	5512

金属制品业主要经济指标

单位：万元

应收账款	存货	产成品	负债合计	流动负债合计	应付账款	所有者权益合计	实收资本	国家资本	集体资本	法人资本
163001	**178431**	**83657**	**490741**	**412988**	**108283**	**477302**	**224999**	**105708**	**2920**	**70203**
83895	87047	43060	244422	211833	88896	161813	100474	51424	1129	40287
3349	4934	786	30024	11247	1823	18577	11300	20	520	1700
37837	60620	31941	127061	120370	9104	182426	55027	50264	1025	1378
3872	7531	1740	10890	10092	423	12509	8313			2505
9319	7285	957	21971	20881	3098	25845	10652		247	1909
9913	6093	2814	13458	12727	606	23011	8189			2000
14817	4920	2359	42916	25837	4333	53121	31043	4000		20423

单位：万元

管理费用	税金	财务费用	利息收入	利息支出	投资收益(损失以“-”号记)	营业利润	利润总额	亏损企业亏损额	应交增值税	应交所得税
52464	**2735**	**10979**	**810**	**10545**	**254**	**31771**	**35981**	**5978**	**19585**	**4657**
24120	986	3256	234	3126	222	8675	9756	2211	6541	1920
1589	374	366	33	294		3706	3705	66	831	42
14321	994	4942	528	5279	3	-1748	122	3327	8590	922
1932		165		164		1649	3596		699	124
2503	8	250	2	200	-92	9567	9498		492	261
1493	107	831	11	539		2206	3140	8	215	750
6506	266	1170	1	943	121	7716	6163	367	2218	637

1-45 按市(州)分组的规模以上

地　　区	工业销售产值(当年价格)	出口交货值	资产总计	固定资产合计	固定资产原价	累计折旧	流动资产合计
贵州省	**635910**	**1386**	**667438**	**110587**	**122755**	**47265**	**438352**
贵阳市	159046		265577	48308	33092	13245	159141
六盘水市	75426		14398	2663	5185	2522	6923
遵义市	146168	1386	152524	22921	39433	20892	124553
安顺市	21481		34108	9308	14878	6553	21697
毕节市	21000		10966	1933	2743	1175	9029
铜仁市							
黔西南布依族苗族自治州							
黔东南苗族侗族自治州	85633		98328	9897	9909	703	75783
黔南布依族苗族自治州	127156		91537	15558	17516	2175	41227

1-45　续表

地　　区	个人资本	港澳台资本	外商资本	主营业务收入	主营业务成本	主营业务税金及附加	销售费用
贵州省	**44014**			**588935**	**457356**	**7283**	**18851**
贵阳市	13652			157030	133661	604	3529
六盘水市				75426	47655	3652	5952
遵义市	6704			145205	110106	480	5135
安顺市	546			21679	19016	89	344
毕节市	1000			21000	2884	1721	159
铜仁市							
黔西南布依族苗族自治州							
黔东南苗族侗族自治州	10150			80722	59626	285	1326
黔南布依族苗族自治州	11963			87872	84408	452	2405

通用设备制造业主要经济指标

单位：万元

应收账款	存货	产成品	负债合计	流动负债合计	应付账款	所有者权益合计	实收资本	国家资本	集体资本	法人资本
129710	**107966**	**39763**	**413265**	**347738**	**112097**	**253372**	**128413**	**30456**	**5514**	**49629**
53554	30800	7897	206935	182525	58710	58642	49009	21371	161	15025
3354	1099	521	1955	1955	782	12442	6352	510	5352	490
34096	42742	20521	63681	59618	24831	88843	19766	6153		6909
7872	11367	5565	14904	11679	1603	19204	12296			11750
4328	2521	1416	6657	6657	4427	3508	3422	2422		
14164	6530	1932	44583	18961	2316	53745	17150			7000
12341	12908	1910	74549	66343	19430	16988	20418			8455

单位：万元

管理费用	税金	财务费用	利息收入	利息支出	投资收益（损失以"–"号记）	营业利润	利润总额	亏损企业亏损额	应交增值税	应交所得税
49622	**976**	**7566**	**2051**	**4216**	**972**	**39544**	**47736**	**7226**	**15175**	**4137**
14539	228	508	23	371	684	1403	3896	385	2130	254
9211	57	644	-8	57		2360	2360		3698	573
16261	223	2729	1657	1064	288	10157	13044		4348	1799
1731	60	52	7	59		417	2235	415	901	324
46		9		…		17535	17535		432	266
3913	152	1966	3	1619		13636	13545	12	2167	879
3922	257	1658	369	1046		-5964	-4879	6413	1499	41

1-46 按市(州)分组的规模以上

地区	工业销售产值(当年价格)		资产总计				
		出口交货值		固定资产合计			流动资产合计
					固定资产原价	累计折旧	
贵州省	**664038**	**24065**	**1149420**	**278902**	**285722**	**48006**	**656470**
贵阳市	301819	21160	390413	95528	89267	18165	254591
六盘水市	26366	27	453674	96929	103955	7592	236237
遵义市	39369		96282	15512	17665	6635	60999
安顺市	53727	2628	74697	15926	20949	7735	52268
毕节市	5162		30773	16993	16993	799	11917
铜仁市	24246		7877	2980	2834	153	2028
黔西南布依族苗族自治州							
黔东南苗族侗族自治州	54296		18494	11462	12348	4993	6121
黔南布依族苗族自治州	159054	250	77210	23573	21711	1934	32309

1-46 续表

地区				主营业务收入	主营业务成本	主营业务税金及附加	销售费用
	个人资本	港澳台资本	外商资本				
贵州省	**42004**		**21848**	**567935**	**460289**	**2777**	**32014**
贵阳市	21345		21848	239818	185285	933	19737
六盘水市				25780	18861	371	1200
遵义市	3052			38486	29164	204	2663
安顺市	500			49953	36594	460	3361
毕节市				5162	3559	46	162
铜仁市	1850			23351	19227	115	293
黔西南布依族苗族自治州							
黔东南苗族侗族自治州	11050			48559	46868	153	573
黔南布依族苗族自治州	4206			136827	120731	495	4025

专用设备制造业主要经济指标

单位：万元

应收账款	存货		负债合计	流动负债合计		所有者权益合计	实收资本			
		产成品			应付账款			国家资本	集体资本	法人资本
148230	**135991**	**39189**	**740645**	**637695**	**149526**	**406424**	**337729**	**92000**	**889**	**178042**
68684	79887	25514	239196	217537	72088	151317	122472	53765		22568
19530	14260	3071	321474	269370	32159	132201	136571	9200		127371
17618	13564	957	55941	53919	9936	40330	31643	26020	889	1681
22945	13649	7015	30963	25378	11367	43735	18809			18309
4533	6690		28201	23401	12441	2572	3015	3015		
465	1021	841	4054	2592	247	3824	3150			1300
1811	3775	1531	9742	9498	5095	8751	11100			50
12644	3146	260	51075	36001	6193	23695	10970			6764

单位：万元

管理费用		财务费用			投资收益（损失以“–”号记）	营业利润	利润总额	亏损企业亏损额	应交增值税	应交所得税
	税金		利息收入	利息支出						
60004	**1186**	**7684**	**527**	**6529**	**-50**	**2766**	**6727**	**21879**	**16156**	**4434**
22618	477	2576	314	3178		6828	7775	2507	9567	2918
20085	135	610	-13	527		-17269	-16334	17454	846	189
5227	80	1450	60	1400		-433	74	1486	850	114
3731	108	584	27	559		3754	5175	7	1635	542
943		1041				-466	-426	426	790	-10
666	9	58	4	54	-50	2930	2930		206	336
1372	128	638	…	605		4172	4157		480	14
5362	250	729	135	207		3249	3376		1782	331

1-47　按市(州)分组的规模以上

地　　区	工业销售产值(当年价格)	出口交货值	资产总计	固定资产合计	固定资产原价	累计折旧	流动资产合计
贵州省	**1442521**	**8142**	**1133296**	**381768**	**453688**	**142103**	**586492**
贵阳市	649430	5067	520684	130228	210425	91849	319636
六盘水市							
遵义市	79264	556	182021	91549	58195	21918	70134
安顺市	4337		19569	3377	12930	9565	16191
毕节市	664925		327803	145370	159964	17714	153995
铜仁市	7716		3369	1860	1908	174	1509
黔西南布依族苗族自治州							
黔东南苗族侗族自治州	17636	2518	78221	8770	9136	368	24013
黔南布依族苗族自治州	19214		1629	615	1130	515	1014

1-47　续表

地　　区	个人资本	港澳台资本	外商资本	主营业务收入	主营业务成本	主营业务税金及附加	销售费用
贵州省	**95918**		**1108**	**1465390**	**1338442**	**4021**	**30006**
贵阳市	22041		1108	664468	591403	3394	19304
六盘水市							
遵义市	14485			96900	68939	210	4516
安顺市				4575	5045	82	153
毕节市	53000			655244	631078	173	5312
铜仁市	574			7232	6333	96	61
黔西南布依族苗族自治州							
黔东南苗族侗族自治州	5818			17758	17385	26	208
黔南布依族苗族自治州				19214	18259	41	452

汽车制造业主要经济指标

单位：万元

应收账款	存货	产成品	负债合计	流动负债合计	应付账款	所有者权益合计	实收资本	国家资本	集体资本	法人资本
178846	**149651**	**58982**	**685277**	**547718**	**122317**	**446973**	**239897**	**21548**	**800**	**120524**
91487	73637	38054	221708	185710	67082	298049	106461	6495	800	76018
15648	23518	11216	178877	155441	21774	3115	47373	15053		17835
96	9394	243	27982	27722	303	-8414	16200			16200
68460	35623	8110	188509	121977	8457	139293	53000			
100	1067	750	2337	1695	892	996	604			30
2232	6411	610	64895	55173	23808	13274	15818			10000
825			969			660	441			441

单位：万元

管理费用	税金	财务费用	利息收入	利息支出	投资收益(损失以“-”号记)	营业利润	利润总额	亏损企业亏损额	应交增值税	应交所得税
53878	**2755**	**13563**	**1445**	**12475**	**-987**	**4019**	**17699**	**19674**	**91688**	**5890**
38035	1646	3917	175	2955	5945	11072	17313	3410	15801	2869
6854	596	2491	614	1792	-6974	-15993	-8644	11630	625	410
1041	31	33		33		-1979	-1998	2267	78	78
5186	405	6652	599	7323	43	12018	12018		72843	2527
164	1	45		7		1276	1276		268	
2246	35	384	56	325		-2445	-2338	2367	1858	6
352	42	41		41		71	71		215	

1-48 按市(州)分组的规模以上铁路、船舶、

地区	工业销售产值(当年价格)	出口交货值	资产总计	固定资产合计	固定资产原价	累计折旧	流动资产合计
贵州省	**1034432**	**99981**	**2195720**	**518081**	**777092**	**369841**	**1311398**
贵阳市	302594	36988	466631	158072	215826	94899	262029
六盘水市							
遵义市	62811	50	132584	25371	51967	25778	86730
安顺市	593018	62943	1517844	326083	500749	247789	938490
毕节市							
铜仁市	8395		13482	3559	3842	857	9341
黔西南布依族苗族自治州	4277		1039	742	763	42	289
黔东南苗族侗族自治州							
黔南布依族苗族自治州	63337		64141	4254	3944	475	14519

1-48 续表

地区	个人资本	港澳台资本	外商资本	主营业务收入	主营业务成本	主营业务税金及附加	销售费用
贵州省	**29303**		**6623**	**975632**	**803820**	**2357**	**17100**
贵阳市	24766		6623	279767	229794	840	6522
六盘水市							
遵义市				60327	44693	183	2997
安顺市	1047			558084	462315	939	4326
毕节市							
铜仁市	710			12095	8964	73	861
黔西南布依族苗族自治州	300			4277	3252	5	2
黔东南苗族侗族自治州							
黔南布依族苗族自治州	2480			61082	54802	317	2392

航空航天和其他运输设备制造业主要经济指标

单位：万元

应收账款	存货	产成品	负债合计	流动负债合计	应付账款	所有者权益合计	实收资本	国家资本	集体资本	法人资本
360621	**462200**	**92978**	**1724017**	**1346598**	**422499**	**471117**	**313715**	**153053**		**113486**
106820	83433	23815	286700	222861	87678	179931	109599	52859		14101
42209	26845	8963	88520	62110	21642	44064	24641	23841		800
208894	340531	55976	1297916	1013208	293078	219928	171984	76353		94585
2115	6257	1759	9242	9242	2587	3654	2710			2000
48	154		718	718	18	320	300			
535	4981	2466	40921	38459	17496	23221	4480			2000

单位：万元

管理费用	税金	财务费用	利息收入	利息支出	投资收益（损失以“-”号记）	营业利润	利润总额	亏损企业亏损额	应交增值税	应交所得税
155648	**1259**	**45573**	**3141**	**44756**	**3630**	**-38542**	**-28323**	**64110**	**10655**	**3653**
32070	792	6868	616	6132	1167	6512	7168	2146	2396	1147
13920	72	2801	907	2012	612	-3392	-2245	4584	1294	466
106697	375	34779	1614	35572	1851	-47285	-38173	55941	5459	2034
1134	3	269	11	269		795	729	59	80	
24		39		39		910	280		21	5
1803	17	818	-6	732		3918	3917	1380	1405	1

1-49 按市(州)分组的规模以上电气机械和

地区	工业销售产值(当年价格)		资产总计				
		出口交货值		固定资产合计	固定资产原价	累计折旧	流动资产合计
贵州省	**1143601**	**10937**	**986516**	**161380**	**200587**	**49898**	**662467**
贵阳市	481490	10437	428006	42423	65391	21605	373211
六盘水市	3100		1127	23	29	6	1050
遵义市	329562		368909	44224	61165	18111	190467
安顺市	32194		19984	8296	9184	3288	10270
毕节市	7334		24209	1158	1254	95	15923
铜仁市	51376	500	38665	7121	7057	347	24490
黔西南布依族苗族自治州							
黔东南苗族侗族自治州	62672		25286	15483	8504	1094	9803
黔南布依族苗族自治州	175872		80332	42652	48003	5352	37254

1-49 续表

地区				主营业务收入	主营业务成本	主营业务税金及附加	销售费用
	个人资本	港澳台资本	外商资本				
贵州省	**49461**	**3561**	**28000**	**1070887**	**929800**	**5483**	**34869**
贵阳市	25033	3561	28000	502604	450268	1946	16690
六盘水市				2197	1147	72	5
遵义市	13660			261577	216395	1491	11178
安顺市	1370			32400	23904	672	720
毕节市	500			7334	5900	298	77
铜仁市	4100			23736	20316	94	690
黔西南布依族苗族自治州							
黔东南苗族侗族自治州	2201			59965	51393	320	610
黔南布依族苗族自治州	2597			181074	160477	590	4900

器材制造业主要经济指标

单位：万元

应收账款	存货	产成品	负债合计	流动负债合计	应付账款	所有者权益合计	实收资本	国家资本	集体资本	法人资本
180726	**124842**	**71712**	**630185**	**498101**	**101137**	**358568**	**230235**	**620**	**2633**	**148071**
87851	75459	49083	318189	316713	37106	113655	93595	510	1368	37233
185			1073	443	443	54	50			50
67415	28991	13179	173818	95830	40802	194904	105984	90	665	91569
3813	4582	2131	14062	9816	1199	5921	3041	20	600	1051
6112	2777	353	23962	23962	3349	246	500			
2672	4796	3593	24771	22555	11528	13040	7150			3050
5458	2328	327	16626	11681	3207	8690	4119			1918
7222	5910	3046	57683	17101	3503	22059	15797			13200

单位：万元

管理费用	税金	财务费用	利息收入	利息支出	投资收益（损失以“–”号记）	营业利润	利润总额	亏损企业亏损额	应交增值税	应交所得税
53525	**4045**	**14304**	**1097**	**9414**	**1141**	**29398**	**33667**	**4974**	**13931**	**4609**
21557	679	5354	798	4926	932	9865	10265	922	4441	1917
18						956	956			
19449	2614	6755	215	2564	449	10258	11723	3389	6822	1956
1402	122	280	…	279		3739	5782		172	15
712		123	48	170		-386	…	…		
1543	4	310	36	251		509	857	583	73	1
4586	97	369	1	276	-250	2543	2133	59	999	521
4258	529	1114	…	948	10	1915	1952	20	1425	200

1-50 按市(州)分组的规模以上计算机、通信和

地区	工业销售产值(当年价格)	出口交货值	资产总计				
				固定资产合计	固定资产原价	累计折旧	流动资产合计
贵州省	**550728**		**210938**	**22061**	**33333**	**13139**	**163782**
贵阳市	417978		165540	14396	24922	12007	133987
六盘水市							
遵义市	86958		23401	130	134	4	18795
安顺市							
毕节市							
铜仁市	22291		7013	5773	6053	565	1240
黔西南布依族苗族自治州							
黔东南苗族侗族自治州	6813		9803	661	1124	462	8165
黔南布依族苗族自治州	16689		5181	1100	1100	100	1596

1-50 续表

地区				主营业务收入	主营业务成本	主营业务税金及附加	销售费用
	个人资本	港澳台资本	外商资本				
贵州省	**10692**		**840**	**484584**	**412951**	**6703**	**33800**
贵阳市	2533		840	382143	332559	1160	29184
六盘水市							
遵义市	659			56552	43045	4368	3198
安顺市							
毕节市							
铜仁市	2100			22291	17277	33	754
黔西南布依族苗族自治州							
黔东南苗族侗族自治州	400			6910	5747	13	311
黔南布依族苗族自治州	5000			16689	14324	1128	352

其他电子设备制造业主要经济指标

单位：万元

应收账款	存货	产成品	负债合计	流动负债合计	应付账款	所有者权益合计	实收资本	国家资本	集体资本	法人资本
61221	**48262**	**36763**	**137393**	**110892**	**70603**	**73438**	**52060**	**225**		**40303**
52383	44857	35111	106717	100912	67512	58736	41303	225		37705
4442	477	12	18416	2590	20	4985	1759			1100
276	334		1473	616		5520	2388			288
3096	2025	1555	7091	5391	1687	2712	610			210
1025	571	86	3696	1385	1385	1485	6000			1000

单位：万元

管理费用	税金	财务费用	利息收入	利息支出	投资收益（损失以“-”号记）	营业利润	利润总额	亏损企业亏损额	应交增值税	应交所得税
11380	**912**	**645**	**46**	**766**		**24092**	**26646**	**1108**	**10184**	**2383**
8282	829	153	29	387		16014	18344	911	8939	2381
1126		26	17	1		4609	4827			
641		196		191		3436	3436		59	
712	4	188		124		-159	-149	197	122	
620	80	81		63		192	188		1064	2

1-51 按市(州)分组的规模以上

地区	工业销售产值(当年价格)	出口交货值	资产总计	固定资产合计	固定资产原价	累计折旧	流动资产合计
贵州省	**93814**	**675**	**157635**	**17289**	**23222**	**10171**	**121534**
贵阳市	86077	675	156414	17079	22933	10093	120524
六盘水市							
遵义市							
安顺市							
毕节市							
铜仁市							
黔西南布依族苗族自治州							
黔东南苗族侗族自治州							
黔南布依族苗族自治州	7737		1221	211	289	79	1010

1-51 续表

地区	个人资本	港澳台资本	外商资本	主营业务收入	主营业务成本	主营业务税金及附加	销售费用
贵州省	**14039**		**820**	**95178**	**65844**	**812**	**5223**
贵阳市	14039		820	87441	59190	780	5164
六盘水市							
遵义市							
安顺市							
毕节市							
铜仁市							
黔西南布依族苗族自治州							
黔东南苗族侗族自治州							
黔南布依族苗族自治州				7737	6654	32	59

仪器仪表制造业主要经济指标

单位：万元

应收账款	存货	产成品	负债合计	流动负债合计	应付账款	所有者权益合计	实收资本	国家资本	集体资本	法人资本
69915	**17123**	**7693**	**99162**	**94555**	**27062**	**58473**	**28783**	**8053**		**5871**
68979	17123	7692	97852	93245	26523	58562	28683	8053		5771
936	…	…	1309	1309	539	-89	100			100

单位：万元

管理费用	税金	财务费用	利息收入	利息支出	投资收益(损失以"–"号记)	营业利润	利润总额	亏损企业亏损额	应交增值税	应交所得税
14751	**211**	**1956**	**129**	**1797**	**-99**	**6715**	**8984**	**71**	**5397**	**1246**
14589	205	1956	129	1797	-99	6699	8967	71	5372	1246
162	6					17	17		25	

1-52 按市(州)分组的规模以上

地区	工业销售产值(当年价格)	出口交货值	资产总计	固定资产合计	固定资产原价	累计折旧	流动资产合计
贵州省	**216119**		**305561**	**99546**	**138854**	**49538**	**171046**
贵阳市	53531		63783	21054	33961	12907	37354
六盘水市	63644		44021	22697	27656	4959	17170
遵义市	64709		163443	44334	61877	27773	102674
安顺市							
毕节市							
铜仁市	22739		11533	7738	8650	912	3460
黔西南布依族苗族自治州							
黔东南苗族侗族自治州							
黔南布依族苗族自治州	11495		22781	3723	6709	2986	10389

1-52 续表

地区	个人资本	港澳台资本	外商资本	主营业务收入	主营业务成本	主营业务税金及附加	销售费用
贵州省	**12488**			**211665**	**147315**	**538**	**2043**
贵阳市	915			32377	27071	29	442
六盘水市	500			63977	29512	78	368
遵义市	8604			76930	59064	45	528
安顺市							
毕节市							
铜仁市	1620			27382	21946	282	294
黔西南布依族苗族自治州							
黔东南苗族侗族自治州							
黔南布依族苗族自治州	850			10998	9721	104	411

其他制造业主要经济指标

单位：万元

应收账款	存货	产成品	负债合计	流动负债合计	应付账款	所有者权益合计	实收资本	国家资本	集体资本	法人资本
30057	**30875**	**3272**	**172392**	**121614**	**53150**	**133050**	**75133**	**49995**		**12650**
11502	7503	310	43033	30588	20163	20750	16650	8466		7270
1409	10195	2222	38677	38677	6716	5344	6500	1000		5000
13620	11614	726	83646	45743	22353	79797	43934	34950		380
992	1337	15	2013	2013	1345	9520	1620			
2534	227		5023	4593	2574	17639	6429	5579		

单位：万元

管理费用	税金	财务费用	利息收入	利息支出	投资收益（损失以“-”号记）	营业利润	利润总额	亏损企业亏损额	应交增值税	应交所得税
23985	**459**	**-884**	**2241**	**1103**	**270**	**30210**	**30882**	**1382**	**827**	**812**
5405	38	-126	260	127	3	-7	145	982	216	184
2276	124	759	…	529		21140	21394	217	95	
14189	53	-1558	1984	409	267	4950	5102		192	616
460	223	21		17		4379	4379		88	
1655	20	19	-3	22		-252	-137	184	237	13

1-53 按市(州)分组的规模以上废弃资源

地区	工业销售产值(当年价格)	出口交货值	资产总计	固定资产合计	固定资产原价	累计折旧	流动资产合计
贵州省	**73636**		**25567**	**5523**	**5325**	**1371**	**12188**
贵阳市							
六盘水市	17534		8741	3245	3698	1006	2592
遵义市							
安顺市	10884		6933	1844	1067	235	1089
毕节市							
铜仁市							
黔西南布依族苗族自治州							
黔东南苗族侗族自治州	45218		9893	433	561	130	8507
黔南布依族苗族自治州							

1-53 续表

地区	个人资本	港澳台资本	外商资本	主营业务收入	主营业务成本	主营业务税金及附加	销售费用
贵州省	**2260**			**73242**	**59684**	**201**	**814**
贵阳市							
六盘水市	2210			17140	13656	1	137
遵义市							
安顺市				10884	5294	93	604
毕节市							
铜仁市							
黔西南布依族苗族自治州							
黔东南苗族侗族自治州	50			45218	40734	107	73
黔南布依族苗族自治州							

综合利用业主要经济指标

单位：万元

应收账款	存货		负债合计	流动负债合计		所有者权益合计	实收资本			
		产成品			应付账款			国家资本	集体资本	法人资本
5223	**3403**	**2864**	**12381**	**12241**	**5469**	**11941**	**4563**			**2303**
	2837	2479	6701	6701	2186	2040	3210			1000
75	161	88	421	281	281	5357	500			500
6744	405	298	5259	5259	3002	4544	853			803

单位：万元

管理费用		财务费用			投资收益（损失以“-”号记）	营业利润	利润总额	亏损企业亏损额	应交增值税	应交所得税
	税金		利息收入	利息支出						
1022	**281**	**68**	**1**	**59**		**9701**	**9671**	**373**	**1066**	**158**
461	184	15		10		-374	-373	373	5	
271	91	46		46		6126	6095		117	
290	5	6	1	3		3949	3949		944	158

1-54　按市(州)分组的规模以上金属制品、

地　　区	工业销售产值(当年价格)	出口交货值	资产总计	固定资产合计	固定资产原价	累计折旧	流动资产合计
贵州省	**2779**		**1426**	**112**	**97**	**14**	**1314**
贵阳市							
六盘水市							
遵义市							
安顺市							
毕节市							
铜仁市							
黔西南布依族苗族自治州	2779		1426	112	97	14	1314
黔东南苗族侗族自治州							
黔南布依族苗族自治州							

1-54　续表

地　　区	个人资本	港澳台资本	外商资本	主营业务收入	主营业务成本	主营业务税金及附加	销售费用
贵州省	**1000**			**2681**	**1976**	**1**	
贵阳市							
六盘水市							
遵义市							
安顺市							
毕节市							
铜仁市							
黔西南布依族苗族自治州	1000			2681	1976	1	
黔东南苗族侗族自治州							
黔南布依族苗族自治州							

机械和设备修理业主要经济指标

单位：万元

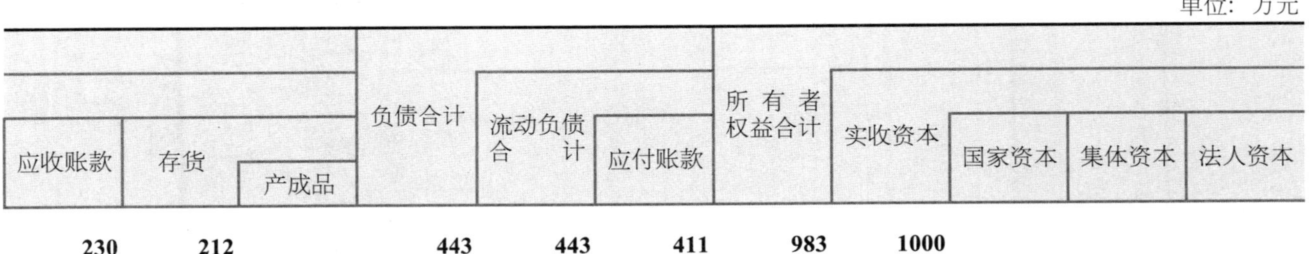

应收账款	存货	产成品	负债合计	流动负债合计	应付账款	所有者权益合计	实收资本	国家资本	集体资本	法人资本
230	**212**		**443**	**443**	**411**	**983**	**1000**			
230	212		443	443	411	983	1000			

单位：万元

管理费用	税金	财务费用	利息收入	利息支出	投资收益（损失以"–"号记）	营业利润	利润总额	亏损企业亏损额	应交增值税	应交所得税
62						**642**	**642**		**98**	
62						642	642		98	

1-55 按市(州)分组的规模以上电力、热力、

地区	工业销售产值(当年价格)	出口交货值	资产总计	固定资产合计	固定资产原价	累计折旧	流动资产合计
贵州省	**12971283**		**25597602**	**18327196**	**25802771**	**7768054**	**3273743**
贵阳市	6329201		12495008	8613519	12980500	4453012	1448632
六盘水市	1474982		3725395	2365321	3115262	777068	815260
遵义市	867431		1039073	770786	994009	362065	134695
安顺市	400809		514827	371847	715094	348609	99968
毕节市	1274044		2557360	1980255	2837068	868704	319518
铜仁市	402052		325170	227918	340549	117232	61227
黔西南布依族苗族自治州	968139		1965482	1692822	2030939	349365	161878
黔东南苗族侗族自治州	757774		1912309	1700864	2079773	382950	110388
黔南布依族苗族自治州	496851		1062978	603864	709577	109048	122178

1-55 续表

地区	个人资本	港澳台资本	外商资本	主营业务收入	主营业务成本	主营业务税金及附加	销售费用
贵州省	**18205**	**4380**	**71711**	**12118136**	**10957072**	**51316**	**88406**
贵阳市	1786		65527	6345002	5957022	19973	10942
六盘水市	118			1358814	1181021	5793	3128
遵义市	7020			653258	576316	4379	1568
安顺市	3650			399746	374909	2219	1079
毕节市				1251441	1069249	7110	32628
铜仁市	3080	2500		361934	337724	2286	12054
黔西南布依族苗族自治州		1880		553033	428715	2952	15642
黔东南苗族侗族自治州	2000		6184	730965	610982	4664	9940
黔南布依族苗族自治州	550			463944	421135	1940	1425

燃气及水生产和供应业主要经济指标

单位：万元

应收账款	存货	产成品	负债合计	流动负债合计	应付账款	所有者权益合计	实收资本	国家资本	集体资本	法人资本
587796	**235790**	**25318**	**21111281**	**7543315**	**1718365**	**4469405**	**4027677**	**1962314**	**59068**	**884792**
148574	35609	3287	10605115	3349820	891789	1889892	1059349	515181	39832	437022
175788	62922	19730	2841238	936915	199341	884813	766677	479826	3000	269333
28842	12719	229	836921	537195	47799	201244	1151335	124481	5410	14424
44064	14762	14	360034	258559	78235	151387	116691	101987		802
75040	59134	1118	2182368	1484611	155680	368593	148418	147426		992
10927	8078	81	236996	104728	34607	84167	46512	34270		4167
42434	23469	219	1465381	258403	100127	497252	160358	39331	3471	115675
39378	17513	378	1776965	414954	142961	135344	380515	368233	2000	2099
22749	1584	262	806264	198129	67826	256714	197822	151578	5355	40279

单位：万元

管理费用	税金	财务费用	利息收入	利息支出	投资收益(损失以"-"号记)	营业利润	利润总额	亏损企业亏损额	应交增值税	应交所得税
303609	**12601**	**883567**	**78756**	**917640**	**50471**	**163926**	**200850**	**137186**	**509894**	**36553**
36473	1351	470861	6685	458827	34172	-77647	-41872	65355	216463	-2879
40517	4807	125790	1210	121919	11817	66980	67233	18223	54117	6023
46209	1056	34544	392	34937	180	30793	31100	3775	51525	4165
20091	86	14713	151	14925	489	3599	3868	1520	21523	1487
67776	810	51153	58344	109455	1841	90513	88926	9317	46534	19348
20292	1268	12891	230	12846		4498	4315	4039	20515	2032
35387	547	75624	4186	76805	528	31572	31912	12085	36623	1164
26368	1744	80437	470	80443	1264	3439	6280	14332	45311	2479
10497	932	17555	7088	7484	179	10180	9088	8542	17283	2734

1-56 按市(州)分组的规模以上电力、

地区	工业销售产值(当年价格)	出口交货值	资产总计	固定资产合计	固定资产原价	累计折旧	流动资产合计
贵州省	**12543036**		**24403317**	**17779929**	**25187621**	**7590369**	**2868372**
贵阳市	6015108		11684440	8250829	12586358	4341468	1172280
六盘水市	1459883		3620570	2327914	3073056	763005	778936
遵义市	829741		946589	731451	942464	337062	100533
安顺市	395010		486213	357611	700055	347612	85590
毕节市	1270180		2521905	1952708	2807744	865786	313590
铜仁市	390327		278775	192462	301034	108797	51061
黔西南布依族苗族自治州	959996		1947534	1684548	2016918	343570	154658
黔东南苗族侗族自治州	734823		1874290	1685505	2059562	376596	102019
黔南布依族苗族自治州	487969		1043000	596903	700430	106475	109705

1-56 续表

地区	个人资本	港澳台资本	外商资本	主营业务收入	主营业务成本	主营业务税金及附加	销售费用
贵州省	**14694**	**4380**		**11680421**	**10553166**	**49634**	**70712**
贵阳市				6010040	5630480	19331	320
六盘水市				1340921	1169980	5621	47
遵义市	6294			617474	547757	4236	11
安顺市	3650			395300	370957	2181	240
毕节市				1247577	1067040	7082	32354
铜仁市	2700	2500		350439	328985	1994	11752
黔西南布依族苗族自治州		1880		545878	422992	2814	15633
黔东南苗族侗族自治州	2000			718870	601463	4600	9716
黔南布依族苗族自治州	50			453921	413513	1775	639

热力生产和供应业主要经济指标

单位：万元

应收账款	存货	产成品	负债合计	流动负债合计	应付账款	所有者权益合计	实收资本	国家资本	集体资本	法人资本
516353	**210257**	**21924**	**20311607**	**7038073**	**1603094**	**4075533**	**3725012**	**1797798**	**56628**	**824304**
91307	15384		9993537	2951657	803356	1690903	814747	386715	39732	388300
170112	62736	19640	2783078	908576	194317	838149	754152	467420	3000	269333
25682	10920	211	789647	519155	43118	156033	1140575	123731	5070	5479
43778	14762	14	332448	238679	67548	150358	115891	101987		2
75040	58363	1118	2180029	1482274	155623	335476	143418	142426		992
10523	7666	81	223334	95471	34549	52171	41773	30011		4067
41458	22947	219	1455527	253750	98285	489159	153297	32270	3471	115675
37940	16909	378	1756839	397725	140869	117451	366944	364767		177
20514	570	262	797168	190786	65430	245832	194215	148472	5355	40279

单位：万元

管理费用	税金	财务费用	利息收入	利息支出	投资收益（损失以“-”号记）	营业利润	利润总额	亏损企业亏损额	应交增值税	应交所得税
267795	**10493**	**867828**	**77074**	**899462**	**40428**	**169563**	**196144**	**121239**	**502047**	**34155**
16328	248	457446	5006	443065	24140	-68043	-42358	52283	212220	-4483
38089	4649	124569	1204	120693	11817	65698	65897	17243	53390	5476
41705	849	33934	319	34248	170	28788	29045	3463	50665	4060
19320	86	14713	230	14846	489	4641	4761	627	21248	1487
66991	773	51159	58350	109455	1841	89982	88559	9317	46302	19256
18615	1268	12740	223	12687		4122	3378	3979	20034	2024
33192	490	75569	4186	76811	528	31819	31977	11961	36337	1164
24252	1705	80195	467	80240	1264	2815	5390	14332	44953	2479
9302	424	17504	7088	7418	179	9743	9496	8034	16897	2692

1-57 按市(州)分组的规模以上燃气

地区	工业销售产值(当年价格)	出口交货值	资产总计	固定资产合计	固定资产原价	累计折旧	流动资产合计
贵州省	**313021**		**568895**	**160016**	**221438**	**76413**	**226777**
贵阳市	268331		477470	128238	188424	69349	198859
六盘水市	8810		47258	14800	12141	3168	12951
遵义市	26116		29410	11872	14460	2543	9160
安顺市							
毕节市							
铜仁市	2877		2638	2341	2479	185	297
黔西南布依族苗族自治州							
黔东南苗族侗族自治州	4198		10062	2723	3871	1148	3590
黔南布依族苗族自治州	2689		2057	41	63	21	1922

1-57 续表

地区	个人资本	港澳台资本	外商资本	主营业务收入	主营业务成本	主营业务税金及附加	销售费用
贵州省	**3130**			**335415**	**335089**	**462**	**11019**
贵阳市	1786			291433	299411	209	7414
六盘水市	118			11604	8336	116	2132
遵义市	726			24049	20647	70	894
安顺市							
毕节市							
铜仁市				2877	1689	23	221
黔西南布依族苗族自治州							
黔东南苗族侗族自治州				2763	2878	13	131
黔南布依族苗族自治州	500			2689	2128	32	228

生产和供应业主要经济指标

单位：万元

应收账款	存货	产成品	负债合计	流动负债合计	应付账款	所有者权益合计	实收资本	国家资本	集体资本	法人资本
48315	**21079**	**3395**	**524954**	**319973**	**86456**	**43941**	**92918**	**39782**	**2440**	**47566**
36524	19233	3287	466506	277899	75951	10964	78304	37696	100	38722
5676	114	90	33289	23498	4955	13969	2204	2086		
3118	1159	18	14651	8104	3147	14759	7888		340	6822
193	65		1490	1490		1148	100			100
1015	508		6995	6995	500	3066	3922		2000	1922
1789			2023	1986	1903	35	500			

单位：万元

管理费用	税金	财务费用	利息收入	利息支出	投资收益（损失以“-”号记）	营业利润	利润总额	亏损企业亏损额	应交增值税	应交所得税
15554	**493**	**11546**	**1652**	**13833**	**10043**	**-10090**	**-2581**	**14052**	**2428**	**957**
12304	411	10305	1593	12552	10033	-12231	-4677	13071	1888	847
1295	60	920		919		-930	-962	980	304	
1331	22	269	59	335	10	2133	2123		151	105
176		11		11		758	758			
179		27				163	162			
270		15		15		16	16		85	5

1-58 按市(州)分组的规模以上

地区	工业销售产值(当年价格)	出口交货值	资产总计	固定资产合计	固定资产原价	累计折旧	流动资产合计
贵州省	**115226**		**625390**	**387251**	**393712**	**101272**	**178594**
贵阳市	45762		333098	234452	205717	42196	77493
六盘水市	6289		57566	22608	30065	10895	23373
遵义市	11574		63074	27463	37086	22460	25003
安顺市	5800		28614	14237	15039	997	14378
毕节市	3864		35455	27547	29324	2919	5928
铜仁市	8848		43756	33114	37035	8250	9868
黔西南布依族苗族自治州	8143		17948	8274	14021	5795	7221
黔东南苗族侗族自治州	18753		27957	12636	16340	5207	4780
黔南布依族苗族自治州	6193		17920	6920	9085	2552	10551

1-58 续表

地区	个人资本	港澳台资本	外商资本	主营业务收入	主营业务成本	主营业务税金及附加	销售费用
贵州省	**380**		**71711**	**102301**	**68817**	**1220**	**6674**
贵阳市			65527	43529	27130	434	3208
六盘水市				6289	2705	56	949
遵义市				11735	7912	73	663
安顺市				4446	3952	38	839
毕节市				3864	2209	28	274
铜仁市	380			8618	7051	270	81
黔西南布依族苗族自治州				7155	5723	138	9
黔东南苗族侗族自治州			6184	9331	6641	51	93
黔南布依族苗族自治州				7334	5494	133	559

水的生产和供应业主要经济指标

单位：万元

应收账款	存货	产成品	负债合计	流动负债合计	应付账款	所有者权益合计	实收资本	国家资本	集体资本	法人资本
23129	**4454**		**274721**	**185269**	**28815**	**349931**	**209747**	**124734**		**12922**
20743	992		145073	120265	12483	188025	166298	90771		10000
	71		24872	4842	69	32694	10321	10321		
43	640		32622	9936	1533	30452	2872	750		2122
286			27585	19879	10688	1029	800			800
	771		2338	2337	58	33117	5000	5000		
211	347		12171	7767	59	30847	4639	4259		
976	522		9855	4653	1841	8093	7061	7061		
423	96		13131	10234	1592	14826	9650	3466		
447	1015		7074	5356	493	10847	3107	3107		

单位：万元

管理费用	税金	财务费用	利息收入	利息支出	投资收益(损失以“-”号记)	营业利润	利润总额	亏损企业亏损额	应交增值税	应交所得税
20261	**1615**	**4193**	**30**	**4346**		**4453**	**7287**	**1896**	**5419**	**1441**
7842	692	3110	86	3210		2627	5164		2355	756
1133	98	301	6	307		2212	2298		424	547
3173	186	341	14	355		-128	-68	312	708	
771		…	-79	79		-1042	-893	893	275	
784	37	-5	-6			531	367		232	92
1501		140	7	147		-382	179	60	481	8
2195	57	55		-6		-247	-65	124	286	
1937	39	215	3	203		461	729		358	
926	508	36		51		421	-424	508	300	37

第2篇

规模以上工业企业科技情况

一、企业R&D及相关活动主要指标

2-1 规模以上工业企业R&D及相关活动主要指标

主要指标	单位	总计	#大中型
企业基本情况			
有R&D活动的企业	个	179	86
有研发机构的企业	个	124	65
有新产品销售的企业	个	140	70
主营业务收入	万元	72914026	38761850
利润总额	万元	6373862	4477379
资产总计	万元	102023001	62088194
出口交货值	万元	973212	847636
R&D人员情况			
R&D人员合计	人	20026	13540
#女性	人	5249	3917
#研究人员	人	7579	5042
#全时人员	人	12095	8307
R&D人员折合全时当量	人年	16049	11091
R&D经费情况			
R&D经费内部支出	万元	342541	250988
按支出用途分			
1. 日常性支出	万元	309056	228283
#人员劳务费	万元	71593	47813
2. 资产性支出	万元	33485	22704
#仪器和设备	万元	30952	20240
按资金来源分			
政府资金	万元	47086	34568
企业资金	万元	286509	209856
国外资金	万元	125	118
其他资金	万元	8820	6445
R&D经费外部支出	万元	14210	9931
#对境内研究机构支出	万元	6298	5817
对境内高等学校支出	万元	3501	2844
对境外支出	万元	706	706
R&D项目情况			
项目数	项	1717	1006
参加项目人员	人	17640	12002
项目人员折合全时当量	人年	14006	9755
项目经费内部支出	万元	318579	232928

2-1　续表

主要指标	单位	总计	#大中型
企业办研发机构情况			
机构数	个	165	102
机构人员数	人	14530	10150
#博士	人	155	122
硕士	人	1243	797
本科	人	8449	5845
机构经费支出	万元	357118	302542
仪器和设备原价	万元	345935	254425
#进口	万元	83242	69251
新产品开发及生产情况			
新产品开发项目数	项	1908	1207
新产品开发经费支出	万元	403004	308047
新产品销售收入	万元	3683200	3240611
#新产品出口	万元	365375	343883
自主知识产权及相关情况			
专利申请数	件	3446	2220
#发明专利	件	1516	919
有效发明专利数	件	1985	1338
#境外授权	件	10	4
专利所有权转让及许可数	件	26	20
专利所有权转让及许可收入	万元		
拥有注册商标数	件	1627	1452
#境外注册	件	374	374
形成国家或行业标准数	项	165	79
政府相关政策落实情况			
使用来自政府部门的科技活动资金	万元	69069	51686
研究开发费用加计扣除减免税	万元	8124	5081
高新技术企业减免税	万元	23536	19198
技术获取和技术改造情况			
引进技术经费支出	万元	1857	1857
消化吸收经费支出	万元	4729	3209
购买国内技术经费支出	万元	7545	7496
技术改造经费支出	万元	972508	854753

2-2 按登记注册类型分组的规模以上

主要指标	单位	内资企业			
			国有企业	集体企业	股份合作企业
企业基本情况					
有R&D活动的企业	个	169	16		1
有研发机构的企业	个	121	12		
有新产品销售的企业	个	134	14		1
主营业务收入	万元	70940759	9569865	202999	154127
利润总额	万元	6149073	90258	23090	21770
资产总计	万元	98500457	15773838	104567	211480
出口交货值	万元	906719	614		
R&D人员情况					
R&D人员合计	人	19164	3643		11
#女性	人	4999	892		3
#研究人员	人	7390	1654		5
#全时人员	人	11799	2205		7
R&D人员折合全时当量	人年	15542	2630		9
R&D经费情况					
R&D经费内部支出	万元	332818	38955		22
按支出用途分					
1. 日常性支出	万元	299689	36280		22
#人员劳务费	万元	69368	9273		3
2. 资产性支出	万元	33129	2676		
#仪器和设备	万元	30601	2591		
按资金来源分					
政府资金	万元	46398	9131		
企业资金	万元	277475	28605		22
国外资金	万元	125			
其他资金	万元	8820	1220		
R&D经费外部支出	万元	13799	3603		9
#对境内研究机构支出	万元	6065	471		
对境内高等学校支出	万元	3322	34		9
对境外支出	万元	706			
R&D项目情况					
项目数	项	1666	204		1
参加项目人员	人	16827	3185		9
项目人员折合全时当量	人年	13535	2257		8
项目经费内部支出	万元	309509	37507		22

工业企业R&D及相关活动主要指标

联营企业	有限责任公司	股份有限公司	私营企业	其他企业	港澳台商投资企业	外　商投资企业
	100	29	22	1	4	6
	72	18	18	1	1	2
	80	19	19	1	3	3
120260	37283950	5339942	17919118	350499	785231	1188036
18962	4119576	214310	1636481	24626	81721	143068
68035	54722459	10986093	16312683	321303	1265383	2257161
	636001	234299	35802	2	14847	51646
	11125	3780	601	4	55	807
	2819	1116	169		20	230
	3808	1677	245	1	16	173
	7289	1920	378		35	261
	9677	2779	445	3	41	466
	213614	75540	4602	85	868	8855
	189306	69836	4162	85	841	8526
	42184	17194	650	64	254	1970
	24309	5704	440		27	330
	22035	5560	415		21	329
	30916	5811	541		201	488
	175257	69453	4054	85	667	8368
	125					
	7317	276	8			
	5557	3388	1242		7	404
	2398	2065	1131			233
	2235	938	107		7	171
	489	217				
	784	578	97	2	9	42
	9942	3279	409	3	50	763
	8638	2364	266	2	37	434
	195161	72931	3879	10	835	8236

2-2 续表

主要指标	单位	国有及国有控股企业	内资企业		
				国有企业	集体企业
企业办研发机构情况					
机构数	个	105	162	16	
机构人员数	人	12433	14213	2112	
#博士	人	118	153	8	
硕士	人	1100	1235	213	
本科	人	7049	8359	1140	
机构经费支出	万元	325333	351292	18673	
仪器和设备原价	万元	318596	341644	35275	
#进口	万元	81214	82925	1024	
新产品开发及生产情况					
新产品开发项目数	项	1440	1863	163	
新产品开发经费支出	万元	344387	393986	30831	
新产品销售收入	万元	2904427	3545498	117392	
#新产品出口	万元	341420	365375		
自主知识产权及相关情况					
专利申请数	件	2381	3323	427	
#发明专利	件	1021	1471	188	
有效发明专利数	件	1109	1931	127	
#境外授权	件	10	10	5	
专利所有权转让及许可数	件	19	24		
专利所有权转让及许可收入	万元				
拥有注册商标数	件	806	1475	9	
#境外注册	件	299	342		
形成国家或行业标准数	项	101	136	30	
政府相关政策落实情况					
使用来自政府部门的科技活动资金	万元	59947	68350	9692	
研究开发费用加计扣除减免税	万元	5865	7967	1316	
高新技术企业减免税	万元	17896	20623	1369	
技术获取和技术改造情况					
引进技术经费支出	万元	1857	1857		
消化吸收经费支出	万元	4722	4729		
购买国内技术经费支出	万元	7496	7545		
技术改造经费支出	万元	876297	971984	32221	

股份合作企业	联营企业	有限责任公司	股份有限公司	私营企业	其他企业	港澳台商投资企业	外商投资企业
		89	36	20	1	1	2
		8179	3636	257	29	27	290
		103	34	8			2
		648	352	19	3	3	5
		4770	2285	139	25	21	69
		259717	68793	3960	149	180	5646
		244223	60382	1473	290	280	4011
		68446	12844	611			318
		849	766	84		11	34
		265990	87772	9372		1180	7838
		2622404	758745	38300	2788	20373	117329
		309988	55387				
		1959	579	318	8	34	89
		827	276	170	8	12	33
		888	740	174		24	30
		5					
		22	2			2	
		826	530	90			152
		294	48				32
		51	41	14		29	
		44971	11969	1639	80	231	488
		2776	3119	757		34	123
		5312	13880	62		675	2238
		1857					
		2311	2414	5			
		7096	400	49			
	9468	756157	116957	56662	498	23	500

2-3 按行业分组的规模以上工业

主要指标	单位	制造业合计	农副食品加工业	食品制造业	酒、饮料和精制茶制造业	烟草制品业	纺织业
企业基本情况							
有R&D活动的企业	个	171	6	6	9	4	1
有研发机构的企业	个	118	4	4	4	2	1
有新产品销售的企业	个	137	4	2	4	1	
主营业务收入	万元	46734076	2040848	879088	5632620	3394736	88904
利润总额	万元	4844638	99432	137773	2572235	450773	5212
资产总计	万元	54724658	1076611	565299	10717581	2482627	94754
出口交货值	万元	971985	3109	4744	124447	364	
R&D人员情况							
R&D人员合计	人	18447	94	106	584	308	8
#女性	人	5060	26	23	184	82	2
#研究人员	人	7120	26	23	220	248	5
#全时人员	人	11870	49	19	406	225	2
R&D人员折合全时当量	人年	15206	28	71	493	260	1
R&D经费情况							
R&D经费内部支出	万元	331289	1096	696	29435	13879	440
按支出用途分							
1.日常性支出	万元	297930	970	608	23176	6791	140
#人员劳务费	万元	69154	258	153	7366	2012	30
2.资产性支出	万元	33359	126	88	6259	7088	300
#仪器和设备	万元	30830	126	77	4256	7088	300
按资金来源分							
政府资金	万元	46615	154	40	330		30
企业资金	万元	275731	942	656	29104	13830	205
国外资金	万元	125					
其他资金	万元	8817				49	205
R&D经费外部支出	万元	10575	28	22	3112	415	10
#对境内研究机构支出	万元	5736	10	…	1092	243	
对境内高等学校支出	万元	3438	18	21	1427	172	10
对境外支出	万元	706			489		
R&D项目情况							
项目数	项	1621	9	6	69	75	1
参加项目人员	人	16148	82	82	563	250	6
项目人员折合全时当量	人年	13191	24	53	480	203	1
项目经费内部支出	万元	307912	1077	570	26895	7739	145

制造业企业R&D及相关活动主要指标

纺　织 服装、 服饰业	皮革、毛皮、 羽毛及其制 品和制鞋业	木材加工和 木、竹、藤、 棕、草制品业	家　具 制造业	造纸及纸 制品业	印刷和 记录媒介 复制业	文教、工美、 体育和娱乐 用品制造业	石油加工及 炼焦	化学原料 和化学制 品制造业	医　药 制造业
	1	1	1	1	1			22	18
	1	1	1				1	13	12
	1				2		1	12	9
106284	388439	1102464	130208	423857	146718	64805	798266	6957043	2283537
6030	14294	50264	9807	5588	27469	4680	32136	350479	274949
71248	130975	339442	63881	461330	169756	60730	770237	11164143	2511038
1953						4748		405142	2285
	170	26	40	112	14			1465	1558
	72	2	8	73	2			298	531
	46	23	22	25	4			499	300
	130	1	22	15	11			587	808
	170	4	38	4	4			1029	1014
	1393	83	692	52	325			49636	20457
	1393	83	602	52	304			43803	19715
	382	10	165	1	128			6232	4152
			90		21			5832	742
			90		21			5641	719
	18	3	218	50				3336	1742
	1375	80	474	2	325			44785	18406
								1515	310
								1036	3548
								512	2759
								361	654
	3	5	4	5	3			129	149
	148	26	38	104	13			1363	1349
	148	4	36	4	4			959	828
	1381	83	658	51	308			46075	19102

2-3 续表 1

主要指标	单位	制造业合计	农副食品加工业	食品制造业	酒、饮料和精制茶制造业	烟草制品业	纺织业
企业办研发机构情况							
机构数	个	159	4	4	5	2	1
机构人员数	人	13980	49	64	1347	92	10
#博士	人	142	3	1	9	6	2
硕士	人	1115	8	9	84	29	1
本科	人	8231	20	44	561	52	7
机构经费支出	万元	355154	106	2897	88731	15554	410
仪器和设备原价	万元	323930	96	580	91907	14430	300
#进口	万元	82813		350	19624	12770	
新产品开发及生产情况							
新产品开发项目数	项	1853	10	6	37	63	1
新产品开发经费支出	万元	401107	1342	3054	27226	27540	440
新产品销售收入	万元	3680974	1915	2818	904961	20000	
#新产品出口	万元	365375	300		43876	360	
自主知识产权及相关情况							
专利申请数	件	3212	14	8	110	138	
#发明专利	件	1448	7	3	26	52	
有效发明专利数	件	1931	4	2	24	20	
#境外授权	件	10					
专利所有权转让及许可数	件	26					
专利所有权转让及许可收入	万元						
拥有注册商标数	件	1624	14	28	523	80	
#境外注册	件	374			293		
形成国家或行业标准数	项	164	3	7	5	2	
政府相关政策落实情况							
使用来自政府部门的科技活动资金	万元	68088	418	592	796		30
研究开发费用加计扣除减免税	万元	7028	5		805		
高新技术企业减免税	万元	23536	2				
技术获取和技术改造情况							
引进技术经费支出	万元	1857			1857		
消化吸收经费支出	万元	4549		5	851		
购买国内技术经费支出	万元	7545			5789		
技术改造经费支出	万元	839036	56	14	401704		250

纺织服装、服饰业	皮革、毛皮、羽毛及其制品和制鞋业	木材加工和木、竹、藤、棕、草制品业	家具制造业	造纸及纸制品业	印刷和记录媒介复制业	文教、工美、体育和娱乐用品制造业	石油加工及炼焦	化学原料和化学制品制造业	医药制造业
	1	1	1				1	27	16
	533	6	46				12	1632	1139
	10	1						53	19
	25	1	1					190	72
	100	2	39				6	1243	796
	3837	120	987				400	56566	17751
	630	80	324				100	39473	11059
							80	1386	1280
	5	6	6		3			96	186
	2476	460	1037		265			56815	24151
	68950				14700		480	886115	384719
								198039	
1	54	6	36	3	18		2	581	277
	16	6	10	2	3		1	252	228
	21	2	25	3	3		1	242	542
								4	3
1	1	2	33	2				43	655
								1	75
			1	1				3	46
	50	17	327	50			8	6517	3533
					34			366	1201
					651			2170	2725
								2187	3
								1745	
4	294	104		98	1611			268093	1780

2-3 续表 2

主要指标	单位	化学纤维制造业	橡胶和塑料制品业	非金属矿物制品业	黑色金属冶炼和压延加工业	有色金属冶炼和压延加工业	金属制品业
企业基本情况							
有R&D活动的企业	个		2	5	3	4	5
有研发机构的企业	个		4	3	2	1	2
有新产品销售的企业	个		4	5	3	3	4
主营业务收入	万元		1339796	5536408	5937159	3632181	946500
利润总额	万元		69799	527680	8101	-511	33400
资产总计	万元		1406867	6512883	4287143	5347381	982642
出口交货值	万元		193138	72279		12651	27763
R&D人员情况							
R&D人员合计	人		1121	72	190	212	840
#女性	人		365	7	33	42	153
#研究人员	人		572	12	106	155	186
#全时人员	人		388	10	95	69	302
R&D人员折合全时当量	人年		711	41	91	136	571
R&D经费情况							
R&D经费内部支出	万元		30008	1894	1747	2396	9405
按支出用途分							
1. 日常性支出	万元		29486	1868	1618	2204	8753
#人员劳务费	万元		5332	192	639	375	1679
2. 资产性支出	万元		522	26	130	192	652
#仪器和设备	万元		522	26	128	192	618
按资金来源分							
政府资金	万元		242	380	340	175	606
企业资金	万元		29766	1514	1408	2222	8440
国外资金	万元						
其他资金	万元						360
R&D经费外部支出	万元		425	5	131	31	83
#对境内研究机构支出	万元		120		100		6
对境内高等学校支出	万元		142	5	22	31	6
对境外支出	万元		146				71
R&D项目情况							
项目数	项		35	9	11	26	22
参加项目人员	人		988	64	165	203	786
项目人员折合全时当量	人年		617	37	81	130	531
项目经费内部支出	万元		29535	1876	1018	2338	8585

通用设备制造业	专用设备制造业	汽车制造业	铁路、船舶、航空航天和其他运输设备制造业	电气机械和器材制造业	计算机、通信和其他电子设备制造业	仪器仪表制造业	其他制造业	废弃资源综合利用业	金属制品、机械和设备修理业
8	7	9	23	11	14	4	5		
8	3	10	19	7	10	2	3		
11	7	12	21	11	13	3	4		
495270	545218	1430994	572011	1061403	484584	95178	143637	73242	2681
37769	6357	21431	-7475	33649	26646	8984	27377	9671	642
558228	1101083	1113892	1221927	960644	210938	157635	156753	25567	1426
	24038	8142	75571	10937		675			
619	515	516	6728	186	1615	233	1115		
69	48	69	2111	33	542	12	273		
216	129	180	2780	79	684	46	534		
398	380	393	5742	116	992	61	649		
422	465	411	6575	122	1366	155	1025		
5816	4439	6372	112909	5125	19781	3320	9893		
5282	4210	4514	107325	4365	18412	2848	9410		
1522	1564	1476	22251	997	7811	816	3613		
535	229	1859	5584	760	1369	473	483		
489	205	1857	5462	716	1350	473	474		
1143	212	1303	32000	309	2320	147	1520		
4673	4227	4684	76098	3796	17453	2945	8321		
			118		7				
		385	4693	1021		229	52		
157	11	27	270	88	645	35	500		
125	4	6	118	56	511		74		
32	7	20	4	16	134	35	322		
54	29	240	279	34	307	11	106		
556	433	464	5909	171	1277	175	933		
377	386	367	5773	111	1061	119	856		
5060	4004	5680	109677	4458	19359	2757	9482		

2-3 续表 3

主要指标	单位	化学纤维制造业	橡胶和塑料制品业	非金属矿物制品业	黑色金属冶炼和压延加工业	有色金属冶炼和压延加工业	金属制品业
企业办研发机构情况							
机构数	个		7	3	2	1	2
机构人员数	人		633	17	266	187	252
#博士	人		4		1	3	
硕士	人		65	1	34	5	18
本科	人		327	9	139	126	146
机构经费支出	万元		21258	47	3410	565	10179
仪器和设备原价	万元		20230	342	2379	4452	6373
#进口	万元		9110		500		
新产品开发及生产情况							
新产品开发项目数	项		50	3	10	8	43
新产品开发经费支出	万元		31874	136	5670	583	11481
新产品销售收入	万元		206105	70519	21295	34606	69971
#新产品出口	万元		47254	20665	900	825	3828
自主知识产权及相关情况							
专利申请数	件		96	28	45	17	94
#发明专利	件		35	22	26	6	58
有效发明专利数	件		25	14	26	154	34
#境外授权	件						4
专利所有权转让及许可数	件					1	
专利所有权转让及许可收入	万元						
拥有注册商标数	件		25	2	42	16	12
#境外注册	件		5				
形成国家或行业标准数	项		3	1	1	6	10
政府相关政策落实情况							
使用来自政府部门的科技活动资金	万元		444	445	1065	1559	1510
研究开发费用加计扣除减免税	万元		396		169		6
高新技术企业减免税	万元		10524				18
技术获取和技术改造情况							
引进技术经费支出	万元						
消化吸收经费支出	万元					1447	
购买国内技术经费支出	万元						
技术改造经费支出	万元		56859	3982	25762	7799	2230

通用设备制造业	专用设备制造业	汽车制造业	铁路、船舶、航空航天和其他运输设备制造业	电气机械和器材制造业	计算机、通信和其他电子设备制造业	仪器仪表制造业	其他制造业	废弃资源综合利用业	金属制品、机械和设备修理业
8	5	19	24	8	11	2	4		
517	221	972	3421	145	1420	265	734		
5			12	3	9		1		
33	19	37	220	7	166	4	86		
337	184	644	1979	92	710	201	467		
5468	1861	15676	79715	2326	18124	1405	7762		
8835	300	6893	37650	8544	59679	890	8385		
786		607	8584	2983	23825		930		
51	38	415	268	59	368	15	106		
8079	6205	8816	137398	8122	23289	4307	10344		
83227	41499	182888	350269	159812	132088	29179	14860		
303	30	323	46097	338	2187	51			
183	145	258	491	140	287	86	94		
78	42	78	261	41	150	9	36		
54	88	61	301	73	160	4	48		
			1				5		
4	14								
9	13	23	31	36	25	7	1		
9		2	21	1	36		6		
1368	961	4800	37773	709	2819	347	1953		
385	79	1738	555	34	509		748		
962	559	1442	1069	38	3219	60	96		
				57					
				10					
1559	1328	5481	33010	3418	9514	97	13990		

2-4 按市(州)分组的规模以上

主要指标	单位	全省	贵阳市	六盘水市
企业基本情况				
有R&D活动的企业	个	179	89	5
有研发机构的企业	个	124	60	5
有新产品销售的企业	个	140	70	6
主营业务收入	万元	72914026	24003290	9747773
利润总额	万元	6373862	1230773	285507
资产总计	万元	102023001	31757394	18424895
出口交货值	万元	973212	538789	141
R&D人员情况				
R&D人员合计	人	20026	11171	165
#女性	人	5249	2806	25
#研究人员	人	7579	4216	83
#全时人员	人	12095	5750	99
R&D人员折合全时当量	人年	16049	8663	130
R&D经费情况				
R&D经费内部支出	万元	342541	175858	2237
按支出用途分				
1. 日常性支出	万元	309056	155714	2152
#人员劳务费	万元	71593	36265	804
2. 资产性支出	万元	33485	20144	85
#仪器和设备	万元	30952	19968	83
按资金来源分				
政府资金	万元	47086	19464	197
企业资金	万元	286509	153829	2040
国外资金	万元	125	7	
其他资金	万元	8820	2558	
R&D经费外部支出	万元	14210	7343	260
#对境内研究机构支出	万元	6298	2719	169
对境内高等学校支出	万元	3501	1179	91
对境外支出	万元	706	146	
R&D项目情况				
项目数	项	1717	1117	21
参加项目人员	人	17640	9609	107
项目人员折合全时当量	人年	14006	7318	77
项目经费内部支出	万元	318579	162150	1748

工业企业R&D及相关活动主要指标

遵义市	安顺市	毕节市	铜仁市	黔西南布依族苗族自治州	黔东南苗族侗族自治州	黔南布依族苗族自治州
40	15	5	6	2	5	12
28	12	6	2		6	5
36	13	3	2		4	6
11815540	3084337	5234704	3477354	4439329	4725534	6386166
2810918	292515	421970	403836	272756	188765	466822
17366404	4172257	8455038	3222567	6837134	4330110	7457202
157850	61678	1547	10225	2285	12651	188046
3354	4245	186	68	71	84	682
817	1384	22	11	1	22	161
1260	1576	71	37	6	27	303
1964	3886	39	38	22	43	254
2466	4102	72	39	22	52	503
64520	74385	2474	1153	7663	1066	13186
54501	73413	2390	832	7109	920	12025
15336	15293	286	199	797	265	2349
10019	972	84	320	554	147	1161
7953	925	84	320	373	147	1100
3312	23232	34	213		225	410
58971	47334	2440	891	7663	842	12500
	118					
2237	3701		49			276
4560	785	457	14		98	693
2230	110	457	10		86	518
1511	667				12	41
560						
240	194	13	45	8	13	66
3088	3871	169	61	66	76	593
2264	3739	67	34	20	48	439
60225	72260	2377	622	7379	864	10954

2-4 续表

主要指标	单位	全省	贵阳市	六盘水市
企业办研发机构情况				
机构数	个	165	83	5
机构人员数	人	14530	7677	433
#博士	人	155	64	10
硕士	人	1243	626	90
本科	人	8449	4597	148
机构经费支出	万元	357118	129888	3669
仪器和设备原价	万元	345935	165683	3906
#进口	万元	83242	56447	80
新产品开发及生产情况				
新产品开发项目数	项	1908	1313	9
新产品开发经费支出	万元	403004	216650	652
新产品销售收入	万元	3683200	1609053	8214
#新产品出口	万元	365375	140311	30
自主知识产权及相关情况				
专利申请数	件	3446	1820	134
#发明专利	件	1516	844	30
有效发明专利数	件	1985	1052	101
#境外授权	件	10	10	
专利所有权转让及许可数	件	26	2	14
专利所有权转让及许可收入	万元			
拥有注册商标数	件	1627	790	47
#境外注册	件	374	81	
形成国家或行业标准数	项	165	110	1
政府相关政策落实情况				
使用来自政府部门的科技活动资金	万元	69069	32021	260
研究开发费用加计扣除减免税	万元	8124	5896	289
高新技术企业减免税	万元	23536	20839	6
技术获取和技术改造情况				
引进技术经费支出	万元	1857		
消化吸收经费支出	万元	4729	264	168
购买国内技术经费支出	万元	7545	1706	
技术改造经费支出	万元	972508	254517	39634

遵义市	安顺市	毕节市	铜仁市	黔西南布依族苗族自治州	黔东南苗族侗族自治州	黔南布依族苗族自治州
31	17	6	3		6	14
3741	1702	144	27		118	688
20	18	3	3			37
244	142	9	2		3	127
2034	1097	113	12		60	388
121503	61763	472	87		951	38785
131813	12328	3702	266		4300	23937
24019	1385				468	843
220	213	66	9		22	56
66644	99367	1510	1765		1257	15160
1401217	268220	76126	2337		7950	310084
45930	29366					149737
604	224	101	57	44	61	401
241	132	9	32	26	18	184
249	271	7	28	16	11	250
6		4				
612	105	21	18		23	11
293						
37	13	2			1	1
5853	28198	510	285		441	1501
1722	74					144
2080					38	574
1857						
4285		12				
5799			39			
417873	29392	3236	546	9644	2666	215001

二、企业基本情况

2-5 按登记注册类型分组的规模以上工业企业基本情况

单位：个

登记注册类型	有R&D活动的企业	有研发机构的企业	有新产品销售的企业
总　计	179	124	140
内资企业	**169**	**121**	**134**
国有企业	16	12	14
集体企业			
股份合作企业	1		1
联营企业			
有限责任公司	100	72	80
国有独资公司	20	19	18
其他有限责任公司	80	53	62
股份有限公司	29	18	19
私营企业	22	18	19
私营独资企业	1		1
私营合伙企业			
私营有限责任公司	19	17	17
私营股份有限公司	2	1	1
其他企业	1	1	1
港、澳、台商投资企业	**4**	**1**	**3**
合资经营企业	3	1	3
合作经营企业			
港、澳、台商独资经营企业	1		
港、澳、台商投资股份有限公司			
其他港澳台投资企业			
外商投资企业	**6**	**2**	**3**
中外合资经营企业	4	1	2
中外合作经营企业			
外资企业	2	1	1
外商投资股份有限公司			
其他外商投资企业			

2-6 按行业分组的规模以上工业企业基本情况

单位：个

行业	有R&D活动的企业	有研发机构的企业	有新产品销售的企业
总计	**179**	**124**	**140**
制造业	**171**	**118**	**137**
#农副食品加工业	6	4	4
#饲料加工	2	1	1
植物油加工	1	1	2
屠宰及肉类加工			
水产品加工			
蔬菜、水果和坚果加工	1	1	
其他农副食品加工		1	1
食品制造业	6	4	2
#糖果、巧克力及蜜饯制造			
方便食品制造			
调味品、发酵制品制造	3	2	2
其他食品制造	1	1	
酒、饮料和精制茶制造业	9	4	4
#酒的制造	4	3	2
纺织业	1	1	
#棉纺织及印染精加工			
毛纺织及染整精加工			
丝绢纺织及印染精加工			
针织或钩针编织物及其制品制造			
家用纺织制成品制造			
非家用纺织制成品制造			
纺织服装、服饰业			
机织服装制造			
针织或钩针编织服装制造			
服饰制造			
皮革、毛皮、羽毛及其制品和制鞋业	1	1	1
#皮革鞣制加工			
皮革制品制造			
制鞋业	1	1	1
木材加工和木、竹、藤、棕、草制品业	1	1	
#人造板制造	1	1	
木制品制造			
家具制造业	1	1	
#木质家具制造			
金属家具制造			
其他家具制造	1	1	
造纸和纸制品业	1		
#造纸			
印刷和记录媒介复制业	1		2
#印刷	1		2
文教、工美、体育和娱乐用品制造业			
文教办公用品制造			
乐器制造			
工艺美术品制造			
体育用品制造			
玩具制造			
游艺器材及娱乐用品制造			

2-6 续表 1 单位：个

行业	有R&D活动的企业	有研发机构的企业	有新产品销售的企业
石油加工及炼焦		1	1
化学原料和化学制品制造业	22	13	12
#基础化学原料制造	5	4	5
肥料制造	10	6	3
涂料、油墨、颜料及类似产品制造			
合成材料制造	1		1
专用化学产品制造	4	2	2
日用化学产品制造			
医药制造业	18	12	9
#化学药品原料药制造			
化学药品制剂制造		1	
中成药生产	16	11	8
兽用药品制造			
生物药品制造	1		1
化学纤维制造业			
纤维素纤维原料及纤维制造			
合成纤维制造			
橡胶和塑料制品业	2	4	4
橡胶制品业	1	2	2
塑料制品业	1	2	2
非金属矿物制品业	5	3	5
#石膏、水泥制品及类似制品制造	3		1
砖瓦、石材等建筑材料制造		1	2
玻璃制品制造			
玻璃纤维和玻璃纤维增强塑料制品制造		1	
陶瓷制品制造			
耐火材料制品制造	2	1	2
石墨及其他非金属矿物制品制造			
黑色金属冶炼和压延加工业	3	2	3
#黑色金属铸造	1	1	1
钢压延加工	2	1	2
有色金属冶炼和压延加工业	4	1	3
#常用有色金属冶炼	2	1	1
有色金属合金制造	1		1
有色金属压延加工	1		1
金属制品业	5	2	4
#结构性金属制品制造			
金属工具制造	1	1	1
集装箱及金属包装容器制造			
金属丝绳及其制品制造	1	1	1
建筑、安全用金属制品制造			
金属制日用品制造			
其他金属制品制造	3		2
通用设备制造业	8	8	11
锅炉及原动设备制造			
金属加工机械制造	1	3	3
物料搬运设备制造	1		1
泵、阀门、压缩机及类似机械制造	2	1	2
轴承、齿轮和传动部件制造	2	1	2

2-6　续表 2　　　　单位：个

行　　业	有R&D活动的企业	有研发机构的企业	有新产品销售的企业
烘炉、风机、衡器、包装等设备制造	1	1	1
文化、办公用机械制造			
通用零部件制造	1	2	2
其他通用设备制造业			
专用设备制造业	7	3	7
采矿、冶金、建筑专用设备制造	6	2	5
化工、木材、非金属加工专用设备制造			
食品、饮料、烟草及饲料生产专用设备制造			
印刷、制药、日化及日用品生产专用设备制造			
纺织、服装和皮革加工专用设备制造			
电子和电工机械专用设备制造			
农、林、牧、渔专用机械制造			
医疗仪器设备及器械制造			
环保、社会公共服务及其他专用设备制造	1	1	2
汽车制造业	9	10	12
#汽车整车制造	1		1
改装汽车制造	3	3	3
电车制造			
汽车零部件及配件制造	5	7	8
铁路、船舶、航空航天和其他运输设备制造业	23	19	21
#铁路运输设备制造	1	1	1
船舶及相关装置制造			
摩托车制造			
自行车制造			
电气机械和器材制造业	11	7	11
电机制造		1	
输配电及控制设备制造	7	3	7
电线、电缆、光缆及电工器材制造	1	1	1
电池制造			
家用电力器具制造	3	1	3
非电力家用器具制造			
照明器具制造		1	
其他电气机械及器材制造			
计算机、通信和其他电子设备制造业	14	10	13
#计算机制造			
通信设备制造	1	1	1
视听设备制造			
电子器件制造	4	2	4
电子元件制造	9	7	8
其他电子设备制造			
仪器仪表制造业	4	2	3
通用仪器仪表制造	2		
专用仪器仪表制造	1	1	2
光学仪器及眼镜制造	1	1	1
其他制造业	5	3	4
#日用杂品制造			
煤制品制造			
废弃资源综合利用业			

2-7 按市(州)分组的规模以上工业企业基本情况

单位：个

地 区	有R&D活动的企业	有研发机构的企业	有新产品销售的企业
贵州省	**179**	**124**	**140**
贵阳市	89	60	70
六盘水市	5	5	6
遵义市	40	28	36
安顺市	15	12	13
毕节市	5	6	3
铜仁市	6	2	2
黔西南布依族苗族自治州	2		
黔东南苗族侗族自治州	5	6	4
黔南布依族苗族自治州	12	5	6

三、企业R&D人员情况

2-8 按登记注册类型分组的规模以上工业企业R&D人员情况

登记注册类型	R&D人员合计(人)	#女性	#研究人员	#全时人员	R&D人员折合全时当量(人年)
总 计	**20026**	**5249**	**7579**	**12095**	**16049**
内资企业	**19164**	**4999**	**7390**	**11799**	**15542**
国有企业	3643	892	1654	2205	2630
集体企业					
股份合作企业	11	3	5	7	9
联营企业					
国有联营企业					
集体联营企业					
国有与集体联营企业					
其他联营企业					
有限责任公司	11125	2819	3808	7289	9677
国有独资公司	5995	1698	1970	4559	5606
其他有限责任公司	5130	1121	1838	2730	4071
股份有限公司	3780	1116	1677	1920	2779
私营企业	601	169	245	378	445
私营独资企业	7	3	1		2
私营合伙企业					
私营有限责任公司	336	74	129	148	185
私营股份有限公司	258	92	115	230	258
其他企业	4		1		3
港、澳、台商投资企业	**55**	**20**	**16**	**35**	**41**
合资经营企业	49	18	15	32	39
合作经营企业					
港、澳、台商独资经营企业	6	2	1	3	2
港、澳、台商投资股份有限公司					
其他港澳台投资企业					
外商投资企业	**807**	**230**	**173**	**261**	**466**
中外合资经营企业	471	50	125	236	329
中外合作经营企业					
外资企业	336	180	48	25	138
外商投资股份有限公司					
其他外商投资企业					

2-9 按行业分组的规模以上工业企业R&D人员情况

行　　业	R&D人员合计（人）	#女性	#研究人员	#全时人员	R&D人员折合全时当量（人年）
总　计	**20026**	**5249**	**7579**	**12095**	**16049**
采矿业	**23**	**7**	**12**	**7**	**22**
煤炭开采和洗选业	23	7	12	7	22
烟煤和无烟煤开采洗选	23	7	12	7	22
褐煤开采洗选					
其他煤炭采选					
石油和天然气开采业					
石油开采					
天然气开采					
黑色金属矿采选业					
铁矿采选					
锰矿、铬矿采选					
其他黑色金属矿采选					
有色金属矿采选业					
常用有色金属矿采选					
贵金属矿采选					
稀有稀土金属矿采选					
非金属矿采选业					
土砂石开采					
化学矿开采					
采盐					
石棉及其他非金属矿采选					
开采辅助活动					
煤炭开采和洗选辅助活动					
石油和天然气开采辅助活动					
其他开采辅助活动					
其他采矿业					
其他采矿业					
制造业	**18447**	**5060**	**7120**	**11870**	**15206**
农副食品加工业	94	26	26	49	28
谷物磨制	30	3	12	20	1
饲料加工	12	2	5	3	8
植物油加工	23	2	6	19	2
制糖业					
屠宰及肉类加工					
水产品加工					
蔬菜、水果和坚果加工	29	19	3	7	18
其他农副食品加工					
食品制造业	106	23	23	19	71
焙烤食品制造	6	1	1	3	6
糖果、巧克力及蜜饯制造					
方便食品制造					
乳制品制造					
罐头食品制造	3	1	3		
调味品、发酵制品制造	78	17	15	11	59
其他食品制造	19	4	4	5	5
酒、饮料和精制茶制造业	584	184	220	406	493
酒的制造	531	173	187	381	477
饮料制造	7	3	1		2
精制茶加工	46	8	32	25	14

2-9 续表 1

行业	R&D人员合计(人)	#女性	#研究人员	#全时人员	R&D人员折合全时当量(人年)
烟草制品业	308	82	248	225	260
烟叶复烤	68	12	40		20
卷烟制造	240	70	208	225	240
其他烟草制品制造					
纺织业	8	2	5	2	1
棉纺织及印染精加工					
毛纺织及染整精加工					
麻纺织及染整精加工					
丝绢纺织及印染精加工					
化纤织造及印染精加工	8	2	5	2	1
针织或钩针编织物及其制品制造					
家用纺织制成品制造					
非家用纺织制成品制造					
纺织服装、服饰业					
机织服装制造					
针织或钩针编织服装制造					
服饰制造					
皮革、毛皮、羽毛及其制品和制鞋业	170	72	46	130	170
皮革鞣制加工					
皮革制品制造					
毛皮鞣制及制品加工					
羽毛(绒)加工及制品制造					
制鞋业	170	72	46	130	170
木材加工和木、竹、藤、棕、草制品业	26	2	23	1	4
木材加工					
人造板制造	26	2	23	1	4
木制品制造					
竹、藤、棕、草等制品制造					
家具制造业	40	8	22	22	38
木质家具制造					
竹、藤家具制造					
金属家具制造					
塑料家具制造					
其他家具制造	40	8	22	22	38
造纸和纸制品业	112	73	25	15	4
纸浆制造	112	73	25	15	4
造纸					
纸制品制造					
印刷和记录媒介复制业	14	2	4	11	4
印刷	14	2	4	11	4
装订及印刷相关服务					
记录媒介复制					
文教、工美、体育和娱乐用品制造业					
文教办公用品制造					
乐器制造					
工艺美术品制造					
体育用品制造					
玩具制造					
游艺器材及娱乐用品制造					

2-9 续表 2

行　　业	R&D人员合计(人)	#女性	#研究人员	#全时人员	R&D人员折合全时当量(人年)
石油加工及炼焦					
化学原料和化学制品制造业	1465	298	499	587	1029
基础化学原料制造	188	55	72	93	140
肥料制造	820	115	286	298	602
农药制造					
涂料、油墨、颜料及类似产品制造					
合成材料制造	28	6	4	19	28
专用化学产品制造	153	36	35	58	131
炸药、火工及焰火产品制造	276	86	102	119	128
日用化学产品制造					
医药制造业	1558	531	300	808	1014
化学药品原料药制造					
化学药品制剂制造					
中药饮片加工					
中成药生产	1440	498	286	803	920
兽用药品制造					
生物药品制造	102	24	5		79
卫生材料及医药用品制造	16	9	9	5	15
化学纤维制造业					
纤维素纤维原料及纤维制造					
合成纤维制造					
橡胶和塑料制品业	1121	365	572	388	711
橡胶制品业	942	348	536	388	673
塑料制品业	179	17	36		37
非金属矿物制品业	72	7	12	10	41
水泥、石灰和石膏制造					
石膏、水泥制品及类似制品制造	36	7	5	9	19
砖瓦、石材等建筑材料制造					
玻璃制造					
玻璃制品制造					
玻璃纤维和玻璃纤维增强塑料制品制造					
陶瓷制品制造					
耐火材料制品制造	36		7	1	22
石墨及其他非金属矿物制品制造					
黑色金属冶炼和压延加工业	190	33	106	95	91
炼铁					
炼钢					
黑色金属铸造	99	19	39	52	39
钢压延加工	91	14	67	43	53
铁合金冶炼					
有色金属冶炼和压延加工业	212	42	155	69	136
常用有色金属冶炼	190	38	145	66	127
贵金属冶炼					
稀有稀土金属冶炼					
有色金属合金制造	16	4	9	3	8
有色金属铸造					
有色金属压延加工	6		1		1

2-9　续表 3

行　　业	R&D人员合计（人）	#女性	#研究人员	#全时人员	R&D人员折合全时当量（人年）
金属制品业	840	153	186	302	571
结构性金属制品制造					
金属工具制造	370	120	53	168	343
集装箱及金属包装容器制造					
金属丝绳及其制品制造	395	15	96	91	161
建筑、安全用金属制品制造					
金属表面处理及热处理加工					
搪瓷制品制造					
金属制日用品制造					
其他金属制品制造	75	18	37	43	68
通用设备制造业	619	69	216	398	422
锅炉及原动设备制造					
金属加工机械制造	145	25	54	145	112
物料搬运设备制造	16	1	4	5	16
泵、阀门、压缩机及类似机械制造	97	9	63	46	87
轴承、齿轮和传动部件制造	96	19	37	66	81
烘炉、风机、衡器、包装等设备制造	13	2	13	13	2
文化、办公用机械制造					
通用零部件制造	252	13	45	123	123
其他通用设备制造业					
专用设备制造业	515	48	129	380	465
采矿、冶金、建筑专用设备制造	500	45	124	373	451
化工、木材、非金属加工专用设备制造					
食品、饮料、烟草及饲料生产专用设备制造					
印刷、制药、日化及日用品生产专用设备制造					
纺织、服装和皮革加工专用设备制造					
电子和电工机械专用设备制造					
农、林、牧、渔专用机械制造					
医疗仪器设备及器械制造					
环保、社会公共服务及其他专用设备制造	15	3	5	7	14
汽车制造业	516	69	180	393	411
汽车整车制造	11	2	3	10	11
改装汽车制造	179	12	35	146	140
低速载货汽车制造					
电车制造					
汽车车身、挂车制造					
汽车零部件及配件制造	326	55	142	237	260
铁路、船舶、航空航天和其他运输设备制造业	6728	2111	2780	5742	6575
铁路运输设备制造	21	3	14	11	9
城市轨道交通设备制造					
船舶及相关装置制造					
航空、航天器及设备制造	6707	2108	2766	5731	6566
摩托车制造					
自行车制造					
非公路休闲车及零配件制造					
潜水救捞及其他未列明运输设备制造					
电气机械和器材制造业	186	33	79	116	122
电机制造					
输配电及控制设备制造	130	17	67	81	79

2-9 续表 4

行业	R&D人员合计(人)	#女性	#研究人员	#全时人员	R&D人员折合全时当量(人年)
电线、电缆、光缆及电工器材制造	3		2	1	3
电池制造					
家用电力器具制造	53	16	10	34	39
非电力家用器具制造					
照明器具制造					
其他电气机械及器材制造					
计算机、通信和其他电子设备制造业	1615	542	684	992	1366
计算机制造					
通信设备制造	21	4	15	16	21
广播电视设备制造					
雷达及配套设备制造					
视听设备制造					
电子器件制造	330	129	164	125	290
电子元件制造	1264	409	505	851	1055
其他电子设备制造					
仪器仪表制造业	233	12	46	61	155
通用仪器仪表制造	47	3	17	47	41
专用仪器仪表制造	5	1	3		3
钟表与计时仪器制造					
光学仪器及眼镜制造	181	8	26	14	111
其他仪器仪表制造业					
其他制造业	1115	273	534	649	1025
废弃资源综合利用业					
金属废料和碎屑加工处理					
非金属废料和碎屑加工处理					
金属制品、机械和设备修理业					
金属制品修理					
通用设备修理					
专用设备修理					
铁路、船舶、航空航天等运输设备修理					
电气设备修理					
仪器仪表修理					
其他机械和设备修理业					
电力、热力、燃气及水生产和供应业	**1556**	**182**	**447**	**218**	**821**
电力、热力生产和供应业	1549	182	444	217	820
电力生产	666	133	145	130	399
电力供应	883	49	299	87	421
热力生产和供应					
燃气生产和供应业	7		3	1	1
燃气生产和供应业	7		3	1	1
水的生产和供应业					
自来水生产和供应					
污水处理及其再生利用					
其他水的处理、利用与分配					

2-10　按市(州)分组的规模以上工业企业R&D人员情况

地　区	R&D人员合计(人)	#女性	#研究人员	#全时人员	R&D人员折合全时当量(人年)
贵州省	**20026**	**5249**	**7579**	**12095**	**16049**
贵阳市	11171	2806	4216	5750	8663
六盘水市	165	25	83	99	130
遵义市	3354	817	1260	1964	2466
安顺市	4245	1384	1576	3886	4102
毕节市	186	22	71	39	72
铜仁市	68	11	37	38	39
黔西南布依族苗族自治州	71	1	6	22	22
黔东南苗族侗族自治州	84	22	27	43	52
黔南布依族苗族自治州	682	161	303	254	503

四、企业R&D经费支出情况

2-11 按登记注册类型分组的规模以上工业企业R&D经费内部支出情况

单位：万元

登记注册类型	R&D经费内部支出	日常性支出	#人员劳务费	资产性支出	#仪器和设备	#政府资金	#企业资金
总　计	**342541**	**309056**	**71593**	**33485**	**30952**	**47086**	**286509**
内资企业	**332818**	**299689**	**69368**	**33129**	**30601**	**46398**	**277475**
国有企业	38955	36280	9273	2676	2591	9131	28605
集体企业							
股份合作企业	22	22	3				22
联营企业							
国有联营企业							
集体联营企业							
国有与集体联营企业							
其他联营企业							
有限责任公司	213614	189306	42184	24309	22035	30916	175257
国有独资公司	93260	87672	20184	5588	5537	19739	69439
其他有限责任公司	120354	101634	22001	18720	16499	11176	105818
股份有限公司	75540	69836	17194	5704	5560	5811	69453
私营企业	4602	4162	650	440	415	541	4054
私营独资企业	171	33	5	138	138	23	148
私营合伙企业							
私营有限责任公司	2877	2579	496	299	277	518	2352
私营股份有限公司	1554	1551	148	4			1554
其他企业	85	85	64				85
港、澳、台商投资企业	**868**	**841**	**254**	**27**	**21**	**201**	**667**
合资经营企业	857	830	244	27	21	201	656
合作经营企业							
港、澳、台商独资经营企业	11	11	10				11
港、澳、台商投资股份有限公司							
其他港澳台投资企业							
外商投资企业	**8855**	**8526**	**1970**	**330**	**329**	**488**	**8368**
中外合资经营企业	5470	5140	1406	330	329	44	5426
中外合作经营企业							
外资企业	3385	3385	564			444	2942
外商投资股份有限公司							
其他外商投资企业							

2-12　按行业分组的规模以上工业企业R&D经费内部支出情况

单位：万元

行　　业	R&D经费内部支出	日常性支出	#人员劳务费	资产性支出	#仪器和设备	#政府资金	#企业资金
总　计	**342541**	**309056**	**71593**	**33485**	**30952**	**47086**	**286509**
采矿业	**946**	**942**	**246**	**4**	**4**	**7**	**939**
煤炭开采和洗选业	946	942	246	4	4	7	939
烟煤和无烟煤开采洗选	946	942	246	4	4	7	939
褐煤开采洗选							
其他煤炭采选							
石油和天然气开采业							
石油开采							
天然气开采							
黑色金属矿采选业							
铁矿采选							
锰矿、铬矿采选							
其他黑色金属矿采选							
有色金属矿采选业							
常用有色金属矿采选							
贵金属矿采选							
稀有稀土金属矿采选							
非金属矿采选业							
土砂石开采							
化学矿开采							
采盐							
石棉及其他非金属矿采选							
开采辅助活动							
煤炭开采和洗选辅助活动							
石油和天然气开采辅助活动							
其他开采辅助活动							
其他采矿业							
其他采矿业							
制造业	**331289**	**297930**	**69154**	**33359**	**30830**	**46615**	**275731**
农副食品加工业	1096	970	258	126	126	154	942
谷物磨制	505	505	157			81	424
饲料加工	191	191	58				191
植物油加工	373	247	38	126	126	59	314
制糖业							
屠宰及肉类加工							
水产品加工							
蔬菜、水果和坚果加工	28	28	4			14	14
其他农副食品加工							
食品制造业	696	608	153	88	77	40	656
焙烤食品制造	28	25	14	3	3		28
糖果、巧克力及蜜饯制造							
方便食品制造							
乳制品制造							
罐头食品制造	5	5	0				5
调味品、发酵制品制造	573	487	120	85	74	20	553
其他食品制造	91	91	19			20	71
酒、饮料和精制茶制造业	29435	23176	7366	6259	4256	330	29104
酒的制造	28709	22736	7271	5974	3971	235	28474
饮料制造	171	33	5	138	138	23	148
精制茶加工	555	408	89	147	147	73	482

2-12 续表 1 单位：万元

行业	R&D经费内部支出	日常性支出	#人员劳务费	资产性支出	#仪器和设备	#政府资金	#企业资金
烟草制品业	13879	6791	2012	7088	7088		13830
烟叶复烤	170	140	14	30	30		122
卷烟制造	13708	6651	1998	7058	7058		13708
其他烟草制品制造							
纺织业	440	140	30	300	300	30	205
棉纺织及印染精加工							
毛纺织及染整精加工							
麻纺织及染整精加工							
丝绢纺织及印染精加工							
化纤织造及印染精加工	440	140	30	300	300	30	205
针织或钩针编织物及其制品制造							
家用纺织制成品制造							
非家用纺织制成品制造							
纺织服装、服饰业							
机织服装制造							
针织或钩针编织服装制造							
服饰制造							
皮革、毛皮、羽毛及其制品和制鞋业	1393	1393	382	…	…	18	1375
皮革鞣制加工							
皮革制品制造							
毛皮鞣制及制品加工							
羽毛(绒)加工及制品制造							
制鞋业	1393	1393	382	…	…	18	1375
木材加工和木、竹、藤、棕、草制品业	83	83	10			3	80
木材加工							
人造板制造	83	83	10			3	80
木制品制造							
竹、藤、棕、草等制品制造							
家具制造业	692	602	165	90	90	218	474
木质家具制造							
竹、藤家具制造							
金属家具制造							
塑料家具制造							
其他家具制造	692	602	165	90	90	218	474
造纸和纸制品业	52	52	1			50	2
纸浆制造	52	52	1			50	2
造纸							
纸制品制造							
印刷和记录媒介复制业	325	304	128	21	21		325
印刷	325	304	128	21	21		325
装订及印刷相关服务							
记录媒介复制							
文教、工美、体育和娱乐用品制造业							
文教办公用品制造							
乐器制造							
工艺美术品制造							
体育用品制造							
玩具制造							
游艺器材及娱乐用品制造							

2-12　续表 2　　单位：万元

行业	R&D经费内部支出	日常性支出	#人员劳务费	资产性支出	#仪器和设备	#政府资金	#企业资金
石油加工及炼焦							
化学原料和化学制品制造业	49636	43803	6232	5832	5641	3336	44785
基础化学原料制造	1303	1257	423	46	46	44	1259
肥料制造	36436	34774	4664	1662	1471	1743	34685
农药制造							
涂料、油墨、颜料及类似产品制造							
合成材料制造	960	878	77	83	83	236	462
专用化学产品制造	4565	3893	447	672	672	912	2408
炸药、火工及焰火产品制造	6372	3001	621	3370	3370	402	5970
日用化学产品制造							
医药制造业	20457	19715	4152	742	719	1742	18406
化学药品原料药制造							
化学药品制剂制造							
中药饮片加工							
中成药生产	19593	18867	3979	726	703	1561	17723
兽用药品制造							
生物药品制造	432	415	107	17	17		432
卫生材料及医药用品制造	433	433	66			181	252
化学纤维制造业							
纤维素纤维原料及纤维制造							
合成纤维制造							
橡胶和塑料制品业	30008	29486	5332	522	522	242	29766
橡胶制品业	26761	26547	5040	214	214	242	26519
塑料制品业	3247	2939	292	308	308		3247
非金属矿物制品业	1894	1868	192	26	26	380	1514
水泥、石灰和石膏制造							
石膏、水泥制品及类似制品制造	1616	1601	151	15	15	323	1293
砖瓦、石材等建筑材料制造							
玻璃制造							
玻璃制品制造							
玻璃纤维和玻璃纤维增强塑料制品制造							
陶瓷制品制造							
耐火材料制品制造	278	266	41	12	12	57	221
石墨及其他非金属矿物制品制造							
黑色金属冶炼和压延加工业	1747	1618	639	130	128	340	1408
炼铁							
炼钢							
黑色金属铸造	761	662	205	99	99	120	641
钢压延加工	986	955	435	31	29	220	767
铁合金冶炼							
有色金属冶炼和压延加工业	2396	2204	375	192	192	175	2222
常用有色金属冶炼	2317	2124	364	192	192	138	2179
贵金属冶炼							
稀有稀土金属冶炼							
有色金属合金制造	30	30	10			11	19
有色金属铸造							
有色金属压延加工	49	49	2	…	…	26	23

2-12 续表 3

单位：万元

行业	R&D经费内部支出	日常性支出	#人员劳务费	资产性支出	#仪器和设备	#政府资金	#企业资金
金属制品业	9405	8753	1679	652	618	606	8440
结构性金属制品制造							
金属工具制造	1905	1771	429	134	100	80	1466
集装箱及金属包装容器制造							
金属丝绳及其制品制造	6346	6328	1087	18	18	323	6023
建筑、安全用金属制品制造							
金属表面处理及热处理加工							
搪瓷制品制造							
金属制日用品制造							
其他金属制品制造	1154	654	164	500	500	203	951
通用设备制造业	5816	5282	1522	535	489	1143	4673
锅炉及原动设备制造							
金属加工机械制造	1095	1008	430	87	42	68	1027
物料搬运设备制造	395	395	95				395
泵、阀门、压缩机及类似机械制造	1002	1002	364			72	930
轴承、齿轮和传动部件制造	1711	1668	437	44	44	350	1362
烘炉、风机、衡器、包装等设备制造	207	175	49	32	32	20	187
文化、办公用机械制造							
通用零部件制造	1405	1034	148	372	372	633	772
其他通用设备制造业							
专用设备制造业	4439	4210	1564	229	205	212	4227
采矿、冶金、建筑专用设备制造	3844	3781	1505	63	39	172	3673
化工、木材、非金属加工专用设备制造							
食品、饮料、烟草及饲料生产专用设备制造							
印刷、制药、日化及日用品生产专用设备制造							
纺织、服装和皮革加工专用设备制造							
电子和电工机械专用设备制造							
农、林、牧、渔专用机械制造							
医疗仪器设备及器械制造							
环保、社会公共服务及其他专用设备制造	594	429	59	166	166	40	554
汽车制造业	6372	4514	1476	1859	1857	1303	4684
汽车整车制造	693	34	9	659	659		693
改装汽车制造	2253	1268	367	984	984	215	1653
低速载货汽车制造							
电车制造							
汽车车身、挂车制造							
汽车零部件及配件制造	3427	3212	1100	215	214	1088	2339
铁路、船舶、航空航天和其他运输设备制造业	112909	107325	22251	5584	5462	32000	76098
铁路运输设备制造	932	741	174	192	154	52	881
城市轨道交通设备制造							
船舶及相关装置制造							
航空、航天器及设备制造	111977	106585	22077	5392	5309	31948	75217
摩托车制造							
自行车制造							
非公路休闲车及零配件制造							
潜水救捞及其他未列明运输设备制造							
电气机械和器材制造业	5125	4365	997	760	716	309	3796
电机制造							
输配电及控制设备制造	2860	2218	441	642	625	300	2548

2-12　续表 4　　　　单位：万元

行　业	R&D经费内部支出	日常性支出		资产性支出		#政府资金	#企业资金
		日常性支出	#人员劳务费	资产性支出	#仪器和设备		
电线、电缆、光缆及电工器材制造	45	40	14	5	5	6	40
电池制造							
家用电力器具制造	2220	2106	542	114	86	3	1209
非电力家用器具制造							
照明器具制造							
其他电气机械及器材制造							
计算机、通信和其他电子设备制造业	19781	18412	7811	1369	1350	2320	17453
计算机制造							
通信设备制造	227	224	44	3	3	20	200
广播电视设备制造							
雷达及配套设备制造							
视听设备制造							
电子器件制造	2752	2682	372	70	70	778	1974
电子元件制造	16802	15506	7395	1296	1277	1522	15280
其他电子设备制造							
仪器仪表制造业	3320	2848	816	473	473	147	2945
通用仪器仪表制造	2033	1606	342	428	428		2033
专用仪器仪表制造	300	300	41				150
钟表与计时仪器制造							
光学仪器及眼镜制造	987	942	432	45	45	147	762
其他仪器仪表制造业							
其他制造业	9893	9410	3613	483	474	1520	8321
废弃资源综合利用业							
金属废料和碎屑加工处理							
非金属废料和碎屑加工处理							
金属制品、机械和设备修理业							
金属制品修理							
通用设备修理							
专用设备修理							
铁路、船舶、航空航天等运输设备修理							
电气设备修理							
仪器仪表修理							
其他机械和设备修理业							
电力、热力、燃气及水生产和供应业	**10306**	**10184**	**2193**	**122**	**118**	**464**	**9839**
电力、热力生产和供应业	10268	10149	2188	119	114	434	9831
电力生产	1438	1319	317	119	114	4	1434
电力供应	8830	8830	1871			430	8397
热力生产和供应							
燃气生产和供应业	39	35	5	3	3	30	8
燃气生产和供应业	39	35	5	3	3	30	8
水的生产和供应业							
自来水生产和供应							
污水处理及其再生利用							
其他水的处理、利用与分配							

2-13 按市(州)分组的规模以上工业企业R&D经费内部支出情况

单位：万元

地 区	R&D经费内部支出	日常性支出	#人员劳务费	资产性支出	#仪器和设备	#政府资金	#企业资金
贵州省	**342541**	**309056**	**71593**	**33485**	**30952**	**47086**	**286509**
贵阳市	175858	155714	36265	20144	19968	19464	153829
六盘水市	2237	2152	804	85	83	197	2040
遵义市	64520	54501	15336	10019	7953	3312	58971
安顺市	74385	73413	15293	972	925	23232	47334
毕节市	2474	2390	286	84	84	34	2440
铜仁市	1153	832	199	320	320	213	891
黔西南布依族苗族自治州	7663	7109	797	554	373		7663
黔东南苗族侗族自治州	1066	920	265	147	147	225	842
黔南布依族苗族自治州	13186	12025	2349	1161	1100	410	12500

2-14　按登记注册类型分组的规模以上工业企业R&D经费外部支出情况

单位：万元

登记注册类型	R&D经费外部支出	#对境内研究机构支出	#对境内高等学校支出
总　计	**14210**	**6298**	**3501**
内资企业	**13799**	**6065**	**3322**
国有企业	3603	471	34
集体企业			
股份合作企业	9		9
联营企业			
国有联营企业			
集体联营企业			
国有与集体联营企业			
其他联营企业			
有限责任公司	5557	2398	2235
国有独资公司	424	144	96
其他有限责任公司	5133	2254	2138
股份有限公司	3388	2065	938
私营企业	1242	1131	107
私营独资企业			
私营合伙企业			
私营有限责任公司	133	21	107
私营股份有限公司	1109	1109	
其他企业			
港、澳、台商投资企业	**7**		**7**
合资经营企业	7		7
合作经营企业			
港、澳、台商独资经营企业			
港、澳、台商投资股份有限公司			
其他港澳台投资企业			
外商投资企业	**404**	**233**	**171**
中外合资经营企业	171		171
中外合作经营企业			
外资企业	233	233	
外商投资股份有限公司			
其他外商投资企业			

2-15 按行业分组的规模以上工业企业R&D经费外部支出情况

单位：万元

行业	R&D经费外部支出	#对境内研究机构支出	#对境内高等学校支出
总　计	**14210**	**6298**	**3501**
采矿业	**148**	**69**	**63**
煤炭开采和洗选业	148	69	63
烟煤和无烟煤开采洗选	148	69	63
褐煤开采洗选			
其他煤炭采选			
石油和天然气开采业			
石油开采			
天然气开采			
黑色金属矿采选业			
铁矿采选			
锰矿、铬矿采选			
其他黑色金属矿采选			
有色金属矿采选业			
常用有色金属矿采选			
贵金属矿采选			
稀有稀土金属矿采选			
非金属矿采选业			
土砂石开采			
化学矿开采			
采盐			
石棉及其他非金属矿采选			
开采辅助活动			
煤炭开采和洗选辅助活动			
石油和天然气开采辅助活动			
其他开采辅助活动			
其他采矿业			
其他采矿业			
制造业	**10575**	**5736**	**3438**
农副食品加工业	28	10	18
谷物磨制	10		10
饲料加工			
植物油加工	18	10	8
制糖业			
屠宰及肉类加工			
水产品加工			
蔬菜、水果和坚果加工			
其他农副食品加工			
食品制造业	22	…	21
焙烤食品制造	3	…	3
糖果、巧克力及蜜饯制造			
方便食品制造			
乳制品制造			
罐头食品制造			
调味品、发酵制品制造	18		18
其他食品制造			
酒、饮料和精制茶制造业	3112	1092	1427
酒的制造	3062	1062	1407
饮料制造			
精制茶加工	50	30	20

2-15　续表 1

单位：万元

行　　业	R&D经费外部支出	#对境内研究机构支出	#对境内高等学校支出
烟草制品业	415	243	172
烟叶复烤	…		
卷烟制造	414	243	172
其他烟草制品制造			
纺织业	10		10
棉纺织及印染精加工			
毛纺织及染整精加工			
麻纺织及染整精加工			
丝绢纺织及印染精加工			
化纤织造及印染精加工	10		10
针织或钩针编织物及其制品制造			
家用纺织制成品制造			
非家用纺织制成品制造			
纺织服装、服饰业			
机织服装制造			
针织或钩针编织服装制造			
服饰制造			
皮革、毛皮、羽毛及其制品和制鞋业			
皮革鞣制加工			
皮革制品制造			
毛皮鞣制及制品加工			
羽毛(绒)加工及制品制造			
制鞋业			
木材加工和木、竹、藤、棕、草制品业			
木材加工			
人造板制造			
木制品制造			
竹、藤、棕、草等制品制造			
家具制造业			
木质家具制造			
竹、藤家具制造			
金属家具制造			
塑料家具制造			
其他家具制造			
造纸和纸制品业			
纸浆制造			
造纸			
纸制品制造			
印刷和记录媒介复制业			
印刷			
装订及印刷相关服务			
记录媒介复制			
文教、工美、体育和娱乐用品制造业			
文教办公用品制造			
乐器制造			
工艺美术品制造			
体育用品制造			
玩具制造			
游艺器材及娱乐用品制造			

2-15 续表 2

单位：万元

行业	R&D经费外部支出	#对境内研究机构支出	#对境内高等学校支出
石油加工及炼焦			
化学原料和化学制品制造业	1036	512	361
基础化学原料制造	175		171
肥料制造	600	471	128
农药制造			
涂料、油墨、颜料及类似产品制造			
合成材料制造	14	14	
专用化学产品制造			
炸药、火工及焰火产品制造	246	26	61
日用化学产品制造			
医药制造业	3548	2759	654
化学药品原料药制造			
化学药品制剂制造			
中药饮片加工			
中成药生产	3473	2684	654
兽用药品制造			
生物药品制造	75	75	
卫生材料及医药用品制造			
化学纤维制造业			
纤维素纤维原料及纤维制造			
合成纤维制造			
橡胶和塑料制品业	425	120	142
橡胶制品业	425	120	142
塑料制品业			
非金属矿物制品业	5		5
水泥、石灰和石膏制造			
石膏、水泥制品及类似制品制造			
砖瓦、石材等建筑材料制造			
玻璃制造			
玻璃制品制造			
玻璃纤维和玻璃纤维增强塑料制品制造			
陶瓷制品制造			
耐火材料制品制造	5		5
石墨及其他非金属矿物制品制造			
黑色金属冶炼和压延加工业	131	100	22
炼铁			
炼钢			
黑色金属铸造			
钢压延加工	131	100	22
铁合金冶炼			
有色金属冶炼和压延加工业	31		31
常用有色金属冶炼	31		31
贵金属冶炼			
稀有稀土金属冶炼			
有色金属合金制造			
有色金属铸造			
有色金属压延加工			

2-15　续表 3　　　　　　　　　　　　　　　　　　　　　　　　　　　　单位：万元

行　业	R&D经费外部支出	#对境内研究机构支出	#对境内高等学校支出
金属制品业	83	6	6
结构性金属制品制造			
金属工具制造			
集装箱及金属包装容器制造			
金属丝绳及其制品制造	83	6	6
建筑、安全用金属制品制造			
金属表面处理及热处理加工			
搪瓷制品制造			
金属制日用品制造			
其他金属制品制造			
通用设备制造业	157	125	32
锅炉及原动设备制造			
金属加工机械制造	9		9
物料搬运设备制造			
泵、阀门、压缩机及类似机械制造	30	8	22
轴承、齿轮和传动部件制造	3	3	
烘炉、风机、衡器、包装等设备制造			
文化、办公用机械制造			
通用零部件制造	114	114	
其他通用设备制造业			
专用设备制造业	11	4	7
采矿、冶金、建筑专用设备制造	11	4	7
化工、木材、非金属加工专用设备制造			
食品、饮料、烟草及饲料生产专用设备制造			
印刷、制药、日化及日用品生产专用设备制造			
纺织、服装和皮革加工专用设备制造			
电子和电工机械专用设备制造			
农、林、牧、渔专用机械制造			
医疗仪器设备及器械制造			
环保、社会公共服务及其他专用设备制造			
汽车制造业	27	6	20
汽车整车制造			
改装汽车制造	5		5
低速载货汽车制造			
电车制造			
汽车车身、挂车制造			
汽车零部件及配件制造	21	6	15
铁路、船舶、航空航天和其他运输设备制造业	270	118	4
铁路运输设备制造			
城市轨道交通设备制造			
船舶及相关装置制造			
航空、航天器及设备制造	270	118	4
摩托车制造			
自行车制造			
非公路休闲车及零配件制造			
潜水救捞及其他未列明运输设备制造			
电气机械和器材制造业	88	56	16
电机制造			
输配电及控制设备制造	32		16

2-15 续表 4 单位：万元

行 业	R&D经费外部支出	#对境内研究机构支出	#对境内高等学校支出
电线、电缆、光缆及电工器材制造			
电池制造			
家用电力器具制造	56	56	
非电力家用器具制造			
照明器具制造			
其他电气机械及器材制造			
计算机、通信和其他电子设备制造业	645	511	134
计算机制造			
通信设备制造			
广播电视设备制造			
雷达及配套设备制造			
视听设备制造			
电子器件制造	62		62
电子元件制造	583	511	72
其他电子设备制造			
仪器仪表制造业	35		35
通用仪器仪表制造			
专用仪器仪表制造			
钟表与计时仪器制造			
光学仪器及眼镜制造	35		35
其他仪器仪表制造业			
其他制造业	500	74	322
废弃资源综合利用业			
金属废料和碎屑加工处理			
非金属废料和碎屑加工处理			
金属制品、机械和设备修理业			
金属制品修理			
通用设备修理			
专用设备修理			
铁路、船舶、航空航天等运输设备修理			
电气设备修理			
仪器仪表修理			
其他机械和设备修理业			
电力、热力、燃气及水生产和供应业	**3487**	**493**	
电力、热力生产和供应业	3451	457	
电力生产	457	457	
电力供应	2994		
热力生产和供应			
燃气生产和供应业	36	36	
燃气生产和供应业	36	36	
水的生产和供应业			
自来水生产和供应			
污水处理及其再生利用			
其他水的处理、利用与分配			

2-16　按市(州)分组的规模以上工业企业R&D经费外部支出情况

单位：万元

地　　区	R&D经费外部支出	#对境内研究机构支出	#对境内高等学校支出
贵州省	**14210**	**6298**	**3501**
贵阳市	7343	2719	1179
六盘水市	260	169	91
遵义市	4560	2230	1511
安顺市	785	110	667
毕节市	457	457	
铜仁市	14	10	
黔西南布依族苗族自治州			
黔东南苗族侗族自治州	98	86	12
黔南布依族苗族自治州	693	518	41

五、企业R&D项目情况

2-17 按登记注册类型分组的规模以上工业企业全部R&D项目情况

登记注册类型	项目数(项)	参加项目人员(人)	项目人员折合全时当量(人年)	项目经费内部支出(万元)
总　计	**1717**	**17640**	**14006**	**318579**
内资企业	**1666**	**16827**	**13535**	**309509**
国有企业	204	3185	2257	37507
集体企业				
股份合作企业	1	9	8	22
联营企业				
国有联营企业				
集体联营企业				
国有与集体联营企业				
其他联营企业				
有限责任公司	784	9942	8638	195161
国有独资公司	276	5285	4948	89017
其他有限责任公司	508	4657	3690	106144
股份有限公司	578	3279	2364	72931
私营企业	97	409	266	3879
私营独资企业	1	7	2	114
私营合伙企业				
私营有限责任公司	80	303	166	2215
私营股份有限公司	16	99	99	1551
其他企业	2	3	2	10
港、澳、台商投资企业	**9**	**50**	**37**	**835**
合资经营企业	8	45	35	824
合作经营企业				
港、澳、台商独资经营企业	1	5	2	11
港、澳、台商投资股份有限公司				
其他港澳台投资企业				
外商投资企业	**42**	**763**	**434**	**8236**
中外合资经营企业	26	442	302	5294
中外合作经营企业				
外资企业	16	321	132	2942
外商投资股份有限公司				
其他外商投资企业				

2-18　按行业分组的规模以上工业企业全部R&D项目情况

行　业	项目数(项)	参加项目人员(人)	项目人员折合全时当量(人年)	项目经费内部支出(万元)
总　计	**1717**	**17640**	**14006**	**318579**
采矿业	**3**	**20**	**19**	**946**
煤炭开采和洗选业	3	20	19	946
烟煤和无烟煤开采洗选	3	20	19	946
褐煤开采洗选				
其他煤炭采选				
石油和天然气开采业				
石油开采				
天然气开采				
黑色金属矿采选业				
铁矿采选				
锰矿、铬矿采选				
其他黑色金属矿采选				
有色金属矿采选业				
常用有色金属矿采选				
贵金属矿采选				
稀有稀土金属矿采选				
非金属矿采选业				
土砂石开采				
化学矿开采				
采盐				
石棉及其他非金属矿采选				
开采辅助活动				
煤炭开采和洗选辅助活动				
石油和天然气开采辅助活动				
其他开采辅助活动				
其他采矿业				
其他采矿业				
制造业	**1621**	**16148**	**13191**	**307912**
农副食品加工业	9	82	24	1077
谷物磨制	3	25		500
饲料加工	4	8	5	191
植物油加工	1	22	2	372
制糖业				
屠宰及肉类加工				
水产品加工				
蔬菜、水果和坚果加工	1	27	17	14
其他农副食品加工				
食品制造业	6	82	53	570
焙烤食品制造	1	6	6	25
糖果、巧克力及蜜饯制造				
方便食品制造				
乳制品制造				
罐头食品制造	1	3		5
调味品、发酵制品制造	3	55	41	469
其他食品制造	1	18	5	71
酒、饮料和精制茶制造业	69	563	480	26895
酒的制造	40	514	466	26424
饮料制造	1	7	2	114
精制茶加工	28	42	12	357

2-18 续表 1

行　　业	项目数(项)	参加项目人员(人)	项目人员折合全时当量(人年)	项目经费内部支出(万元)
烟草制品业	75	250	203	7739
烟叶复烤	15	66	19	140
卷烟制造	60	184	184	7598
其他烟草制品制造				
纺织业	1	6	1	145
棉纺织及印染精加工				
毛纺织及染整精加工				
麻纺织及染整精加工				
丝绢纺织及印染精加工				
化纤织造及印染精加工	1	6	1	145
针织或钩针编织物及其制品制造				
家用纺织制成品制造				
非家用纺织制成品制造				
纺织服装、服饰业				
机织服装制造				
针织或钩针编织服装制造				
服饰制造				
皮革、毛皮、羽毛及其制品和制鞋业	3	148	148	1381
皮革鞣制加工				
皮革制品制造				
毛皮鞣制及制品加工				
羽毛(绒)加工及制品制造				
制鞋业	3	148	148	1381
木材加工和木、竹、藤、棕、草制品业	5	26	4	83
木材加工				
人造板制造	5	26	4	83
木制品制造				
竹、藤、棕、草等制品制造				
家具制造业	4	38	36	658
木质家具制造				
竹、藤家具制造				
金属家具制造				
塑料家具制造				
其他家具制造	4	38	36	658
造纸和纸制品业	5	104	4	51
纸浆制造	5	104	4	51
造纸				
纸制品制造				
印刷和记录媒介复制业	3	13	4	308
印刷	3	13	4	308
装订及印刷相关服务				
记录媒介复制				
文教、工美、体育和娱乐用品制造业				
文教办公用品制造				
乐器制造				
工艺美术品制造				
体育用品制造				
玩具制造				
游艺器材及娱乐用品制造				

2-18　续表 2

行　　业	项目数(项)	参加项目人　员(人)	项目人员折合全时当量(人年)	项目经费内部支出(万元)
石油加工及炼焦				
精炼石油产品制造				
炼焦				
核燃料加工				
化学原料和化学制品制造业	129	1363	959	46075
基础化学原料制造	23	179	133	1266
肥料制造	64	748	552	34047
农药制造				
涂料、油墨、颜料及类似产品制造				
合成材料制造	2	27	27	646
专用化学产品制造	7	147	126	3788
炸药、火工及焰火产品制造	33	262	122	6329
日用化学产品制造				
医药制造业	149	1349	828	19102
化学药品原料药制造				
化学药品制剂制造				
中药饮片加工				
中成药生产	140	1234	737	18240
兽用药品制造				
生物药品制造	7	100	77	432
卫生材料及医药用品制造	2	15	14	430
化学纤维制造业				
纤维素纤维原料及纤维制造				
合成纤维制造				
橡胶和塑料制品业	35	988	617	29535
橡胶制品业	22	812	580	26426
塑料制品业	13	176	37	3109
非金属矿物制品业	9	64	37	1876
水泥、石灰和石膏制造				
石膏、水泥制品及类似制品制造	7	32	17	1615
砖瓦、石材等建筑材料制造				
玻璃制造				
玻璃制品制造				
玻璃纤维和玻璃纤维增强塑料制品制造				
陶瓷制品制造				
耐火材料制品制造	2	32	20	261
石墨及其他非金属矿物制品制造				
黑色金属冶炼和压延加工业	11	165	81	1018
炼铁				
炼钢				
黑色金属铸造	2	83	32	560
钢压延加工	9	82	48	458
铁合金冶炼				
有色金属冶炼和压延加工业	26	203	130	2338
常用有色金属冶炼	24	181	122	2283
贵金属冶炼				
稀有稀土金属冶炼				
有色金属合金制造	1	16	8	21
有色金属铸造				
有色金属压延加工	1	6	1	34

2-18 续表 3

行　　业	项目数(项)	参加项目人员(人)	项目人员折合全时当量(人年)	项目经费内部支出(万元)
金属制品业	22	786	531	8585
结构性金属制品制造				
金属工具制造	6	353	327	1791
集装箱及金属包装容器制造				
金属丝绳及其制品制造	10	377	154	6130
建筑、安全用金属制品制造				
金属表面处理及热处理加工				
搪瓷制品制造				
金属制日用品制造				
其他金属制品制造	6	56	51	663
通用设备制造业	54	556	377	5060
锅炉及原动设备制造				
金属加工机械制造	2	106	82	775
物料搬运设备制造	5	13	13	395
泵、阀门、压缩机及类似机械制造	17	92	83	937
轴承、齿轮和传动部件制造	8	92	79	1387
烘炉、风机、衡器、包装等设备制造	3	10	2	162
文化、办公用机械制造				
通用零部件制造	19	243	119	1405
其他通用设备制造业				
专用设备制造业	29	433	386	4004
采矿、冶金、建筑专用设备制造	28	419	373	3412
化工、木材、非金属加工专用设备制造				
食品、饮料、烟草及饲料生产专用设备制造				
印刷、制药、日化及日用品生产专用设备制造				
纺织、服装和皮革加工专用设备制造				
电子和电工机械专用设备制造				
农、林、牧、渔专用机械制造				
医疗仪器设备及器械制造				
环保、社会公共服务及其他专用设备制造	1	14	13	592
汽车制造业	240	464	367	5680
汽车整车制造	2	10	10	693
改装汽车制造	14	164	126	2157
低速载货汽车制造				
电车制造				
汽车车身、挂车制造				
汽车零部件及配件制造	224	290	231	2830
铁路、船舶、航空航天和其他运输设备制造业	279	5909	5773	109677
铁路运输设备制造	4	18	8	778
城市轨道交通设备制造				
船舶及相关装置制造				
航空、航天器及设备制造	275	5891	5765	108899
摩托车制造				
自行车制造				
非公路休闲车及零配件制造				
潜水救捞及其他未列明运输设备制造				
电气机械和器材制造业	34	171	111	4458
电机制造				
输配电及控制设备制造	24	123	76	2700

2-18　续表 4

行　业	项目数(项)	参加项目人员(人)	项目人员折合全时当量(人年)	项目经费内部支出(万元)
电线、电缆、光缆及电工器材制造	1	3	3	39
电池制造				
家用电力器具制造	9	45	32	1719
非电力家用器具制造				
照明器具制造				
其他电气机械及器材制造				
计算机、通信和其他电子设备制造业	307	1277	1061	19359
计算机制造				
通信设备制造	8	18	18	224
广播电视设备制造				
雷达及配套设备制造				
视听设备制造				
电子器件制造	59	244	215	2721
电子元件制造	240	1015	828	16414
其他电子设备制造				
仪器仪表制造业	11	175	119	2757
通用仪器仪表制造	4	47	41	1619
专用仪器仪表制造	1	5	3	300
钟表与计时仪器制造				
光学仪器及眼镜制造	6	123	75	838
其他仪器仪表制造业				
其他制造业	106	933	856	9482
废弃资源综合利用业				
金属废料和碎屑加工处理				
非金属废料和碎屑加工处理				
金属制品、机械和设备修理业				
金属制品修理				
通用设备修理				
专用设备修理				
铁路、船舶、航空航天等运输设备修理				
电气设备修理				
仪器仪表修理				
其他机械和设备修理业				
电力、热力、燃气及水生产和供应业	**93**	**1472**	**796**	**9721**
电力、热力生产和供应业	92	1466	795	9685
电力生产	8	607	386	1367
电力供应	84	859	409	8318
热力生产和供应				
燃气生产和供应业	1	6	1	36
燃气生产和供应业	1	6	1	36
水的生产和供应业				
自来水生产和供应				
污水处理及其再生利用				
其他水的处理、利用与分配				

2-19 按市(州)分组的规模以上工业企业全部R&D项目情况

地区	项目数(项)	参加项目人员(人)	项目人员折合全时当量(人年)	项目经费内部支出(万元)
贵州省	**1717**	**17640**	**14006**	**318579**
贵阳市	1117	9609	7318	162150
六盘水市	21	107	77	1748
遵义市	240	3088	2264	60225
安顺市	194	3871	3739	72260
毕节市	13	169	67	2377
铜仁市	45	61	34	622
黔西南布依族苗族自治州	8	66	20	7379
黔东南苗族侗族自治州	13	76	48	864
黔南布依族苗族自治州	66	593	439	10954

六、企业办研发机构情况

2-20　按登记注册类型分组的规模以上工业企业办研发机构情况

登记注册类型	机构数(个)	机构人员数(人)	#博士	#硕士	机构经费支出(万元)	仪器和设备原价(万元)
总　计	**165**	**14530**	**155**	**1243**	**357118**	**345935**
内资企业	**162**	**14213**	**153**	**1235**	**351292**	**341644**
国有企业	16	2112	8	213	18673	35275
集体企业						
股份合作企业						
联营企业						
国有联营企业						
集体联营企业						
国有与集体联营企业						
其他联营企业						
有限责任公司	89	8179	103	648	259717	244223
国有独资公司	19	3161	20	175	69839	32285
其他有限责任公司	70	5018	83	473	189878	211938
股份有限公司	36	3636	34	352	68793	60382
私营企业	20	257	8	19	3960	1473
私营独资企业						
私营合伙企业						
私营有限责任公司	19	248	8	19	3956	1470
私营股份有限公司	1	9			3	4
其他企业	1	29		3	149	290
港、澳、台商投资企业	**1**	**27**		**3**	**180**	**280**
合资经营企业	1	27		3	180	280
合作经营企业						
港、澳、台商独资经营企业						
港、澳、台商投资股份有限公司						
其他港澳台投资企业						
外商投资企业	**2**	**290**	**2**	**5**	**5646**	**4011**
中外合资经营企业	1	110	1	2	3926	2649
中外合作经营企业						
外资企业	1	180	1	3	1720	1362
外商投资股份有限公司						
其他外商投资企业						

2-21 按行业分组的规模以上工业企业办研发机构情况

行业	机构数(个)	机构人员数(人)	#博士	#硕士	机构经费支出(万元)	仪器和设备原价(万元)
总计	**165**	**14530**	**155**	**1243**	**357118**	**345935**
采矿业	**3**	**264**	**8**	**56**	**1305**	**3062**
煤炭开采和洗选业	2	256	8	56	1280	3050
烟煤和无烟煤开采洗选	2	256	8	56	1280	3050
褐煤开采洗选						
其他煤炭采选						
石油和天然气开采业						
石油开采						
天然气开采						
黑色金属矿采选业						
铁矿采选						
锰矿、铬矿采选						
其他黑色金属矿采选						
有色金属矿采选业						
常用有色金属矿采选						
贵金属矿采选						
稀有稀土金属矿采选						
非金属矿采选业	1	8			25	12
土砂石开采						
化学矿开采	1	8			25	12
采盐						
石棉及其他非金属矿采选						
开采辅助活动						
煤炭开采和洗选辅助活动						
石油和天然气开采辅助活动						
其他开采辅助活动						
其他采矿业						
其他采矿业						
制造业	**159**	**13980**	**142**	**1115**	**355154**	**323930**
农副食品加工业	4	49	3	8	106	96
谷物磨制						
饲料加工	1	18	1	2	53	26
植物油加工	1	8	2	5	18	50
制糖业						
屠宰及肉类加工						
水产品加工						
蔬菜、水果和坚果加工	1	13			15	12
其他农副食品加工	1	10		1	20	8
食品制造业	4	64	1	9	2897	580
焙烤食品制造	1	8			35	27
糖果、巧克力及蜜饯制造						
方便食品制造						
乳制品制造						
罐头食品制造						
调味品、发酵制品制造	2	43	1	7	2848	548
其他食品制造	1	13		2	15	5
酒、饮料和精制茶制造业	5	1347	9	84	88731	91907
酒的制造	4	1334	8	82	88711	91697
饮料制造						
精制茶加工	1	13	1	2	20	210

2-21　续表 1

行　　业	机构数(个)	机构人员数(人)	#博士	#硕士	机构经费支出(万元)	仪器和设备原价(万元)
烟草制品业	2	92	6	29	15554	14430
烟叶复烤	1	12			34	30
卷烟制造	1	80	6	29	15520	14400
其他烟草制品制造						
纺织业	1	10	2	1	410	300
棉纺织及印染精加工						
毛纺织及染整精加工						
麻纺织及染整精加工						
丝绢纺织及印染精加工						
化纤织造及印染精加工	1	10	2	1	410	300
针织或钩针编织物及其制品制造						
家用纺织制成品制造						
非家用纺织制成品制造						
纺织服装、服饰业						
机织服装制造						
针织或钩针编织服装制造						
服饰制造						
皮革、毛皮、羽毛及其制品和制鞋业	1	533	10	25	3837	630
皮革鞣制加工						
皮革制品制造						
毛皮鞣制及制品加工						
羽毛(绒)加工及制品制造						
制鞋业	1	533	10	25	3837	630
木材加工和木、竹、藤、棕、草制品业	1	6	1	1	120	80
木材加工						
人造板制造	1	6	1	1	120	80
木制品制造						
竹、藤、棕、草等制品制造						
家具制造业	1	46		1	987	324
木质家具制造						
竹、藤家具制造						
金属家具制造						
塑料家具制造						
其他家具制造	1	46		1	987	324
造纸和纸制品业						
纸浆制造						
造纸						
纸制品制造						
印刷和记录媒介复制业						
印刷						
装订及印刷相关服务						
记录媒介复制						
文教、工美、体育和娱乐用品制造业						
文教办公用品制造						
乐器制造						
工艺美术品制造						
体育用品制造						
玩具制造						
游艺器材及娱乐用品制造						

2-21 续表 2

行　业	机构数(个)	机构人员数(人)	#博士	#硕士	机构经费支出(万元)	仪器和设备原价(万元)
石油加工及炼焦	1	12			400	100
化学原料和化学制品制造业	27	1632	53	190	56566	39473
基础化学原料制造	4	187	1	9	2885	3864
肥料制造	20	1377	48	172	49911	31502
农药制造						
涂料、油墨、颜料及类似产品制造						
合成材料制造						
专用化学产品制造	2	58	4	9	3738	838
炸药、火工及焰火产品制造	1	10			32	3270
日用化学产品制造						
医药制造业	16	1139	19	72	17751	11059
化学药品原料药制造						
化学药品制剂制造	1	8		2	36	260
中药饮片加工						
中成药生产	15	1131	19	70	17715	10799
兽用药品制造						
生物药品制造						
卫生材料及医药用品制造						
化学纤维制造业						
纤维素纤维原料及纤维制造						
合成纤维制造						
橡胶和塑料制品业	7	633	4	65	21258	20230
橡胶制品业	5	512	3	63	17297	16331
塑料制品业	2	121	1	2	3961	3899
非金属矿物制品业	3	17		1	47	342
水泥、石灰和石膏制造						
石膏、水泥制品及类似制品制造						
砖瓦、石材等建筑材料制造	1	3			5	5
玻璃制造						
玻璃制品制造						
玻璃纤维和玻璃纤维增强塑料制品制造	1	6			9	325
陶瓷制品制造						
耐火材料制品制造	1	8		1	33	12
石墨及其他非金属矿物制品制造						
黑色金属冶炼和压延加工业	2	266	1	34	3410	2379
炼铁						
炼钢						
黑色金属铸造	1	115		3	1485	1673
钢压延加工	1	151	1	31	1925	706
铁合金冶炼						
有色金属冶炼和压延加工业	1	187	3	5	565	4452
常用有色金属冶炼	1	187	3	5	565	4452
贵金属冶炼						
稀有稀土金属冶炼						
有色金属合金制造						
有色金属铸造						
有色金属压延加工						

2-21　续表 3

行　业	机构数(个)	机构人员数(人)	#博士	#硕士	机构经费支出(万元)	仪器和设备原价(万元)
金属制品业	2	252		18	10179	6373
结构性金属制品制造						
金属工具制造	1	76		3	1791	100
集装箱及金属包装容器制造						
金属丝绳及其制品制造	1	176		15	8388	6273
建筑、安全用金属制品制造						
金属表面处理及热处理加工						
搪瓷制品制造						
金属制日用品制造						
其他金属制品制造						
通用设备制造业	8	517	5	33	5468	8835
锅炉及原动设备制造						
金属加工机械制造	3	185		4	2043	2315
物料搬运设备制造						
泵、阀门、压缩机及类似机械制造	1	138	4	17	1346	163
轴承、齿轮和传动部件制造	1	41		5	314	1719
烘炉、风机、衡器、包装等设备制造	1	27	1	2	43	43
文化、办公用机械制造						
通用零部件制造	2	126		5	1722	4596
其他通用设备制造业						
专用设备制造业	5	221		19	1861	300
采矿、冶金、建筑专用设备制造	4	181		16	1853	297
化工、木材、非金属加工专用设备制造						
食品、饮料、烟草及饲料生产专用设备制造						
印刷、制药、日化及日用品生产专用设备制造						
纺织、服装和皮革加工专用设备制造						
电子和电工机械专用设备制造						
农、林、牧、渔专用机械制造						
医疗仪器设备及器械制造						
环保、社会公共服务及其他专用设备制造	1	40		3	8	3
汽车制造业	19	972		37	15676	6893
汽车整车制造						
改装汽车制造	3	264		15	2891	4482
低速载货汽车制造						
电车制造						
汽车车身、挂车制造						
汽车零部件及配件制造	16	708		22	12785	2410
铁路、船舶、航空航天和其他运输设备制造业	24	3421	12	220	79715	37650
铁路运输设备制造	1	70		7	1608	573
城市轨道交通设备制造						
船舶及相关装置制造						
航空、航天器及设备制造	23	3351	12	213	78107	37077
摩托车制造						
自行车制造						
非公路休闲车及零配件制造						
潜水救捞及其他未列明运输设备制造						
电气机械和器材制造业	8	145	3	7	2326	8544
电机制造	1	8			36	32
输配电及控制设备制造	3	95	1	7	395	741

2-21 续表 4

行　　业	机构数(个)	机构人员数(人)			机构经费支出(万元)	仪器和设备原价(万元)
			#博士	#硕士		
电线、电缆、光缆及电工器材制造	1	6			10	20
电池制造						
家用电力器具制造	1	22			1819	7695
非电力家用器具制造						
照明器具制造	2	14	2		67	56
其他电气机械及器材制造						
计算机、通信和其他电子设备制造业	11	1420	9	166	18124	59679
计算机制造						
通信设备制造	1	24			224	297
广播电视设备制造						
雷达及配套设备制造						
视听设备制造						
电子器件制造	2	206	2	7	2050	28154
电子元件制造	8	1190	7	159	15850	31228
其他电子设备制造						
仪器仪表制造业	2	265		4	1405	890
通用仪器仪表制造						
专用仪器仪表制造	1	178		3	735	130
钟表与计时仪器制造						
光学仪器及眼镜制造	1	87		1	670	760
其他仪器仪表制造业						
其他制造业	4	734	1	86	7762	8385
废弃资源综合利用业						
金属废料和碎屑加工处理						
非金属废料和碎屑加工处理						
金属制品、机械和设备修理业						
金属制品修理						
通用设备修理						
专用设备修理						
铁路、船舶、航空航天等运输设备修理						
电气设备修理						
仪器仪表修理						
其他机械和设备修理业						
电力、热力、燃气及水生产和供应业	**3**	**286**	**5**	**72**	**659**	**18943**
电力、热力生产和供应业	3	286	5	72	659	18943
电力生产	2	41	2	2	35	579
电力供应	1	245	3	70	624	18364
热力生产和供应						
燃气生产和供应业						
燃气生产和供应业						
水的生产和供应业						
自来水生产和供应						
污水处理及其再生利用						
其他水的处理、利用与分配						

2-22　按市(州)分组的规模以上工业企业办研发机构情况

地　　区	机构数(个)	机构人员数(人)	#博士	#硕士	机构经费支　出(万元)	仪器和设备原价(万元)
贵州省	**165**	**14530**	**155**	**1243**	**357118**	**345935**
贵阳市	83	7677	64	626	129888	165683
六盘水市	5	433	10	90	3669	3906
遵义市	31	3741	20	244	121503	131813
安顺市	17	1702	18	142	61763	12328
毕节市	6	144	3	9	472	3702
铜仁市	3	27	3	2	87	266
黔西南布依族苗族自治州						
黔东南苗族侗族自治州	6	118		3	951	4300
黔南布依族苗族自治州	14	688	37	127	38785	23937

七、企业新产品开发及销售情况

2-23 按登记注册类型分组的规模以上工业企业新产品开发及销售情况

单位：万元

登记注册类型	新产品开发项目数(项)	新产品开发经费支出	新产品销售收入	#出口
总　计	**1908**	**403004**	**3683200**	**365375**
内资企业	**1863**	**393986**	**3545498**	**365375**
国有企业	163	30831	117392	
集体企业				
股份合作企业	1	22	5869	
联营企业				
国有联营企业				
集体联营企业				
国有与集体联营企业				
其他联营企业				
有限责任公司	849	265990	2622404	309988
国有独资公司	247	111219	301782	30384
其他有限责任公司	602	154770	2320623	279605
股份有限公司	766	87772	758745	55387
私营企业	84	9372	38300	
私营独资企业	3	798	665	
私营合伙企业				
私营有限责任公司	66	7125	34869	
私营股份有限公司	15	1450	2766	
其他企业			2788	
港、澳、台商投资企业	**11**	**1180**	**20373**	
合资经营企业	9	1069	20373	
合作经营企业				
港、澳、台商独资经营企业	2	111		
港、澳、台商投资股份有限公司				
其他港澳台投资企业				
外商投资企业	**34**	**7838**	**117329**	
中外合资经营企业	30	5865	26463	
中外合作经营企业				
外资企业	4	1973	90866	
外商投资股份有限公司				
其他外商投资企业				

2-24　按行业分组的规模以上工业企业新产品开发及销售情况

单位：万元

行　　业	新产品开发项目数(项)	新产品开发经费支出	新产品销售收入	#出口
总　　计	**1908**	**403004**	**3683200**	**365375**
采矿业	**1**	**12**	**2118**	
煤炭开采和洗选业	1	12	2000	
烟煤和无烟煤开采洗选	1	12	2000	
褐煤开采洗选				
其他煤炭采选				
石油和天然气开采业				
石油开采				
天然气开采				
黑色金属矿采选业				
铁矿采选				
锰矿、铬矿采选				
其他黑色金属矿采选				
有色金属矿采选业				
常用有色金属矿采选				
贵金属矿采选				
稀有稀土金属矿采选				
非金属矿采选业			118	
土砂石开采				
化学矿开采			118	
采盐				
石棉及其他非金属矿采选				
开采辅助活动				
煤炭开采和洗选辅助活动				
石油和天然气开采辅助活动				
其他开采辅助活动				
其他采矿业				
其他采矿业				
制造业	**1853**	**401107**	**3680974**	**365375**
农副食品加工业	10	1342	1915	300
谷物磨制	1	464		
饲料加工	5	213	520	
植物油加工	1	420	715	
制糖业				
屠宰及肉类加工				
水产品加工				
蔬菜、水果和坚果加工	2	64		
其他农副食品加工	1	180	680	300
食品制造业	6	3054	2818	
焙烤食品制造	3	43		
糖果、巧克力及蜜饯制造				
方便食品制造				
乳制品制造				
罐头食品制造				
调味品、发酵制品制造	2	2919	2818	
其他食品制造	1	91		
酒、饮料和精制茶制造业	37	27226	904961	43876
酒的制造	24	26124	901951	43876
饮料制造	4	812	2850	
精制茶加工	9	290	160	

2-24 续表 1

单位：万元

行　业	新产品开发项目数(项)	新产品开发经费支出	新产品销售收入	#出口
烟草制品业	63	27540	20000	360
烟叶复烤	5	65		
卷烟制造	58	27476	20000	360
其他烟草制品制造				
纺织业	1	440		
棉纺织及印染精加工				
毛纺织及染整精加工				
麻纺织及染整精加工				
丝绢纺织及印染精加工				
化纤织造及印染精加工	1	440		
针织或钩针编织物及其制品制造				
家用纺织制成品制造				
非家用纺织制成品制造				
纺织服装、服饰业				
机织服装制造				
针织或钩针编织服装制造				
服饰制造				
皮革、毛皮、羽毛及其制品和制鞋业	5	2476	68950	
皮革鞣制加工				
皮革制品制造				
毛皮鞣制及制品加工				
羽毛(绒)加工及制品制造				
制鞋业	5	2476	68950	
木材加工和木、竹、藤、棕、草制品业	6	460		
木材加工				
人造板制造	6	460		
木制品制造				
竹、藤、棕、草等制品制造				
家具制造业	6	1037		
木质家具制造				
竹、藤家具制造				
金属家具制造				
塑料家具制造				
其他家具制造	6	1037		
造纸和纸制品业				
纸浆制造				
造纸				
纸制品制造				
印刷和记录媒介复制业	3	265	14700	
印刷	3	265	14700	
装订及印刷相关服务				
记录媒介复制				
文教、工美、体育和娱乐用品制造业				
文教办公用品制造				
乐器制造				
工艺美术品制造				
体育用品制造				
玩具制造				
游艺器材及娱乐用品制造				

2-24　续表 2　　　　单位：万元

行　　业	新产品开发项目数(项)	新产品开发经费支出	新产品销售收入	#出口
石油加工及炼焦			480	
化学原料和化学制品制造业	96	56815	886115	198039
基础化学原料制造	28	9043	61247	537
肥料制造	34	35098	761507	195661
农药制造				
涂料、油墨、颜料及类似产品制造				
合成材料制造	2	960	1433	
专用化学产品制造	4	4483	32504	1841
炸药、火工及焰火产品制造	28	7231	29424	
日用化学产品制造				
医药制造业	186	24151	384719	
化学药品原料药制造				
化学药品制剂制造	7	514		
中药饮片加工				
中成药生产	166	22212	376501	
兽用药品制造				
生物药品制造	11	993	8217	
卫生材料及医药用品制造	2	433		
化学纤维制造业				
纤维素纤维原料及纤维制造				
合成纤维制造				
橡胶和塑料制品业	50	31874	206105	47254
橡胶制品业	24	27105	177528	47254
塑料制品业	26	4769	28578	
非金属矿物制品业	3	136	70519	20665
水泥、石灰和石膏制造				
石膏、水泥制品及类似制品制造	1	80	400	
砖瓦、石材等建筑材料制造	1	10	1487	
玻璃制造				
玻璃制品制造				
玻璃纤维和玻璃纤维增强塑料制品制造	1	46		
陶瓷制品制造				
耐火材料制品制造			68632	20665
石墨及其他非金属矿物制品制造				
黑色金属冶炼和压延加工业	10	5670	21295	900
炼铁				
炼钢				
黑色金属铸造	4	4212	19555	900
钢压延加工	6	1458	1740	
铁合金冶炼				
有色金属冶炼和压延加工业	8	583	34606	825
常用有色金属冶炼	6	516	31520	825
贵金属冶炼				
稀有稀土金属冶炼				
有色金属合金制造	1	30	2012	
有色金属铸造				
有色金属压延加工	1	36	1074	

2-24 续表 3 单位：万元

行业	新产品开发项目数(项)	新产品开发经费支出	新产品销售收入	#出口
金属制品业	43	11481	69971	3828
结构性金属制品制造				
金属工具制造	6	1905	15707	1520
集装箱及金属包装容器制造				
金属丝绳及其制品制造	21	7438	38065	
建筑、安全用金属制品制造				
金属表面处理及热处理加工				
搪瓷制品制造				
金属制日用品制造				
其他金属制品制造	16	2137	16199	2307
通用设备制造业	51	8079	83227	303
锅炉及原动设备制造				
金属加工机械制造	6	2833	5773	
物料搬运设备制造	7	495	4414	
泵、阀门、压缩机及类似机械制造	14	1513	9351	
轴承、齿轮和传动部件制造	11	2337	16731	303
烘炉、风机、衡器、包装等设备制造	5	278	20000	
文化、办公用机械制造				
通用零部件制造	8	623	26958	
其他通用设备制造业				
专用设备制造业	38	6205	41499	30
采矿、冶金、建筑专用设备制造	36	5588	38316	30
化工、木材、非金属加工专用设备制造				
食品、饮料、烟草及饲料生产专用设备制造				
印刷、制药、日化及日用品生产专用设备制造				
纺织、服装和皮革加工专用设备制造				
电子和电工机械专用设备制造				
农、林、牧、渔专用机械制造				
医疗仪器设备及器械制造				
环保、社会公共服务及其他专用设备制造	2	617	3183	
汽车制造业	415	8816	182888	323
汽车整车制造	61	1631	74378	
改装汽车制造	17	3088	24349	
低速载货汽车制造				
电车制造				
汽车车身、挂车制造				
汽车零部件及配件制造	337	4096	84161	323
铁路、船舶、航空航天和其他运输设备制造业	268	137398	350269	46097
铁路运输设备制造	9	1606	13665	2316
城市轨道交通设备制造				
船舶及相关装置制造				
航空、航天器及设备制造	259	135792	336604	43781
摩托车制造				
自行车制造				
非公路休闲车及零配件制造				
潜水救捞及其他未列明运输设备制造				
电气机械和器材制造业	59	8122	159812	338
电机制造	1	73		
输配电及控制设备制造	42	5001	27714	338

2-24　续表 4　　　　单位：万元

行　　业	新产品开发项目数(项)	新产品开发经费支出	新产品销售收入	#出口
电线、电缆、光缆及电工器材制造	5	200	64	
电池制造				
家用电力器具制造	9	2502	132034	
非电力家用器具制造				
照明器具制造	2	346		
其他电气机械及器材制造				
计算机、通信和其他电子设备制造业	368	23289	132088	2187
计算机制造				
通信设备制造	10	568	758	
广播电视设备制造				
雷达及配套设备制造				
视听设备制造	1	809		
电子器件制造	66	2730	15891	263
电子元件制造	291	19183	115439	1924
其他电子设备制造				
仪器仪表制造业	15	4307	29179	51
通用仪器仪表制造	8	2836		
专用仪器仪表制造	2	662	27389	
钟表与计时仪器制造				
光学仪器及眼镜制造	5	808	1790	51
其他仪器仪表制造业				
其他制造业	106	10344	14860	
废弃资源综合利用业				
金属废料和碎屑加工处理				
非金属废料和碎屑加工处理				
金属制品、机械和设备修理业				
金属制品修理				
通用设备修理				
专用设备修理				
铁路、船舶、航空航天等运输设备修理				
电气设备修理				
仪器仪表修理				
其他机械和设备修理业				
电力、热力、燃气及水生产和供应业	**54**	**1885**	**108**	
电力、热力生产和供应业	54	1885	108	
电力生产	3	551	108	
电力供应	51	1334		
热力生产和供应				
燃气生产和供应业				
燃气生产和供应业				
水的生产和供应业				
自来水生产和供应				
污水处理及其再生利用				
其他水的处理、利用与分配				

2-25 按市(州)分组的规模以上工业企业新产品开发及销售情况

单位：万元

地　区	新产品开发项目数(项)	新产品开发经费支出	新产品销售收入	#出口
贵州省	**1908**	**403004**	**3683200**	**365375**
贵阳市	1313	216650	1609053	140311
六盘水市	9	652	8214	30
遵义市	220	66644	1401217	45930
安顺市	213	99367	268220	29366
毕节市	66	1510	76126	
铜仁市	9	1765	2337	
黔西南布依族苗族自治州				
黔东南苗族侗族自治州	22	1257	7950	
黔南布依族苗族自治州	56	15160	310084	149737

八、企业自主知识产权及相关情况

2-26　按登记注册类型分组的规模以上工业企业自主知识产权及相关情况

登记注册类型	专利申请数(件)	#发明专利	有效发明专利数(件)	专利所有权转让及许可数(件)	专利所有权转让及许可收入(万元)	拥有注册商标数(件)	形成国家或行业标准数(项)
总　计	**3446**	**1516**	**1985**	**26**		**1627**	**165**
内资企业	**3323**	**1471**	**1931**	**24**		**1475**	**136**
国有企业	427	188	127			9	30
集体企业							
股份合作企业	32	2	2			20	
联营企业							
国有联营企业							
集体联营企业							
国有与集体联营企业							
其他联营企业							
有限责任公司	1959	827	888	22		826	51
国有独资公司	517	216	186			26	13
其他有限责任公司	1442	611	702	22		800	38
股份有限公司	579	276	740	2		530	41
私营企业	318	170	174			90	14
私营独资企业	1	1	1				
私营合伙企业							
私营有限责任公司	235	94	136			71	13
私营股份有限公司	82	75	37			19	1
其他企业	8	8					
港、澳、台商投资企业	**34**	**12**	**24**	**2**			**29**
合资经营企业	33	11	24	2			
合作经营企业							
港、澳、台商独资经营企业	1	1					29
港、澳、台商投资股份有限公司							
其他港澳台投资企业							
外商投资企业	**89**	**33**	**30**			**152**	
中外合资经营企业	74	22	2			3	
中外合作经营企业							
外资企业	15	11	28			149	
外商投资股份有限公司							
其他外商投资企业							

2-27 按行业分组的规模以上工业企业自主知识产权及相关情况

行业	专利申请数(件)	#发明专利	有效发明专利数(件)	专利所有权转让及许可数(件)	专利所有权转让及许可收入(万元)	拥有注册商标数(件)	形成国家或行业标准数(项)
总计	**3446**	**1516**	**1985**	**26**		**1627**	**165**
采矿业	**84**	**3**	**50**			**3**	**1**
煤炭开采和洗选业	84	3	50			3	1
烟煤和无烟煤开采洗选	84	3	50			3	1
褐煤开采洗选							
其他煤炭采选							
石油和天然气开采业							
石油开采							
天然气开采							
黑色金属矿采选业							
铁矿采选							
锰矿、铬矿采选							
其他黑色金属矿采选							
有色金属矿采选业							
常用有色金属矿采选							
贵金属矿采选							
稀有稀土金属矿采选							
非金属矿采选业							
土砂石开采							
化学矿开采							
采盐							
石棉及其他非金属矿采选							
开采辅助活动							
煤炭开采和洗选辅助活动							
石油和天然气开采辅助活动							
其他开采辅助活动							
其他采矿业							
其他采矿业							
制造业	**3212**	**1448**	**1931**	**26**		**1624**	**164**
农副食品加工业	14	7	4			14	3
谷物磨制						3	2
饲料加工	10	4	2			6	1
植物油加工	2	2	2			3	
制糖业							
屠宰及肉类加工	1	1				1	
水产品加工							
蔬菜、水果和坚果加工							
其他农副食品加工	1					1	
食品制造业	8	3	2			28	7
焙烤食品制造						1	7
糖果、巧克力及蜜饯制造							
方便食品制造							
乳制品制造	3					23	
罐头食品制造	1	1					
调味品、发酵制品制造	2	2				2	
其他食品制造	2		2			2	
酒、饮料和精制茶制造业	110	26	24			523	5
酒的制造	65	11	11			501	4
饮料制造	10	3	2			2	
精制茶加工	35	12	11			20	1

2-27　续表 1

行　　业	专利申请数(件)	#发明专利	有效发明专利数(件)	专利所有权转让及许可数(件)	专利所有权转让及许可收入(万元)	拥有注册商标数(件)	形成国家或行业标准数(项)
烟草制品业	138	52	20			80	2
烟叶复烤	7	3	6				
卷烟制造	131	49	14			80	2
其他烟草制品制造							
纺织业							
棉纺织及印染精加工							
毛纺织及染整精加工							
麻纺织及染整精加工							
丝绢纺织及印染精加工							
化纤织造及印染精加工							
针织或钩针编织物及其制品制造							
家用纺织制成品制造							
非家用纺织制成品制造							
纺织服装、服饰业	1					1	
机织服装制造	1					1	
针织或钩针编织服装制造							
服饰制造							
皮革、毛皮、羽毛及其制品和制鞋业	54	16	21			1	
皮革鞣制加工							
皮革制品制造							
毛皮鞣制及制品加工							
羽毛(绒)加工及制品制造							
制鞋业	54	16	21			1	
木材加工和木、竹、藤、棕、草制品业	6	6	2			2	
木材加工							
人造板制造	6	6	2			2	
木制品制造							
竹、藤、棕、草等制品制造							
家具制造业	36	10	25			33	1
木质家具制造							
竹、藤家具制造							
金属家具制造							
塑料家具制造							
其他家具制造	36	10	25			33	1
造纸和纸制品业	3	2	3			2	1
纸浆制造	3	2	3			2	1
造纸							
纸制品制造							
印刷和记录媒介复制业	18	3	3				
印刷	18	3	3				
装订及印刷相关服务							
记录媒介复制							
文教、工美、体育和娱乐用品制造业							
文教办公用品制造							
乐器制造							
工艺美术品制造							
体育用品制造							
玩具制造							
游艺器材及娱乐用品制造							

2-27 续表 2

行业	专利申请数(件)	#发明专利	有效发明专利数(件)	专利所有权转让及许可数(件)	专利所有权转让及许可收入(万元)	拥有注册商标数(件)	形成国家或行业标准数(项)
石油加工及炼焦	2	1	1				
化学原料和化学制品制造业	581	252	242	4		43	3
基础化学原料制造	33	25	26			13	
肥料制造	469	206	199	4		23	3
农药制造							
涂料、油墨、颜料及类似产品制造							
合成材料制造	19		4			1	
专用化学产品制造	10	3					
炸药、火工及焰火产品制造	50	18	13			6	
日用化学产品制造							
医药制造业	277	228	542	3		655	46
化学药品原料药制造							
化学药品制剂制造	9	5	20			9	1
中药饮片加工							
中成药生产	245	207	508	1		646	45
兽用药品制造							
生物药品制造	9	9					
卫生材料及医药用品制造	14	7	14	2			
化学纤维制造业							
纤维素纤维原料及纤维制造							
合成纤维制造							
橡胶和塑料制品业	96	35	25			25	3
橡胶制品业	36	8	5			23	3
塑料制品业	60	27	20			2	
非金属矿物制品业	28	22	14			2	1
水泥、石灰和石膏制造							
石膏、水泥制品及类似制品制造	5	5	5			1	
砖瓦、石材等建筑材料制造	14	9	8			1	1
玻璃制造							
玻璃制品制造							
玻璃纤维和玻璃纤维增强塑料制品制造	1	1					
陶瓷制品制造							
耐火材料制品制造	8	7	1				
石墨及其他非金属矿物制品制造							
黑色金属冶炼和压延加工业	45	26	26			42	1
炼铁							
炼钢							
黑色金属铸造	15	10	11			1	
钢压延加工	30	16	15			41	1
铁合金冶炼							
有色金属冶炼和压延加工业	17	6	154	1		16	6
常用有色金属冶炼	13	5	90	1		13	3
贵金属冶炼							
稀有稀土金属冶炼							
有色金属合金制造			61			2	2
有色金属铸造							
有色金属压延加工	4	1	3			1	1

2-27　续表 3

行　　业	专　利申请数(件)	#发明专利	有　效发　明专利数(件)	专利所有权转让及许　可　数(件)	专利所有权转让及许可收入(万元)	拥　有注　册商标数(件)	形成国家或行业标准数(项)
金属制品业	94	58	34			12	10
结构性金属制品制造	6						
金属工具制造	18	8	5			9	
集装箱及金属包装容器制造							
金属丝绳及其制品制造	49	29	12			3	10
建筑、安全用金属制品制造							
金属表面处理及热处理加工							
搪瓷制品制造							
金属制日用品制造							
其他金属制品制造	21	21	17				
通用设备制造业	183	78	54	4		9	9
锅炉及原动设备制造							
金属加工机械制造	28	18	6			1	
物料搬运设备制造	15	1	14				
泵、阀门、压缩机及类似机械制造	46	15	12			5	
轴承、齿轮和传动部件制造	12	4	4	4		1	
烘炉、风机、衡器、包装等设备制造	8	5	5				
文化、办公用机械制造							
通用零部件制造	74	35	13			2	9
其他通用设备制造业							
专用设备制造业	145	42	88	14		13	
采矿、冶金、建筑专用设备制造	128	41	72	14		11	
化工、木材、非金属加工专用设备制造							
食品、饮料、烟草及饲料生产专用设备制造							
印刷、制药、日化及日用品生产专用设备制造							
纺织、服装和皮革加工专用设备制造							
电子和电工机械专用设备制造							
农、林、牧、渔专用机械制造							
医疗仪器设备及器械制造							
环保、社会公共服务及其他专用设备制造	17	1	16			2	
汽车制造业	258	78	61			23	2
汽车整车制造	88	7	7			11	
改装汽车制造	40	15	17			2	2
低速载货汽车制造							
电车制造							
汽车车身、挂车制造							
汽车零部件及配件制造	130	56	37			10	
铁路、船舶、航空航天和其他运输设备制造业	491	261	301			31	21
铁路运输设备制造	22	4	2			11	
城市轨道交通设备制造							
船舶及相关装置制造							
航空、航天器及设备制造	469	257	299			20	21
摩托车制造							
自行车制造							
非公路休闲车及零配件制造							
潜水救捞及其他未列明运输设备制造							
电气机械和器材制造业	140	41	73			36	1
电机制造							
输配电及控制设备制造	69	28	21			1	

2-27 续表 4

行业	专利申请数(件)	#发明专利	有效发明专利数(件)	专利所有权转让及许可数(件)	专利所有权转让及许可收入(万元)	拥有注册商标数(件)	形成国家或行业标准数(项)
电线、电缆、光缆及电工器材制造	8						
电池制造							
家用电力器具制造	55	5	44			35	1
非电力家用器具制造							
照明器具制造	8	8	8				
其他电气机械及器材制造							
计算机、通信和其他电子设备制造业	287	150	160			25	36
计算机制造							
通信设备制造	17	7	6				
广播电视设备制造							
雷达及配套设备制造							
视听设备制造							
电子器件制造	31	18	27			7	
电子元件制造	239	125	127			18	36
其他电子设备制造							
仪器仪表制造业	86	9	4			7	
通用仪器仪表制造	1						
专用仪器仪表制造	78	6	1			2	
钟表与计时仪器制造							
光学仪器及眼镜制造	7	3	3			5	
其他仪器仪表制造业							
其他制造业	94	36	48			1	6
废弃资源综合利用业							
金属废料和碎屑加工处理							
非金属废料和碎屑加工处理							
金属制品、机械和设备修理业							
金属制品修理							
通用设备修理							
专用设备修理							
铁路、船舶、航空航天等运输设备修理							
电气设备修理							
仪器仪表修理							
其他机械和设备修理业							
电力、热力、燃气及水生产和供应业	**150**	**65**	**4**				
电力、热力生产和供应业	150	65	4				
电力生产	3						
电力供应	147	65	4				
热力生产和供应							
燃气生产和供应业							
燃气生产和供应业							
水的生产和供应业							
自来水生产和供应							
污水处理及其再生利用							
其他水的处理、利用与分配							

2-28　按市(州)分组的规模以上工业企业自主知识产权及相关情况

地　区	专　利申请数(件)	#发明专利	有效发明专利数(件)	专利所有权转让及许可数(件)	专利所有权转让及许可收入(万元)	拥有注册商标数(件)	形成国家或行业标准数(项)
贵州省	**3446**	**1516**	**1985**	**26**		**1627**	**165**
贵阳市	1820	844	1052	2		790	110
六盘水市	134	30	101	14		47	1
遵义市	604	241	249	6		612	37
安顺市	224	132	271			105	13
毕节市	101	9	7	4		21	2
铜仁市	57	32	28			18	
黔西南布依族苗族自治州	44	26	16				
黔东南苗族侗族自治州	61	18	11			23	1
黔南布依族苗族自治州	401	184	250			11	1

九、企业政府相关政策落实情况

2-29 按登记注册类型分组的规模以上工业企业政府相关政策落实情况

单位：万元

登记注册类型	使用来自政府部门的科技活动资金	研究开发费用加计扣除减免税	高新技术企业减免税
总　计	**69069**	**8124**	**23536**
内资企业	**68350**	**7967**	**20623**
国有企业	9692	1316	1369
集体企业			
股份合作企业			
联营企业			
国有联营企业			
集体联营企业			
国有与集体联营企业			
其他联营企业			
有限责任公司	44971	2776	5312
国有独资公司	24325	177	1997
其他有限责任公司	20646	2599	3314
股份有限公司	11969	3119	13880
私营企业	1639	757	62
私营独资企业	106		
私营合伙企业			
私营有限责任公司	1503	14	29
私营股份有限公司	30	743	33
其他企业	80		
港、澳、台商投资企业	**231**	**34**	**675**
合资经营企业	231	34	660
合作经营企业			
港、澳、台商独资经营企业			15
港、澳、台商投资股份有限公司			
其他港澳台投资企业			
外商投资企业	**488**	**123**	**2238**
中外合资经营企业	44	123	2238
中外合作经营企业			
外资企业	444		
外商投资股份有限公司			
其他外商投资企业			

2-30　按行业分组的规模以上工业企业政府相关政策落实情况

单位：万元

行　　业	使用来自政府部门的科技活动资金	研究开发费用加计扣除减免税	高新技术企业减免税
总　计	**69069**	**8124**	**23536**
采矿业	**95**	**133**	
煤炭开采和洗选业	90	133	
烟煤和无烟煤开采洗选	90	133	
褐煤开采洗选			
其他煤炭采选			
石油和天然气开采业			
石油开采			
天然气开采			
黑色金属矿采选业			
铁矿采选			
锰矿、铬矿采选			
其他黑色金属矿采选			
有色金属矿采选业			
常用有色金属矿采选			
贵金属矿采选			
稀有稀土金属矿采选			
非金属矿采选业	5		
土砂石开采			
化学矿开采	5		
采盐			
石棉及其他非金属矿采选			
开采辅助活动			
煤炭开采和洗选辅助活动			
石油和天然气开采辅助活动			
其他开采辅助活动			
其他采矿业			
其他采矿业			
制造业	**68088**	**7028**	**23536**
农副食品加工业	418	5	2
谷物磨制	111		
饲料加工	60	5	2
植物油加工	115		
制糖业			
屠宰及肉类加工	20		
水产品加工			
蔬菜、水果和坚果加工	32		
其他农副食品加工	80		
食品制造业	592		
焙烤食品制造			
糖果、巧克力及蜜饯制造			
方便食品制造			
乳制品制造	380		
罐头食品制造			
调味品、发酵制品制造	192		
其他食品制造	20		
酒、饮料和精制茶制造业	796	805	
酒的制造	625	805	
饮料制造	98		
精制茶加工	73		

2-30 续表 1 单位：万元

行 业	使用来自政府部门的科技活动资金	研究开发费用加计扣除减免税	高新技术企业减免税
烟草制品业			
烟叶复烤			
卷烟制造			
其他烟草制品制造			
纺织业	30		
棉纺织及印染精加工			
毛纺织及染整精加工			
麻纺织及染整精加工			
丝绢纺织及印染精加工			
化纤织造及印染精加工	30		
针织或钩针编织物及其制品制造			
家用纺织制成品制造			
非家用纺织制成品制造			
纺织服装、服饰业			
机织服装制造			
针织或钩针编织服装制造			
服饰制造			
皮革、毛皮、羽毛及其制品和制鞋业	50		
皮革鞣制加工			
皮革制品制造			
毛皮鞣制及制品加工			
羽毛(绒)加工及制品制造			
制鞋业	50		
木材加工和木、竹、藤、棕、草制品业	17		
木材加工			
人造板制造	17		
木制品制造			
竹、藤、棕、草等制品制造			
家具制造业	327		
木质家具制造			
竹、藤家具制造			
金属家具制造			
塑料家具制造			
其他家具制造	327		
造纸和纸制品业	50		
纸浆制造	50		
造纸			
纸制品制造			
印刷和记录媒介复制业		34	651
印刷		34	651
装订及印刷相关服务			
记录媒介复制			
文教、工美、体育和娱乐用品制造业			
文教办公用品制造			
乐器制造			
工艺美术品制造			
体育用品制造			
玩具制造			
游艺器材及娱乐用品制造			

2-30　续表 2　　单位：万元

行　　业	使用来自政府部门的科技活动资金	研究开发费用加计扣除减免税	高新技术企业减免税
石油加工及炼焦	8		
化学原料和化学制品制造业	6517	366	2170
基础化学原料制造	44	123	269
肥料制造	4733	243	
农药制造			
涂料、油墨、颜料及类似产品制造			
合成材料制造	236		83
专用化学产品制造	917		
炸药、火工及焰火产品制造	588		1818
日用化学产品制造			
医药制造业	3533	1201	2725
化学药品原料药制造			
化学药品制剂制造	67		195
中药饮片加工			
中成药生产	3285	1201	2530
兽用药品制造			
生物药品制造			
卫生材料及医药用品制造	181		
化学纤维制造业			
纤维素纤维原料及纤维制造			
合成纤维制造			
橡胶和塑料制品业	444	396	10524
橡胶制品业	267	322	8805
塑料制品业	177	74	1719
非金属矿物制品业	445		
水泥、石灰和石膏制造			
石膏、水泥制品及类似制品制造	323		
砖瓦、石材等建筑材料制造	44		
玻璃制造			
玻璃制品制造			
玻璃纤维和玻璃纤维增强塑料制品制造			
陶瓷制品制造			
耐火材料制品制造	78		
石墨及其他非金属矿物制品制造			
黑色金属冶炼和压延加工业	1065	169	
炼铁			
炼钢			
黑色金属铸造	735	13	
钢压延加工	330	156	
铁合金冶炼			
有色金属冶炼和压延加工业	1559		
常用有色金属冶炼	1322		
贵金属冶炼			
稀有稀土金属冶炼			
有色金属合金制造	11		
有色金属铸造			
有色金属压延加工	226		

2-30 续表 3

单位：万元

行业	使用来自政府部门的科技活动资金	研究开发费用加计扣除减免税	高新技术企业减免税
金属制品业	1510	6	18
结构性金属制品制造	387		
金属工具制造	80		18
集装箱及金属包装容器制造			
金属丝绳及其制品制造	443		
建筑、安全用金属制品制造			
金属表面处理及热处理加工			
搪瓷制品制造			
金属制日用品制造			
其他金属制品制造	600	6	
通用设备制造业	1368	385	962
锅炉及原动设备制造			
金属加工机械制造	243		2
物料搬运设备制造			
泵、阀门、压缩机及类似机械制造	72	153	389
轴承、齿轮和传动部件制造	350	169	120
烘炉、风机、衡器、包装等设备制造	20		89
文化、办公用机械制造			
通用零部件制造	683	64	362
其他通用设备制造业			
专用设备制造业	961	79	559
采矿、冶金、建筑专用设备制造	921	79	559
化工、木材、非金属加工专用设备制造			
食品、饮料、烟草及饲料生产专用设备制造			
印刷、制药、日化及日用品生产专用设备制造			
纺织、服装和皮革加工专用设备制造			
电子和电工机械专用设备制造			
农、林、牧、渔专用机械制造			
医疗仪器设备及器械制造			
环保、社会公共服务及其他专用设备制造	40		
汽车制造业	4800	1738	1442
汽车整车制造	400		
改装汽车制造	557		231
低速载货汽车制造			
电车制造			
汽车车身、挂车制造			
汽车零部件及配件制造	3843	1738	1211
铁路、船舶、航空航天和其他运输设备制造业	37773	555	1069
铁路运输设备制造	160	175	
城市轨道交通设备制造			
船舶及相关装置制造			
航空、航天器及设备制造	37613	380	1069
摩托车制造			
自行车制造			
非公路休闲车及零配件制造			
潜水救捞及其他未列明运输设备制造			
电气机械和器材制造业	709	34	38
电机制造			
输配电及控制设备制造	589	34	13

2-30　续表 4　　单位：万元

行　业	使用来自政府部门的科技活动资金	研究开发费用加计扣除减免税	高新技术企业减免税
电线、电缆、光缆及电工器材制造	32		
电池制造			
家用电力器具制造	17		25
非电力家用器具制造			
照明器具制造	72		
其他电气机械及器材制造			
计算机、通信和其他电子设备制造业	2819	509	3219
计算机制造			
通信设备制造	50		
广播电视设备制造			
雷达及配套设备制造			
视听设备制造	51		
电子器件制造	855	106	258
电子元件制造	1863	404	2961
其他电子设备制造			
仪器仪表制造业	347		60
通用仪器仪表制造			
专用仪器仪表制造	200		60
钟表与计时仪器制造			
光学仪器及眼镜制造	147		
其他仪器仪表制造业			
其他制造业	1953	748	96
废弃资源综合利用业			
金属废料和碎屑加工处理			
非金属废料和碎屑加工处理			
金属制品、机械和设备修理业			
金属制品修理			
通用设备修理			
专用设备修理			
铁路、船舶、航空航天等运输设备修理			
电气设备修理			
仪器仪表修理			
其他机械和设备修理业			
电力、热力、燃气及水生产和供应业	**886**	**963**	
电力、热力生产和供应业	480	963	
电力生产	50		
电力供应	430	963	
热力生产和供应			
燃气生产和供应业	406		
燃气生产和供应业	406		
水的生产和供应业			
自来水生产和供应			
污水处理及其再生利用			
其他水的处理、利用与分配			

2-31 按市(州)分组的规模以上工业企业政府相关政策落实情况

单位：万元

地　　区	使用来自政府部门的科技活动资金	研究开发费用加计扣除减免税	高新技术企业减免税
贵州省	**69069**	**8124**	**23536**
贵阳市	32021	5896	20839
六盘水市	260	289	6
遵义市	5853	1722	2080
安顺市	28198	74	
毕节市	510		
铜仁市	285		
黔西南布依族苗族自治州			
黔东南苗族侗族自治州	441		38
黔南布依族苗族自治州	1501	144	574

十、企业技术获取和技术改造情况

2-32　按登记注册类型分组的规模以上工业企业技术获取和技术改造情况

单位：万元

登记注册类型	引进技术经费支出	消化吸收经费支出	购买国内技术经费支出	技术改造经费支出
总　计	**1857**	**4729**	**7545**	**972508**
内资企业	**1857**	**4729**	**7545**	**971984**
国有企业				32221
集体企业				
股份合作企业				22
联营企业				9468
国有联营企业				
集体联营企业				
国有与集体联营企业				
其他联营企业				9468
有限责任公司	1857	2311	7096	756157
国有独资公司			1306	47996
其他有限责任公司	1857	2311	5789	708161
股份有限公司		2414	400	116957
私营企业		5	49	56662
私营独资企业				37209
私营合伙企业				15026
私营有限责任公司		5	49	4427
私营股份有限公司				
其他企业				498
港、澳、台商投资企业				**23**
合资经营企业				23
合作经营企业				
港、澳、台商独资经营企业				
港、澳、台商投资股份有限公司				
其他港澳台投资企业				
外商投资企业				**500**
中外合资经营企业				500
中外合作经营企业				
外资企业				
外商投资股份有限公司				
其他外商投资企业				

2-33 按行业分组的规模以上工业企业技术获取和技术改造情况

单位：万元

行业	引进技术经费支出	消化吸收经费支出	购买国内技术经费支出	技术改造经费支出
总计	**1857**	**4729**	**7545**	**972508**
采矿业		**168**		**91397**
煤炭开采和洗选业		168		91397
烟煤和无烟煤开采洗选		168		91397
褐煤开采洗选				
其他煤炭采选				
石油和天然气开采业				
石油开采				
天然气开采				
黑色金属矿采选业				
铁矿采选				
锰矿、铬矿采选				
其他黑色金属矿采选				
有色金属矿采选业				
常用有色金属矿采选				
贵金属矿采选				
稀有稀土金属矿采选				
非金属矿采选业				
土砂石开采				
化学矿开采				
采盐				
石棉及其他非金属矿采选				
开采辅助活动				
煤炭开采和洗选辅助活动				
石油和天然气开采辅助活动				
其他开采辅助活动				
其他采矿业				
其他采矿业				
制造业	**1857**	**4549**	**7545**	**839036**
农副食品加工业				56
谷物磨制				20
饲料加工				31
植物油加工				5
制糖业				
屠宰及肉类加工				
水产品加工				
蔬菜、水果和坚果加工				
其他农副食品加工				
食品制造业		5		14
焙烤食品制造		5		14
糖果、巧克力及蜜饯制造				
方便食品制造				
乳制品制造				
罐头食品制造				
调味品、发酵制品制造				
其他食品制造				
酒、饮料和精制茶制造业	1857	851	5789	401704
酒的制造	1857	851	5789	401704
饮料制造				
精制茶加工				

2-33　续表 1　　　　单位：万元

行　　业	引进技术经费支出	消化吸收经费支出	购买国内技术经费支出	技术改造经费支出
烟草制品业				
烟叶复烤				
卷烟制造				
其他烟草制品制造				
纺织业				250
棉纺织及印染精加工				250
毛纺织及染整精加工				
麻纺织及染整精加工				
丝绢纺织及印染精加工				
化纤织造及印染精加工				
针织或钩针编织物及其制品制造				
家用纺织制成品制造				
非家用纺织制成品制造				
纺织服装、服饰业				4
机织服装制造				4
针织或钩针编织服装制造				
服饰制造				
皮革、毛皮、羽毛及其制品和制鞋业				294
皮革鞣制加工				
皮革制品制造				
毛皮鞣制及制品加工				
羽毛(绒)加工及制品制造				
制鞋业				294
木材加工和木、竹、藤、棕、草制品业				104
木材加工				
人造板制造				36
木制品制造				68
竹、藤、棕、草等制品制造				
家具制造业				
木质家具制造				
竹、藤家具制造				
金属家具制造				
塑料家具制造				
其他家具制造				
造纸和纸制品业				98
纸浆制造				
造纸				44
纸制品制造				54
印刷和记录媒介复制业				1611
印刷				1611
装订及印刷相关服务				
记录媒介复制				
文教、工美、体育和娱乐用品制造业				
文教办公用品制造				
乐器制造				
工艺美术品制造				
体育用品制造				
玩具制造				
游艺器材及娱乐用品制造				

2-33 续表 2

单位：万元

行　　业	引进技术经费支出	消化吸收经费支出	购买国内技术经费支出	技术改造经费支出
石油加工及炼焦				
化学原料和化学制品制造业		2187	1745	268093
基础化学原料制造			39	7828
肥料制造		1987		243009
农药制造				
涂料、油墨、颜料及类似产品制造				
合成材料制造				9
专用化学产品制造				1249
炸药、火工及焰火产品制造		200	1706	15999
日用化学产品制造				
医药制造业		3		1780
化学药品原料药制造				
化学药品制剂制造				
中药饮片加工				
中成药生产		3		1780
兽用药品制造				
生物药品制造				
卫生材料及医药用品制造				
化学纤维制造业				
纤维素纤维原料及纤维制造				
合成纤维制造				
橡胶和塑料制品业				56859
橡胶制品业				56675
塑料制品业				185
非金属矿物制品业				3982
水泥、石灰和石膏制造				936
石膏、水泥制品及类似制品制造				2353
砖瓦、石材等建筑材料制造				483
玻璃制造				
玻璃制品制造				
玻璃纤维和玻璃纤维增强塑料制品制造				81
陶瓷制品制造				
耐火材料制品制造				86
石墨及其他非金属矿物制品制造				43
黑色金属冶炼和压延加工业				25762
炼铁				
炼钢				
黑色金属铸造				398
钢压延加工				24841
铁合金冶炼				523
有色金属冶炼和压延加工业		1447		7799
常用有色金属冶炼				2937
贵金属冶炼				4762
稀有稀土金属冶炼				
有色金属合金制造				
有色金属铸造				
有色金属压延加工		1447		100

2-33　续表 3　　　　单位：万元

行　业	引进技术经费支出	消化吸收经费支出	购买国内技术经费支出	技术改造经费支出
金属制品业				2230
结构性金属制品制造				103
金属工具制造				1200
集装箱及金属包装容器制造				
金属丝绳及其制品制造				728
建筑、安全用金属制品制造				199
金属表面处理及热处理加工				
搪瓷制品制造				
金属制日用品制造				
其他金属制品制造				
通用设备制造业				1559
锅炉及原动设备制造				
金属加工机械制造				
物料搬运设备制造				
泵、阀门、压缩机及类似机械制造				336
轴承、齿轮和传动部件制造				1114
烘炉、风机、衡器、包装等设备制造				
文化、办公用机械制造				
通用零部件制造				110
其他通用设备制造业				
专用设备制造业				1328
采矿、冶金、建筑专用设备制造				1303
化工、木材、非金属加工专用设备制造				
食品、饮料、烟草及饲料生产专用设备制造				
印刷、制药、日化及日用品生产专用设备制造				
纺织、服装和皮革加工专用设备制造				
电子和电工机械专用设备制造				
农、林、牧、渔专用机械制造				
医疗仪器设备及器械制造				25
环保、社会公共服务及其他专用设备制造				
汽车制造业				5481
汽车整车制造				
改装汽车制造				477
低速载货汽车制造				
电车制造				
汽车车身、挂车制造				
汽车零部件及配件制造				5004
铁路、船舶、航空航天和其他运输设备制造业				33010
铁路运输设备制造				10872
城市轨道交通设备制造				
船舶及相关装置制造				
航空、航天器及设备制造				22138
摩托车制造				
自行车制造				
非公路休闲车及零配件制造				
潜水救捞及其他未列明运输设备制造				
电气机械和器材制造业		57	10	3418
电机制造				
输配电及控制设备制造		57		2753

2-33 续表 4　　　　单位：万元

行　　业	引进技术经费支出	消化吸收经费支出	购买国内技术经费支出	技术改造经费支出
电线、电缆、光缆及电工器材制造			10	160
电池制造				
家用电力器具制造				505
非电力家用器具制造				
照明器具制造				
其他电气机械及器材制造				
计算机、通信和其他电子设备制造业				9514
计算机制造				
通信设备制造				
广播电视设备制造				
雷达及配套设备制造				
视听设备制造				
电子器件制造				495
电子元件制造				9019
其他电子设备制造				
仪器仪表制造业				97
通用仪器仪表制造				
专用仪器仪表制造				97
钟表与计时仪器制造				
光学仪器及眼镜制造				
其他仪器仪表制造业				
其他制造业				13990
废弃资源综合利用业				
金属废料和碎屑加工处理				
非金属废料和碎屑加工处理				
金属制品、机械和设备修理业				
金属制品修理				
通用设备修理				
专用设备修理				
铁路、船舶、航空航天等运输设备修理				
电气设备修理				
仪器仪表修理				
其他机械和设备修理业				
电力、热力、燃气及水生产和供应业		**12**		**42074**
电力、热力生产和供应业		12		42074
电力生产		12		32774
电力供应				9300
热力生产和供应				
燃气生产和供应业				
燃气生产和供应业				
水的生产和供应业				
自来水生产和供应				
污水处理及其再生利用				
其他水的处理、利用与分配				

2-34　按市(州)分组的规模以上工业企业技术获取和技术改造情况

单位：万元

地　区	引进技术经费支出	消化吸收经费支出	购买国内技术经费支出	技术改造经费支出
贵州省	**1857**	**4729**	**7545**	**972508**
贵阳市		264	1706	254517
六盘水市		168		39634
遵义市	1857	4285	5799	417873
安顺市				29392
毕节市		12		3236
铜仁市			39	546
黔西南布依族苗族自治州				9644
黔东南苗族侗族自治州				2666
黔南布依族苗族自治州				215001

第3篇

建筑业企业生产经营及财务状况

一、综合

3-1　按市(州)分组的全社会建筑业企业个数

单位：个

地　　区	合　计	总承包和专业承包企业	劳务分包企业	资质以外企业
贵州省	**3617**	**669**	**27**	**2921**
贵阳市	1491	295	20	1176
六盘水市	252	27	3	222
遵义市	440	99		341
安顺市	206	22	2	182
毕节市	242	50		192
铜仁市	209	41		168
黔西南布依族苗族自治州	232	40		192
黔东南苗族侗族自治州	306	50	2	254
黔南布依族苗族自治州	239	45		194

注：资质以上数据为2013年一套表名录库在库企业数据，总承包和专业承包数据含没有工作量的建筑业企业。下表同。

3-2　按市(州)分组的全社会建筑业企业年末从业人员数

单位：人

地　　区	合　计	总承包和专业承包企业	劳务分包企业	资质以外企业
贵州省	**473553**	**419714**	**1469**	**52370**
贵阳市	288588	264306	1377	22905
六盘水市	16472	13913	17	2542
遵义市	56234	51284		4950
安顺市	13820	10403	41	3376
毕节市	14727	11270		3457
铜仁市	19647	14210		5437
黔西南布依族苗族自治州	13394	11242		2152
黔东南苗族侗族自治州	36651	32402	34	4215
黔南布依族苗族自治州	14020	10684		3336

3-3 按市(州)分组的全社会建筑业企业资产总计

单位：亿元

地 区	合 计	总承包和专业承包企业	劳务分包企业	资质以外企业
贵州省	**2469.77**	**1505.38**	**1.39**	**963**
贵阳市	1704.37	1072.71	1.30	630.36
六盘水市	57.28	43.71	0.01	13.56
遵义市	205.54	166.38		39.16
安顺市	23.69	11.98	0.06	11.65
毕节市	63.48	38.22		25.26
铜仁市	50.98	27.39		23.59
黔西南布依族苗族自治州	37.29	21.20		16.09
黔东南苗族侗族自治州	233.66	39.43	0.02	194.21
黔南布依族苗族自治州	93.48	84.36		9.12

注：总承包和专业承包数据含没有工作量的建筑业企业。

3-4 按市(州)分组的全社会建筑业企业实收资本

单位：亿元

地 区	合 计	总承包和专业承包企业	劳务分包企业	资质以外企业
贵州省	**455.57**	**226.23**	**0.99**	**228.35**
贵阳市	296.66	159.71	0.97	135.98
六盘水市	14.20	7.08	0.01	7.11
遵义市	37.47	24.25		13.22
安顺市	8.73	2.47		6.26
毕节市	13.07	5.44		7.63
铜仁市	15.08	6.14		8.94
黔西南布依族苗族自治州	12.75	6.88		5.87
黔东南苗族侗族自治州	30.07	8.81	0.01	21.25
黔南布依族苗族自治州	27.54	5.45		22.09

3-5　按行业分组的全社会建筑业企业个数

单位：个

行　业	合　计	总承包和专业承包企业	劳务分包企业	资质以外企业
总　计	**3617**	**669**	**27**	**2921**
房屋建筑业	754	401	7	346
土木工程建筑业	536	97	2	437
铁路、道路、隧道和桥梁工程建筑	235	38	2	195
水利和内河港口工程建筑	45	21		24
工矿工程建筑	25	6		19
架线和管道工程建筑	78	28		50
其他土木工程建筑	153	4		149
建筑安装业	394	72	2	320
建筑装饰和其他建筑业	1933	99	16	1818

3-6　按行业分组的全社会建筑业企业年末从业人员数

单位：人

行　业	合　计	总承包和专包企业	劳务分包企业	资质以外企业
总　计	**473553**	**419714**	**1469**	**53839**
房屋建筑业	289572	281276	420	8296
土木工程建筑业	134183	112815	47	21368
铁路、道路、隧道和桥梁工程建筑	88765	74277	47	14488
水利和内河港口工程建筑	8970	7832		1138
工矿工程建筑	5349	4432		917
架线和管道工程建筑	22695	21557		1138
其他土木工程建筑	8404	4717		3687
建筑安装业	25734	19182	173	6552
建筑装饰和其他建筑业	24064	6441	829	17623

3-7 按行业分组的全社会建筑业企业资产总计

单位：亿元

行业	合计	总承包和专业承包企业	劳务分包企业	资质以外企业
总　计	**2469.77**	**1505.38**	**1.39**	**963**
房屋建筑业	782.46	570.67	0.16	211.63
土木工程建筑业	1376.69	713.90	0.03	662.76
铁路、道路、隧道和桥梁工程建筑	1199.10	573.78	0.03	625.29
水利和内河港口工程建筑	19.27	12.83		6.44
工矿工程建筑	34.41	30.58		3.83
架线和管道工程建筑	56.45	51.09		5.36
其他土木工程建筑	67.46	45.62		21.84
建筑安装业	179.99	122.90	0.15	56.94
建筑装饰和其他建筑业	130.63	97.91	1.05	31.67

注：总承包和专业承包数据含没有工作量的建筑业企业。

3-8 按行业分组的全社会建筑业企业实收资本

单位：亿元

行业	合计	总承包和专业承包企业	劳务分包企业	资质以外企业
总　计	**455.57**	**226.23**	**0.99**	**228.35**
房屋建筑业	137.11	85.71	0.13	51.27
土木工程建筑业	217.52	82.46	0.01	135.05
铁路、道路、隧道和桥梁工程建筑	177.39	60.65	0.01	116.73
水利和内河港口工程建筑	9.50	4.62		4.88
工矿工程建筑	6.76	4.64		2.12
架线和管道工程建筑	11.03	7.45		3.58
其他土木工程建筑	12.84	5.10		7.74
建筑安装业	25.09	11.82	0.12	13.15
建筑装饰和其他建筑业	75.85	46.24	0.72	28.89

二、总承包和专业承包

3-9　按经济类型分组的总承包和专业承包企业主要经济指标

指　标	单位	内资	#国有	#集体
企业个数	个	669	64	87
从业人员	万人	41.97	9.86	2.23
计算劳动生产率的平均人数	万人	38.65	7.58	2.01
自有固定资产原价	亿元	105.44	25.65	5.27
自有固定资产净价	亿元	62.41	14.27	3.98
自有机械设备年末总台数	万台	6.63	1.63	0.50
自有机械设备年末净值	亿元	26.29	4.47	1.38
自有机械设备年末总功率	万千瓦	179.17	19.77	11.54
建筑业总产值	亿元	1379.15	297.93	37.76
本年固定资产折旧	亿元	8.44	2.40	0.28
应付职工薪酬	亿元	155.43	38.29	5.69
主营业务税金及附加	亿元	47.48	12.99	2.11
管理费用中的税金	亿元	1.01	0.08	0.21
房屋建筑施工面积	平方米	12267	4170	365
房屋建筑竣工面积	万平方米	2472	476	196
利润总额	亿元	32.17	8.13	1.04
税金总额	亿元	55.84	14.66	2.59
按总产值计算的劳动生产率	元/人	356831	393047	187861
技术装备率	元/人	6264	4533	6188
动力装备率	千瓦/人	4.27	2.01	5.17
房屋建筑面积竣工率	%	20.2	11.4	53.7
产值利润率	%	2.3	2.7	2.8
产值利税率	%	6.4	7.6	9.6

注：本表数据为所有具有资质等级的有工作量的施工总承包、专业承包建筑业企业(不含劳务分包建筑业企业)数据。所有资质以上企业均属于内资企业。

3-10 总承包和专业承包企业主要经济指标完成情况

指　　标	单位	2013年	2012年	2013年比2012年增减(%)
建筑业企业个数	个	669	628	6.5
年末从业人数	万人	41.97	35.57	18.0
计算劳动生产率的平均人数	万人	38.65	32.55	18.7
签订的合同额	亿元	3328.29	2331.67	42.7
#本年新签合同额	亿元	1839.89	1311.85	40.3
建筑业总产值	亿元	1379.15	1039.95	32.6
建筑工程产值	亿元	1210.78	911.06	32.9
安装工程产值	亿元	99.40	90.64	9.7
其他产值	亿元	68.97	38.25	80.3
竣工产值	亿元	593.32	349.34	69.8
建筑业增加值	亿元	557.18*	460.48	21.0
#本年固定资产折旧	亿元	8.44	6.75	25.0
应付职工薪酬	亿元	155.43	121.89	27.5
主营业务税金及附加	亿元	47.48	34.65	37.0
管理费用中的税金	亿元	1.01	1.34	-24.6
房屋建筑施工面积	万平方米	12267	8254	48.6
房屋建筑竣工面积	万平方米	2472	1863	32.7
年末自有施工机械设备净值	亿元	26.29	24.45	7.5
年末自有施工机械设备总功率	万千瓦	179.17	143.00	25.3
实收资本	亿元	226.23	246.96	-8.4
资产合计	亿元	1505.38	1031.04	46.0
#流动资产	亿元	1211.43	821.22	47.5
固定资产	亿元	94.58	75.46	25.3
负债合计	亿元	1009.60	803.63	25.6
#流动负债	亿元	911.90	730.67	24.8
利润总额	亿元	32.17	16.30	97.4
税金总额	亿元	55.84	40.69	37.2
按建筑业总产值计算的劳动生产率	元/人	356831	319493	11.7
按建筑业增加值计算的劳动生产率	元/人	144160	141459	1.9
技术装备率	元/人	6264	6874*	-8.9
动力装备率	千瓦/人	4.27	4.67	-8.6
人均利税	元/人	1.33	1.14	16.7
房屋建筑面积竣工率	%	20.2	22.6	-10.6
资产负债率	%	67.1	77.9	-13.9
产值利润率	%	2.3	1.6	43.8
产值利税率	%	6.4	5.5	16.4

注：*的两个指标与往年年鉴不同，是更正后的数据。

3-11　按市(州)分组的总承包和专业承包企业签订合同情况

单位：万元

地　　区	合同总额	上年结转合同额	本年新签合同额
贵州省	**32282871**	**13884007**	**18398864**
贵阳市	23411360	11490544	11920816
六盘水市	377364	154675	222689
遵义市	2591026	800439	1790587
安顺市	215014	89305	125709
毕节市	237994	74080	163914
铜仁市	467740	164059	303681
黔西南布依族苗族自治州	682088	78074	604014
黔东南苗族侗族自治州	850017	322188	527829
黔南布依族苗族自治州	3450269	710643	2739626

3-12　按市(州)分组的总承包和专业承包企业建筑业总产值和竣工产值

单位：万元

地　　区	建筑业总产值	#装饰装修产值	#在外省完成的产值	按构成分组			竣工产值
				建筑工程产值	安装工程产值	其他产值	
贵州省	**13791526**	**313365**	**2341039**	**12107779**	**993991**	**689756**	**5933169**
贵阳市	9776425	218006	1827000	8526363	797020	453043	3692464
六盘水市	316300	3986		237963	47967	30370	176057
遵义市	1381033	54648	160560	1140460	93608	146965	948021
安顺市	132971	2949		123826	3050	6095	96625
毕节市	152768			150793	1876	100	129595
铜仁市	247926	4210		227698	11399	8828	177868
黔西南布依族苗族自治州	251960	20419		219766	16515	15680	186422
黔东南苗族侗族自治州	551976	6832	2000	515728	12364	23884	274249
黔南布依族苗族自治州	980168	2314	351478	965183	10194	4791	251868

3-13 按市(州)分组的总承包和专业承包企业实收资本

单位：万元

地区	实收资本	国家资本	集体资本	法人资本	个人资本
贵州省	**2262275**	**896409**	**139394**	**810176**	**416296**
贵阳市	1597066	679207	47849	661842	208169
六盘水市	70826	38109	5189	21022	6506
遵义市	242483	79339	28781	43737	90626
安顺市	24690	7220	4145	1010	12314
毕节市	54374	13841	8792	10678	21062
铜仁市	61379	8376	12759	24268	15976
黔西南布依族苗族自治州	68798	3971	10663	13844	40320
黔东南苗族侗族自治州	88154	56293	6959	11212	13691
黔南布依族苗族自治州	54504	10054	14256	22563	7631

3-14 按市(州)分组的总承包和专业承包企业房屋建筑面积

地区	房屋建筑施工面积(万平方米)	#本年新开工	#实行投标承包面积	#本年新开工	房屋建筑竣工面积(万平方米)	房屋建筑面积竣工率(%)
贵州省	**12267**	**5237**	**9063**	**3841**	**2472**	**20.2**
贵阳市	6407	2194	6010	1970	1293	20.2
六盘水市	168	122	95	82	79	47.0
遵义市	2498	1568	1702	1228	443	17.7
安顺市	162	66	154	61	63	38.9
毕节市	120	79	76	49	80	66.7
铜仁市	297	160	161	89	124	41.8
黔西南布依族苗族自治州	180	111	103	85	100	55.6
黔东南苗族侗族自治州	721	197	638	165	132	18.3
黔南布依族苗族自治州	1715	740	124	111	159	9.3

3-15　按市(州)、主要用途分组的总承包和专业承包企业房屋建筑竣工面积

单位：万平方米

地　区	合　计	住宅房屋	商业及服务用房屋	商厦房屋(批发和零售用房)	宾馆用房屋(住宿用房)	餐饮用房屋(餐饮用房)	商务会展用房屋	其他商业及服务用房屋(居民服务业用房)	办公用房　屋
贵州省	**2472**	**1489**	**234**	**102**	**19**	**3**	**4**	**106**	**179**
贵阳市	1293	891	130	38	16		2	74	74
六盘水市	79	36	1		1				7
遵义市	443	281	33	19	1	1	1	11	17
安顺市	63	34	8	1	1			7	7
毕节市	80	31	3	1		1	1	1	12
铜仁市	124	67	4	2				2	11
黔西南布依族苗族自治州	100	41	8	1		1		6	13
黔东南苗族侗族自治州	132	55	3					3	32
黔南布依族苗族自治州	159	53	44	40		1	1	2	7

3-15　续表

单位：万平方米

地　区	科研、教育和医疗用房屋	科学研究用房屋	教育用房　屋	医疗用房屋(卫生医疗用房)	文化、体育和娱乐用房屋	厂房及建筑物	#厂房	仓　库	其他未列明的房屋建筑物
贵州省	**326**	**20**	**244**	**62**	**23**	**121**	**82**	**6**	**93**
贵阳市	103	1	71	31	7	51	35	5	32
六盘水市	24		17	7	1	9	3		2
遵义市	51	16	30	6	1	42	34	1	19
安顺市	8		7	1	3	1	1		2
毕节市	28	2	24	3	2	4	3		1
铜仁市	37		31	6	1	1			1
黔西南布依族苗族自治州	23	1	20	2		2	2	1	12
黔东南苗族侗族自治州	19		18	1	2	4	2		16
黔南布依族苗族自治州	32		26	6	6	8	3		8

3-16 按市(州)、主要用途分组的总承包和专业承包企业房屋建筑竣工价值

单位：万元

地区	合计	住宅房屋	商业及服务用房屋	商厦房屋(批发和零售用房)	宾馆用房屋(住宿用房)	餐饮用房屋(餐饮用房)	商务会展用房屋	其他商业及服务用房屋(居民服务业用房)	办公用房屋
贵州省	**3509023**	**1979806**	**426328**	**225887**	**40513**	**3682**	**5519**	**150727**	**222763**
贵阳市	1933573	1238730	244870	90144	36660	353	3128	114586	93761
六盘水市	111955	44232	1332	510	822				18206
遵义市	664638	375434	50660	32759	552	500	659	16189	25376
安顺市	66006	31820	9182	1023	915	184	329	6731	10656
毕节市	96896	38592	3508	1009	606	791	485	617	13816
铜仁市	136364	70612	4411	1957	324	92	162	1876	13237
黔西南布依族苗族自治州	121978	54176	6867	940	634	637		4656	12291
黔东南苗族侗族自治州	138098	59232	2703			174		2529	26828
黔南布依族苗族自治州	239515	66978	102795	97544		953	756	3542	8591

3-16 续表

单位：万元

地区	科研、教育和医疗用房屋	科学研究用房屋	教育用房屋	医疗用房屋(卫生医疗用房)	文化、体育和娱乐用房屋	厂房及建筑物	#厂房	仓库	其他未列明的房屋建筑物
贵州省	**472303**	**51525**	**320321**	**100457**	**30610**	**232554**	**178579**	**18097**	**126563**
贵阳市	185151	1139	122389	61624	12980	99138	75520	16141	42802
六盘水市	29983		20620	9363	1136	14294	4682		2772
遵义市	92233	46008	40405	5820	384	96134	83819	503	23914
安顺市	7717	398	6415	904	4131	554	392		1944
毕节市	32338	1900	26491	3947	1947	5585	4753	147	963
铜仁市	44423	331	36002	8089	1642	519			1520
黔西南布依族苗族自治州	24852	1149	21232	2471	303	3199	3177	1146	19144
黔东南苗族侗族自治州	18157	600	16446	1112	2031	4859	1616	160	24128
黔南布依族苗族自治州	37448		30321	7127	6057	8272	4620		9375

3-17　按市(州)分组的总承包和专业承包企业施工机械设备情况

地　区	年末自有施工机械设备总台数(台)	年末自有施工机械设备总功率(千瓦)	年末自有施工机械设备净值(万元)	技术装备率(元/人)	动力装备率(千瓦/人)
贵州省	**66251**	**1791658**	**262864**	**6263**	**4.27**
贵阳市	43035	1277345	166318	6293	4.83
六盘水市	3245	51884	10835	7788	3.73
遵义市	6789	162190	30385	5925	3.16
安顺市	622	15721	1283	1233	1.51
毕节市	1257	18700	3802	3374	1.66
铜仁市	3183	40895	7034	4950	2.88
黔西南布依族苗族自治州	2013	32424	10485	9327	2.88
黔东南苗族侗族自治州	4270	154655	22374	6905	4.77
黔南布依族苗族自治州	1837	37844	10348	9686	3.54

3-18　按市(州)分组的总承包和专业承包企业建筑材料消耗情况

地　区	钢材(吨)	木材(立方米)	水泥(吨)	玻璃		铝材(吨)
				重量箱	平方米	
贵州省	**8524653**	**3389801**	**27249484**	**1538881**	**91312195**	**1605803**
贵阳市	3532096	2076599	13255151	833683	18981879	1279499
六盘水市	198526	15010	338678	20060	237287	12023
遵义市	1695841	568897	10047711	364616	66377319	88055
安顺市	133145	93759	297763	100098	3360591	9896
毕节市	1964312	150549	743991	20900	449408	4498
铜仁市	150200	116291	409151	40293	425864	11973
黔西南布依族苗族自治州	140363	107301	494405	49539	466338	22730
黔东南苗族侗族自治州	210905	104917	595596	50769	356968	31409
黔南布依族苗族自治州	499265	156478	1067038	58923	656541	145720

3-19 按市(州)分组的总承包和专业承包企业营业额

单位：万元

地　区	企业营业额	在境外完成的营业额	企业总产值	#建筑业总产值
贵州省	**12900669**	**76927**	**13907719**	**13791526**
贵阳市	9317714	68057	9838453	9776425
六盘水市	308233		317918	316300
遵义市	1197205	8785	1398506	1381033
安顺市	113967		133363	132971
毕节市	193710		164952	152768
铜仁市	245232	85	257579	247926
黔西南布依族苗族自治州	230768		252986	251960
黔东南苗族侗族自治州	335698		563016	551976
黔南布依族苗族自治州	958142		980946	980168

3-20 按市(州)分组的总承包和专业承包企业资产构成

单位：万元

地　区	资产合计	#流动资产小计	#存货	#非流动资产合计	#固定资产合计
贵州省	**15053813**	**12114347**	**4110796**	**2939466**	**945758**
贵阳市	10727130	8599460	3419045	2127670	546557
六盘水市	437111	258063	29624	179048	54522
遵义市	1663768	1457547	213554	206221	125077
安顺市	119768	90874	36119	28894	14250
毕节市	382234	269060	90216	113174	30205
铜仁市	273869	209619	60727	64250	44625
黔西南布依族苗族自治州	212054	153624	23116	58430	35079
黔东南苗族侗族自治州	394318	309109	53955	85209	49487
黔南布依族苗族自治州	843561	766993	184440	76568	45957

3-21　按市(州)分组的承包和专业承包企业固定资产情况

单位：万元

地　区	固定资产合计	固定资产原价	固定资产折旧	#本年折旧	在建工程
贵州省	**945758**	**1054378**	**430317**	**84436**	**233280**
贵阳市	546557	639668	303782	51460	147831
六盘水市	54522	37223	11897	958	26691
遵义市	125077	126262	38460	7012	28783
安顺市	14250	15257	4754	1998	3381
毕节市	30205	20420	5908	553	14423
铜仁市	44625	45091	12886	2969	6186
黔西南布依族苗族自治州	35079	40394	9741	1335	2611
黔东南苗族侗族自治州	49487	62867	17375	3319	2382
黔南布依族苗族自治州	45957	67196	25515	14832	993

3-22　按市(州)分组的总承包和专业承包企业负债及所有者权益

单位：万元

地　区	负债合计	#流动负债	#应付账款	所有者权益	#实收资本
贵州省	**10096046**	**9119033**	**2510031**	**4957767**	**2262275**
贵阳市	6772256	6264624	1696404	3954875	1597066
六盘水市	313524	243474	60285	123588	70826
遵义市	1351390	1091739	202177	312377	242483
安顺市	82341	72303	5132	37428	24690
毕节市	308616	278215	18209	73618	54374
铜仁市	180038	167975	33156	93832	61379
黔西南布依族苗族自治州	101023	95322	12084	111031	68798
黔东南苗族侗族自治州	273018	208257	19520	121300	88154
黔南布依族苗族自治州	713841	697125	463066	129720	54504

3-23 按市(州)分组的总承包和专业承包企业收入情况

单位：万元

地区	主营业务收入	#主营业务成本	#主营业务税金及附加	其他业务收入	#其他业务成本
贵州省	**12800499**	**11445078**	**474788**	**100170**	**209940**
贵阳市	9240935	8394177	330661	76781	162623
六盘水市	306994	282107	10438	1239	1558
遵义市	1187906	1023436	46380	9298	28152
安顺市	113051	95502	5585	916	4584
毕节市	193592	163142	7722	118	100
铜仁市	244541	200874	11946	691	234
黔西南布依族苗族自治州	229862	198567	8817	906	1469
黔东南苗族侗族自治州	327711	275429	19328	7986	7716
黔南布依族苗族自治州	955906	811845	33911	2236	3504

3-24 按市(州)分组的总承包和专业承包企业费用情况

单位：万元

地区	管理费用	#税金	销售费用	财务费用	#利息收入	#利息支出
贵州省	**327440**	**10099**	**14688**	**99805**	**11487**	**90054**
贵阳市	207758	3540	3691	71842	6648	73513
六盘水市	8465	185	92	795	79	510
遵义市	35868	1256	3948	12772	-595	10114
安顺市	2504	48	590	315	4	321
毕节市	6857	299	731	1972	9	163
铜仁市	10871	1035	2773	2528	105	2138
黔西南布依族苗族自治州	6358	416	455	1099	16	915
黔东南苗族侗族自治州	20531	2026	848	2968	60	1783
黔南布依族苗族自治州	28227	1295	1561	5514	5160	598

3-25　按市(州)分组的总承包和专业承包企业利润及税金情况

单位：万元

地　　区	利润总额	#应交所得税	税金总额	工程结算税金及附加	管理费用中的税金
贵州省	**321721**	**73484**	**484887**	**474788**	**10099**
贵阳市	138878	33651	334201	330661	3540
六盘水市	5865	2221	10623	10438	185
遵义市	45040	10756	47636	46380	1256
安顺市	4550	1232	5633	5585	48
毕节市	13091	2290	8021	7722	299
铜仁市	16538	3581	12981	11946	1035
黔西南布依族苗族自治州	13940	4171	9233	8817	416
黔东南苗族侗族自治州	8604	1502	21354	19328	2026
黔南布依族苗族自治州	75215	14079	35206	33911	1295

3-26　按市(州)分组的总承包和专业承包企业承包工程完成情况

单位：万元

地　　区	直接从建设单位承揽工程完成的产值	自行完成施工产值	分包出去工程的产值	从建设单位以外承揽工程完成的产值
贵州省	**13725042**	**13677600**	**47442**	**113926**
贵阳市	9729508	9710797	18712	65629
六盘水市	311151	304085	7066	12215
遵义市	1378598	1365085	13513	15948
安顺市	132920	132920		51
毕节市	151945	151934	11	834
铜仁市	246426	242429	3998	5497
黔西南布依族苗族自治州	251574	250511	1063	1450
黔东南苗族侗族自治州	551952	551952		24
黔南布依族苗族自治州	970968	967888	3080	12280

贵州经济普查年鉴

Guizhou Economic Census Yearbook

第三产业卷

第1篇

批发和零售业基本情况及财务状况

1-1　批发业法人单位基本情况

分　组	法人单位数（个）	年末从业人数（人）
总　计	**14080**	**165912**
按国民经济行业分组		
农、林、牧产品批发	684	7062
谷物、豆及薯类批发	70	1087
种子批发	183	1488
饲料批发	63	303
棉、麻批发	1	9
林业产品批发	81	927
牲畜批发	120	1221
其他农牧产品批发	166	2027
食品、饮料及烟草制品批发	2026	45899
米、面制品及食用油批发	190	3664
糕点、糖果及糖批发	38	334
果品、蔬菜批发	138	2292
肉、禽、蛋、奶及水产品批发	200	1873
盐及调味品批发	66	1551
营养和保健品批发	79	388
酒、饮料及茶叶批发	990	13781
烟草制品批发	24	19637
其他食品批发	301	2379
纺织、服装及家庭用品批发	1231	11953
纺织品、针织品及原料批发	98	775
服装批发	308	2812
鞋帽批发	30	1252
化妆品及卫生用品批发	130	1067
厨房、卫生间用具及日用杂货批发	228	1491
灯具、装饰物品批发	57	380
家用电器批发	282	3444
其他家庭用品批发	98	732
文化、体育用品及器材批发	405	3264
文具用品批发	105	682
体育用品及器材批发	16	252
图书批发	135	1272
报刊批发	11	55
音像制品及电子出版物批发	5	51
首饰、工艺品及收藏品批发	71	469
其他文化用品批发	62	483
医药及医疗器材批发	461	10614
西药批发	108	5323
中药批发	138	3653
医疗用品及器材批发	215	1638
矿产品、建材及化工产品批发	4952	50187
煤炭及制品批发	629	8949
石油及制品批发	128	4531
非金属矿及制品批发	313	2357
金属及金属矿批发	597	5333
建材批发	2469	17653
化肥批发	358	6090
农药批发	80	511
农用薄膜批发	14	295
其他化工产品批发	364	4468

1-1 续表

分　组	法人单位数 (个)	年末从业人数 (人)
机械设备、五金产品及电子产品批发	2912	25999
农业机械批发	220	2120
汽车批发	165	1875
汽车零配件批发	106	1067
摩托车及零配件批发	41	386
五金产品批发	697	4416
电气设备批发	188	1158
计算机、软件及辅助设备批发	317	2628
通讯及广播电视设备批发	125	1638
其他机械设备及电子产品批发	1053	10711
贸易经纪与代理	549	3968
贸易代理	240	1798
拍卖	49	356
其他贸易经纪与代理	260	1814
其他批发业	860	6966
再生物资回收与批发	405	3303
其他未列明批发业	455	3663
按登记注册类型分组		
内资企业	14056	165169
国有企业	307	28300
集体企业	218	3816
股份合作企业	76	692
联营企业	52	591
国有联营企业	12	244
集体联营企业	23	209
国有与集体联营企业	6	57
其他联营企业	11	81
有限责任公司	6114	73729
国有独资公司	72	4666
其他有限责任公司	6042	69063
股份有限公司	232	4563
私营企业	6217	46199
私营独资企业	3553	21100
私营合伙企业	204	1678
私营有限责任公司	2303	21898
私营股份有限公司	157	1523
其他企业	840	7279
港、澳、台商投资企业	9	238
合资经营企业	3	70
合作经营企业		
独资经营企业	5	65
投资股份有限公司	1	103
其他港澳台商投资企业		
外商投资企业	15	505
中外合资经营企业	5	215
中外合作经营企业		
外资企业	8	59
外商投资股份有限公司	2	231
其他外商投资企业		

1-2　批发业法人企业财务状况

单位：万元

分　　组	营业收入	#主营业务收入	资产总计
总　　计	**31454952**	**31152278**	**27282174**
按国民经济行业分组			
农、林、牧产品批发	223813	221592	268072
谷物、豆及薯类批发	107948	107895	43356
种子批发	37523	36855	81099
饲料批发	22222	22100	13670
棉、麻批发	70	70	75
林业产品批发	7303	6919	26588
牲畜批发	14538	13645	26287
其他农牧产品批发	34209	34108	76999
食品、饮料及烟草制品批发	9046558	8906640	6745592
米、面制品及食用油批发	304261	303060	410923
糕点、糖果及糖批发	17436	17395	12524
果品、蔬菜批发	83977	83339	40602
肉、禽、蛋、奶及水产品批发	66822	66289	57826
盐及调味品批发	140243	137280	243253
营养和保健品批发	33445	33416	43865
酒、饮料及茶叶批发	3837622	3833856	3786176
烟草制品批发	4507418	4377561	2082887
其他食品批发	55334	54443	67534
纺织、服装及家庭用品批发	635764	627402	619797
纺织品、针织品及原料批发	15740	15606	24731
服装批发	94039	93869	61871
鞋帽批发	32222	32219	19626
化妆品及卫生用品批发	30974	30511	18216
厨房、卫生间用具及日用杂货批发	49580	49404	49247
灯具、装饰物品批发	8524	8027	25493
家用电器批发	382873	380032	205392
其他家庭用品批发	21812	17734	215219
文化、体育用品及器材批发	349337	347019	430895
文具用品批发	42704	41774	43072
体育用品及器材批发	18790	18789	9349
图书批发	252550	251267	327696
报刊批发	877	877	2373
音像制品及电子出版物批发	483	398	194
首饰、工艺品及收藏品批发	12068	12051	21917
其他文化用品批发	21866	21864	26294
医药及医疗器材批发	1431617	1427263	1024982
西药批发	926623	923857	638001
中药批发	390622	389674	292608
医疗用品及器材批发	114372	113732	94373
矿产品、建材及化工产品批发	16886246	16797123	14938069
煤炭及制品批发	3767015	3732963	5720920
石油及制品批发	2233489	2225664	1939040
非金属矿及制品批发	215841	214990	301441
金属及金属矿批发	2576364	2552285	2056710
建材批发	2150218	2140846	2105272
化肥批发	2496863	2489797	1426054
农药批发	10255	10131	12620
农用薄膜批发	9060	9045	5770
其他化工产品批发	3427142	3421402	1370243

1-2 续表

单位：万元

分组	营业收入	#主营业务收入	资产总计
机械设备、五金产品及电子产品批发	2226312	2186311	2419722
农业机械批发	107251	106540	126357
汽车批发	258623	256349	238286
汽车零配件批发	274836	274320	103901
摩托车及零配件批发	101858	101658	38635
五金产品批发	237952	219404	437832
电气设备批发	57380	55366	108153
计算机、软件及辅助设备批发	188419	184905	128639
通讯及广播电视设备批发	149425	148606	209009
其他机械设备及电子产品批发	850567	839162	1028911
贸易经纪与代理	158192	157258	257678
贸易代理	94460	93803	161094
拍卖	2993	2974	12326
其他贸易经纪与代理	60738	60480	84258
其他批发业	497114	481670	577368
再生物资回收与批发	75984	74684	113479
其他未列明批发业	421129	406985	463888
按登记注册类型分组			
内资企业	31408726	31107086	27149568
国有企业	8340752	8180685	4460052
集体企业	157197	156182	209337
股份合作企业	17648	17353	28726
联营企业	32936	32882	22108
国有联营企业	23558	23552	11644
集体联营企业	3869	3832	4901
国有与集体联营企业	3972	3972	868
其他联营企业	1537	1525	4695
有限责任公司	16969506	16866144	17136029
国有独资公司	4694638	4684413	4705883
其他有限责任公司	12274868	12181731	12430146
股份有限公司	2767068	2751809	1934858
私营企业	2910948	2891108	3125435
私营独资企业	560494	554528	720858
私营合伙企业	49009	48822	111090
私营有限责任公司	2176399	2164234	2161236
私营股份有限公司	125045	123524	132251
其他企业	212670	210924	233022
港、澳、台商投资企业	22310	21276	15328
合资经营企业	1652	677	10450
合作经营企业			
独资经营企业	1902	1902	3084
投资股份有限公司	18757	18697	1794
其他港澳台商投资企业			
外商投资企业	23916	23916	117278
中外合资经营企业	12003	12003	97625
中外合作经营企业			
外资企业	5005	5005	9638
外商投资股份有限公司	6907	6907	10015
其他外商投资企业			

1-3　零售业法人单位基本情况

分　　组	法　人 单位数 (个)	年末从业 人　数 (人)	年末零售 营业面积 (万平方米)
总　　计	**14302**	**164657**	**663.8**
按国民经济行业分组			
综合零售	1367	35277	157.2
百货零售	852	15032	78.2
超级市场零售	204	16846	63.2
其他综合零售	311	3399	15.9
食品、饮料及烟草制品专门零售	2126	20284	57.4
粮油零售	230	2738	13.4
糕点、面包零售	40	289	0.7
果品、蔬菜零售	171	3996	6.0
肉、禽、蛋、奶及水产品零售	129	1328	11.0
营养和保健品零售	56	534	0.7
酒、饮料及茶叶零售	1125	8870	18.6
烟草制品零售	31	188	0.4
其他食品零售	344	2341	6.6
纺织、服装及日用品专门零售	1088	8801	19.4
纺织品及针织品零售	104	838	2.0
服装零售	496	4421	11.1
鞋帽零售	62	531	0.6
化妆品及卫生用品零售	160	908	1.2
钟表、眼镜零售	28	204	0.4
箱、包零售	25	564	0.6
厨房用具及日用杂品零售	53	362	0.6
自行车零售	12	45	0.4
其他日用品零售	148	928	2.6
文化、体育用品及器材专门零售	595	5922	13.4
文具用品零售	132	759	1.3
体育用品及器材零售	52	433	0.6
图书、报刊零售	85	1881	4.9
音像制品及电子出版物零售	13	155	0.1
珠宝首饰零售	89	771	2.7
工艺美术品及收藏品零售	153	1322	3.1
乐器零售	22	143	0.2
照相器材零售	13	110	…
其他文化用品零售	36	348	0.4
医药及医疗器材专门零售	800	11814	29.2
药品零售	641	10421	20.7
医疗用品及器材零售	159	1393	8.4
汽车、摩托车、燃料及零配件专门零售	2904	42177	228.7
汽车零售	1575	27490	142.0
汽车零配件零售	529	3263	10.6
摩托车及零配件零售	334	2223	6.8
机动车燃料零售	466	9201	69.3
家用电器及电子产品专门零售	2208	18467	54.6
家用视听设备零售	183	1838	8.7
日用家电设备零售	531	5820	30.7
计算机、软件及辅助设备零售	928	6123	8.4
通信设备零售	237	2189	3.6
其他电子产品零售	329	2497	3.3

1-3 续表

分 组	法人单位数(个)	年末从业人数(人)	年末零售营业面积(万平方米)
五金、家具及室内装饰材料专门零售	2220	12343	73.3
五金零售	871	4362	20.0
灯具零售	100	553	1.8
家具零售	429	2626	30.2
涂料零售	46	295	1.1
卫生洁具零售	62	365	1.8
木质装饰材料零售	141	922	3.2
陶瓷、石材装饰材料零售	164	985	7.6
其他室内装饰材料零售	407	2235	7.5
货摊、无店铺及其他零售业	994	9572	30.5
货摊食品零售	12	76	0.4
货摊纺织、服装及鞋零售	9	39	0.1
货摊日用品零售	3	14	…
互联网零售	7	81	0.1
邮购及电视、电话零售	4	1342	…
旧货零售	10	48	0.7
生活用燃料零售	184	1909	11.6
其他未列明零售业	765	6063	17.7
按登记注册类型分组			
内资企业	14270	159572	637.1
国有企业	250	4476	21.0
集体企业	216	2468	11.3
股份合作企业	82	1291	6.1
联营企业	75	952	5.8
国有联营企业	7	127	0.3
集体联营企业	46	548	5.2
国有与集体联营企业	4	72	0.1
其他联营企业	18	205	0.2
有限责任公司	4530	71039	283.5
国有独资公司	43	1170	7.4
其他有限责任公司	4487	69869	276.1
股份有限公司	195	8320	49.8
私营企业	8177	62772	235.1
私营独资企业	5538	30283	109.7
私营合伙企业	262	2178	13.6
私营有限责任公司	2209	28006	103.3
私营股份有限公司	168	2305	8.6
其他企业	745	8254	24.6
港、澳、台商投资企业	16	1818	11.4
合资经营企业	9	1123	9.7
合作经营企业	1	1	…
独资经营企业	6	694	1.7
投资股份有限公司			…
其他港澳台商投资企业			…
外商投资企业	16	3267	15.3
中外合资经营企业	3	1200	4.5
中外合作经营企业			
外资企业	11	2047	10.6
外商投资股份有限公司			
其他外商投资企业	2	20	0.2

1-4　零售业法人企业财务状况

单位：万元

分　组	营业收入	#主营业务收入	资产总计
总　计	**13100810**	**12903573**	**10459839**
按国民经济行业分组			
综合零售	1518709	1449384	1103027
百货零售	839245	781873	718977
超级市场零售	589527	578632	267895
其他综合零售	89937	88879	116155
食品、饮料及烟草制品专门零售	589037	578710	737814
粮油零售	76419	74677	134669
糕点、面包零售	4039	3929	2298
果品、蔬菜零售	18506	17823	22724
肉、禽、蛋、奶及水产品零售	98900	98318	32042
营养和保健品零售	34554	34400	13090
酒、饮料及茶叶零售	302778	299582	454865
烟草制品零售	6259	6251	15162
其他食品零售	47582	43731	62964
纺织、服装及日用品专门零售	209331	206174	234184
纺织品及针织品零售	8166	8088	10232
服装零售	139845	137718	123517
鞋帽零售	20140	20122	5570
化妆品及卫生用品零售	11089	10934	9753
钟表、眼镜零售	7690	7638	3455
箱、包零售	4227	3736	21998
厨房用具及日用杂品零售	4718	4671	4381
自行车零售	372	372	1776
其他日用品零售	13084	12895	53503
文化、体育用品及器材专门零售	196893	191582	334039
文具用品零售	11553	10761	12446
体育用品及器材零售	8771	8763	4885
图书、报刊零售	126928	123181	225398
音像制品及电子出版物零售	3007	2975	8039
珠宝首饰零售	22405	21975	35113
工艺美术品及收藏品零售	7876	7837	34289
乐器零售	815	774	1341
照相器材零售	6356	6280	3975
其他文化用品零售	9183	9038	8552
医药及医疗器材专门零售	625845	623479	466785
药品零售	535837	533710	380030
医疗用品及器材零售	90008	89768	86754
汽车、摩托车、燃料及零配件专门零售	8143201	8068984	3925685
汽车零售	4188356	4131923	2499384
汽车零配件零售	133860	129696	107729
摩托车及零配件零售	83769	82567	81449
机动车燃料零售	3737216	3724798	1237123
家用电器及电子产品专门零售	872095	859490	652992
家用视听设备零售	93782	93294	59591
日用家电设备零售	407531	402919	246584
计算机、软件及辅助设备零售	193614	190438	207348
通信设备零售	117195	114870	74402
其他电子产品零售	59974	57969	65068

1-4 续表 单位：万元

分　组	营业收入	#主营业务收入	资产总计
五金、家具及室内装饰材料专门零售	233864	230655	1350858
五金零售	113721	112677	169566
灯具零售	6957	6531	9712
家具零售	31096	30689	55855
涂料零售	8763	8520	15875
卫生洁具零售	2511	2442	12124
木质装饰材料零售	9093	8622	12207
陶瓷、石材装饰材料零售	29651	29467	113479
其他室内装饰材料零售	32072	31706	962039
货摊、无店铺及其他零售业	711834	695115	1654454
货摊食品零售	399	395	763
货摊纺织、服装及鞋零售	49	49	186
货摊日用品零售	27	27	23
互联网零售	5028	4899	2355
邮购及电视、电话零售	147691	135506	60097
旧货零售	743	743	2904
生活用燃料零售	74533	71444	152447
其他未列明零售业	483364	482053	1435680
按登记注册类型分组			
内资企业	12556465	12377110	10095163
国有企业	328854	319605	366308
集体企业	80453	79338	82616
股份合作企业	76241	75738	1192545
联营企业	42543	39038	44608
国有联营企业	2011	1934	4886
集体联营企业	38481	35061	36681
国有与集体联营企业	484	484	736
其他联营企业	1567	1559	2306
有限责任公司	5877859	5762841	4940291
国有独资公司	87388	85732	166102
其他有限责任公司	5790471	5677109	4774189
股份有限公司	3411213	3399047	1176966
私营企业	2616403	2582962	2169948
私营独资企业	531727	523765	779329
私营合伙企业	56509	55766	63195
私营有限责任公司	1925210	1902942	1244704
私营股份有限公司	102958	100489	82720
其他企业	122897	118542	121880
港、澳、台商投资企业	279227	267403	143144
合资经营企业	249291	237467	116477
合作经营企业			1987
独资经营企业	29936	29936	24680
投资股份有限公司			
其他港澳台商投资企业			
外商投资企业	265119	259060	221533
中外合资经营企业	134539	129223	159242
中外合作经营企业			
外资企业	130239	129496	61741
外商投资股份有限公司			
其他外商投资企业	341	341	550

1-5　按市(州)分组的批发业法人单位基本情况

地　区	法人单位数(个)	年末从业人数(人)
贵州省	**14080**	**165912**
贵阳市	6870	67787
六盘水市	954	9289
遵义市	1913	28341
安顺市	501	6749
毕节市	603	13645
铜仁市	701	8617
黔西南布依族苗族自治州	794	8736
黔东南苗族侗族自治州	721	10852
黔南布依族苗族自治州	1023	11896

1-6　按市(州)分组的批发业法人企业财务状况

单位：万元

地　区	营业收入	#主营业务收入	资产总计
贵州省	**31454952**	**31152278**	**27282174**
贵阳市	14843342	14730115	13106009
六盘水市	2093905	2084175	1846578
遵义市	5867190	5797615	5581649
安顺市	631965	622701	875341
毕节市	1328680	1292348	1737857
铜仁市	718660	714562	471302
黔西南布依族苗族自治州	1755888	1734652	1364256
黔东南苗族侗族自治州	1178720	1165048	1085468
黔南布依族苗族自治州	3036602	3011060	1213715

1-7 按市(州)分组的零售业法人单位基本情况

地　区	法人单位数 (个)	年末从业人数 (人)
贵州省	**14302**	**164657**
贵阳市	5530	63990
六盘水市	1113	11017
遵义市	2133	24671
安顺市	465	6795
毕节市	1140	12127
铜仁市	1306	15333
黔西南布依族苗族自治州	723	10668
黔东南苗族侗族自治州	1024	10516
黔南布依族苗族自治州	868	9540

1-8 按市(州)分组的零售业法人企业财务状况

单位：万元

地　区	营业收入		资产总计
		#主营业务收入	
贵州省	**13100810**	**12903573**	**10459839**
贵阳市	6169431	6041786	5074239
六盘水市	934563	926445	426959
遵义市	2099682	2082163	1127652
安顺市	609588	601331	358292
毕节市	863287	853184	395501
铜仁市	713215	706672	1624823
黔西南布依族苗族自治州	900710	897081	769449
黔东南苗族侗族自治州	442323	428815	307407
黔南布依族苗族自治州	368012	366097	375517

第2篇

住宿和餐饮业基本情况及财务状况

2-1　住宿业法人单位基本情况

分　组	法　人 单位数 (个)	年末从业 人　数 (人)	年末餐饮 营业面积 (万平方米)
总　计	**1517**	**48506**	**208.5**
按国民经济行业分组			
旅游饭店	562	32562	117.3
一般旅馆	716	12007	57.1
其他住宿业	239	3937	34.1
按登记注册类型分组			
内资企业	1507	47351	206.7
国有企业	94	5224	17.4
集体企业	30	849	2.6
股份合作企业	8	175	1.6
联营企业	13	135	1.9
国有联营企业	3	22	0.1
集体联营企业	8	87	1.5
国有与集体联营企业	1	24	0.3
其他联营企业	1	2	0.0
有限责任公司	403	21967	78.0
国有独资公司	8	1314	1.4
其他有限责任公司	395	20653	76.6
股份有限公司	20	702	4.8
私营企业	873	17202	93.0
私营独资企业	576	6867	49.5
私营合伙企业	71	1373	8.2
私营有限责任公司	199	7272	31.5
私营股份有限公司	27	1690	3.8
其他企业	66	1097	7.4
港、澳、台商投资企业	7	925	1.6
合资经营企业	2	422	0.3
合作经营企业			
独资经营企业	4	469	1.2
投资股份有限公司	1	34	0.1
其他港澳台商投资企业			
外商投资企业	3	230	0.2
中外合资经营企业	1	219	0.1
中外合作经营企业	2	11	0.1
外资企业			
外商投资股份有限公司			
其他外商投资企业			

2-2 住宿业法人企业财务状况

单位：万元

分组	营业收入	#主营业务收入	资产总计
总计	**544893**	**535320**	**1875312**
按国民经济行业分组			
旅游饭店	398187	392393	1479474
一般旅馆	120502	117442	294950
其他住宿业	26204	25484	100888
按登记注册类型分组			
内资企业	527056	517483	1837502
国有企业	64694	63856	109460
集体企业	10110	10070	25108
股份合作企业	627	618	3672
联营企业	1215	1212	1007
国有联营企业	129	129	87
集体联营企业	371	368	294
国有与集体联营企业	703	703	587
其他联营企业	12	12	40
有限责任公司	276251	271533	1070757
国有独资公司	25079	24087	39457
其他有限责任公司	251172	247447	1031300
股份有限公司	6612	6062	15960
私营企业	158511	155273	585805
私营独资企业	54122	52728	221219
私营合伙企业	15770	15585	29081
私营有限责任公司	71609	70472	264040
私营股份有限公司	17010	16489	71465
其他企业	9036	8858	25732
港、澳、台商投资企业	14591	14591	20126
合资经营企业	7818	7818	4769
合作经营企业			
独资经营企业	6493	6493	13750
投资股份有限公司	280	280	1607
其他港澳台商投资企业			
外商投资企业	3246	3246	17685
中外合资经营企业	3196	3196	17459
中外合作经营企业	50	50	226
外资企业			
外商投资股份有限公司			
其他外商投资企业			
按星级分组			
一星	57562	56947	120437
二星	137004	135706	365456
三星	95787	93438	274726
四星	24806	24076	100048
五星	15504	15504	99671
其他	214230	209649	914975

2-3　餐饮业法人单位基本情况

分　组	法　人 单位数 (个)	年末从业 人　数 (人)	年末餐饮 营业面积 (万平方米)
总　计	**2543**	**41996**	**173.9**
按国民经济行业分组			
正餐服务	2165	38343	160.7
快餐服务	61	622	1.7
饮料及冷饮服务	77	687	1.9
茶馆服务	23	174	0.6
咖啡馆服务	19	220	0.6
酒吧服务	10	120	0.3
其他饮料及冷饮服务	25	173	0.3
其他餐饮业	240	2344	9.6
小吃服务	94	813	3.8
餐饮配送服务	43	410	1.5
其他未列明餐饮业	103	1121	4.4
按登记注册类型分组			
内资企业	2536	41646	172.5
国有企业	21	870	6.5
集体企业	8	169	0.7
股份合作企业	7	224	0.5
联营企业	6	125	1.1
国有联营企业			
集体联营企业	3	111	1.0
国有与集体联营企业	1	4	...
其他联营企业	2	10	...
有限责任公司	357	14741	39.6
国有独资公司	5	174	0.4
其他有限责任公司	352	14567	39.2
股份有限公司	12	577	1.8
私营企业	1984	23352	116.2
私营独资企业	1610	13633	74.4
私营合伙企业	130	2300	10.0
私营有限责任公司	221	6536	29.1
私营股份有限公司	23	883	2.6
其他企业	141	1588	6.1
港、澳、台商投资企业	4	66	0.3
合资经营企业	3	51	0.3
合作经营企业			
独资经营企业	1	15	...
投资股份有限公司			
其他港澳台商投资企业			
外商投资企业	3	284	1.1
中外合资经营企业	1	32	...
中外合作经营企业			
外资企业			
外商投资股份有限公司	1	247	1.1
其他外商投资企业	1	5	...

2-4 餐饮业法人企业财务状况

单位：万元

分组	营业收入	#主营业务收入	资产总计
总　计	**365575**	**351447**	**598545**
按国民经济行业分组			
正餐服务	341352	327727	555838
快餐服务	5865	5798	5979
饮料及冷饮服务	4236	4160	6720
茶馆服务	948	935	2945
咖啡馆服务	977	942	1416
酒吧服务	1528	1528	1784
其他饮料及冷饮服务	783	755	576
其他餐饮业	14122	13762	30008
小吃服务	3938	3893	6159
餐饮配送服务	3486	3469	6738
其他未列明餐饮业	6698	6400	17111
按登记注册类型分组			
内资企业	360527	346399	591766
国有企业	7498	7448	8951
集体企业	1629	1574	1436
股份合作企业	813	788	6608
联营企业	1571	1571	4160
国有联营企业			
集体联营企业	1532	1532	4130
国有与集体联营企业	20	20	8
其他联营企业	19	19	22
有限责任公司	146839	136178	254307
国有独资公司	2281	2271	16939
其他有限责任公司	144558	133908	237368
股份有限公司	6559	6554	12169
私营企业	183973	181082	292300
私营独资企业	102189	100634	143962
私营合伙企业	19311	19015	23645
私营有限责任公司	56657	55753	105830
私营股份有限公司	5815	5679	18862
其他企业	11645	11204	11834
港、澳、台商投资企业	759	759	1941
合资经营企业	686	686	1841
合作经营企业			
独资经营企业	73	73	100
投资股份有限公司			
其他港澳台商投资企业			
外商投资企业	4289	4289	4839
中外合资经营企业	216	216	370
中外合作经营企业			
外资企业			
外商投资股份有限公司	4049	4049	4459
其他外商投资企业	24	24	10

2-5　按市(州)分组的住宿业法人单位基本情况

地　　区	法人单位数 (个)	年末从业人数 (人)
贵州省	**1517**	**48506**
贵阳市	404	17642
六盘水市	171	4175
遵义市	225	5836
安顺市	63	2199
毕节市	92	3885
铜仁市	185	4394
黔西南布依族苗族自治州	69	2464
黔东南苗族侗族自治州	176	3436
黔南布依族苗族自治州	132	4475

2-6　按市(州)分组的住宿业法人企业财务状况

单位：万元

地　　区	营业收入	#主营业务收入	资产总计
贵州省	**544893**	**535320**	**1875312**
贵阳市	250574	247311	694163
六盘水市	35082	33746	152200
遵义市	58042	56513	140640
安顺市	16284	16094	99158
毕节市	35273	34821	125304
铜仁市	40800	39621	169659
黔西南布依族苗族自治州	28424	28168	119428
黔东南苗族侗族自治州	36675	35651	192871
黔南布依族苗族自治州	43740	43395	181890

2-7 按市(州)分组的餐饮业法人单位基本情况

地　区	法人单位数(个)	年末从业人数(人)
贵州省	**2543**	**41996**
贵阳市	651	18679
六盘水市	424	4233
遵义市	401	5745
安顺市	109	1503
毕节市	280	2489
铜仁市	199	2876
黔西南布依族苗族自治州	82	959
黔东南苗族侗族自治州	317	4237
黔南布依族苗族自治州	80	1275

2-8 按市(州)分组的餐饮业法人企业财务状况

单位：万元

地　区	营业收入	#主营业务收入	资产总计
贵州省	**365575**	**351447**	**598545**
贵阳市	181557	170987	233240
六盘水市	30343	29733	47685
遵义市	50884	50269	107280
安顺市	9260	9126	29844
毕节市	15354	15073	32961
铜仁市	26242	25803	49205
黔西南布依族苗族自治州	6290	6083	12073
黔东南苗族侗族自治州	35654	35235	68588
黔南布依族苗族自治州	9992	9138	17669

第3篇

房地产业生产经营及财务状况

3-1　房地产业企业法人单位主要指标

行　　业	单位数（个）	资产总计（万元）	营业收入（万元）	从业人员（人）
总　　计	**5506**	**65741899**	**7962389**	**133713**
房地产开发经营	3212	61823077	7213782	73995
物业管理	1284	501362	230996	45776
房地产中介服务	586	279415	57710	5529
自有房地产经营活动	240	208864	30875	5138
其他房地产业	184	2929181	429027	3275

3-2　按登记注册类型分组的房地产业企业法人单位主要指标

登记注册类型	单位数（个）	资产总计（万元）	营业收入（万元）	从业人员（人）
总　　计	**5506**	**65741899**	**7962389**	**133713**
内资企业	5459	63685209	7869315	132086
国有企业	217	863106	137676	4625
集体企业	91	65489	15968	1706
股份合作企业	43	132479	10431	727
联营企业	24	13654	1321	485
国有独资公司	50	3899018	198650	1130
有限责任公司	2733	39826530	4902209	74322
股份有限公司	165	2509518	401029	6304
私营企业	2038	16191705	2192464	41180
其他企业	98	183711	9568	1607
港、澳、台商投资企业	36	1659897	76699	1461
外商投资企业	11	396793	16375	166

3-3 按市(州)分组的房地产业企业法人单位主要指标

地　　区	单位数 (个)	资产总计 (万元)	营业收入 (万元)	从业人员 (人)
贵州省	**5506**	**65741899**	**7962389**	**133713**
贵阳市	1808	35782971	3319910	53947
六盘水市	382	2801527	354405	6804
遵义市	962	8170947	1341032	21798
安顺市	311	3166486	380522	7185
毕节市	406	4361677	380177	9596
铜仁市	345	2328137	407611	7241
黔西南布依族苗族自治州	294	2058054	410501	5670
黔东南苗族侗族自治州	527	3535178	727479	10095
黔南布依族苗族自治州	471	3536923	640751	11377

3-4 按行业分组的国有控股房地产业企业法人单位主要指标

行　　业	单位数 (个)	资产总计 (万元)	营业收入 (万元)	从业人员 (人)
房地产业	**457**	**13447277**	**1219815**	**13957**
房地产开发经营	211	11547709	1136078	5713
物业管理业	71	57861	38265	4971
房地产中介服务业	40	133115	12712	531
自有房地产经营活动	93	61807	9848	2219
其他房地产业	42	1646785	22912	523

3-5　按行业分组的非公有控股经济房地产业企业法人单位主要指标

行　　业	单位数 (个)	资产总计 (万元)	营业收入 (万元)	从业人员 (人)
房地产业	**4644**	**51492334**	**6581631**	**109872**
房地产开发经营	2949	49702446	5969241	67258
物业管理业	1031	396747	160632	35022
房地产中介服务业	479	105535	36269	4102
自有房地产经营活动	63	92340	11563	1042
其他房地产业	122	1195266	403925	2448

注：部分企业控股情况缺失，无法统计。

3-6　按资质等级分组的全部房地产开发企业法人单位、从业人员及资产数

资质等级	法人单位数 (个)	从业人员数 (人)	资产总计 (万元)
合　　计	**3212**	**73995**	**61823077**
#一级	24	1063	1839067
二级	179	9076	16257095
三级	491	12999	10564338
四级	728	14355	10101372
暂定	1310	28529	19007738
其他	480	7973	4053467

注：统计口径为联网直报房地产开企业及其他房地产开发企业。

3-7 按登记注册类型分组的全部房地产开发企业法人单位、从业人员及资产数

登记注册类型	法人单位数（个）	从业人员数（人）	资产总计（万元）
合　　计	**3212**	**73995**	**61823077**
内资企业	**3170**	**72667**	**59779623**
#国有	51	1176	609823
集体	11	92	23825
股份合作	19	351	122509
国有与集体联营	2	298	3450
其他联营	1	3	91
国有独资公司	50	1130	3899018
其他有限责任公司	1626	39949	36755102
股份有限公司	113	3301	2430305
私营独资	125	2238	501937
私营合伙	14	236	99571
私营有限责任公司	1015	21331	13532305
私营股份有限公司	123	2319	1637647
其他	20	243	164040
港澳台商投资企业	**33**	**1174**	**1652943**
#合资经营	20	703	995155
独资	13	471	657788
外商投资企业	**9**	**154**	**390512**
#中外合资经营	4	71	219440
中外合作经营	2	57	152506
外资企业	3	26	18565

注：统计口径为联网直报房地产开企业及其他房地产开发企业。

3-8　房地产开发企业面积类指标

分　组	待开发土地面积(平方米)	本年购置土地面积(平方米)	资金来源小计(万元)	施工面积(平方米)	新开工面积(平方米)	竣工面积(平方米)	房屋竣工价值(万元)
合　计	**13859577**	**12095247**	**21457234**	**173569607**	**56282413**	**17647766**	**3564920**
一、按注册登记类型分	**13859577**	**12095247**	**21457234**	**173569607**	**56282413**	**17647766**	**3564920**
内资企业	**12640551**	**12095247**	**21035484**	**170876860**	**56024435**	**17563143**	**3535289**
国有企业	115440	29640	909751	6257405	2019745	795316	156883
集体企业	23000		2874	82666	9757	6330	414
股份合作企业			40296	291110	60000		
国有联营企业	26916						
其他联营企业	4669	40145	3631	38285	1500		
国有独资公司	242630	87180	155484	3092347	188420	321496	67568
其他有限责任公司	8304239	7572921	13555023	99088579	35276963	10026228	2044576
股份有限公司	277208	256895	574108	4824375	1160386	345294	72585
私营独资企业	154210	1312453	243281	2086785	764005	184958	41268
私营合伙企业	20200	48944	87395	1314865	189775	29204	5568
私营有限责任公司	3153915	2333318	4767788	46421546	14353395	5155525	996676
私营股份有限公司	293424	324045	559390	6518645	1675940	559992	124085
其他企业	24700	89706	136463	860252	324549	138800	25666
港澳台商投资企业	**1213026**		**378780**	**1741382**	**102600**		
与港澳台商合资经营企业			221339	651012	78139		
港澳台商独资经营企业	1213026		157441	1090370	24461		
外商投资企业	**6000**		**42970**	**951365**	**155378**	**84623**	**29631**
中外合资经营企业			800	19457			
中外合作经营企业			25771	743897	155378	12233	3631
外资企业	6000		16399	188011		72390	26000
二、按控股情况分	**13859577**	**12095247**	**21457234**	**173569607**	**56282413**	**17647766**	**3564920**
国有控股	4354260	1818866	2910244	22895304	6433822	1922190	374204
集体控股	23000	56180	204715	2083245	280699	49164	4114
私人控股	6453604	8764609	16609733	133473377	44168696	14015273	2840337
港澳台商控股	1213026		375779	1591382	102600		
外商控股	6000		42970	951365	155378	84623	29631
其他	1809687	1455592	1313793	12574934	5141218	1576516	316634
三、按隶属关系分	**13859577**	**12095247**	**21457234**	**173569607**	**56282413**	**17647766**	**3564920**
中央	963246	711951	1168520	4995625	1103243	706892	142399
省(自治区、直辖市)	228666	50416	293182	3770933	1095313	281998	50644
地区(州、盟、省辖市)	1107488	1138858	965918	9738352	4528344	868366	165697
县(区、市、旗)	1049217	3265635	2876802	22226104	10638898	2498834	514046
街道			17				
镇			21872	255429	62015	13400	3350
乡		21593	5267	26940			
其他	10510960	6906794	16125656	132556224	38854600	13278276	2688784
四、按资质等级分	**13859577**	**12095247**	**21457234**	**173569607**	**56282413**	**17647766**	**3564920**
一级		21593	210592	1534225	27163	178879	17941
二级	1639584	470094	5857913	35592083	9593134	3796505	784422
三级	1438996	478798	2652360	27542373	5296595	3763055	757187
四级	663154	381613	2716530	29942930	7405478	4661386	939997
暂定	9810220	9121691	9014555	72060184	29698902	5075719	1037527
其他	307623	1621458	1005284	6897812	4261141	172222	27846

注：统计口径仅房地产开发联网直报企业。

3-9 房地产开发

分组	本年完成投资（万元）	按工程用途分：商品住宅（万元）	其中：90平方米以下（万元）
合　计	**19425435**	**12242284**	**3625869**
一、按注册登记类型分	**19425435**	**12242284**	**3625869**
内资企业	**18901594**	**11884895**	**3597630**
国有企业	754672	458333	85154
集体企业	3151	615	
股份合作企业	34373	21113	4993
其他联营企业	3685	2685	1285
国有独资公司	237393	155315	66475
其他有限责任公司	12175590	7712180	2700853
股份有限公司	480749	320825	49150
私营独资企业	180942	137153	29287
私营合伙企业	100128	51029	14456
私营有限责任公司	4313519	2680458	572746
私营股份有限公司	501224	286336	59143
其他企业	116168	58853	14088
港澳台商投资企业	**490199**	**340539**	**21116**
与港澳台商合资经营企业	227825	184757	5460
港澳台商独资经营企业	262374	155782	15656
外商投资企业	**33642**	**16850**	**7123**
中外合作经营企业	17017	16825	7120
外资企业	16625	25	3
二、按控股情况分	**19425435**	**12242284**	**3625869**
国有控股	2343788	1475438	267177
集体控股	132047	76386	32190
私人控股	15144576	9638761	3137779
港澳台商控股	490199	340539	21116
外商控股	33642	16850	7123
其他	1281183	694310	160484
三、按隶属关系分	**19425435**	**12242284**	**3625869**
中央	992946	703938	125476
省(自治区、直辖市)	243383	137006	16708
地区(州、盟、省辖市)	979552	552492	123917
县(区、市、旗)	2392473	1311494	203494
镇	16194	11097	2653
乡	4080	2300	2250
其他	14796807	9523957	3151371
四、按资质等级分	**19425435**	**12242284**	**3625869**
一级	118022	75964	18811
二级	5561384	3791321	1838112
三级	2310658	1422756	383319
四级	2035428	1237197	243524
暂定	8512567	5290000	1075969
其他	887376	425046	66134

注：统计口径仅房地产开发联网直报企业。

企业投资类指标

其中：140平方米以上（万元）	其中：别墅、高档公寓（万元）	按工程用途分：办公楼（万元）	按工程用途分：商业营业用房（万元）	按工程用途分：其　他（万元）	本年新增固定资产（万元）
1798264	**325260**	**1320287**	**3448961**	**2413903**	**5117738**
1798264	**325260**	**1320287**	**3448961**	**2413903**	**5117738**
1614312	**249271**	**1268849**	**3397763**	**2350087**	**5088107**
85728	59750	35934	94388	166017	201716
		180	850	1506	1115
1320			10375	2885	
1050			800	200	
2791		22560	41329	18189	99672
1157215	119141	1012768	2138703	1311939	2946112
40515	22160	6522	90754	62648	143286
30520	31242	6151	21309	16329	56897
11090		3000	29514	16585	14823
263035	16298	163537	861019	608505	1261636
14997	680	14807	67105	132976	332111
6051		3390	41617	12308	30739
183127	**75989**	**36722**	**49122**	**63816**	
175238	32037	6989	7537	28542	
7889	43952	29733	41585	35274	
825		**14716**	**2076**		**29631**
825			192		3631
		14716	1884		26000
1798264	**325260**	**1320287**	**3448961**	**2413903**	**5117738**
268706	126546	157434	258292	452624	530979
15207		4559	37364	13738	12644
1266481	115285	1023690	2800272	1681853	4160440
183127	75989	36722	49122	63816	
825		14716	2076		29631
63918	7440	83166	301835	201872	384044
1798264	**325260**	**1320287**	**3448961**	**2413903**	**5117738**
196976	122336	10003	104980	174025	152833
16825	3970	1252	16884	88241	78251
70119	2630	125514	170035	131511	173367
106147	7021	123347	631125	326507	729256
415		10	3980	1107	8500
			1780		
1407782	189303	1060161	2520177	1692512	3975531
1798264	**325260**	**1320287**	**3448961**	**2413903**	**5117738**
30793	16080	7374	12729	21955	17941
735374	13208	539997	839081	390985	1279788
158575	10869	135488	371202	381212	950121
164403	10771	125984	365916	306331	1367115
641007	271406	392140	1661622	1168805	1439918
68112	2926	119304	198411	144615	62855

3-10 房地产开发

分 组	商品房销售面积(平方米)	住宅销售面积(平方米)	办公楼销售面积(平方米)	商业营业用房销售面积(平方米)
合 计	**29723173**	**26469819**	**1000193**	**1989922**
一、按注册登记类型分	**29723173**	**26469819**	**1000193**	**1989922**
内资企业	**29231790**	**26024944**	**965969**	**1978244**
国有企业	1003304	933422	2183	55174
集体企业	12115	11124		991
股份合作企业	75910	71710		4200
国有独资公司	258966	214166		44800
其他有限责任公司	18390510	16342383	873124	1042399
股份有限公司	651974	558457		69399
私营独资企业	335667	294381	14005	22897
私营合伙企业	91514	81143	300	10071
私营有限责任公司	7455007	6664798	76357	630329
私营股份有限公司	784555	692319		86757
其他企业	172268	161041		11227
港澳台商投资企业	**404028**	**370233**	**22151**	**11529**
与港澳台商合资经营企业	188134	183624	4395	115
港澳台商独资经营企业	215894	186609	17756	11414
外商投资企业	**87355**	**74642**	**12073**	**149**
中外合资经营企业				
中外合作经营企业	75122	74553		78
外资企业	12233	89	12073	71
二、按控股情况分	**29723173**	**26469819**	**1000193**	**1989922**
国有控股	3289281	2998610	98758	159776
集体控股	238085	205610		30684
私人控股	23767793	21141213	783434	1633900
港澳台商控股	398311	364516	22151	11529
外商控股	87355	74642	12073	149
其他	1942348	1685228	83777	153884
三、按隶属关系分	**29723173**	**26469819**	**1000193**	**1989922**
中央	1181250	1149709	2045	26365
省(自治区、直辖市)	585279	533945		40120
地区(州、盟、省辖市)	1079972	971671	17150	77901
县(区、市、旗)	3807858	3294028	86045	410614
镇	22496	21088		362
其他	23046318	20499378	894953	1434560
四、按资质等级分	**29723173**	**26469819**	**1000193**	**1989922**
一级	129432	111502		12210
二级	9256742	8397116	624880	208972
三级	4524831	3999142	65606	382352
四级	3984020	3469582	78891	370838
暂定	11207138	9933921	230816	953596
其他	621010	558556		61954

注：统计口径仅房地产开发联网直报企业。

企业销售类指标

其他房屋销售面积（平方米）	商品房销售额（万元）	住　宅销售额（万元）	办公楼销售额（万元）	商业营业用房销售额（万元）	其他房屋销 售 额（万元）
263239	**12766927**	**9887669**	**731501**	**2040983**	**106774**
263239	**12766927**	**9887669**	**731501**	**2040983**	**106774**
262633	**12444792**	**9614786**	**698695**	**2024853**	**106458**
12525	390674	348813	3223	34470	4168
	4062	3090		972	
	28424	20864		7560	
	90608	56985		33623	
132604	8085661	6356693	631433	1058633	38902
24118	291114	193285		77882	19947
4384	103236	74037	5602	21600	1997
	29510	23282	84	6144	
83523	3042811	2260752	58353	684898	38808
5479	317372	226358		88378	2636
	61320	50627		10693	
115	**279126**	**240615**	**22527**	**15921**	**63**
	138033	132559	5368	106	
115	141093	108056	17159	15815	63
491	**43009**	**32268**	**10279**	**209**	**253**
491	32600	32246		101	253
	10409	22	10279	108	
263239	**12766927**	**9887669**	**731501**	**2040983**	**106774**
32137	1447044	1237853	68716	132617	7858
1791	78144	56375		19493	2276
209246	10137229	7724904	592708	1728718	90899
115	276125	237614	22527	15921	63
491	43009	32268	10279	209	253
19459	785376	598655	37271	144025	5425
263239	**12766927**	**9887669**	**731501**	**2040983**	**106774**
3131	640007	607455	3155	28744	653
11214	173367	141739		28729	2899
13250	470826	371154	8554	86443	4675
17171	1416167	1026685	56305	329811	3366
1046	5184	4527		165	492
217427	10061376	7736109	663487	1567091	94689
263239	**12766927**	**9887669**	**731501**	**2040983**	**106774**
5720	75342	58177		15922	1243
25774	4373931	3516772	486880	356747	13532
77731	1770800	1366224	49287	326144	29145
64709	1604661	1185896	67064	328985	22716
88805	4623527	3510457	128270	944812	39988
500	318666	250143		68373	150

3-11 房地产开发企业

分组	资产总计	流动资产合计	#存货	固定资产原价	累计折旧	#本年折旧	负债合计	所有者权益合计	#实收资本
合计	**56095379**	**49153266**	**25996422**	**1083721**	**320256**	**95645**	**47524533**	**8570846**	**6222296**
一、按注册登记类型分	**56095379**	**49153266**	**25996422**	**1083721**	**320256**	**95645**	**47524533**	**8570846**	**6222296**
内资企业	**54060362**	**47273032**	**24857142**	**978830**	**304287**	**91367**	**45840171**	**8220191**	**5844948**
国有企业	357104	303640	133118	26261	5200	989	315071	42033	44871
集体企业	4649	4380	753	412	202	20	1929	2721	2776
股份合作企业	27965	27963	25946	24	22	1	27905	60	50
国有独资公司	3754749	2179971	972060	24839	3786	1351	2549119	1205630	307222
其他有限责任公司	33402720	30087833	16206286	512623	153150	36926	29162037	4240682	3504446
股份有限公司	2106707	1378545	633485	20379	8530	1037	1702062	404646	268188
私营独资企业	50862	46540	15192	1447	348	118	37281	13580	4378
私营合伙企业	42918	40793	16755	579	508	58	38765	4153	4150
私营有限责任公司	12759785	11735585	6074141	360638	121790	47852	10657902	2101883	1554235
私营股份有限公司	1551289	1466219	779439	31577	10751	3016	1346457	204832	154532
其他企业	1615	1564	-31	51			1644	-29	100
港澳台商投资企业	**1644506**	**1503351**	**882355**	**101742**	**14708**	**4047**	**1303421**	**341084**	**350572**
与港澳台商合资经营企业	990291	891954	388494	66144	8481	3382	878745	111546	92162
港澳台商独资经营企业	654215	611396	493862	35598	6227	665	424676	229539	258410
外商投资企业	**390512**	**376884**	**256925**	**3149**	**1261**	**232**	**380941**	**9570**	**26777**
中外合资经营企业	219440	209703	181252	995	667	95	201032	18409	20142
中外合作经营企业	152506	152355	69423	394	267	13	163946	-11439	3200
外资企业	18565	14826	6249	1760	327	124	15964	2601	3434
二、按控股情况分	**56095379**	**49153266**	**25996422**	**1083721**	**320256**	**95645**	**47524533**	**8570846**	**6222296**
国有控股	10651943	8696900	5321935	159364	36970	8377	8743944	1907999	759382
集体控股	507278	398003	250518	11031	3411	740	361431	145847	83067
私人控股	39452389	35011533	17523463	759627	250987	78611	33853457	5598933	4547419
港澳台商控股	1568058	1436284	839924	101257	14414	4011	1229763	338295	337462
外商控股	323931	319784	209768	2881	1114	182	328614	-4684	10929
其他	3591780	3290762	1850814	49561	13361	3723	3007323	584457	484037
三、按隶属关系分	**56095379**	**49153266**	**25996422**	**1083721**	**320256**	**95645**	**47524533**	**8570846**	**6222296**
中央	2085549	2044546	1574101	6451	1872	833	1965301	120248	86705
省(自治区、直辖市)	1015973	873570	489839	16433	6415	840	867230	148743	87236
地区(州、盟、省辖市)	4964969	3347899	1710108	132316	22412	6252	3570790	1394178	466702
县(区、市、旗)	4344724	4003634	1975998	56854	15841	3990	3650042	694683	554605
街道	3094	3094	2256	1	1		3501	-407	
镇	180678	92035	27764	5517	1067	435	123230	57448	48579
乡	39155	12042	3825	698	329	19	30586	8570	2758
村委会	33721	33413	32358	45			29550	4171	2000
其他	43427518	38743032	20180174	865407	272319	83277	37284304	6143214	4973711
四、按资质等级分	**56095379**	**49153266**	**25996422**	**1083721**	**320256**	**95645**	**47524533**	**8570846**	**6222296**
一级	1678602	976085	458611	7500	2656	460	1404229	274374	176143
二级	16127467	13459672	6847245	267269	75508	16303	13894325	2233142	1272470
三级	10207501	9125340	4787717	328931	86740	22031	8800186	1407315	1148752
四级	9629954	8451491	4452860	215936	73397	15145	8268349	1361605	1056938
暂定	16314214	15259832	8573911	235688	72587	40755	13340597	2973617	2320827
其他	2137642	1880846	876078	28399	9367	952	1816847	320794	247166

注：统计口径仅房地产开发联网直报企业。

主要财务状况综合表

单位：万元

主营业务收入	土地转让收入	商品房屋销售收入	房屋出租收入	其他收入	主营业务成本	主营业务税金及附加	其他业务利润	投资收益	利润总额	应交所得税	本年应付工资总额(贷方累计发生额)
6681450	**52105**	**6304337**	**85010**	**240000**	**5015020**	**544461**	**26582**	**25490**	**164949**	**129739**	**341594**
6681450	**52105**	**6304337**	**85010**	**240000**	**5015020**	**544461**	**26582**	**25490**	**164949**	**129739**	**341594**
6593055	**52105**	**6220509**	**80820**	**239621**	**4952792**	**535628**	**25099**	**30655**	**183784**	**128689**	**333691**
48798		42710	2612	3476	32826	4397	-17	3	5048	1507	3135
847		757	90		550	93			60	7	57
4450		4450			4078	372			-187		68
194778		122935	311	71531	173078	12746	386	11658	47062	13494	6847
3995904	35433	3793082	39474	127915	3008397	332078	17038	12132	118114	83082	219686
369851	55	349245	2606	17945	262976	27242	-43	470	31181	-704	18339
8769		8763	6		6101	676			933	3	353
172			169	2	17	39			-383		182
1714582	7927	1662152	26262	18242	1286456	135191	6905	6101	-34889	27663	76814
254905	8689	236415	9290	510	178313	22796	829	291	16857	3638	8201
									-12		9
73075		**69245**	**3476**	**354**	**49998**	**5609**	**551**	**-5165**	**-15201**	**1049**	**6906**
23830		20780	2804	246	12352	2384	424	-5165	-11466	1049	3114
49245		48465	672	108	37646	3225	127		-3735	1	3792
15321		**14583**	**713**	**25**	**12230**	**3224**	**933**		**-3634**		**997**
14657		14559	73	25	12073	1124	933		1545		373
						1976			-5042		513
664		24	640		157	124			-138		112
6681450	**52105**	**6304337**	**85010**	**240000**	**5015020**	**544461**	**26582**	**25490**	**164949**	**129739**	**341594**
1072729		983724	6165	82840	864320	75690	985	15681	83298	31820	42865
104601		103153	859	589	92264	7355	230	82	-7246	382	2759
5047805	49349	4789937	63801	144718	3710528	425561	23281	13657	85221	87206	261328
72695		68924	3418	354	49990	4981	551	-5165	-13845	691	6778
689		24	640	25	157	2100	933		-5073		738
382932	2756	358574	10127	11475	297762	28775	602	1236	22594	9640	27126
6681450	**52105**	**6304337**	**85010**	**240000**	**5015020**	**544461**	**26582**	**25490**	**164949**	**129739**	**341594**
222950		222079	871	1	170949	15919		327	20883	5536	9736
149747		137291	2556	9900	101949	9577	396	2124	14150	3410	7813
433843	758	354393	10262	68431	378688	29306	97	10038	36356	15109	16831
763635	4312	753432	2692	3199	624919	54705	1159	-68	4000	5507	27233
						1			-68		
10115		10115			9601	561			-1560	130	852
113		23	90			18			-21		128
22036	22036				13527	1675			5559		39
5079013	24999	4827005	68540	158469	3715387	432698	24930	13070	85651	100046	278963
6681450	**52105**	**6304337**	**85010**	**240000**	**5015020**	**544461**	**26582**	**25490**	**164949**	**129739**	**341594**
174106	6249	166975	781	100	126457	14298	92	1139	-11541	-1473	14376
1195288	130	1128184	10001	56973	863944	105983	2602	16266	45840	33735	63946
1299442	32316	1226422	23145	17560	999433	110375	7953	868	-26027	20829	65694
1735304	6917	1628902	28586	70900	1218247	148997	9590	374	147886	45586	54804
2139205	6493	2035287	21322	76104	1699674	156339	3025	2027	17861	30748	133393
138105		118567	1175	18363	107265	8469	3320	4816	-9069	315	9382

3-12 按市(州)分组的房地产

地区	本年完成投资(万元)	本年购置土地面积(平方米)	施工面积合计(平方米)	新开工面积(平方米)	竣工面积合计(平方米)	商品房销售面积合计(平方米)	住宅销售面积(平方米)	90平米以下住房销售面积(平方米)	140平米以上住房销售面积(平方米)
贵州省	**19425435**	**12095247**	**173569607**	**56282413**	**17647766**	**29723173**	**26469819**	**6272333**	**2844728**
贵阳市	9830870	4245910	66180965	19068302	7325824	13015442	11636447	4220463	1487030
六盘水市	817238	914650	14007950	2932255	774533	1313313	1103302	196781	119198
遵义市	2390434	1308117	27155719	8745270	2419597	3581726	3232190	571940	181912
安顺市	919028	999949	11533038	4128268	576848	1677030	1496994	265071	237969
毕节市	1495523	834938	12603824	5277730	1336205	1888376	1644191	223059	74435
铜仁市	940666	714986	10014354	4052438	1727278	1685683	1569883	170023	108764
黔西南布依族苗族自治州	536859	240714	6127617	1994098	611227	1230980	1096633	128655	172014
黔东南苗族侗族自治州	1338691	1690132	13316951	4718801	1457983	2722664	2299561	212117	266591
黔南布依族苗族自治州	1156126	1145851	12629189	5365251	1418271	2607959	2390618	284224	196815

注：统计口径仅房地产开发联网直报企业。

3-13 规模以上物业管理和房地产

行业	固定资产原价(万元)	本年折旧(万元)	资产总计(万元)	负债合计(万元)	所有者权益合计(万元)	营业收入(万元)	营业成本(万元)
合计	**26669**	**2240**	**113780**	**102411**	**11369**	**116809**	**85547**
物业管理	25889	2086	112402	101460	10942	114146	84570
房地产中介服务	780	154	1378	951	427	2662	977

开发企业主要综合指标

办公楼销售面积(平方米)	商业营业用房销售面积(平方米)	其他房屋销售面积(平方米)	商品房销售额合计(万元)	住宅销售额(万元)	90平米以下住房销售额(万元)	140平米以上住房销售额(万元)	办公楼销售额(万元)	商业营业用房销售额(万元)	其他房屋销售额(万元)
1000193	**1989922**	**263239**	**12766927**	**9887669**	**2451187**	**1223910**	**731501**	**2040983**	**106774**
875915	403704	99376	6504622	5192520	1802339	788102	664767	594142	53193
17078	175489	17444	513097	374602	52752	40449	7607	126106	4782
7772	308319	33445	1385025	1105494	198482	69100	7246	258485	13800
34195	133239	12602	683402	448132	78846	69599	30173	197402	7695
2500	240966	719	739782	541986	69786	24133	2000	195458	338
1352	99898	14550	527508	431914	52310	32224	210	93483	1901
19482	80161	34704	408934	318059	37277	51168	9032	70507	11336
	405071	18032	1106196	728490	66274	80661		370873	6833
41899	143075	32367	898361	746472	93121	68474	10466	134527	6896

中介服务企业法人单位主要指标

营业税金及附加(万元)	销售费用、管理费用、财务费用合计(万元)	投资收益(万元)	营业利润(万元)	利润总额(万元)	应交所得税(万元)	应付职工薪酬(万元)	应交增值税(万元)	从业人员(人)
6380	**26203**	**612**	**537**	**1552**	**3801**	**60410**	**218**	**1943**
6228	24743	591	462	1487	3787	59457	218	1922
151	1460	22	75	65	14	954		21

第4篇

其他服务业财务状况

简要说明

一、企业法人单位范围：包括机构类型为“10”以及机构类型非“10”但执行会计类型为“1”的法人单位。其中机构类型“10”是指企业，执行会计类型“1”是指执行企业会计制度。

二、铁路资料：包括铁路管理部门统计的铁路系统法人单位和规模以上服务业企业中铁路运输业法人单位。由于铁路运输业主要指标数据来源于国家铁路管理部门，为全省汇总数据，故本年鉴中分地区数据不包含铁路运输业数据。

三、金融业：该部分资料来源于国家金融管理部门，为全省汇总数据，故本年鉴中未发布分地区数据。

四、规模以上服务业：是指辖区内年营业收入1000万元及以上，或年末从业人员50人及以上服务业法人单位。

4-1　交通运输、仓储和邮政业企业法人单位主要指标

行　　业	单位数(个)	资产总计(万元)	营业收入(万元)	从业人员(人)
合　　计	**2491**	**33051131**	**3810238**	**114915**
铁路运输业	9	5591763	755159	1470
道路运输业	1582	24214053	1781156	77323
城市公共交通运输	216	2544451	208304	24541
公路旅客运输	269	603789	246095	20038
道路货物运输	920	780463	698325	20586
道路运输辅助活动	177	20285350	628433	12158
水上运输业	59	35634	18068	1367
水上旅客运输	29	9249	5093	697
水上货物运输	19	22624	11927	506
水上运输辅助活动	11	3761	1048	164
航空运输业	18	1275790	361481	6349
航空客货运输	9	453742	301244	2739
通用航空服务	2	88102	921	85
航空运输辅助活动	7	733947	59316	3525
管道运输业	6	39809	2967	103
管道运输业	6	39809	2967	103
装卸搬运和运输代理业	362	329898	97668	9578
装卸搬运	112	26214	34139	5837
运输代理业	250	303684	63529	3741
仓储业	231	1196589	277188	4383
谷物、棉花等农产品仓储	80	896822	168193	1658
其他仓储业	151	299767	108995	2725
邮政业	224	367593	516550	14342
邮政基本服务	19	156430	187817	9772
快递服务	205	211163	328733	4570

注：表中的合计数和部分计算数据因小数取舍而产生的误差，均未作机械调整，下表同。

4-2 按市(州)分组的交通运输、仓储和邮政业企业法人单位主要指标

地区	单位数(个)	资产总计(万元)	营业收入(万元)	从业人员(人)
贵州省	**2491**	**33051131**	**3810238**	**114915**
贵阳市	591	24627997	1625518	44332
六盘水市	191	526663	538357	5554
遵义市	477	534985	267638	18576
安顺市	122	257725	79415	5885
毕节市	271	477975	133354	9666
铜仁市	246	219619	85706	6527
黔西南布依族苗族自治州	196	320969	89101	7663
黔东南苗族侗族自治州	195	263272	118288	8566
黔南布依族苗族自治州	193	230162	117702	6676

注：由于铁路运输业主要指标数据不能分市(州)，故本表中分市(州)数据之和小于全省数据。

4-3 信息传输、软件和信息技术服务业企业法人单位主要指标

行业	单位数(个)	资产总计(万元)	营业收入(万元)	从业人员(人)
总　计	**1343**	**5390206**	**3239989**	**42571**
电信、广播电视和卫星传输服务	156	4595097	2465110	27267
电信	126	4263412	2302645	23244
广播电视传输服务	30	331685	162465	4023
卫星传输服务				
互联网和相关服务	256	82875	51354	2511
互联网接入及相关服务	35	17058	11404	478
互联网信息服务	149	20104	14341	1389
其他互联网服务	72	45714	25609	644
软件和信息技术服务业	931	712233	723525	12793
软件开发	461	295005	623843	7816
信息系统集成服务	63	27477	27703	684
信息技术咨询服务	299	312483	38159	2837
数据处理和存储服务	5	4602	99	32
集成电路设计	4	6723	5674	232
其他信息技术服务业	99	65943	28048	1192

4-4　按市(州)分组的信息传输、软件和信息技术服务业企业法人单位主要指标

地　区	单位数(个)	资产总计(万元)	营业收入(万元)	从业人员(人)
贵州省	**1343**	**5390206**	**3239989**	**42571**
贵阳市	904	3148632	1543323	24119
六盘水市	66	237349	179645	1727
遵义市	82	477041	412530	3728
安顺市	44	198828	121252	1679
毕节市	37	330251	267611	2169
铜仁市	69	230070	173239	2231
黔西南布依族苗族自治州	40	227909	144343	1688
黔东南苗族侗族自治州	68	273343	209998	2544
黔南布依族苗族自治州	33	266783	188049	2686

4-5　按登记注册类型分组的信息传输、软件和信息技术服务业企业法人单位主要指标

登记注册类型	单位数(个)	资产总计(万元)	营业收入(万元)	从业人员(人)
总　计	**1343**	**5390206**	**3239989**	**42571**
内资企业	1330	3525458	2343192	34495
国有企业	31	174666	546592	846
集体企业	6	1766	2161	68
股份合作企业	12	2128	8990	136
联营企业	5	685	288	26
有限责任公司	678	1732631	832212	16153
股份有限公司	36	1517667	904912	13209
私营企业	515	86680	40237	3516
其他企业	47	9235	7800	541
港、澳、台商投资企业	7	319085	194859	1858
外商投资企业	6	1545663	701939	6218

4-6 金融业企业法人单位主要指标

行 业	单位数(个)	资产总计(万元)	营业收入(万元)	从业人员(人)
总 计	**551**	**178160657**	**8271278**	**33757**
货币金融服务	352	172614077	6276392	32138
资本市场服务	1	658353	83286	1172
保险业	166	3004996	1667816	78
其他金融业	32	1883231	243784	369

4-7 租赁和商务服务业企业法人单位主要指标

行 业	单位数(个)	资产总计(万元)	营业收入(万元)	从业人员(人)
总 计	**8628**	**80294522**	**3625556**	**125433**
租赁业	1125	346466	96372	9754
机械设备租赁	1103	258853	93596	9458
文化及日用品出租	22	87612	2776	296
商务服务业	7503	79948057	3529183	115679
企业管理服务	1655	74250986	2338595	28879
法律服务	182	21981	30314	2678
咨询与调查	1202	775926	156672	12042
广告业	1904	309465	231703	13509
知识产权服务	34	93634	34436	373
人力资源服务	435	111082	167955	14087
旅行社及相关服务	612	1226572	209954	7880
安全保护服务	181	51749	77905	19988
其他商务服务业	1298	3106662	281649	16243

4-8　按市(州)分组的租赁和商务服务业企业法人单位主要指标

地　区	单位数(个)	资产总计(万元)	营业收入(万元)	从业人员(人)
贵州省	**8628**	**80294522**	**3625556**	**125433**
贵阳市	3191	49613617	2814251	56444
六盘水市	611	4572668	74921	8581
遵义市	1424	6697929	188420	16950
安顺市	445	4043294	112591	5815
毕节市	553	3557841	56465	8692
铜仁市	583	2242179	91791	8398
黔西南布依族苗族自治州	576	2567031	79164	6269
黔东南苗族侗族自治州	672	3420355	134059	7181
黔南布依族苗族自治州	573	3579608	73895	7103

4-9　按登记注册类型分组的租赁和商务服务业企业法人单位主要指标

登记注册类型	单位数(个)	资产总计(万元)	营业收入(万元)	从业人员(人)
总　计	**8628**	**80294522**	**3625556**	**125433**
内资企业	8609	79986051	3602491	124692
国有企业	318	26947583	255108	8056
集体企业	132	315519	39800	6090
股份合作企业	90	163841	74123	2075
联营企业	32	355425	6280	258
有限责任公司	3881	44174706	1274441	58736
股份有限公司	178	3743311	1523811	9640
私营企业	3581	2073511	350724	35218
其他企业	397	2163156	78203	4619
港、澳、台商投资企业	12	303598	18671	681
外商投资企业	7	53873	4394	60

4-10 科学研究和技术服务业企业法人单位主要指标

行　　业	单位数（个）	资产总计（万元）	营业收入（万元）	从业人员（人）
总　　计	**2690**	**10881228**	**1314815**	**55737**
研究和试验发展	132	129761	71530	2685
专业技术服务业	2010	10330608	1189423	47335
科技推广和应用服务业	548	420860	53862	5717

4-11 按市(州)分组的科学研究和技术服务业企业法人单位主要指标

地　　区	单位数（个）	资产总计（万元）	营业收入（万元）	从业人员（人）
贵州省	**2690**	**10881228**	**1314815**	**55737**
贵阳市	1130	7020881	1026881	34105
六盘水市	112	233994	47944	2447
遵义市	327	167811	72324	5076
安顺市	128	355589	17097	1426
毕节市	143	1984374	19505	1969
铜仁市	142	48823	32328	2059
黔西南布依族苗族自治州	200	891621	30376	1853
黔东南苗族侗族自治州	282	84435	40503	4580
黔南布依族苗族自治州	226	93701	27856	2222

4-12　按登记注册类型分组的科学研究和技术服务业企业法人单位主要指标

登记注册类型	单位数（个）	资产总计（万元）	营业收入（万元）	从业人员（人）
总　计	**2690**	**10881228**	**1314815**	**55737**
内资企业	2684	10840549	1313957	55618
国有企业	193	3108485	508482	10690
集体企业	37	6932	4687	391
股份合作企业	32	40332	7243	419
联营企业	17	10857	4569	319
有限责任公司	1175	5517736	490460	25159
股份有限公司	64	441504	154947	4737
私营企业	943	1642204	125202	10796
其他企业	223	72498	18368	3107
港、澳、台商投资企业	4	39980	856	102
外商投资企业	2	700	2	17

4-13　水利、环境和公共设施管理业企业法人单位主要指标

行　业	单位数（个）	资产总计（万元）	营业收入（万元）	从业人员（人）
总　计	**647**	**6255997**	**204112**	**15094**
水利管理业	99	239227	17638	1623
防洪除涝设施管理	4	4549	89	38
水资源管理	31	91604	3957	394
天然水收集与分配	15	3661	1273	187
水文服务	2	3167	24	27
其他水利管理业	47	136246	12296	977
生态保护和环境治理业	81	45522	18594	1084
生态保护	18	18751	6936	398
环境治理业	63	26772	11658	686
公共设施管理业	467	5971247	167880	12387
市政设施管理	55	4692861	38080	2148
环境卫生管理	38	37878	9552	1814
城乡市容管理	13	116800	1037	142
绿化管理	140	139366	33037	1624
公园和游览景区管理	221	984342	86174	6659

4-14 按市(州)分组的水利、环境和公共设施管理业企业法人单位主要指标

地　区	单位数(个)	资产总计(万元)	营业收入(万元)	从业人员(人)
贵州省	**647**	**6255997**	**204112**	**15094**
贵阳市	128	3901357	41119	2389
六盘水市	34	208126	6167	579
遵义市	175	286453	28920	3531
安顺市	33	402799	35264	1937
毕节市	34	963489	22707	1932
铜仁市	51	79222	13435	782
黔西南布依族苗族自治州	45	86879	4851	462
黔东南苗族侗族自治州	62	116955	23891	1599
黔南布依族苗族自治州	85	210717	27757	1883

4-15 按登记注册类型分组的水利、环境和公共设施管理业企业法人单位主要指标

登记注册类型	单位数(个)	资产总计(万元)	营业收入(万元)	从业人员(人)
总　计	**647**	**6255997**	**204112**	**15094**
内资企业	645	6252607	204090	15029
国有企业	59	4569433	17373	1294
集体企业	11	2743	399	139
股份合作企业	7	2976	939	86
联营企业	6	81635	294	96
有限责任公司	240	986711	103261	7343
股份有限公司	20	406082	36867	1933
私营企业	232	179459	37095	3374
其他企业	70	23569	7862	764
港、澳、台商投资企业	1	3369		38
外商投资企业	1	22	22	27

4-16　居民服务、修理和其他服务业企业法人单位主要指标

行　　业	单位数 (个)	资产总计 (万元)	营业收入 (万元)	从业人员 (人)
总　　计	**3277**	**1146528**	**338725**	**44671**
居民服务业	1290	686442	135980	20733
家庭服务	428	16264	14512	6692
托儿所服务	4	572	92	34
洗染服务	68	8307	4419	859
理发及美容服务	233	34197	8982	1798
洗浴服务	112	357650	35045	4822
保健服务	63	11301	6525	1158
婚姻服务	71	1693	1255	323
殡葬服务	85	194662	50524	3014
其他居民服务业	226	61796	14625	2033
机动车、电子产品和日用产品修理业	1543	280278	161742	16605
汽车、摩托车修理与维护	1361	258155	148228	15484
计算机和办公设备维修	96	16934	6963	623
家用电器修理	63	4043	5587	349
其他日用产品修理业	23	1146	964	149
其他服务业	444	179809	41003	7333
清洁服务	270	27894	19452	5492
其他未列明服务业	174	151915	21551	1841

4-17　按市(州)分组的居民服务、修理和其他服务业企业法人单位主要指标

地　　区	单位数 (个)	资产总计 (万元)	营业收入 (万元)	从业人员 (人)
贵州省	**3277**	**1146528**	**338725**	**44671**
贵阳市	1284	388908	154512	18509
六盘水市	341	71689	24292	3678
遵义市	409	117430	33698	5592
安顺市	138	38465	17295	1864
毕节市	217	66588	20137	2792
铜仁市	306	134782	32598	4508
黔西南布依族苗族自治州	169	43330	16731	2198
黔东南苗族侗族自治州	203	185852	17579	2421
黔南布依族苗族自治州	210	99483	21883	3109

4-18 按登记注册类型分组的居民服务、修理和其他服务业企业法人单位主要指标

登记注册类型	单位数(个)	资产总计(万元)	营业收入(万元)	从业人员(人)
总　计	**3277**	**1146528**	**338725**	**44671**
内资企业	3275	1133199	327938	44625
国有企业	37	122347	5091	584
集体企业	31	5395	3429	536
股份合作企业	32	17625	4788	599
联营企业	13	3564	2378	228
有限责任公司	789	615726	143303	17064
股份有限公司	41	17588	6650	654
私营企业	2177	338675	152475	23406
其他企业	155	12280	9823	1554
港、澳、台商投资企业	1	12229	10747	43
外商投资企业	1	1100	40	3

4-19 教育企业法人单位主要指标

行　业	单位数(个)	资产总计(万元)	营业收入(万元)	从业人员(人)
总　计	**1097**	**498865**	**177601**	**26784**
学前教育	291	44302	17754	4667
初等教育	45	9329	5867	1277
中等教育	58	119700	37790	4859
高等教育	2	3831	638	25
特殊教育	8	1869	599	165
技能培训、教育辅助及其他教育	693	319833	114952	15791

4-20　按市(州)分组的教育企业法人单位主要指标

地　区	单位数(个)	资产总计(万元)	营业收入(万元)	从业人员(人)
贵州省	**1097**	**498865**	**177601**	**26784**
贵阳市	273	129735	46673	6654
六盘水市	74	29998	14782	1804
遵义市	183	107288	31155	4900
安顺市	85	34837	7900	1537
毕节市	117	51443	20758	3357
铜仁市	138	55042	26224	3020
黔西南布依族苗族自治州	75	23571	11143	1867
黔东南苗族侗族自治州	93	46009	8678	1824
黔南布依族苗族自治州	59	20941	10290	1821

4-21　按登记注册类型分组的教育企业法人单位主要指标

登记注册类型	单位数(个)	资产总计(万元)	营业收入(万元)	从业人员(人)
总　　计	**1097**	**498865**	**177601**	**26784**
内资企业	1097	498865	177601	26784
国有企业	40	47783	13042	1777
集体企业	16	4560	3028	308
股份合作企业	12	7364	3932	442
联营企业	7	1344	1285	215
有限责任公司	226	106097	35794	4927
股份有限公司	21	25717	7200	955
私营企业	587	205109	81713	13180
其他企业	188	100891	31608	4980
港、澳、台商投资企业				
外商投资企业				

4-22 卫生和社会工作企业法人单位主要指标

行 业	单位数（个）	资产总计（万元）	营业收入（万元）	从业人员（人）
总 计	**820**	**707664**	**444868**	**36032**
卫生	792	694267	443796	35754
医院	562	627182	399590	31026
社区医疗与卫生院	111	29340	18570	2410
门诊部(所)	90	13395	10086	1339
计划生育技术服务活动	4	577	327	53
妇幼保健院(所、站)	4	872	358	88
专科疾病防治院(所、站)	3	696	366	84
疾病预防控制中心				
其他卫生活动	18	22204	14497	754
社会工作	28	13397	1072	278
提供住宿社会工作	23	11260	194	178
不提供住宿社会工作	5	2137	877	100

4-23 按市(州)分组的卫生和社会工作企业法人单位主要指标

地 区	单位数（个）	资产总计（万元）	营业收入（万元）	从业人员（人）
贵州省	**820**	**707664**	**444868**	**36032**
贵阳市	141	159005	128761	7619
六盘水市	73	39527	22366	3097
遵义市	119	86615	73229	5086
安顺市	43	95566	70642	3096
毕节市	157	170707	41996	5646
铜仁市	87	49026	34170	3382
黔西南布依族苗族自治州	71	34637	20256	2713
黔东南苗族侗族自治州	79	32197	29115	3045
黔南布依族苗族自治州	50	40384	24332	2348

4-24　按登记注册类型分组的卫生和社会工作企业法人单位主要指标

登记注册类型	单位数 (个)	资产总计 (万元)	营业收入 (万元)	从业人员 (人)
总　计	**820**	**707664**	**444868**	**36032**
内资企业	819	707484	443788	35977
国有企业	56	146704	110942	5554
集体企业	5	1708	1578	165
股份合作企业	18	8811	7778	838
联营企业	4	938	600	85
有限责任公司	98	163763	114709	6224
股份有限公司	6	4724	6587	505
私营企业	522	344782	170733	19516
其他企业	110	36054	30861	3090
港、澳、台商投资企业				
外商投资企业	1	180	1080	55

4-25 文化、体育和娱乐业企业法人单位主要指标

行 业	单位数(个)	资产总计(万元)	营业收入(万元)	从业人员(人)
总 计	**2113**	**2024749**	**288163**	**22455**
新闻和出版业	50	292866	61841	2149
新闻业	8	39179	5889	374
出版业	42	253687	55951	1775
广播、电视、电影和音像业	117	96280	33592	1919
广播	1	10	30	6
电视	4	4993	8348	81
电影和影视节目制作	28	24354	6096	576
电影和影视节目发行	8	1002	352	69
电影放映	70	64544	18222	1114
录音制作	6	1376	544	73
文化艺术业	194	1080830	21856	3538
文艺创作与表演	79	65123	13206	2635
艺术表演场馆	4	3099	442	106
图书馆与档案馆	2	27	54	15
文物及非物质文化遗产保护	11	4348	240	89
博物馆	3	725	75	12
烈士陵园、纪念馆				
群众文化活动	21	9838	600	188
其他文化艺术业	74	997671	7239	493
体育	72	60810	18352	1321
体育组织	14	16483	9173	241
体育场馆	4	1396	169	31
休闲健身活动	50	41786	8918	1015
其他体育	4	1146	92	34
娱乐业	1680	493963	152522	13528
室内娱乐活动	1610	175280	147472	12569
游乐园	10	10139	1378	289
彩票活动				
文化、娱乐、体育经纪代理	23	276133	1461	131
其他娱乐业	37	32411	2211	539

4-26　按市(州)分组的文化、体育和娱乐业企业法人单位主要指标

地　区	单位数(个)	资产总计(万元)	营业收入(万元)	从业人员(人)
贵州省	**2113**	**2024749**	**288163**	**22455**
贵阳市	452	476084	119698	7343
六盘水市	230	25850	54707	1868
遵义市	280	60204	23470	2621
安顺市	220	18892	12198	1516
毕节市	93	287929	9824	1010
铜仁市	301	987517	20213	2175
黔西南布依族苗族自治州	141	24248	6987	1042
黔东南苗族侗族自治州	243	83918	18644	2700
黔南布依族苗族自治州	153	60107	22424	2180

4-27　按登记注册类型分组的文化、体育和娱乐业企业法人单位主要指标

登记注册类型	单位数(个)	资产总计(万元)	营业收入(万元)	从业人员(人)
总　计	**2113**	**2024749**	**288163**	**22455**
内资企业	2110	2003931	284853	22152
国有企业	62	214245	15799	983
集体企业	6	15007	782	70
股份合作企业	17	2934	1656	232
联营企业	5	356	477	27
有限责任公司	331	522768	99942	7740
股份有限公司	22	34440	6794	367
私营企业	1534	182476	119734	10822
其他企业	133	1031706	39669	1911
港、澳、台商投资企业	2	19630	2481	249
外商投资企业	1	1188	830	54

4-28 按行业分组的国有控股企业法人单位主要指标

行 业	单位数(个)	资产总计(万元)	营业收入(万元)	从业人员(人)
合 计	**5108**	**109535538**	**7569507**	**363713**
交通运输、仓储和邮政业	**294**	**24710540**	**2140241**	**59361**
道路运输业	171	22252931	1093414	40067
水上运输业	2	3975	794	173
航空运输业	11	1025803	281464	5465
管道运输业	2	30994	2507	70
装卸搬运和运输代理业	12	9357	8159	463
仓储业	73	1044424	257736	2832
邮政业	23	343054	496166	10291
信息传输、软件和信息技术服务业	**106**	**3812045**	**2185435**	**23062**
电信、广播电视和卫星传输服务	78	3703712	1667269	22458
互联网和相关服务	4	25624	1896	138
软件和信息技术服务业	24	82708	516271	466
租赁和商务服务业	**740**	**66262724**	**2261481**	**27731**
租赁业	12	131030	9753	904
商务服务业	728	66131694	2251728	26827
科学研究和技术服务业	**530**	**7966213**	**645542**	**27585**
研究和试验发展	40	51050	27413	1689
专业技术服务业	364	7769182	611440	24561
科技推广和应用服务业	126	145981	6690	1335
水利、环境和公共设施管理业	**270**	**5584388**	**85518**	**16250**
水利管理业	131	197957	6421	1705
生态保护和环境治理业	23	3496	926	577
公共设施管理业	116	5382935	78171	13968
居民服务、修理和其他服务业	**89**	**332377**	**26174**	**2539**
居民服务业	44	223823	9762	1281
机动车、电子产品和日用产品修理业	23	20431	14074	679
其他服务业	22	88123	2338	579
教育	**1926**	**70352**	**19867**	**137448**
卫生和社会工作	**861**	**167434**	**138068**	**61729**
卫生	783	166886	137562	60266
社会工作	78	548	506	1463
文化、体育和娱乐业	**292**	**629465**	**67180**	**8008**
新闻和出版业	47	277831	56388	2372
广播、电视、电影和影视录音制作业	61	27008	5068	2724
文化艺术业	149	47190	4626	2178
体育	21	1328	128	511
娱乐业	14	276107	970	223

4-29　按行业分组的非公有控股经济企业法人单位主要指标

行　业	单位数(个)	资产总计(万元)	营业收入(万元)	从业人员(人)
合　计	**19935**	**17295380**	**3994273**	**292355**
交通运输、仓储和邮政业	**1927**	**2366816**	**727176**	**40959**
道路运输业	1246	1716095	523551	27152
水上运输业	49	28572	15741	849
航空运输业	6	161888	79096	800
管道运输业	4	8815	460	33
装卸搬运和运输代理业	293	295001	71795	6780
仓储业	148	134276	18203	1522
邮政业	181	22169	18331	3823
信息传输、软件和信息技术服务业	**1116**	**1391604**	**886741**	**17261**
电信、广播电视和卫星传输服务	75	775023	682774	4311
互联网和相关服务	227	39324	24236	1767
软件和信息技术服务业	814	577257	179731	11183
租赁和商务服务业	**7011**	**8609323**	**1056861**	**77537**
租赁业	1025	189037	77680	8108
商务服务业	5986	8420286	979181	69429
科学研究和技术服务业	**2125**	**2497432**	**386540**	**28606**
研究和试验发展	94	48519	28563	1403
专业技术服务业	1538	2199626	316848	22488
科技推广和应用服务业	493	249287	41128	4715
水利、环境和公共设施管理业	**444**	**543392**	**91912**	**7093**
水利管理业	36	21889	5830	413
生态保护和环境治理业	66	35787	16027	837
公共设施管理业	342	485715	70055	5843
居民服务、修理和其他服务业	**2954**	**610933**	**262451**	**37417**
居民服务业	1160	302058	102721	17168
机动车、电子产品和日用产品修理业	1416	234687	132159	14445
其他服务业	378	74188	27571	5804
教育	**1645**	**438352**	**141898**	**38198**
卫生和社会工作	**827**	**439945**	**241598**	**28071**
卫生	788	426883	241033	27699
社会工作	39	13062	565	372
文化、体育和娱乐业	**1886**	**397583**	**199096**	**17213**
新闻和出版业	14	13862	4869	204
广播、电视、电影和影视录音制作业	72	48641	22933	1368
文化艺术业	136	67860	11317	1945
体育	66	56027	15272	1072
娱乐业	1598	211193	144705	12624

注：不含铁路运输业、金融业、房地产业。

4-30 规模以上交通运输、仓储和

行　　业	固定资产原　　价（万元）	本年折旧（万元）	资产总计（万元）	负债合计（万元）	所有者权益合计（万元）	营业收入（万元）	营业成本（万元）
合　　计	**8986956**	**281578**	**22081479**	**16151968**	**5929512**	**2318674**	**1763349**
铁路运输业	44991	1532	105398	43187	62211	36752	25497
道路运输业	8048973	238683	20007053	14891878	5115175	1168464	736328
城市公共交通运输	184422	22278	243505	190973	52532	158911	160204
公路旅客运输	280560	33599	448123	329703	118421	191436	111614
道路货物运输	64634	6706	175795	112004	63791	217011	184273
道路运输辅助活动	7519357	176101	19139630	14259198	4880432	601107	280237
水上运输业	4436	129	9733	7081	2653	13424	11683
水上旅客运输	667	60	1648	111	1536	2247	1521
水上货物运输	3751	67	8033	6914	1119	10924	9965
水上运输辅助活动	19	2	52	55	-3	253	197
航空运输业	646854	27008	1020160	467205	552956	356498	323786
航空客货运输	97258	7405	316214	217313	98901	297184	251163
通用航空服务							
航空运输辅助活动	549595	19603	703946	249892	454055	59314	72624
管道运输业							
管道运输业							
装卸搬运和运输代理业	10505	1105	23522	11268	12254	30626	18690
装卸搬运	4856	640	10981	5142	5839	17904	8876
运输代理业	5648	465	12541	6127	6415	12722	9814
仓储业	110574	5342	571561	461948	109614	212010	162517
谷物、棉花等农产品仓储	48670	2190	433859	399097	34762	118045	123069
其他仓储业	61903	3152	137702	62850	74852	93965	39448
邮政业	120623	7779	344052	269402	74650	500900	484848
邮政基本服务	114144	7320	154616	93638	60978	186210	177092
快递服务	6479	459	189437	175764	13673	314690	307755

邮政业企业法人单位主要指标

营业税金及附加(万元)	销售费用、管理费用、财务费用合计(万元)	投资收益(万元)	营业利润(万元)	利润总额(万元)	应交所得税(万元)	应付职工薪酬(万元)	应交增值税(万元)	从业人员(人)
41981	**652229**	**9611**	**-117144**	**39664**	**19253**	**379837**	**9175**	**7190**
754	5944	413	5465	5657	818	5287	166	123
31461	501881	18241	-80792	39524	6267	201820	4668	4641
3636	29168	467	-33911	-10785	605	74615	828	1839
5412	76140	9425	10981	11663	2662	50973	1633	1302
3208	19995	171	4290	4186	1193	22815	2090	521
19205	376578	8178	-62153	34460	1807	53418	117	979
206	686		718	470	240	1096	23	66
58	52		486	486	10	537	7	31
139	592		227	-10	230	373	12	31
9	41		6	-6		187	4	4
4525	61562	190	-1133	9252	9991	59716	2255	589
2706	34729		12488	20196	9991	38745	1363	241
1819	26833	190	-13620	-10944		20971	892	347
901	9919	0	600	584	281	11325	405	381
595	7529	3	199	180	132	8845	138	327
307	2391	-3	401	404	149	2479	267	54
1089	41901	-8170	-29220	-1603	857	10793	426	172
427	24160	5	-30522	-5261	4	3375	77	66
662	17740	-8174	1301	3658	853	7418	349	106
3045	30337	-1063	-12781	-14220	799	89800	1233	1219
2244	23948		-14022	-15370		85253	4	972
801	6389	-1063	1240	1150	799	4547	1228	247

4-31 规模以上信息传输、软件和

行业	固定资产原价（万元）	本年折旧（万元）	资产总计（万元）	负债合计（万元）	所有者权益合计（万元）	营业收入（万元）	营业成本（万元）
合计	**5499515**	**482877**	**4750294**	**2362226**	**2388068**	**3020924**	**2018831**
电信、广播电视和卫星传输服务	5489133	479286	4548910	2267620	2281290	2429326	1460770
电信	5259056	462361	4248810	2078444	2170366	2280031	1337576
广播电视传输服务	230078	16925	300100	189176	110924	149295	123193
卫星传输服务							
互联网和相关服务	689	202	21914	15585	6329	27232	24417
互联网接入及相关服务	567	187	11086	7318	3768	7199	5976
互联网信息服务							
其他互联网服务	122	15	10828	8267	2561	20033	18441
软件和信息技术服务业	9693	3390	179471	79021	100450	564366	533644
软件开发	6638	2484	165168	70340	94828	545794	519454
信息系统集成服务	257	81	6427	4605	1821	12781	11373
信息技术咨询服务	918	39	1043	210	833	467	345
数据处理和存储服务							
集成电路设计	322	54	4155	2660	1495	3012	1278
其他信息技术服务业	1557	731	2678	1206	1473	2313	1194

4-32 规模以上租赁和商务服务业

行业	固定资产原价（万元）	本年折旧（万元）	资产总计（万元）	负债合计（万元）	所有者权益合计（万元）	营业收入（万元）	营业成本（万元）
合计	**556309**	**35751**	**13400359**	**6179437**	**7220921**	**1866217**	**1566279**
租赁业	33158	4353	50238	39291	10947	17196	8023
机械设备租赁	33158	4353	50238	39291	10947	17196	8023
文化及日用品出租							
商务服务业	523151	31398	13350121	6140146	7209975	1849021	1558256
企业管理服务	423082	22195	12555510	5781745	6773766	1478994	1309533
法律服务	329	107	1951	1447	504	5160	2517
咨询与调查	15842	1673	52176	45308	6868	52363	41163
广告业	17419	1642	40780	10244	30537	47752	30686
知识产权服务	2605	159	88565	41877	46688	31215	14499
人力资源服务	1787	142	7484	4489	2995	20270	17035
旅行社及相关服务	14057	1267	80120	70916	9204	97657	86212
安全保护服务	8865	540	19199	9748	9451	36048	27879
其他商务服务业	39165	3673	504337	174374	329963	79562	28731

信息技术服务业企业法人单位主要指标

营业税金及附加(万元)	销售费用、管理费用、财务费用合计(万元)	投资收益(万元)	营业利润(万元)	利润总额(万元)	应交所得税(万元)	应付职工薪酬(万元)	应交增值税(万元)	从业人员(人)
78845	**723231**	**33687**	**230729**	**239875**	**63873**	**269471**	**-522**	**2798**
76983	700882	29104	216424	222206	62022	257999	-3723	2589
71901	668192	29094	190328	194340	62185	212461	-218	2233
5082	32690	10	26097	27866	-162	45538	-3505	356
114	2200		196	196	74	633	230	20
85	973		165	165	42	250	79	7
29	1227		31	32	33	383	152	13
1748	20149	4583	14109	17473	1777	10839	2971	188
1487	16106	4583	14192	17505	1752	8980	2610	135
65	1376		-26	45	11	728	229	16
12	71		39	39	1	217	7	12
132	1574		29	29	9	465	111	11
52	1023		-125	-145	3	449	14	15

企业法人单位主要指标

营业税金及附加(万元)	销售费用、管理费用、财务费用合计(万元)	投资收益(万元)	营业利润(万元)	利润总额(万元)	应交所得税(万元)	应付职工薪酬(万元)	应交增值税(万元)	从业人员(人)
20944	**238061**	**83978**	**123640**	**183512**	**25615**	**122290**	**18769**	**2721**
697	7466	14	643	500	100	3791	197	122
697	7466	14	643	500	100	3791	197	122
20247	230595	83963	122997	183012	25515	118500	18572	2599
8623	152438	82229	89584	148482	15604	40810	17833	562
218	2131		296	342	89	2129	86	22
1493	12785	5	-2074	-2818	833	15241	141	152
1452	13165	65	2534	2846	377	7013	96	71
2827	767	18	13122	13140	3540	545		7
401	2187	57	135	131	18	8330	170	296
821	9247	77	1556	1254	398	5298	30	170
765	6545	29	1187	1208	312	24385	15	1024
3647	31330	1485	16658	18427	4345	14749	202	295

4-33 规模以上科学研究和

行业	固定资产原价(万元)	本年折旧(万元)	资产总计(万元)	负债合计(万元)	所有者权益合计(万元)	营业收入(万元)	营业成本(万元)
合计	**154369**	**10490**	**1295032**	**675177**	**619855**	**616431**	**448777**
研究和试验发展	6527	569	26881	14150	12731	25880	18928
自然科学研究和试验发展							
工程和技术研究和试验发展	4680	461	20831	11430	9401	22874	16971
农业科学研究和试验发展	1847	107	6051	2720	3330	3005	1956
医学研究和试验发展							
社会人文科学研究							
专业技术服务业	137902	9585	1196485	631455	565031	583191	425090
气象服务							
地震服务							
海洋服务							
测绘服务							
质检技术服务	3448	1060	11442	8617	2825	4232	3203
环境与生态监测							
地质勘查	13907	656	120698	62658	58040	53231	45938
工程技术	114197	7235	1049980	551183	498798	518822	373181
其他专业技术服务业	6350	634	14365	8997	5368	6906	2769
科技推广和应用服务业	9940	337	71665	29572	42093	7361	4759
技术推广服务	4162	294	48421	9703	38718	6547	4097
科技中介服务							
其他科技推广和应用服务业	5778	43	23244	19869	3375	814	662

4-34 规模以上水利、环境和

行业	固定资产原价(万元)	本年折旧(万元)	资产总计(万元)	负债合计(万元)	所有者权益合计(万元)	营业收入(万元)	营业成本(万元)
合计	**122624**	**7936**	**4338879**	**1838533**	**2500345**	**85479**	**45688**
水利管理业	2121	63	3392	1023	2369	3174	2510
防洪除涝设施管理							
水资源管理							
天然水收集与分配							
水文服务							
其他水利管理业	2121	63	3392	1023	2369	3174	2510
生态保护和环境治理业	8422	380	7969	6472	1497	2371	243
生态保护	8422	380	7969	6472	1497	2371	243
环境治理业							
公共设施管理业	112081	7493	4327518	1831039	2496480	79935	42935
市政设施管理	2585	89	3636188	1358573	2277615	2269	
环境卫生管理	1983	187	12726	13091	-365	4438	4243
城乡市容管理							
绿化管理	1450	184	33308	23895	9413	10905	9300
公园和游览景区管理	106063	7032	645297	435481	209817	62322	29392

技术服务业企业法人单位主要指标

营业税金及附加(万元)	销售费用、管理费用、财务费用合计(万元)	投资收益(万元)	营业利润(万元)	利润总额(万元)	应交所得税(万元)	应付职工薪酬(万元)	应交增值税(万元)	从业人员(人)
22460	**113546**	**11557**	**49179**	**58182**	**9685**	**111201**	**13799**	**1598**
941	4950		1061	1062	191	3430	256	43
941	3878		1084	1084	191	3275	256	40
	1071		-22	-22		155		3
21364	106504	11557	47869	56830	9378	105770	13543	1445
178	999	-63	-42	-79	10	2667	39	44
904	7767	8539	-1390	7707	269	7446	11385	108
19936	94478	3080	48757	48761	8995	93771	2014	1238
346	3260	…	543	440	104	1887	105	55
154	2092		249	290	116	2001		110
146	1834		362	293	116	1839		98
9	258		-114	-3	…	163		12

公共设施管理业企业法人单位主要指标

营业税金及附加(万元)	销售费用、管理费用、财务费用合计(万元)	投资收益(万元)	营业利润(万元)	利润总额(万元)	应交所得税(万元)	应付职工薪酬(万元)	应交增值税(万元)	从业人员(人)
3735	**36707**	**466**	**1773**	**2230**	**1389**	**20003**	**417**	**535**
54	572	13	25	69	1	1486	278	33
54	572	13	25	69	1	1486	278	33
89	1835		336	204	79	476	104	18
89	1835		336	204	79	476	104	18
3593	34300	453	1412	1957	1309	18041	35	484
17	2211		41	45	10	1051		10
171	1147		-1059	-561	18	2373	10	116
336	1092		125	216	68	949		31
3069	29850	453	2305	2258	1213	13668	25	326

4-35 规模以上居民服务、修理和

行业	固定资产原价（万元）	本年折旧（万元）	资产总计（万元）	负债合计（万元）	所有者权益合计（万元）	营业收入（万元）	营业成本（万元）
合计	**60432**	**3226**	**318953**	**138850**	**180103**	**99818**	**60693**
居民服务业	45777	2471	282835	119537	163298	65799	37099
家庭服务	404	72	3996	2135	1862	5180	3956
托儿所服务							
洗染服务	97	16	514	177	337	316	167
理发及美容服务							
洗浴服务	20199	587	178445	45337	133107	18085	10428
保健服务	342	68	2162	1308	854	1912	717
婚姻服务							
殡葬服务	23083	1489	95565	69336	26229	38837	21376
其他居民服务业	1652	239	2153	1244	910	1467	455
机动车、电子产品和日用产品修理业	9100	409	25025	16104	8921	25085	19337
汽车、摩托车修理与维护	9100	409	25025	16104	8921	25085	19337
计算机和办公设备维修							
家用电器修理							
其他日用产品修理业							
其他服务业	5556	347	11093	3209	7884	8934	4257
清洁服务	441	48	2583	1214	1369	3729	2358
其他未列明服务业	5115	299	8510	1995	6515	5205	1899

其他服务业企业法人单位主要指标

营业税金及附加(万元)	销售费用、管理费用、财务费用合计(万元)	投资收益(万元)	营业利润(万元)	利润总额(万元)	应交所得税(万元)	应付职工薪酬(万元)	应交增值税(万元)	从业人员(人)
2374	**28943**	**-34**	**8156**	**7576**	**1871**	**23757**	**697**	**806**
1654	21914	-83	5528	4793	1313	17193	56	581
230	708		212	327	13	4279	21	170
17	110		23	22		186		7
1067	5142		1487	861	275	5210	6	172
25	646		319	310	29	527		22
226	14357	-83	3519	3369	986	6368	25	182
91	952		-31	-96	9	624	4	30
306	4508	0.4	831	991	276	2976	614	93
306	4508	0.4	831	991	276	2976	614	93
413	2520	48	1797	1793	282	3588	27	132
204	1181	1	-8	-14	8	2687	13	108
210	1340	48	1804	1806	274	901	14	24

4-36 规模以上教育企业

行业	固定资产原价(万元)	本年折旧(万元)	资产总计(万元)	负债合计(万元)	所有者权益合计(万元)	营业收入(万元)	营业成本(万元)
合计	**88322**	**7260**	**150308**	**95674**	**54633**	**58600**	**36501**
学前教育	1256	108	1280	667	613	740	643
初等教育	210	15	350	20	330	90	80
中等教育	41173	1767	76776	45968	30809	21121	15221
高等教育							
特殊教育							
技能培训、教育辅助及其他教育	45683	5370	71901	49020	22881	36650	20557

4-37 规模以上卫生和社会工作

行业	固定资产原价(万元)	本年折旧(万元)	资产总计(万元)	负债合计(万元)	所有者权益合计(万元)	营业收入(万元)	营业成本(万元)
合计	**178996**	**14611**	**301011**	**189055**	**111956**	**255299**	**174940**
卫生	178996	14611	301011	189055	111956	255299	174940
医院	172797	13864	288965	180504	108461	237315	160856
社区医疗与卫生院	910	109	2558	1918	640	3364	2491
门诊部(所)	1794	332	3668	2582	1087	3404	2008
计划生育技术服务活动							
妇幼保健院(所、站)							
专科疾病防治院(所、站)							
疾病预防控制中心							
其他卫生活动	3495	306	5820	4051	1768	11215	9586
社会工作							
提供住宿社会工作							
不提供住宿社会工作							

法人单位主要指标

营业税金及附加(万元)	销售费用、管理费用、财务费用合计(万元)	投资收益(万元)	营业利润(万元)	利润总额(万元)	应交所得税(万元)	应付职工薪酬(万元)	应交增值税(万元)	从业人员(人)
1407	**21582**	**-34**	**-602**	**-992**	**849**	**19826**	**425**	**708**
	16		53	53	…	413		25
	6		2	2		45		2
74	5493	2	147	-186	45	9048	…	288
1333	16068	-36	-803	-861	804	10321	425	393

企业法人单位主要指标

营业税金及附加(万元)	销售费用、管理费用、财务费用合计(万元)	投资收益(万元)	营业利润(万元)	利润总额(万元)	应交所得税(万元)	应付职工薪酬(万元)	应交增值税(万元)	从业人员(人)
870	**71931**	**1084**	**17461**	**11570**	**1966**	**58867**	**784**	**1622**
870	71931	1084	17461	11570	1966	58867	784	1622
719	67380	1083	16530	10581	1879	55490	113	1542
78	1745		790	792	34	1014		23
11	1350	1	29	10	23	1376	28	37
63	1455		112	187	31	987	643	21

4-38 规模以上文化、体育和

行　　业	固定资产原价（万元）	本年折旧（万元）	资产总计（万元）	负债合计（万元）	所有者权益合计（万元）	营业收入（万元）	营业成本（万元）
合　　计	**57880**	**4006**	**278671**	**95834**	**182838**	**58514**	**32116**
新闻和出版业	24414	1921	187043	60304	126739	23180	16616
新闻业							
出版业	24414	1921	187043	60304	126739	23180	16616
广播、电视、电影和音像业	3350	482	12444	5346	7098	15109	7895
广播							
电视	1082	183	4574	617	3957	7421	3495
电影和影视节目制作	31	6	21	36	-15	279	131
电影和影视节目发行							
电影放映	2237	293	7848	4692	3156	7410	4270
录音制作							
文化艺术业	1484	51	25715	4091	21624	2581	860
文艺创作与表演	1484	51	25715	4091	21624	2581	860
艺术表演场馆							
图书馆与档案馆							
文物及非物质文化遗产保护							
博物馆							
烈士陵园、纪念馆							
群众文化活动							
其他文化艺术业							
体育	15394	532	18151	12462	5689	4851	2471
体育组织							
体育场馆							
休闲健身活动	15394	532	18151	12462	5689	4851	2471
其他体育							
娱乐业	13238	1021	35319	13631	21688	12793	4274
室内娱乐活动	10655	850	22176	11313	10863	11639	4203
游乐园	2452	148	2953	1848	1105	881	
彩票活动							
文化、娱乐、体育经纪代理							
其他娱乐业	132	23	10191	470	9720	273	70

娱乐业企业法人单位主要指标

营业税金及附加（万元）	销售费用、管理费用、财务费用合计（万元）	投资收益（万元）	营业利润（万元）	利润总额（万元）	应交所得税（万元）	应付职工薪酬（万元）	应交增值税（万元）	从业人员（人）
2831	**23052**	**2604**	**4481**	**6777**	**537**	**17058**	**228**	**396**
1230	6097	3320	2773	3641		8736	75	88
1230	6097	3320	2773	3641		8736	75	88
563	5911		1668	1695	272	952	103	24
300	2914		712	712	82	237	62	4
18	114		16	16	5	140	4	4
244	2884		941	967	186	575	38	17
30	2652		-1406	323	6	1903	3	98
30	2652		-1406	323	6	1903	3	98
390	1434		558	574	112	1736	22	41
390	1434		558	574	112	1736	22	41
619	6957	-716	887	544	146	3730	24	146
554	5844	-716	914	571	146	3417	24	134
50	858		-27	-27		163		7
15	255					151	…	5

第5篇

行政事业、社团及其他单位财务状况

5-1　按行业分组的服务业行政事业及非企业法人单位主要指标

行　　业	单位数(个)	年末资产(万元)	非企业单位支出(费用)(万元)	从业人员(人)
信息传输、软件和信息技术服务业	**67**	**584394**	**109995**	**1467**
电信、广播电视和卫星传输服务	46	62560	26421	1176
互联网和相关服务	5	390	359	49
软件和信息技术服务业	16	521444	83215	242
房地产	**44**	**423485**	**213790**	**682**
房地产开发经营				
物业管理	8	5932	1562	209
房地产中介服务	10	816	292	57
自有房地产经营活动	2	172	215	17
其他房地产业	24	416565	211721	399
租赁和商务服务业	**501**	**315066**	**125165**	**6632**
租赁业	11	894	360	60
机械设备租赁	9	767	145	44
文化及日用品出租	2	127	215	16
商务服务业	490	314173	124805	6572
企业管理服务	136	81462	50490	2205
法律服务	151	6009	9117	1152
咨询与调查	43	173687	30581	449
广告业	5	88	77	34
知识产权服务	2	51	173	21
人力资源服务	63	10199	10386	992
旅行社及相关服务	19	4267	5443	509
安全保护服务	19	9956	1842	356
其他商务服务业	52	28453	16695	854
科学研究和技术服务业	**1229**	**1525130**	**2258641**	**30436**
研究和试验发展	115	172769	85560	4440
专业技术服务业	542	1255505	2123091	20475
科技推广和应用服务业	572	96856	49990	5521
水利、环境和公共设施管理业	**577**	**353013**	**288668**	**26075**
水利管理业	362	154845	70416	3304
防洪除涝设施管理	21	14237	6882	248
水资源管理	93	19333	37564	726
天然水收集与分配	71	92764	6289	755
水文服务	40	4206	4195	383
其他水利管理业	137	24305	15485	1192
生态保护和环境治理业	50	19876	15495	1006
生态保护	41	15516	13007	813
环境治理业	9	4360	2488	193
公共设施管理业	165	178292	202757	21765
市政设施管理	24	30084	47005	1506
环境卫生管理	53	30232	69496	14529
城乡市容管理	13	10625	17587	2307
绿化管理	17	36387	32622	1419
公园和游览景区管理	58	70963	36047	2004
居民服务、修理和其他服务业	**141**	**61432**	**26282**	**2771**
居民服务业	107	51524	20338	2112
机动车、电子产品和日用产品修理业	16	1429	911	155
其他服务业	18	8479	5033	504

5-1 续表

行业	单位数(个)	年末资产(万元)	非企业单位支出(费用)(万元)	从业人员(人)
教育	**8783**	**7349427**	**4838597**	**474959**
学前教育	1438	250935	237274	26251
初等教育	4341	1478335	1456617	189449
中等教育	2194	3002582	1768632	194298
高等教育	78	2070383	826599	28903
特殊教育	57	19954	15992	1553
技能培训、教育辅助及其他教育	675	527238	533482	34505
卫生和社会工作	**3177**	**5485544**	**3099589**	**154908**
卫生	2762	5384250	3024502	151005
医院	329	4621780	2355977	92157
社区医疗与卫生院	1651	440685	441027	42216
门诊部(所)	98	12024	7549	901
计划生育技术服务活动	438	52457	47175	5676
妇幼保健院(所、站)	117	103717	66753	4631
专科疾病防治院(所、站)	7	6744	4396	211
疾病预防控制中心	82	103549	68690	4303
其他卫生活动	40	43295	32935	910
社会工作	415	101293	75087	3903
提供住宿社会工作	310	82461	56728	2916
不提供住宿社会工作	105	18833	18360	987
文化、体育和娱乐业	**740**	**6309188**	**864254**	**12850**
新闻和出版业	52	61468	28001	1824
新闻业	28	54435	20264	611
出版业	24	7033	7737	1213
广播、电视、电影和音像业	77	199715	83139	3945
文化艺术业	518	139947	70540	5315
文艺创作与表演	24	3818	12079	756
艺术表演场馆	5	4801	351	59
图书馆与档案馆	110	37363	26402	1545
文物及非物质文化遗产保护	51	8446	3687	439
博物馆	23	58417	7889	393
烈士陵园、纪念馆	20	5683	1127	119
群众文化活动	257	17094	16185	1715
其他文化艺术业	28	4324	2821	289
体育	70	62070	25984	1346
体育组织	37	13547	11502	834
体育场馆	13	25885	8899	328
休闲健身活动	14	1189	1214	117
其他体育	6	21448	4368	67
娱乐业	23	5845989	656591	420
公共管理、社会保障和社会组织	**36093**	**19465230**	**15041897**	**708586**
中国共产党机关	831	255668	530879	16228
国家机构	11036	17218967	13808617	490790
人民政协、民主党派	148	49898	90276	4776
社会保障	143	16681	49673	1841
群众团体、社会团体和其他成员组织	4633	809373	243309	71882
基层群众自治组织	19302	1114643	319144	123069

注：表中的合计数和部分计算数据因小数取舍而产生的误差，均未作机械调整，下表同。

5-2　按市(州)分组的信息传输、软件和信息技术服务业行政事业及非企业法人单位主要指标

地　　区	单位数(个)	年末资产(万元)	非企业单位支出(费用)(万元)	从业人员(人)
贵州省	**67**	**584394**	**109995**	**1467**
贵阳市	16	514525	86727	314
六盘水市	4	38871	2682	220
遵义市	5	1515	1039	77
安顺市	7	4618	12688	190
毕节市	4	1415	1727	81
铜仁市	8	2869	1522	207
黔西南布依族苗族自治州	18	18826	2256	257
黔东南苗族侗族自治州	3	1095	1087	94
黔南布依族苗族自治州	2	660	267	27

5-3　按市(州)分组的租赁和商务服务业行政事业及非企业法人单位主要指标

地　　区	单位数(个)	年末资产(万元)	非企业单位支出(费用)(万元)	从业人员(人)
贵州省	**501**	**315066**	**125165**	**6632**
贵阳市	144	235595	56845	1995
六盘水市	23	9188	1808	235
遵义市	112	18993	19923	1374
安顺市	38	7627	5339	415
毕节市	25	1870	4087	287
铜仁市	40	4292	3865	516
黔西南布依族苗族自治州	22	3774	3766	224
黔东南苗族侗族自治州	62	15948	22980	1059
黔南布依族苗族自治州	35	17781	6553	527

5-4 按市(州)分组的科学研究和技术服务业行政事业及非企业法人单位主要指标

地　区	单位数(个)	年末资产(万元)	非企业单位支出(费用)(万元)	从业人员(人)
贵州省	**1229**	**1525130**	**2258641**	**30436**
贵阳市	162	1014279	1914726	14093
六盘水市	35	44836	9131	1165
遵义市	267	171610	66930	4609
安顺市	111	61532	24539	1457
毕节市	113	43197	26905	2046
铜仁市	70	32524	15447	1262
黔西南布依族苗族自治州	57	8765	9700	632
黔东南苗族侗族自治州	362	50155	41907	3908
黔南布依族苗族自治州	52	98232	149357	1264

5-5 按市(州)分组的水利、环境和公共设施管理业行政事业及非企业法人单位主要指标

地　区	单位数(个)	年末资产(万元)	非企业单位支出(费用)(万元)	从业人员(人)
贵州省	**577**	**353013**	**288668**	**26075**
贵阳市	108	107495	126008	5128
六盘水市	55	18358	12350	1145
遵义市	159	30652	32203	4791
安顺市	32	51315	11872	2864
毕节市	43	51178	21810	3763
铜仁市	65	28748	20907	3050
黔西南布依族苗族自治州	19	20723	7276	648
黔东南苗族侗族自治州	57	25359	32012	3181
黔南布依族苗族自治州	39	19186	24228	1505

5-6　按市(州)分组的居民服务、修理和其他服务业行政事业及非企业法人单位主要指标

地　区	单位数(个)	年末资产(万元)	非企业单位支出(费用)(万元)	从业人员(人)
贵州省	**141**	**61432**	**26282**	**2771**
贵阳市	67	40760	18757	1663
六盘水市	4	239	422	68
遵义市	19	2107	1254	99
安顺市	2	10581	750	116
毕节市	4	281	341	65
铜仁市	18	2510	2032	491
黔西南布依族苗族自治州	2	215	256	78
黔东南苗族侗族自治州	18	3396	930	108
黔南布依族苗族自治州	7	1344	1541	83

5-7　按市(州)分组的教育行政事业及非企业法人单位主要指标

地　区	单位数(个)	年末资产(万元)	非企业单位支出(费用)(万元)	从业人员(人)
贵州省	**8783**	**7349427**	**4838597**	**474959**
贵阳市	1085	2451193	1295421	65294
六盘水市	797	490398	394808	31886
遵义市	1084	1005604	610692	77872
安顺市	553	335305	244376	30315
毕节市	1157	1032424	527552	81975
铜仁市	1297	573662	499418	52388
黔西南布依族苗族自治州	1240	427769	409510	43370
黔东南苗族侗族自治州	909	554591	501493	48971
黔南布依族苗族自治州	661	478482	355326	42888

5-8 按市(州)分组的卫生和社会工作行政事业及非企业业法人单位主要指标

地区	单位数(个)	年末资产(万元)	非企业单位支出(费用)(万元)	从业人员(人)
贵州省	**3177**	**5485544**	**3099589**	**154908**
贵阳市	340	3196733	959832	33263
六盘水市	240	152834	170629	8656
遵义市	600	616620	565292	29430
安顺市	197	198691	134458	8148
毕节市	495	342320	265594	19462
铜仁市	382	260898	223593	14103
黔西南布依族苗族自治州	222	144746	208631	10102
黔东南苗族侗族自治州	404	359713	313492	18253
黔南布依族苗族自治州	297	212990	258066	13491

5-9 按市(州)分组的文化、体育和娱乐业行政事业及非企业业法人单位主要指标

地区	单位数(个)	年末资产(万元)	非企业单位支出(费用)(万元)	从业人员(人)
贵州省	**740**	**6309188**	**864254**	**12850**
贵阳市	120	6180987	761547	5038
六盘水市	80	15514	13214	753
遵义市	193	33344	17389	1747
安顺市	50	10156	5038	698
毕节市	59	15146	9352	906
铜仁市	39	4067	17162	688
黔西南布依族苗族自治州	43	10503	6917	598
黔东南苗族侗族自治州	103	24107	16442	1354
黔南布依族苗族自治州	53	15363	17194	1068

5-10　按市(州)分组的公共管理、社会保障和社会组织行政事业及非企业业法人单位主要指标

地　　区	单位数 (个)	年末资产 (万元)	非企业单位 支出(费用) (万元)	从业人员 (人)
贵州省	**36093**	**19465230**	**15041897**	**708586**
贵阳市	3752	5155487	3610116	103092
六盘水市	2326	2430997	933927	54046
遵义市	4813	1798156	1370356	96931
安顺市	2543	1002574	1431441	50209
毕节市	5377	1625828	1593345	95920
铜仁市	5025	1554825	1484116	82615
黔西南布依族苗族自治州	2530	2516965	1329229	55267
黔东南苗族侗族自治州	6205	1746280	1976673	94087
黔南布依族苗族自治州	3522	1634118	1312694	76419

附　　录

贵州省第三次经济普查主要数据公报

（第一号）

贵州省统计局

贵州省第三次经济普查领导小组办公室

2014 年 12 月 31 日

根据《国务院关于开展第三次全国经济普查的通知》（国发〔2012〕60 号）要求，我省进行了第三次经济普查。这次普查的标准时点为 2013 年 12 月 31 日，普查时期资料为 2013 年年度资料。普查对象是在我省境内从事第二产业和第三产业的全部法人单位、产业活动单位和个体经营户。通过这次普查，摸清了我省第二产业和第三产业的发展规模及布局，摸清了我省产业组织、产业结构、产业技术的现状以及各生产要素的构成，查实了服务业、战略性新兴产业、小微企业和高技术产业（制造业）的发展状况。通过对 9 个市（州）的数据质量抽查，数据填报综合差错率为 2.66‰，普查数据质量达到预期目标要求。

根据《全国经济普查条例》，贵州省统计局和贵州省第三次经济普查领导小组办公室现分三个公报，将全省第三次经济普查的主要综合数据公布如下。其他普查数据将随着普查资料开发应用的进度，以不同方式陆续公布。

一、单位基本情况

2013 年末，全省共有从事第二产业和第三产业活动的法人单位 14.71 万个，比 2008 年末（2008 年是第二次经济普查年份，下同）增加 5.29 万个，增长 56.1%；产业活动单位 21.16 万个，增加 7.33 万个，增长 53%；有证照个体经营户 76.51 万个，增加 22.63 万个，增加 42.0%（详见表 1-1）。

表 1-1　单位数与有证照个体经营户数

分　组	单位数（万个）	比重（%）
一、法人单位	14. 71	100.0%
企业法人	9.41	64.0%
机关、事业法人	2.53	17.2%
社会团体和其他法人	2.77	18.8%
二、产业活动单位	21.16	100.0%
第二产业	3.48	16.4%
第三产业	17.68	83.6%
三、有证照个体经营户	76.51	100.0%
第二产业	3.07	4.0%
第三产业	73.44	96.0%

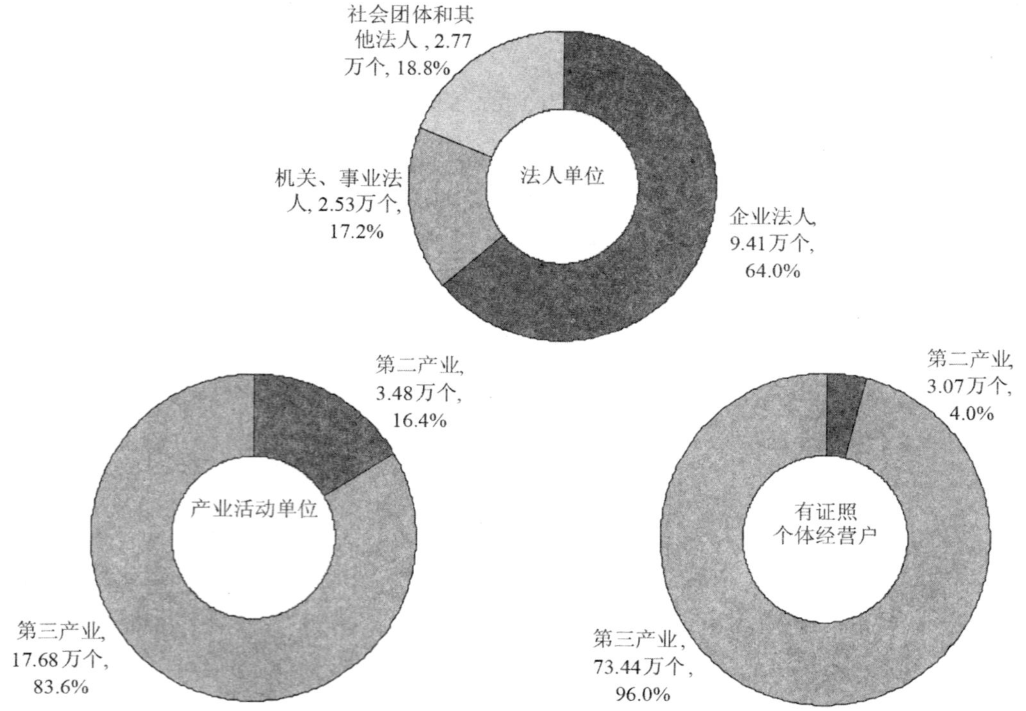

图 1-1　单位数与有证照个体经营户数结构情况

2013 年末，在第二产业和第三产业法人单位中，位居前三位的行业是：公共管理、社会保障和社会组织 3.65 万个，占 24.8%；批发和零售业 2.84 万个，占 19.3%；制造业 2.17 万个，占 14.8%。在有证照个体经营户中，位居前三位的行业是：批发和零售业 37.54 万个，占 49.1%；交通运输、仓储和邮政业 23.6 万个，占 30.8%；住宿和餐饮业 6.31 万个，占 8.2%（详见表 1-2）。

表 1-2　按行业分组的法人单位与有证照个体经营户

行　业	法人单位（万个）	有证照个体经营户（万个）
合　计	14.71	76.51
采矿业	0.56	0.09
制造业	2.17	2.85
电力、热力、燃气及水生产和供应业	0.16	0.03
建筑业	0.36	0.20
批发和零售业	2.84	37.54
交通运输、仓储和邮政业	0.27	23.60
住宿和餐饮业	0.41	6.31
信息传输、软件和信息技术服务业	0.14	0.35
金融业	0.06	-
房地产业	0.56	0.03
租赁和商务服务业	0.91	0.54
科学研究和技术服务业	0.39	0.30
水利、环境和公共设施管理业	0.12	0.01
居民服务、修理和其他服务业	0.34	3.86
教育	0.99	0.11
卫生和社会工作	0.40	0.29
文化、体育和娱乐业	0.29	0.23
公共管理、社会保障和社会组织	3.65	-

注：表中法人单位合计数含从事农、林、牧、渔服务业和兼营第二、三产业活动的农、林、牧、渔业法人单位 0.11 万个；有证照个体经营户合计数含从事农、林、牧、渔服务业活动的个体经营户 0.18 万个。

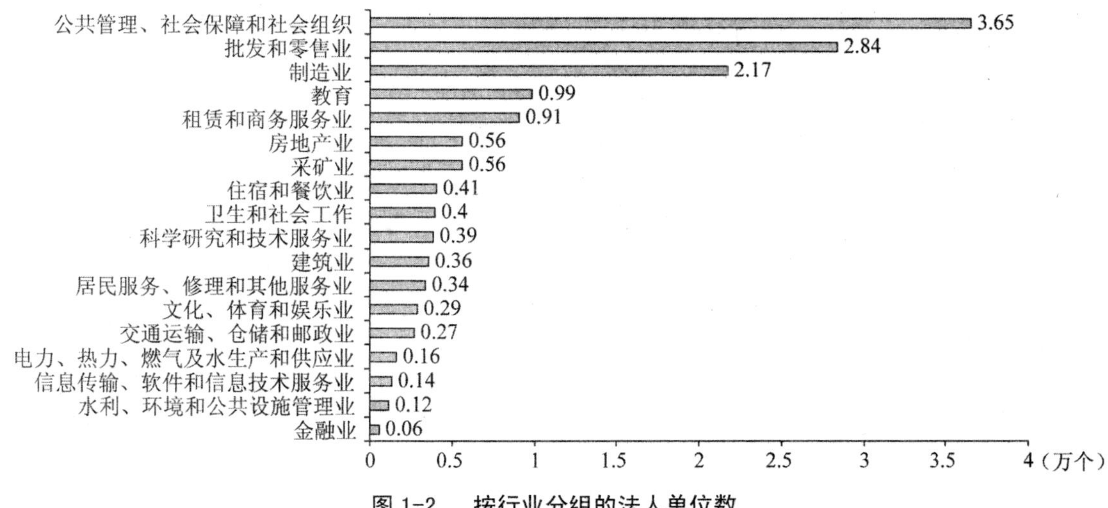

图 1-2　按行业分组的法人单位数

2013 年末，全省共有第二产业和第三产业的企业法人单位 9.41 万个，比 2008 年末增加 5.35 万个，增长 131.9%。其中，内资企业占 99.6%，港、澳、台商投资企业占 0.2%，外商投资企业占 0.2%。内资企业中，国有企业占全部企业法人单位的 2.8%，私营企业占 55.1%（详见表 1-3）。

表 1-3　按登记注册类型分组的企业法人单位

登记注册类型	企业法人单位（万个）
合　计	**9.41**
内资企业	9.38
国有企业	0.26
集体企业	0.13
股份合作企业	0.08
联营企业	0.04
有限责任公司	2.96
股份有限公司	0.18
私营企业	5.19
其他企业	0.55
港、澳、台商投资企业	0.02
外商投资企业	0.02

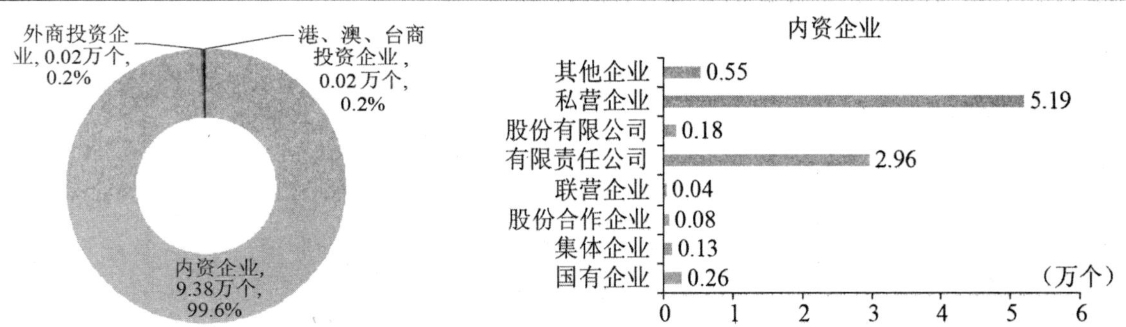

图 1-3　按登记注册类型分组的企业法人单位及结构

二、从业人员

2013 年末，全省第二产业和第三产业法人单位从业人员 442.87 万人，比 2008 年末增加 140.30 万人，增长46.4%。有证照个体经营户从业人员188.30万人，比2008年末增加85.46万人，增长83.1%。

在法人单位从业人员中，位居前三位的行业是：制造业83.98万人，占19.0%；公共管理、社会保障和社会组织71.51万人，占16.1%；教育50.17万人，占11.3%。在有证照个体经营户从业人员中，位居前三位的行业是：批发和零售业91.22万人，占48.4%；交通运输、仓储和邮政业38.62万人，占20.5%；住宿和餐饮业25.11万人，占13.3%（详见表1-4）。

表1-4　按行业分组的法人单位与有证照个体经营户从业人员

行　业	法人单位从业人员（万人）	有证照个体经营户从业人员（万人）
合　计	**442.87**	**188.30**
采矿业	43.33	0.84
制造业	83.98	10.35
电力、热力、燃气及水生产和供应业	15.82	0.10
建筑业	47.36	0.64
批发和零售业	33.06	91.22
交通运输、仓储和邮政业	12.24	38.62
住宿和餐饮业	9.05	25.11
信息传输、软件和信息技术服务业	4.40	0.82
金融业	3.39	-
房地产业	13.44	0.08
租赁和商务服务业	13.21	1.60
科学研究和技术服务业	8.62	0.88
水利、环境和公共设施管理业	4.12	0.05
居民服务、修理和其他服务业	4.74	13.73
教育	50.17	0.80
卫生和社会工作	19.09	1.34
文化、体育和娱乐业	3.53	1.72
公共管理、社会保障和社会组织	71.51	-

注：表中法人单位从业人员合计数含从事农、林、牧、渔服务业和兼营第二、三产业活动的农、林、牧、渔业法人单位从业人员1.81万人；有证照个体经营户从业人员合计数含从事农、林、牧、渔服务业活动的个体经营户从业人员0.43万人。

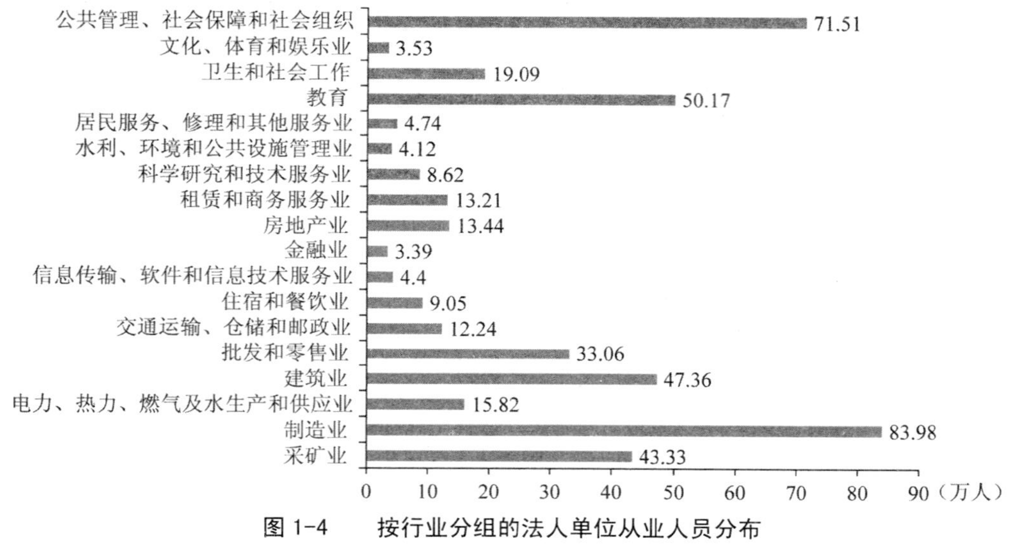

图1-4　按行业分组的法人单位从业人员分布

三、企业资产总计

2013 年末，全省第二产业和第三产业企业资产总计 5.93 万亿元。其中，第二产业企业资产总计占全部企业资产总计的 28.4%，第三产业企业资产总计占 71.6%。

四、小微企业

2013 年末，全省共有第二产业和第三产业的小微企业法人单位 8.91 万个，占全部企业法人单位 94.7%。其中，位居前三位的行业是：工业 2.82 万个，占全部企业法人单位 30%；零售业 1.39 万个，占 14.8%；批发业 1.37 万个，占 14.5%。

小微企业从业人员 153.67 万人，占全部企业法人单位从业人员 51.7%。其中，位居前三位的行业是：工业 73.43 万人，占全部企业法人单位从业人员 24.7%；建筑业 13.31 万人，占 4.5%；批发业 11.37 万人，占 3.8%。

小微企业法人单位资产总计 2.14 万亿元，占全部企业法人单位资产总计 36.1%。其中，位居前三位的行业是：租赁和商务服务业 0.62 万亿元，占全部企业法人单位资产总计 10.4%；工业 0.6 万亿元，占 10.2%；房地产开发经营 0.37 万亿元，占 6.2%（详见表 1-5）。

表 1-5　按行业分组的小微企业法人单位、从业人员和资产总计

行　业	企业法人单位（万个）	从业人员（万人）	资产总计（万亿元）
合　计	**8.91**	**153.64**	**2.14**
工业	2.82	73.4	0.6
建筑业	0.34	13.31	0.08
交通运输业	0.2	5.17	0.05
仓储业	0.02	0.33	0.01
邮政业	0.02	0.37	0
信息传输业	0.04	0.64	0.01
软件和信息技术服务业	0.09	0.81	0.01
批发业	1.37	11.37	0.11
零售业	1.39	10.45	0.07
住宿业	0.14	3.55	0.01
餐饮业	0.25	3.59	0.01
房地产开发经营	0.26	5.18	0.37
物业管理	0.13	3.5	0
租赁和商务服务业	0.85	11.1	0.62
其他未列明行业	0.93	9.8	0.2

注：表中小微企业法人单位合计数含从事农、林、牧、渔服务业和兼营第二、三产业活动的农、林、牧、渔业小微企业法人单位 656 个，从业人员 10851 人，资产总计 16.41 亿元。

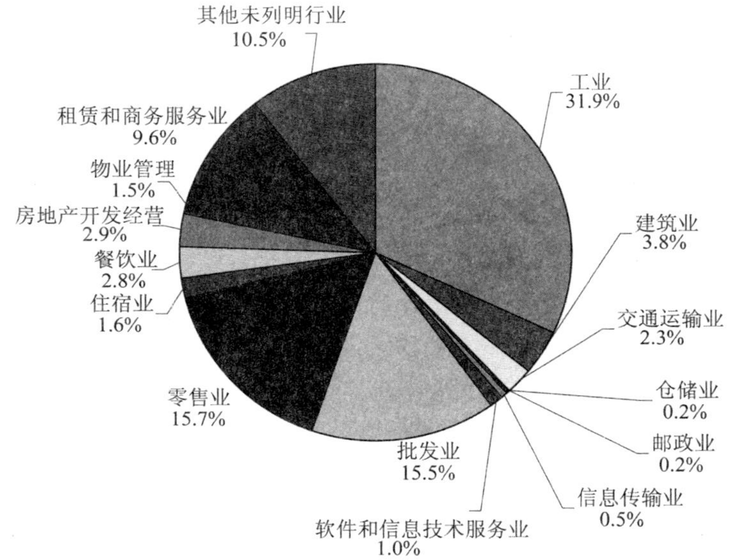

图 1-5　按行业分组的小微企业法人单位结构

五、战略性新兴产业

2013 年末，在第二产业和第三产业企业法人单位中，有战略性新兴产业活动的企业法人单位 271 个，占全部企业法人单位 0.3%。其中，节能环保产业 124 个，占全部企业法人单位 0.1%；新材料产业 32 个，占 0.03%。

有战略性新兴产业活动的企业法人单位从业人员 7.50 万人，占全部企业法人单位从业人员的 2.5%。其中，节能环保产业 3.92 万人，占全部企业法人单位从业人员的 1.3%；新材料产业 0.33 万人，占 0.1%。

六、主要经济结构变化情况

2013 年末，在全省第二产业和第三产业法人单位中，企业法人单位占 64.0%，比 2008 年末提高了 20.9 个百分点；机关、事业法人单位占 17.2%，下降了 13.2 个百分点；社会团体和其他法人占 18.8%，下降了 7.7 个百分点。企业法人单位从业人员占全部法人单位从业人员的 67.1%，提高了 3.9 个百分点；机关、事业法人单位占 27.0%，下降了 4.1 个百分点；社会团体和其他法人占 5.9%，提高了 0.2 个百分点。

在法人单位中，贵阳市占 23.4%，比 2008 年末提高了 0.8 个百分点；六盘水市占 7.5%，提高了 0.1 个百分点；遵义市占 14.6%，下降了 0.6 个百分点；安顺市占 6.2%，下降了 0.9 个百分点；毕节市占 10.6%，下降了 1.7 个百分点；铜仁市占 10.7%，提高了 1.5 个百分点；黔西南州占 7.1%，提高了 0.2 个百分点；黔东南州占 11.4%，提高了 1 个百分点；黔南州占 8.5%，下降了 0.5 个百分点。法人单位从业人员贵阳市占 29.5%，比 2008 年末下降了 0.7 个百分点；六盘水市占 8.7%，下降了 1.1 个百分点；遵义市占 14.8%，下降了 0.8 个百分点；安顺市占 5.8%，下降了 0.2 个百分点；毕节市占 10.9%，提高了 0.4 个百分点；铜仁市占 7.6%，提高了 1.4 个百分点；黔西南州占 6.4%，持平；黔东南州占 8.6%，提高了 1.2 个百分点；黔南州占 7.8%，下降了 0.3 个百分点（详见表 1-6）。

在有证照个体经营户中，贵阳市占 17.9%，比 2008 年末提高了 3.5 个百分点；六盘水市占 10.3%，提高了 2.4 个百分点；遵义市占 15.8%，下降了 4.2 个百分点；安顺市占 6.8%，持平；毕节市占 14.6%，增长了 1.9 个百分点；铜仁市占 6.7%，下降了 1.1 个百分点；黔西南州占 7.4%，下降了 0.5 个百分点；黔东南州占 11.0%，下降了 1.6 个百分点；黔南州占 9.6%，下降了 0.5 个百分点。有证照个体经营户从业人员中，贵阳市占 17.8%，比 2008 年末提高了 0.6 个百分点；六盘水市占 9.0%，提高了 1.3 个百分点；遵义市占 17.6%，下降了 2.6 个百分点；安顺市占 7.2%，提高了 0.5 个百分点；毕节市占 13.9%，提高了 1.6 个百分点；铜仁市占 7.8%，提高了 0.6 个百分点；黔西南州占 6.8%，下降了 0.4 个百分点；黔东南州占 10.9%，下降了 1.1

个百分点；黔南州占 9.0%，下降了 0.5 个百分点（详见表 1-7）。

表 1-6　各市（州）的法人单位和从业人员

地　区	法人单位		从业人员	
	数量（万个）	比重（%）	数量（万人）	比重（%）
合　计	**14.71**	**100.0**	**442.87**	**100.0**
贵阳市	3.44	23.4	130.47	29.5
六盘水市	1.11	7.5	38.66	8.7
遵义市	2.15	14.6	65.33	14.8
安顺市	0.91	6.2	25.49	5.8
毕节市	1.56	10.6	48.40	10.9
铜仁市	1.57	10.7	33.68	7.6
黔西南州	1.05	7.1	28.22	6.4
黔东南州	1.67	11.4	38.06	8.6
黔南州	1.25	8.5	34.57	7.8

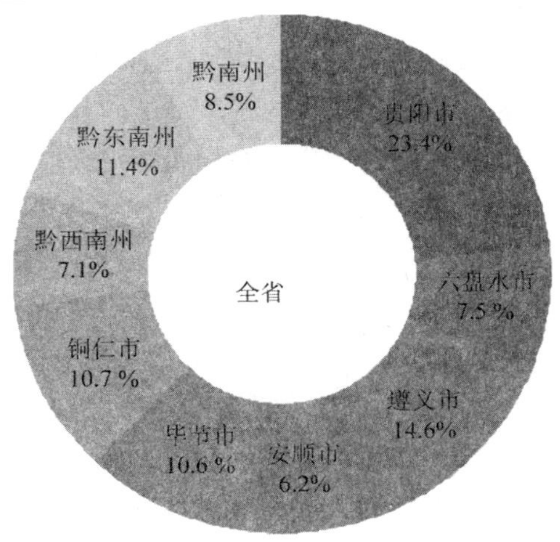

图 1-6　各市（州）法人单位分布

表 1-7　各市（州）的有证照个体经营户和从业人员

地　区	个体经营户		从业人员	
	数量（万个）	比重（%）	数量（万人）	比重（%）
合　计	**76.51**	**100.0**	**188.30**	**100.0**
贵阳市	13.68	17.9	33.45	17.8
六盘水市	7.86	10.3	17.02	9.0
遵义市	12.05	15.8	33.22	17.6
安顺市	5.21	6.8	13.59	7.2
毕节市	11.17	14.6	26.18	13.9
铜仁市	5.12	6.7	14.68	7.8
黔西南州	5.67	7.4	12.79	6.8
黔东南州	8.39	11.0	20.45	10.9
黔南州	7.36	9.6	16.93	9.0

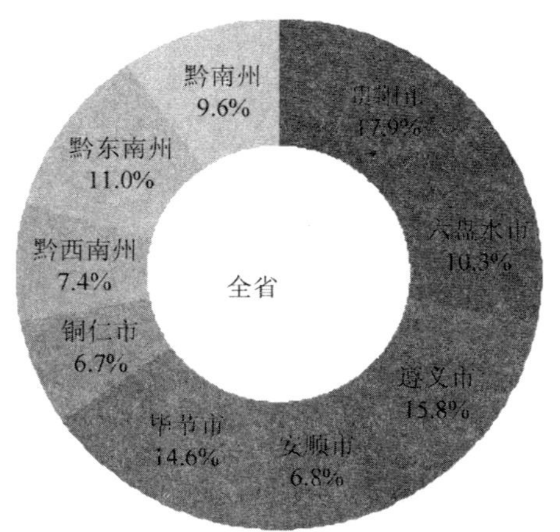

图 1-7 各市（州）有证照个体经营户分布

注释：

［1］三次产业的划分：

第一产业是指农、林、牧、渔业（不含农、林、牧、渔服务业）。

第二产业是指采矿业（不含开采辅助活动），制造业（不含金属制品、机械和设备修理业），电力、热力、燃气及水生产和供应业，建筑业。

第三产业即服务业，是指除第一产业、第二产业以外的其他行业。第三产业包括：批发和零售业，交通运输、仓储和邮政业，住宿和餐饮业，信息传输、软件和信息技术服务业，金融业，房地产业，租赁和商务服务业，科学研究和技术服务业，水利、环境和公共设施管理业，居民服务、修理和其他服务业，教育，卫生和社会工作，文化、体育和娱乐业，公共管理、社会保障和社会组织，国际组织，以及农、林、牧、渔业中的农、林、牧、渔服务业，采矿业中的开采辅助活动，制造业中的金属制品、机械和设备修理业。

［2］单位的划分：

法人单位是指具备以下条件的单位：

（1）依法成立，有自己的名称、组织机构和场所，能够独立承担民事责任；

（2）独立拥有(或授权使用)资产或者经费，承担负债，有权与其他单位签订合同；

（3）具有包括资产负债表在内的账户，或者能够根据需要编制账户。

法人单位包括企业法人、事业单位法人、机关法人、社会团体法人和其他成员组织法人、其他法人。

产业活动单位是指具备以下条件的单位：

（1）在一个场所从事一种或主要从事一种社会经济活动；

（2）相对独立组织生产活动或经营活动；

（3）能提供收入、支出等相关资料。

有证照的个体经营户是指除农户外，生产资料归劳动者个人所有，以个体劳动为基础，劳动成果归劳动者个人占有和支配的一种经营组织。即按照《民法通则》和《城乡个体工商户管理暂行条例》规定经各级工商行政管理机关登记注册、领取《营业执照》的个体工商户。

［3］小微企业：

根据工业和信息化部、国家统计局、国家发展和改革委员会、财政部《关于印发中小企业划型标准规定的通知》（工信部联企业［2011］300 号）精神和国家统计局制定的《统计上大中小微型企业划分办法》确定。本办法按照行业门类、大类、中类和组合类别，依据从业人员、营业收入、资产总额等指标或替代指标，将我省的企业划分为大型、中型、小型、微型等四种类型。

［4］战略性新兴产业：

根据《国务院关于加快培育和发展战略性新兴产业的决定》（国发［2010］32 号）的精神和国家统计局制定的《战略性新兴产业分类（2012）（试行）》标准确定。战略性新兴产业分类是按照经济活动进行划分，是从事战略性新兴产业活动的集合，是在《国民经济行业分类》基础上，对与战略性新兴产业相关活动的再分类。

［5］表中的合计数和部分数据因小数取舍而产生的误差，均未作机械调整。

贵州省第三次经济普查主要数据公报

（第二号）

贵州省统计局

贵州省第三次经济普查领导小组办公室

2014 年 12 月 31 日

根据全省第三次经济普查结果，现将贵州省第二产业的主要数据公布如下：

一、工业

（一）企业法人单位数和从业人员

2013 年末，全省共有工业企业法人单位 28874 个，从业人员 139.49 万人，分别比 2008 年末增长 102.1% 和 36.3%。

在工业企业法人单位中，内资企业 28741 个，占 99.5%；港、澳、台商投资企业 62 个，占 0.2%；外商投资企业 71 个，占 0.3%。内资企业中，国有企业 659 个，占全部企业的 2.3%；集体企业 295 个，占 1.0%；私营企业 19924 个，占 69.0%。

在工业企业法人单位从业人员中，内资企业占 98.0%，港、澳、台商投资企业占 0.6%，外商投资企业占 1.4%。内资企业中，国有企业占全部企业的 12.4%，集体企业占 0.8%，私营企业占 36.8%（详见表 2-1）。

表 2-1　按登记注册类型分组的工业企业法人单位和从业人员

登记注册类型	企业法人单位(个)	从业人员(人)
合　计	28874	1394882
内资企业	28741	1366568
国有企业	659	172393
集体企业	295	11446
股份合作企业	218	8058
联营企业	133	4792
有限责任企业	5158	503660
股份有限公司	436	120596
私营企业	19924	513845
其他企业	1918	31778
港澳台商投资企业	62	8661
外商投资企业	71	19653

在工业企业法人单位中，采矿业 5574 个，制造业 21694 个，电力、热力、燃气及水生产和供应业 1606 个，分别占 19.3%、75.1% 和 5.6%。

在工业企业法人单位从业人员中，采矿业占 31.1%，制造业占 57.6%，电力、热力、燃气及水生产和供应业占 11.3%。在工业行业大类中，煤炭开采和洗选业、非金属矿物制品业、电力热力生产和供应业的从业人员数位居前三位，分别占 25.8%、10.0%和 10.0%（详见表 2-2）。

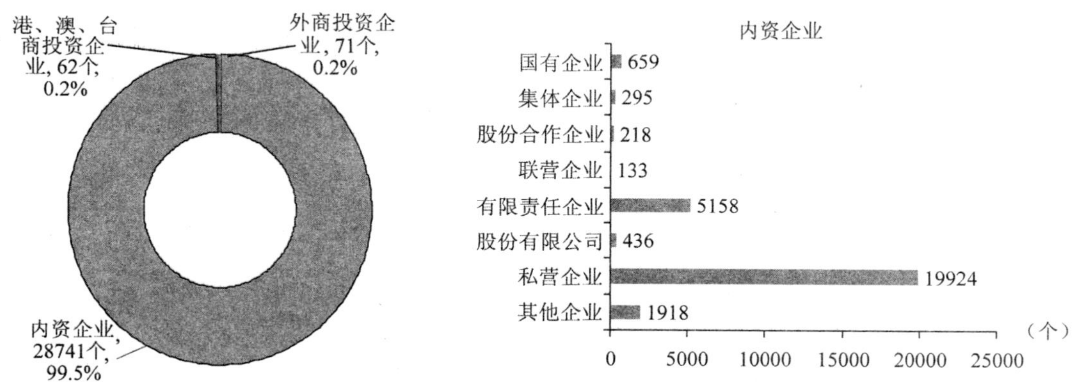

图 2-1 按登记注册类型分组的工业企业法人单位及结构

表 2-2 按行业分组的工业企业法人单位和从业人员

行业	企业法人单位(个)	从业人员(人)
合计	**28874**	**1394882**
煤炭开采和洗选业	1849	359984
石油和天然气开采业	2	8
黑色金属矿采选业	250	8822
有色金属矿采选业	324	8870
非金属矿采选业	3035	48963
开采辅助活动	56	5104
其他采矿业	58	860
农副食品加工业	1686	38348
食品制造业	764	20765
酒、饮料和精制茶制造业	2338	98230
烟草制品业	19	11868
纺织业	244	6244
纺织服装、服饰业	489	13142
皮革、毛皮、羽毛及其制品和制鞋业	252	8376
木材加工和木、竹、藤、棕、草制品业	1219	32330
家具制造业	600	8247
造纸和纸制品业	311	9143
印刷和记录媒介复制业	437	8074
文教、工美、体育和娱乐用品制造业	1360	15608
石油加工、炼焦和核燃料加工业	94	7542
化学原料和化学制品制造业	954	76546
医药制造业	289	36563
化学纤维制造业	4	38
橡胶和塑料制品业	555	27930
非金属矿物制品业	6164	139603
黑色金属冶炼和压延加工业	395	56780
有色金属冶炼和压延加工业	282	37501
金属制品业	1003	29743
通用设备制造业	513	18785
专用设备制造业	478	16964
汽车制造业	120	22390
铁路、船舶、航空航天和其他运输设备制造业	70	16540
电气机械和器材制造业	459	28885
计算机、通信和其他电子设备制造业	145	7577
仪器仪表制造业	76	3690
其他制造业	160	2893
废弃资源综合利用业	110	1936
金属制品、机械和设备修理业	104	1782
电力、热力生产和供应业	1120	138996
燃气生产和供应业	112	5612
水的生产和供应业	374	13600

（二）资产总计

2013 年末，工业企业法人单位资产总计 14349 亿元，比 2008 年末增长 150.6%（详见表 2-3）。

表 2-3　按行业分组的工业企业法人单位资产总计

行　业	资产总计（亿元）
合　计	**14349.00**
煤炭开采和洗选业	2973.61
石油和天然气开采业	0.05
黑色金属矿采选业	41.46
有色金属矿采选业	70.51
非金属矿采选业	217.38
开采辅助活动	24.49
其他采矿业	8.59
农副食品加工业	183.46
食品制造业	83.47
酒、饮料和精制茶制造业	1234.44
烟草制品业	248.46
纺织业	16.69
纺织服装、服饰业	14.30
皮革、毛皮、羽毛及其制品和制鞋业	9.05
木材加工和木、竹、藤、棕、草制品业	77.04
家具制造业	18.90
造纸和纸制品业	61.43
印刷和记录媒介复制业	32.49
文教、工美、体育和娱乐用品制造业	24.03
石油加工、炼焦和核燃料加工业	100.24
化学原料和化学制品制造业	1212.28
医药制造业	266.51
化学纤维制造业	0.25
橡胶和塑料制品业	172.21
非金属矿物制品业	916.79
黑色金属冶炼和压延加工业	776.88
有色金属冶炼和压延加工业	567.25
金属制品业	135.51
通用设备制造业	101.19
专用设备制造业	173.66
汽车制造业	115.82
铁路、船舶、航空航天和其他运输设备制造业	252.64
电气机械和器材制造业	920.43
计算机、通信和其他电子设备制造业	45.33
仪器仪表制造业	44.99
其他制造业	26.47
废弃资源综合利用业	19.59
金属制品、机械和设备修理业	9.65
电力、热力生产和供应业	2911.42
燃气生产和供应业	117.59
水的生产和供应业	122.45

（三）资产贡献率

2013 年，规模以上工业企业法人单位总资产贡献率为 19.1%，比 2008 年提高 4.6 个百分点。主营业务收入利润率为 19.2%，比 2008 年提高 0.6 个百分点。其中，采矿业为 25.7%，比 2008 年下降 11.5 个百分点；制造业为 19.9%，比 2008 年上升 0.8 个百分点；电力、热力、燃气及水生产和供应业为 9.2%，比 2008 年上升 3.4 个百分点（详见表 2-4）。

表 2-4 按行业分组的规模以上工业企业法人单位总资产贡献率

行　业	总资产贡献率（%）
合　计	**19.1**
煤炭开采和洗选业	12.0
石油和天然气开采业	-
黑色金属矿采选业	54.4
有色金属矿采选业	27.3
非金属矿采选业	39.0
开采辅助活动	-
其他采矿业	-
农副食品加工业	15.2
食品制造业	33.6
酒、饮料和精制茶制造业	33.5
烟草制品业	103.6
纺织业	7.4
纺织服装、服饰业	10.8
皮革、毛皮、羽毛及其制品和制鞋业	17.8
木材加工和木、竹、藤、棕、草制品业	36.0
家具制造业	22.7
造纸和纸制品业	8.2
印刷和记录媒介复制业	21.6
文教、工美、体育和娱乐用品制造业	9.9
石油加工、炼焦和核燃料加工业	8.5
化学原料和化学制品制造业	6.8
医药制造业	18.7
化学纤维制造业	-
橡胶和塑料制品业	9.9
非金属矿物制品业	13.8
黑色金属冶炼和压延加工业	4.8
有色金属冶炼和压延加工业	3.0
金属制品业	7.1
通用设备制造业	10.8
专用设备制造业	2.8
汽车制造业	10.8
铁路、船舶、航空航天和其他运输设备制造业	1.2
电气机械和器材制造业	6.4
计算机、通信和其他电子设备制造业	21.0
仪器仪表制造业	10.7
其他制造业	12.9
废弃资源综合利用业	43.0
金属制品、机械和设备修理业	52.0
电力、热力生产和供应业	6.5
燃气生产和供应业	2.2
水的生产和供应业	2.9

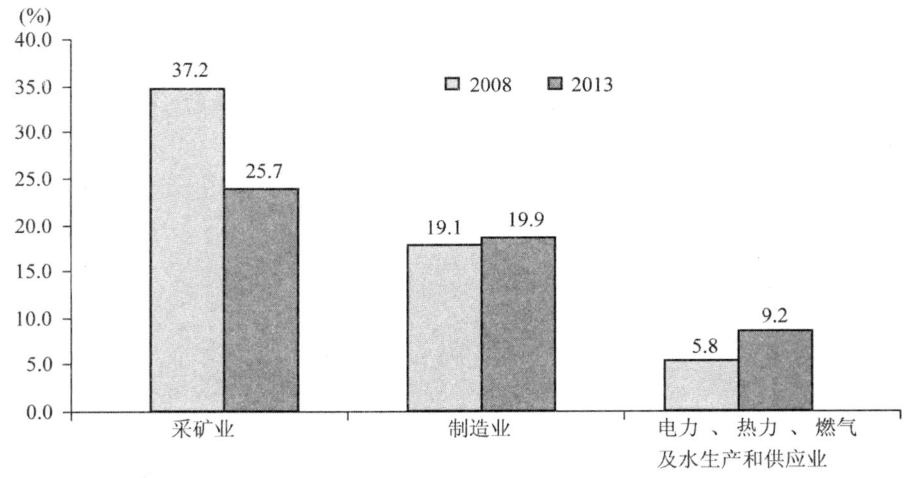

图 2-2　规模以上工业企业法人单位主营业务收入利润率变化

（四）企业研发活动

2013 年，开展研究与试验发展（简称 R&D 或研发）活动的规模以上工业企业法人单位 179 个，比 2008 年增长 47.9%，占全部规模以上工业企业法人单位的 5.0%。

2013 年，规模以上工业企业法人单位 R&D 人员折合全时当量 16049 人年，比 2008 年增长 162.0%。

2013 年，规模以上工业企业法人单位 R&D 经费支出 342540.8 万元，比 2008 年增长 134.7%；R&D 经费投入强度为 0.47%，与 2008 年下降 0.03 个百分点。规模以上工业企业法人单位分行业 R&D 经费支出及投入强度情况（详见表 2-5）。

2013 年，规模以上工业企业法人单位全年专利申请量 3446 件，其中发明专利申请 1516 件，分别比 2008 年增长 228.5%和 226.0%；发明专利申请所占比重为 44.0%，比 2008 年下降 0.3 个百分点。

表 2-5　按行业分组的规模以上工业企业法人单位 R&D 经费支出及投入强度

行　　业	R&D 经费支出（万元）	R&D 经费投入强度（%）
合　计	**342540.8**	**0.47**
采矿业	945.6	0.01
煤炭开采和洗选业	945.6	0.01
石油和天然气开采业	-	-
黑色金属矿采选业	-	-
有色金属矿采选业	-	-
非金属矿采选业	-	-
开采辅助活动	-	-
制造业	331288.8	0.71
农副食品加工业	1096.0	0.05
食品制造业	696.4	0.08
酒、饮料和精制茶制造业	29434.7	0.52
烟草制品业	13878.7	0.41
纺织业	440.0	0.49
纺织服装、服饰业	-	-
皮革、毛皮、羽毛及其制品和制鞋业	1392.7	0.36
木材加工和木、竹、藤、棕、草制品业	83.0	0.01
家具制造业	691.8	0.53
造纸和纸制品业	52.0	0.01
印刷和记录媒介复制业	324.6	0.22

续表

行　　业	R&D经费支出（万元）	R&D经费投入强度（%）
文教、工美、体育和娱乐用品制造业	-	-
石油加工、炼焦和核燃料加工业	-	-
化学原料和化学制品制造业	49635.5	0.71
医药制造业	20457.4	0.90
化学纤维制造业	-	-
橡胶和塑料制品业	30008.2	2.24
非金属矿物制品业	1893.8	0.03
黑色金属冶炼和压延加工业	1747.3	0.03
有色金属冶炼和压延加工业	2396.2	0.07
金属制品业	9405.0	0.99
通用设备制造业	5816.2	1.17
专用设备制造业	4438.5	0.81
汽车制造业	6372.3	0.45
铁路、船舶、航空航天和其他运输设备制造业	112909.4	19.74
电气机械和器材制造业	5125.3	0.48
计算机、通信和其他电子设备制造业	19780.6	4.08
仪器仪表制造业	3320.4	3.49
其他制造业	9892.8	8.68
废弃资源综合利用业	-	-
金属制品、机械和设备修理业	-	-
电力、热力、燃气及水生产和供应业	10306.4	0.09
电力、热力生产和供应业	10267.9	0.09
燃气生产和供应业	38.5	0.01
水的生产和供应业	-	-

（五）高技术产业（制造业）

2013年末，全省共有规模以上高技术产业（制造业）企业法人单位149个，比2008年末增长1.4%；占规模以上制造业的比重为6.5%，比2008年下降2.9个百分点。

2013年，规模以上高技术产业（制造业）企业法人单位R&D经费支出155535.4万元，比2008年增长499.0%；占规模以上制造业的比重为46.9%，比2008年提高27.4个百分点；R&D经费投入强度为4.18%，比2008年提高2.80个百分点，比规模以上制造业平均水平高3.47个百分点（详见表2-6）。

2013年，规模以上高技术产业（制造业）企业法人单位全年专利申请量1119件，其中发明专利申请644件，分别比2008年增长202.4%和312.8%；发明专利申请所占比重为57.6%，比规模以上制造业平均水平高12.5个百分点。

表2-6　按领域分规模以上高技术产业（制造业）企业法人单位R&D经费支出及投入强度

领　　域	R&D经费支出（万元）	R&D经费投入强度（%）
高技术产业（制造业）	155535.4	4.18
1．医药制造业	20457.4	0.90
2．航空、航天器及设备制造业	111977.0	13.94
3．电子及通信设备制造业	19780.6	3.90
4．计算机及办公设备制造业	-	-
5．医疗仪器设备及仪器仪表制造业	3320.4	2.77

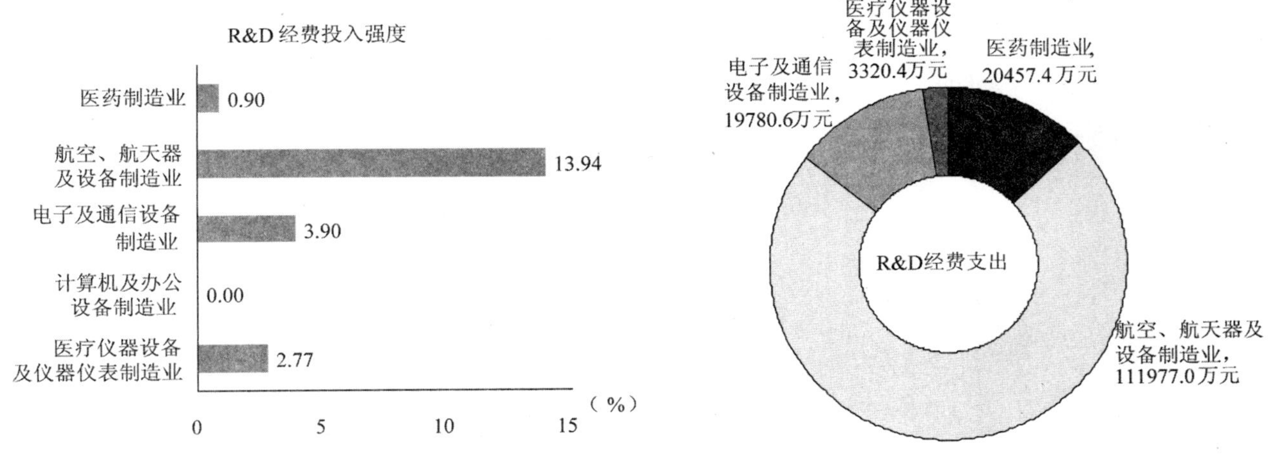

图 2-3 按领域分规模以上高技术产业（制造业）企业法人单位 R&D 经费支出及投入强度

二、建筑业

（一）企业法人单位数和从业人员

2013 年末，全省共有建筑业企业法人单位 3617 个，从业人员 473553 人，分别比 2008 年末增长 127.3% 和 46.9%。

建筑业企业法人单位中，内资企业占 99.8%；内资企业中，国有企业占企业法人单位的 3.4%，集体企业占 3.4%，私营企业占 39%。

建筑业企业法人单位从业人员中，内资企业占 100.0%。内资企业中，国有企业占企业法人单位从业人员的 21.6%，集体企业占 4.9%，私营企业占 11.7%（详见表 2-7）。

表 2-7 按登记注册类型分组的建筑业企业法人单位和从业人员

登记注册类型	企业法人单位（个）	从业人员（人）
合　计	**3617**	**473553**
内资企业	3610	473473
国有企业	124	102464
集体企业	122	23046
股份合作企业	22	670
联营企业	10	136
有限责任公司	1715	270144
股份有限公司	100	20629
私营企业	1411	55380
其他内资企业	106	1004
港、澳、台商投资企业	2	6
外商投资企业	5	74

建筑业企业法人单位中，房屋建筑业占 20.8%，土木工程建筑业占 14.8%，建筑安装业占 10.9%，建筑装饰和其他建筑业占 53.4%。

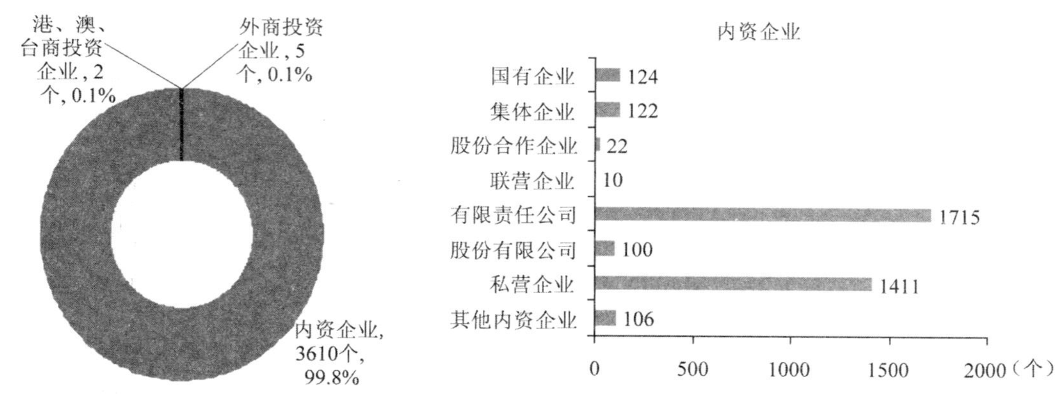

图 2-4　按登记注册类型分组的建筑业企业法人单位及结构

建筑业企业法人单位从业人员中，房屋建筑业占 61.1%，土木工程建筑业占 28.3%，建筑安装业占 5.4%，建筑装饰和其他建筑业占 5.1 %（详见表 2-8）。

表 2-8　按行业分组的建筑业企业法人单位和从业人员

行　　业	企业法人单位（个）	从业人员（人）
合　　计	**3617**	**473553**
房屋建筑业	754	289572
土木工程建筑业	536	134183
建筑安装业	394	25734
建筑装饰和其他建筑业	1933	24064

（二）资产总计

2013 年末，建筑业企业法人单位资产总计 2469.77 亿元，比 2008 年末增长 511.3%（详见表 2-9）。

表 2-9　按行业分组的建筑业企业法人单位资产总计

行　　业	资产总计（亿元）
合　　计	**2469.77**
房屋建筑业	782.46
土木工程建筑业	1376.69
建筑安装业	179.99
建筑装饰和其他建筑业	130.63

注释：

[1] 规模以上工业：是指全部年主营业务收入 2000 万元及以上的法人工业企业。

[2] 高技术产业（制造业）：按照《高技术产业（制造业）分类（2013）》，高技术产业（制造业）具体包括医药制造业，航空、航天器及设备制造业，电子及通讯设备制造业，计算机及办公设备制造业，医疗仪器设备及仪器仪表制造业。

[3] 研究与试验发展：是指在科学技术领域，为增加知识总量，以及运用这些知识去创造新的应用而进行的系统的、创造性的活动，包括基础研究、应用研究、试验发展三类活动。

[4] R&D 经费投入强度：是指 R&D 经费支出与主营业务收入之比。

[5] 表中的合计数和部分计算数据因小数取舍而产生的误差，均未作机械调整。

贵州省第三次经济普查主要数据公报

（第三号）

贵州省统计局

贵州省第三次经济普查领导小组办公室

2014 年 12 月 31 日

根据第三次经济普查结果，现将贵州省第三产业的主要数据公布如下：

一、批发和零售业

（一）企业法人单位数和从业人员

2013 年末，全省共有批发和零售业企业法人单位 28382 个，从业人员 330569 人，分别比 2008 年末增长 152.6%和 95.0%。

在批发和零售业企业法人单位中，批发业占 49.6%，零售业占 50.4%。在批发和零售业企业法人单位从业人员中，批发业占 50.2%，零售业占 49.8%（详见表 3-1）。

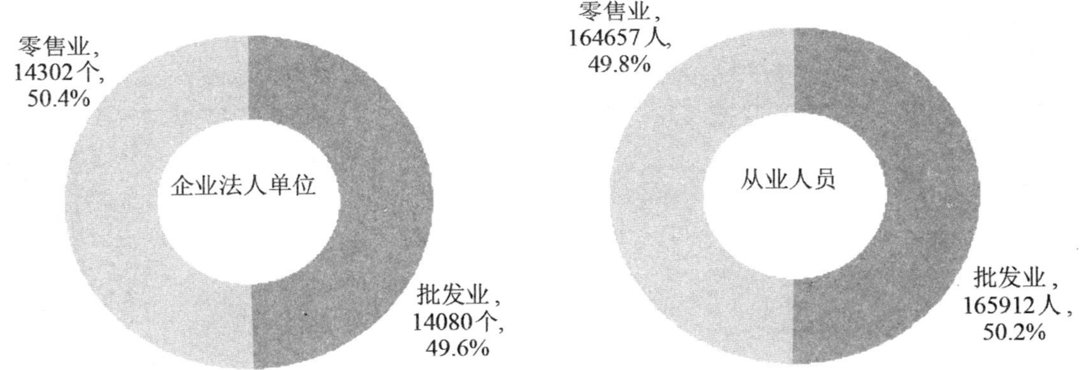

图 3-1　批发和零售业企业法人单位和从业人员结构

表 3-1　按行业分组的批发和零售业企业法人单位和从业人员

行　业	企业法人单位（个）	从业人员（人）
合　计	**28382**	**330569**
批发业	**14080**	**165912**
农、林、牧产品批发	684	7062
食品、饮料及烟草制品批发	2026	45899
纺织、服装及家庭用品批发	1231	11953
文化、体育用品及器材批发	405	3264
医药及医疗器材批发	461	10614
矿产品、建材及化工产品批发	4952	50187

续表

行业	企业法人单位（个）	从业人员（人）
机械设备、五金产品及电子产品批发	2912	25999
贸易经纪与代理	549	3968
其他批发业	860	6966
零售业	**14302**	**164657**
综合零售	1367	35277
食品、饮料及烟草制品专门零售	2126	20284
纺织、服装及日用品专门零售	1088	8801
文化、体育用品及器材专门零售	595	5922
医药及医疗器材专门零售	800	11814
汽车、摩托车、燃料及零配件专门零售	2904	42177
家用电器及电子产品专门零售	2208	18467
五金、家具及室内装饰材料专门零售	2220	12343
货摊、无店铺及其他零售业	994	9572

在批发和零售业企业法人单位中，内资企业占 99.8%，港、澳、台商投资企业占 0.1%，外商投资企业占 0.1%。内资企业中，国有企业占企业法人单位的 2.0%，股份有限公司占 1.5%，有限责任公司占 37.6%，私营企业占 50.8%。

在批发和零售业企业法人单位从业人员中，内资企业占 98.2%，港、澳、台商投资企业占 0.6%，外商投资企业占 1.2%（详见表 3-2）。

表 3-2 按登记注册类型分组的批发和零售业企业法人单位和从业人员

登记注册类型	企业法人单位（个）	从业人员（人）
合　计	**28382**	**330569**
内资企业	**28326**	**324741**
国有企业	557	32776
集体企业	434	6284
股份合作企业	158	1983
联营企业	127	1543
有限责任公司	10644	144768
股份有限公司	427	12883
私营企业	14394	108971
其他企业	1585	15533
港、澳、台商投资企业	**25**	**2056**
外商投资企业	**31**	**3772**

（二）资产总计

2013 年末，批发和零售业企业法人单位资产总计 3774.20 亿元，比 2008 年末增长 346.2%。

其中，批发业企业法人单位资产总计 2728.22 亿元，零售业企业法人单位资产总计 1045.98 亿元，分别比 2008 年末增长 321.1%和 428.1%（详见表 3-3）。

表 3-3　按行业分组的批发和零售业企业法人单位资产总计

行　业	资产总计（亿元）
合　计	**3774.20**
批发业	**2728.22**
农、林、牧产品批发	26.81
食品、饮料及烟草制品批发	674.56
纺织、服装及家庭用品批发	61.98
文化、体育用品及器材批发	43.09
医药及医疗器材批发	102.50
矿产品、建材及化工产品批发	1493.81
机械设备、五金产品及电子产品批发	241.97
贸易经纪与代理	25.77
其他批发业	57.74
零售业	**1045.98**
综合零售	110.30
食品、饮料及烟草制品专门零售	73.78
纺织、服装及日用品专门零售	23.42
文化、体育用品及器材专门零售	33.40
医药及医疗器材专门零售	46.68
汽车、摩托车、燃料及零配件专门零售	392.57
家用电器及电子产品专门零售	65.30
五金、家具及室内装饰材料专门零售	135.09
货摊、无店铺及其他零售业	165.45

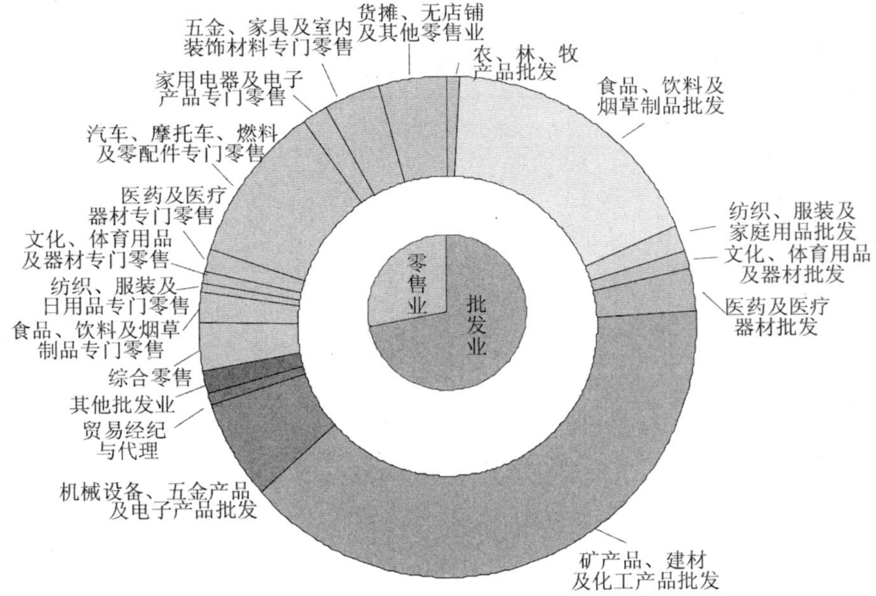

图 3-2　按行业分组的批发和零售业企业法人单位资产结构

二、交通运输、仓储和邮政业

（一）企业法人单位数和从业人员

2013 年末，全省共有交通运输、仓储和邮政业企业法人单位 2491 个，从业人员 114915 人，分别比 2008 年末增长 142.8%和 74.4%。

在交通运输、仓储和邮政业企业法人单位中，内资企业占 99.7%，外商投资企业占 0.3%。

在交通运输、仓储和邮政业企业法人单位从业人员中，内资企业占 99.0%，外商投资企业占 1.0%（详见表 3-4）。

表 3-4 按登记注册类型分组的交通运输、仓储和邮政业企业法人单位和从业人员

登记注册类型	企业法人单位 (个)	从业人员 (人)
合　计	**2491**	**114915**
内资企业	**2484**	**113760**
国有企业	170	22173
集体企业	45	2515
股份合作企业	37	1562
联营企业	19	436
有限责任公司	951	55937
股份有限公司	67	6083
私营企业	1089	20831
其他企业	106	4223
港、澳、台商投资企业	**0**	**0**
外商投资企业	**7**	**1155**

（二）资产总计

2013 年末，交通运输、仓储和邮政业企业法人单位资产总计 3305.10 亿元，比 2008 年末增长 212.9%（详见表 3-5）。

表 3-5 按行业分组的交通运输、仓储和邮政业企业法人单位资产总计

行　　业	资产总计(亿元)
合　计	**3305.10**
铁路运输业	559.18
道路运输业	2421.39
水上运输业	3.56
航空运输业	127.58
管道运输业	3.98
装卸搬运和运输代理业	32.99
仓储业	119.66
邮政业	36.76

三、住宿和餐饮业

（一）企业法人单位数和从业人员

2013 年末，全省共有住宿和餐饮业企业法人单位 4060 个，从业人员 90502 人，分别比 2008 年末增长 225.1%和 82.2%。

在住宿和餐饮业企业法人单位中，住宿业占 37.4%，餐饮业占 62.6%。在住宿和餐饮业企业法人单位从业人员中，住宿业占 53.6%，餐饮业占 46.4%（详见表 3-6）。

表 3-6　按行业分组的住宿和餐饮业企业法人单位和从业人员

行　业	企业法人单位（个）	从业人员（人）
合　计	**4060**	**90502**
住宿业	**1517**	**48506**
旅游饭店	562	32562
一般旅馆	716	12007
其他住宿业	239	3937
餐饮业	**2543**	**41996**
正餐服务	2165	38343
快餐服务	61	622
饮料及冷饮服务	77	687
其他餐饮业	240	2344

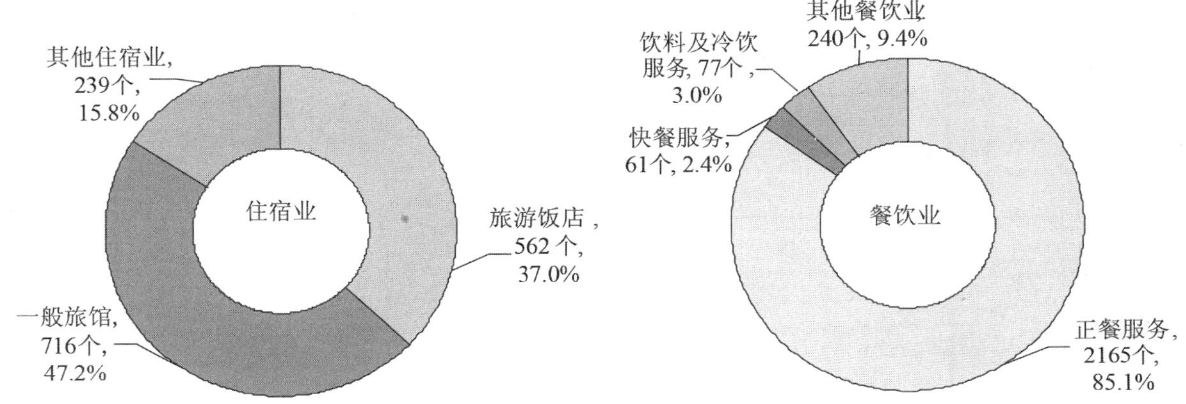

图 3-3　按行业分组的住宿和餐饮业企业法人单位结构

在住宿和餐饮业企业法人单位中，内资企业占 99.6%，港、澳、台商投资企业占 0.3%，外商投资企业占 0.1%。内资企业中，国有企业占企业法人单位的 2.8%，股份有限公司占 0.8%，有限责任公司占 18.7%，私营企业占 70.4%。

在住宿和餐饮业企业法人单位从业人员中，内资企业占 98.3%，港、澳、台商投资企业占 1.1%，外商投资企业占 0.6%（详见表 3-7）。

表 3-7　按登记注册类型分组的住宿和餐饮业企业法人单位和从业人员

登记注册类型	企业法人单位（个）	从业人员（人）
合　计	**4060**	**90502**
内资企业	**4043**	**88997**
国有企业	115	6094
集体企业	38	1018
股份合作企业	15	399
联营企业	19	260
有限责任公司	760	36708
股份有限公司	32	1279
私营企业	2857	40554
其他企业	207	2685
港、澳、台商投资企业	**11**	**991**
外商投资企业	**6**	**514**

（二）资产总计

2013 年末，住宿和餐饮业企业法人单位资产总计为 247.39 亿元，比 2008 年末增长 247.8%。

其中，住宿业企业法人单位资产总计 187.53 亿元，餐饮业企业法人单位资产总计 59.85 亿元，分别比 2008 年末增长 255.6%和 225.3%（详见表 3-8）。

表 3-8 按行业分组的住宿和餐饮业企业法人单位资产总计

	资产总计（亿元）
合　计	**247.39**
住宿业	**187.53**
旅游饭店	147.95
一般旅馆	29.50
其他住宿业	10.09
餐饮业	**59.85**
正餐服务	55.58
快餐服务	0.60
饮料及冷饮服务	0.67
其他餐饮业	3.00

四、信息传输、软件和信息技术服务业

（一）企业法人单位数和从业人员

2013 年末，全省共有信息传输、软件和信息技术服务业企业法人单位 1343 个，从业人员 42571 人。

在信息传输、软件和信息技术服务业企业法人单位中，内资企业占 99.0%，港、澳、台商投资企业占 0.5%，外商投资企业占 0.5%。

在信息传输、软件和信息技术服务业企业法人单位从业人员中，内资企业占 81.0%，港、澳、台商投资企业占 4.4%，外商投资企业占 14.6%（详见表 3-9）。

表 3-9 按登记注册类型分组的信息传输、软件和信息技术服务业企业法人单位和从业人员

登记注册类型	企业法人单位(个)	从业人员(人)
合　计	**1343**	**42571**
内资企业	**1330**	**34495**
国有企业	31	846
集体企业	6	68
股份合作企业	12	136
联营企业	5	26
有限责任公司	678	16153
股份有限公司	36	13209
私营企业	515	3516
其他企业	47	541
港、澳、台商投资企业	**7**	**1858**
外商投资企业	**6**	**6218**

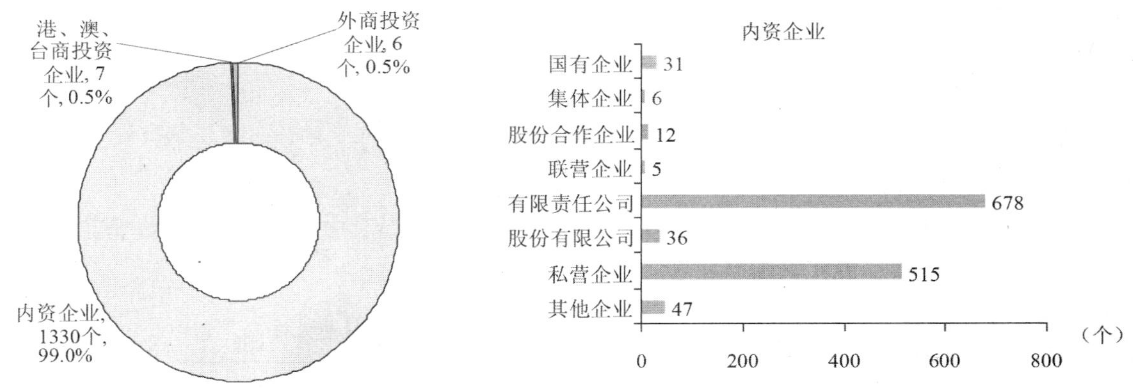

图 3-4　按登记注册类型分组的信息传输、软件和信息技术服务业企业法人单位及结构

（二）资产总计

2013 年末，信息传输、软件和信息技术服务业企业法人单位资产总计 539.02 亿元（详见表 3-10）。

表 3-10　按行业分组的信息传输、软件和信息技术服务业企业法人单位资产总计

行　业	资产总计（亿元）
合　计	**539.02**
电信、广播电视和卫星传输服务	459.51
互联网和相关服务	8.29
软件和信息技术服务业	71.22

五、金融业

（一）企业法人单位数和从业人员

2013 年末，全省共有金融业企业法人单位 551 个，从业人员 33757 人（详见表 3-11）。

表 3-11　按行业分组的金融业企业法人单位和从业人员

行　业	企业法人单位（个）	从业人员（人）
合　计	**551**	**33757**
货币金融服务	352	32138
资本市场服务	1	1172
保险业	166	78
其他金融业	32	369

（二）资产总计

2013 年末，金融业企业法人单位资产总计 17816.07 亿元（详见表 3-12）。

表 3-12　按行业分组的金融业企业法人单位资产总计

行　业	资产总计（亿元）
合　计	**17816.07**
货币金融服务	17261.41
资本市场服务	65.84
保险业	300.50
其他金融业	188.32

六、房地产业

（一）企业法人单位数和从业人员

2013 年末，全省共有房地产业企业法人单位 5506 个，其中，房地产开发经营企业 3212 个，物业管理企业 1284 个，房地产中介服务企业 586 个。

2013 年末，全省房地产业企业法人单位的从业人员为 133713 人，其中，房地产开发经营企业 73995 人，物业管理企业 45776 人，房地产中介服务企业 5529 人（详见表 3-13）。

表 3-13　按行业分组的房地产业企业法人单位和从业人员

行　　业	企业法人单位（个）	从业人员（人）
合　计	**5506**	**133713**
房地产开发经营	3212	73995
物业管理	1284	45776
房地产中介服务	586	5529
自有房地产经营活动	240	5138
其他房地产业	184	3275

（二）资产总计

2013 年末，全省房地产业企业法人单位的资产总计为 6574.2 亿元，其中，房地产开发企业 6182.31 亿元，物业管理企业 50.14 亿元，房地产中介服务企业 27.94 亿元（详见表 3-14）。

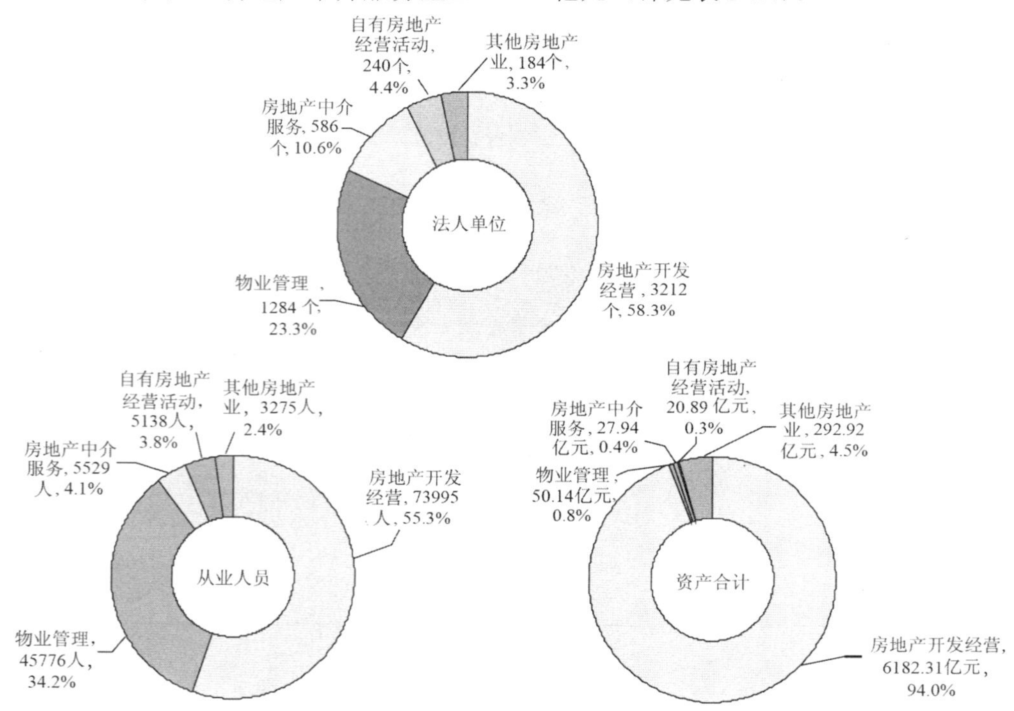

图 3-5　按行业分组的房地产业结构

表 3-14　按行业分组的房地产业企业法人单位资产总计

行　　业	资产总计（亿元）
合　计	**6574.2**
房地产开发经营	6182.31
物业管理	50.14
房地产中介服务	27.94
自有房地产经营活动	20.89
其他房地产业	292.92

七、租赁和商务服务业

（一）企业法人单位数和从业人员

2013 年末，全省共有租赁和商务服务业企业法人单位 8628 个，从业人员 125433 人。

在租赁和商务服务业企业法人单位中，内资企业占 99.8%，港、澳、台商投资企业占 0.1%，外商投资企业占 0.1%。

在租赁和商务服务业企业法人单位从业人员中，内资企业占 99.4%，港、澳、台商投资企业占 0.5%，外商投资企业占 0.1%（详见表 3-15）。

表 3-15　按登记注册类型分组的租赁和商务服务业企业法人单位和从业人员

登记注册类型	企业法人单位（个）	从业人员（人）
合　计	**8628**	**125433**
内资企业	**8609**	**124692**
国有企业	318	8056
集体企业	132	6090
股份合作企业	90	2075
联营企业	32	258
有限责任公司	3881	58736
股份有限公司	178	9640
私营企业	3581	35218
其他企业	397	4619
港、澳、台商投资企业	**12**	**681**
外商投资企业	**7**	**60**

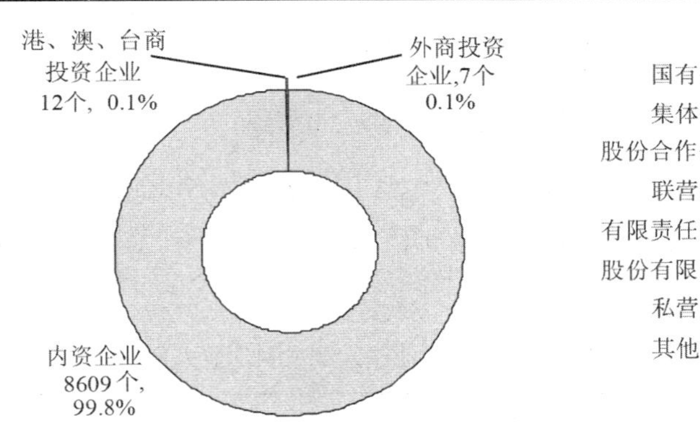

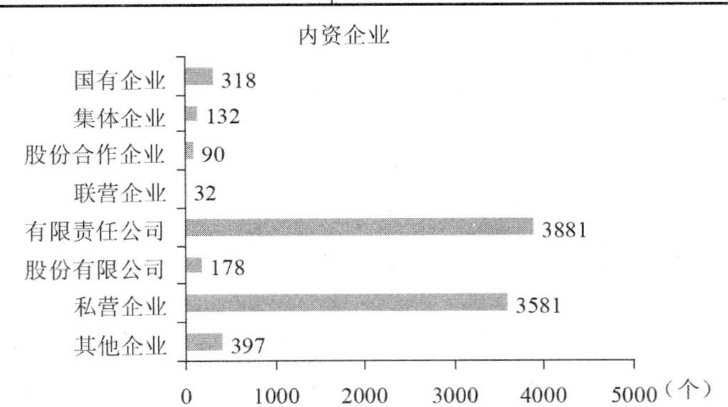

图 3-6　按登记注册类型分组的租赁和商务服务业企业法人单位及结构

（二）资产总计

2013 年末，租赁和商务服务业企业法人单位资产总计 8034.35 亿元。

八、科学研究和技术服务业

（一）企业法人单位数和从业人员

2013 年末，全省共有科学研究和技术服务业企业法人单位 2690 个，从业人员 55737 人。

在科学研究和技术服务业企业法人单位中，内资企业占 99.8%，港、澳、台商投资企业占 0.1%，外商投资企业占 0.1%。

在科学研究和技术服务业企业法人单位从业人员中，内资企业占 99.8%，港、澳、台商投资企业占 0.2 %（详见表 3-16）。

表 3-16　按登记注册类型分组的科学研究和技术服务业企业法人单位和从业人员

登记注册类型	企业法人单位（个）	从业人员（人）
合　计	**2690**	**55737**
内资企业	**2684**	**55618**
国有企业	193	10690
集体企业	37	391
股份合作企业	32	419
联营企业	17	319
有限责任公司	1175	25159
股份有限公司	64	4737
私营企业	943	10796
其他企业	223	3107
港、澳、台商投资企业	**4**	**102**
外商投资企业	**2**	**17**

（二）资产总计

2013 年末，科学研究和技术服务业企业法人单位资产总计 1088.12 亿元（详见表 3-17）。

表 3-17　按行业分组的科学研究和技术服务业企业法人单位资产总计

行　业	资产总计（亿元）
合　计	**1088.12**
研究和试验发展	12.98
专业技术服务业	1033.06
科技推广和应用服务业	42.09

九、居民服务、修理和其他服务业

（一）企业法人单位数和从业人员

2013 年末，全省共有居民服务、修理和其他服务业企业法人单位 3277 个，从业人员 44671 人。

在居民服务、修理和其他服务业企业法人单位中，内资企业占 99.9%，港、澳、台商投资和外商投资企业占 0.1%。

表 3-18　按登记注册类型分组的居民服务、修理和其他服务业企业法人单位和从业人员

登记注册类型	企业法人单位（个）	从业人员（人）
合　计	**3277**	**44671**
内资企业	**3275**	**44625**
国有企业	37	584
集体企业	31	536
股份合作企业	32	599
联营企业	13	228
有限责任公司	789	17064
股份有限公司	41	654
私营企业	2177	23406
其他企业	155	1554
港、澳、台商投资企业	**1**	**43**
外商投资企业	**1**	**3**

在居民服务、修理和其他服务业企业法人单位从业人员中，内资企业占99.9%，港、澳、台商投资企业占0.1%（详见表3-18）。

（二）资产总计

2013年末，居民服务、修理和其他服务业企业法人单位资产总计114.65亿元（详见表3-19）。

表3-19 按行业分组的居民服务、修理和其他服务业企业法人单位资产总计

行 业	资产总计（亿元）
合 计	**114.65**
居民服务业	68.64
机动车、电子产品和日用产品修理业	28.03
其他服务业	17.98

十、水利、环境和公共设施管理业

（一）法人单位和从业人员

2013年末，全省共有水利、环境和公共设施管理业法人单位1224个。其中，行政事业及非企业法人单位577个。水利、环境和公共设施管理业法人单位从业人员41169人。其中，行政事业及非企业法人单位26075人。

（二）资产

2013年末，水利、环境和公共设施管理业企业法人单位资产总计625.60亿元，行政事业及非企业法人单位年末资产35.30亿元。

十一、教育

（一）法人单位和从业人员

2013年末，全省共有教育法人单位9880个。其中，行政事业及非企业法人单位8783个。教育法人单位从业人员501743人。其中，行政事业及非企业法人单位474959人。

（二）资产

2013年末，教育企业法人单位资产总计49.89亿元，行政事业及非企业法人单位年末资产734.94亿元。

十二、卫生和社会工作

（一）法人单位和从业人员

2013年末，全省共有卫生和社会工作法人单位3997个。其中，行政事业及非企业法人单位3177个。卫生和社会工作法人单位从业人员190940人。其中，行政事业及非企业法人单位154908人。

（二）资产

2013年末，卫生和社会工作企业法人单位资产总计70.77亿元，行政事业及非企业法人单位年末资产548.55亿元。

十三、文化、体育和娱乐业

（一）法人单位和从业人员

2013年末，全省共有文化、体育和娱乐业法人单位2853个。其中，行政事业及非企业法人单位740个。文化、体育和娱乐业法人单位从业人员35305人。其中，行政事业及非企业法人单位12850人。

（二）资产

2013年末，文化、体育和娱乐业企业法人单位资产总计202.47亿元，行政事业及非企业法人单位年末

资产 630.92 亿元。

十四、公共管理、社会保障和社会组织

2013 年末，全省共有公共管理、社会保障和社会组织法人单位 36469 个。其中，行政事业及非企业法人单位 36093 个。公共管理、社会保障和社会组织法人单位从业人员 715128 人。其中，行政事业及非企业法人单位 708586 人。

注释：表中的合计数和部分计算数据因小数取舍而产生的误差，均未作机械调整。

主要指标解释及分类规定

综合卷

法人单位　指有权拥有资产、承担负债，并独立从事社会经济活动（或与其他单位进行交易）的组织。法人单位应同时具备以下条件：

1．依法成立，有自己的名称、组织机构和场所，能够独立承担民事责任；

2．独立拥有（或授权使用）资产或者经费，承担负债，有权与其他单位签订合同；

3．具有包括资产负债表在内的账户，或者能够根据需要编制账户。

法人单位包括五种类型：企业法人、事业单位法人、机关法人、社会团体和其他成员组织法人、其他法人。

企业法人　指依据《中华人民共和国公司登记管理条例》、《中华人民共和国企业法人登记管理条例》等国家法律和法规，经各级工商行政管理机关登记注册，领取《企业法人营业执照》的企业。包括：

1．公司制企业法人；

2．非公司制企业法人；

3．依据《中华人民共和国个人独资企业法》、《中华人民共和国合伙企业法》，经各级工商行政管理机关登记注册，领取《营业执照》的个人独资企业、合伙企业。

事业单位法人　指经国务院或地方县级以上机构编制管理部门批准，经国家或地方县级以上事业单位登记管理部门登记或备案，领取《事业单位法人证书》，取得法人资格的事业单位。包括：

1．各级党委、政府直属事业单位；

2．中共中央、国务院直属事业单位举办的事业单位；

3．各级人大、政协机关，人民法院、人民检察院和各民主党派机关举办的事业单位；

4．各级党委部门和政府部门举办的事业单位；

5．使用财政性经费的群众团体举办的事业单位；

6．国有企业及其他组织利用国有资产举办的事业单位；

7．依照法律或有关规定，应当由各级登记管理机关登记的其他事业单位。

机关法人　指各级政党机关和国家机关。包括：

1．县级以上各级中国共产党委员会及其所属各工作部门；

2．县级以上各级人民代表大会机关；

3．县级以上各级人民政府及其所属各工作部门，以及地区行政行署；

4．县级以上各级政治协商会议机关；

5．县级以上各级人民法院、检察院机关；

6．县级以上各民主党派机关；

7．乡、镇中国共产党委员会和人民政府。

社会团体法人　指依据《社会团体登记管理条例》，经国家或县级以上民政部门登记注册或备案、领取《社会团体法人登记证书》的各类社会团体，以及由机构编制管理部门管理其编制的群众团体。包括：

1．社会团体法人；

2．群众团体法人。

其他法人　指除上述类型以外的法人，是依据《中华人民共和国居民委员会组织法》、《中华人民共和国村民委员会组织法》、《基金会管理条例》、《农民专业合作社登记管理条例》及其他法律、法规，依法成立，具备法人条件的单位。包括：

1．居民委员会和村民委员会；

2．基金会；

3．领取《民办非企业单位（法人）登记证书》的民办非企业单位；

4．宗教组织和活动场所；

5．农民专业合作社；

6．其他未列明法人单位。

单产业法人 指仅包含一个产业活动单位的法人单位，称为单产业法人单位，该法人单位同时也是一个产业活动单位；

多产业法人 指由两个及以上产业活动单位组成的法人单位，称为多产业法人单位，这些产业活动单位接受法人单位的管理和控制。

从业人员期末人数 指报告期末最后一日24时在本单位工作，并取得工资或其他形式劳动报酬的人员数。该指标为时点指标，不包括最后一日当天及以前已经与单位解除劳动合同关系的人员，是在岗职工、劳务派遣人员及其他从业人员之和。从业人员不包括：

1．离开本单位仍保留劳动关系，并定期领取生活费的人员；

2．利用课余时间打工的学生及在本单位实习的各类在校学生；

3．本单位因劳务外包而使用的人员，如：建筑业整建制使用的人员。

营业收入 指企业经营主要业务和其他业务所确认的收入总额。营业收入合计包括“主营业务收入”和“其他业务收入”。根据会计“利润表”中“营业收入”项目的本期金额数填报。

主营业务收入 指企业确认的销售商品、提供劳务等主营业务的收入。根据会计“主营业务收入”科目的期末贷方余额（结转前）填报。执行2006年《企业会计准则》的企业，如未设置该科目，以“营业收入”代替填报。

营业税金及附加 指企业因从事生产经营活动按税法规定缴纳的应从经营收入中抵扣的税金和附加，包括营业税、消费税、城市维护建设税、教育费附加等。根据会计“利润表”中“营业税金及附加”项目的本期金额数填报。

主营业务税金及附加 指企业经营主要业务应负担的营业税、消费税、城市维护建设税、教育费附加等。根据会计“主营业务税金及附加”科目的期末借方余额（结转前）填报。执行2006年《企业会计准则》的企业，如未设置该科目，以“营业税金及附加”代替填报。

资产总计 指企业过去的交易或者事项形成的、由企业拥有或者控制的、预期会给企业带来经济利益的资源。资产一般按流动性（资产的变现或耗用时间长短）分为流动资产和非流动资产。其中流动资产可分为货币资金、交易性金融资产、应收票据、应收账款、预付款项、其他应收款、存货等；非流动资产可分为长期股权投资、固定资产、无形资产及其他非流动资产等。根据会计“资产负债表”中“资产总计”项目的期末余额数填报。

执行2006年《企业会计准则》的企业：资产总计=流动资产合计+非流动资产合计；未执行2006年《企业会计准则》企业的资产包括流动资产、长期投资、固定资产、无形资产和其他资产等。

实收资本 指企业各投资者实际投入的资本（或股本）总额，包括货币、实物、无形资产等各种形式的投入。实收资本按投资主体可分为国家资本、集体资本、法人资本、个人资本、港澳台资本和外商资本。根据会计“资产负债表”中“所有者权益”项下“实收资本”的期末余额数填报。

经营性文化产业 指辖区内执行企业会计制度的文化企业法人单位的集合。

公益性文化事业 指辖区内执行事业单位会计制度和民间非营利组织及其他会计制度的文化企业法人单位的集合。

文化制造业

行业名称	行业代码	备　注
雕塑工艺品制造	2431	
金属工艺品制造	2432	
漆器工艺品制造	2433	
花画工艺品制造	2434	
天然植物纤维编织工艺品制造	2435	
抽纱刺绣工艺品制造	2436	
地毯、挂毯制造	2437	
珠宝首饰及有关物品制造	2438	
其他工艺美术品制造	2439	
园林、陈设艺术及其他陶瓷制品制造*	3079	包括室内陈设艺术陶瓷制品、工艺陶瓷制品、陶瓷壁画、陶瓷制塑像和其他陈设艺术陶瓷制品的制造。
书、报刊印刷	2311	
本册印制	2312	
包装装潢及其他印刷	2319	
装订及印刷相关服务	2320	
记录媒介复制	2330	
文具制造	2411	
笔的制造	2412	
墨水、墨汁制造	2414	
中乐器制造	2421	
西乐器制造	2422	
电子乐器制造	2423	
其他乐器及零件制造	2429	
玩具制造	2450	
露天游乐场所游乐设备制造	2461	
游艺用品及室内游艺器材制造	2462	
其他娱乐用品制造	2469	
电视机制造	3951	
音响设备制造	3952	
影视录放设备制造	3953	
焰火、鞭炮产品制造	2672	
机制纸及纸板制造*	2221	包括未涂布印刷书写用纸制造，涂布类印刷用纸制造，感应纸及纸板制造。
手工纸制造	2222	
油墨及类似产品制造	2642	
颜料制造*	2643	包括水彩颜料、水粉颜料、油画颜料、国画颜料、调色料、其他艺术用颜料、美工塑型用膏等制造。
信息化学品制造*	2664	包括感光胶片的制造，摄影感光纸、纸板及纺织物制造，摄影用化学制剂、复印机用化学制剂制造，空白磁带、空白磁盘、空盘制造。
照明灯具制造*	3872	包括装饰用灯（圣诞树用成套灯具、其他装饰用灯）和影视舞台灯的制造。
其他电子设备制造*	3990	包括电子快译通、电子记事本、电子词典等电子设备的制造。
印刷专用设备制造	3542	
广播电视节目制作及发射设备制造	3931	
广播电视接收设备及器材制造	3932	
应用电视设备及其他广播电视设备制造	3939	
电影机械制造	3471	
幻灯及投影设备制造	3472	
照相机及器材制造	3473	
复印和胶印设备制造	3474	

注：“*”指含有部分文化活动。

文化批零业

行业名称	行业代码	备　　注
图书批发	5143	
报刊批发	5144	
音像制品及电子出版物批发	5145	
图书、报刊零售	5243	
音像制品及电子出版物零售	5244	
贸易代理*	5181	包括文化用品、图书、音像、文化用家用电器和广播电视器材等国际国内贸易代理服务。
拍卖*	5182	包括艺（美）术品拍卖服务，文物拍卖服务，古董、字画拍卖服务。
通讯及广播电视设备批发*	5178	包括广播设备、电视设备、电影设备、广播电视卫星设备等的批发。
电气设备批发 *	5176	包括各类舞台照明设备的批发。
首饰、工艺品及收藏品批发	5146	
珠宝首饰零售	5245	
工艺美术品及收藏品零售	5246	
文具用品批发	5141	
文具用品零售	5241	
乐器零售	5247	
照相器材零售	5248	
家用电器批发*	5137	包括电视机、摄录像设备、便携式收录放设备、音响设备等的批发。
家用视听设备零售	5271	
其他文化用品批发	5149	
其他文化用品零售	5249	

注：“*”指含有部分文化活动。

文化服务业

行业名称	行业代码	备　　注
新闻业	8510	
图书出版	8521	
报纸出版	8522	
期刊出版	8523	
音像制品出版	8524	
电子出版物出版	8525	
其他出版业	8529	
广播	8610	
电视	8620	
电影和影视节目制作	8630	
电影和影视节目发行	8640	
电影放映	8650	
录音制作	8660	
文艺创作与表演	8710	
艺术表演场馆	8720	
图书馆	8731	
档案馆	8732	

行业名称	行业代码	备　注
文物及非物质文化遗产保护	8740	
博物馆	8750	
烈士陵园、纪念馆	8760	
群众文化活动	8770	
社会人文科学研究	7350	
专业性团体（的服务）*	9421	①学术理论社会团体的服务，包括党的理论研究、史学研究、思想工作研究、社会人文科学研究等团体的服务。②文化团体的服务，包括新闻、图书、报刊、音像、版权、广播、电视、电影、演员、作家、文学艺术、美术家、摄影家、文物、博物馆、图书馆、文化馆、游乐园、公园、文艺理论研究、民族文化等团体的服务。
文化艺术培训	8293	
其他未列明教育*	8299	包括美术、舞蹈和音乐等辅导服务。
其他文化艺术业	8790	
互联网信息服务	6420	
其他电信服务*	6319	包括手机报、个性化铃音、网络广告等业务服务。
有线广播电视传输服务	6321	
无线广播电视传输服务	6322	
卫星传输服务*	6330	①传输、覆盖与接收服务，包括卫星广播电视信号的传输、覆盖与接收服务。②设计、安装、调试、测试、监测等服务，包括卫星广播电视传输、覆盖、接收系统的设计、安装、调试、测试、监测等服务。
广告业	7240	
软件开发*	6510	包括应用软件开发及经营中的多媒体软件和动漫游戏软件开发及经营活动。
数字内容服务*	6591	包括数字动漫制作和游戏设计制作等服务。
工程勘察设计*	7482	①房屋建筑工程设计服务，包括房屋（住宅、商业用房、公用事业用房、其他房屋）建筑工程设计服务。②室内装饰设计服务，包括住宅室内装饰设计服务和其他室内装饰设计服务。③风景园林工程专项设。包括各类风景园林工程专项设计服务。
专业化设计服务	7491	
公园管理	7851	
游览景区管理	7852	
野生动物保护*	7712	包括动物园管理服务，放养动物园管理服务，鸟类动物园管理服务，海洋馆、水族馆管理服务。
野生植物保护*	7713	包括各类植物园管理服务。
歌舞厅娱乐活动	8911	
电子游艺厅娱乐活动	8912	
网吧活动	8913	
其他室内娱乐活动	8919	
游乐园	8920	
其他娱乐业	8990	
摄影扩印服务	7492	
知识产权服务*	7250	① 版权服务包括版权代理服务，版权鉴定服务，版权咨询服务，海外作品登记服务，涉外音像总同认证服务，著作权使用报酬收转服务，版权贸易服务和其他版权服务。②文化软件服务指与文化有关的软件服务，包括软件代理、软件著作权登记、软件鉴定等服务。
文化娱乐经纪人	8941	

行业名称	行业代码	备　注
其他文化艺术经纪代理	8949	
娱乐及体育设备出租*	7121	包括视频设备出租服务，照相器材出租服务，娱乐设备出租服务。
图书出租	7122	
音像制品出租	7123	
会议及展览服务	7292	
其他未列明商务服务业*	7299	①公司礼仪和模特服务，公司礼仪服务包括开业典礼、庆典及其他重大活动的礼仪服务。模特服务包括服装模特、艺术模特和其他模特等服务。②大型活动组织服务，包括文艺晚会策划组织服务，大型庆典活动策划组织服务，艺术、模特大赛策划组织服务，艺术节、电影节等策划组织服务，民间活动策划组织服务，公益演出、展览等活动的策划组织服务，其他大型活动的策划组织服务。③票务服务，包括电影票务服务，文艺演出票务服务，展览、博览会票务服务。

注："*"指含有部分文化活动。

分类规定

登记注册类型　指企业或企业产业活动单位的登记注册类型，工商行政管理部门对企业（单位）登记注册的类型分为以下几种：

1. 国有企业：指企业全部资产归国家所有，并按《中华人民共和国企业法人登记管理条例》规定登记注册的非公司制的经济组织。不包括有限责任公司中的国有独资公司。

2. 集体企业：指企业资产归集体所有，并按《中华人民共和国企业法人登记管理条例》规定登记注册的经济组织。

3. 股份合作企业：指以合作制为基础，由企业职工共同出资入股，吸收一定比例的社会资产投资组建，实行自主经营，自负盈亏，共同劳动，民主管理，按劳分配与按股分红相结合的一种集体经济组织。

4. 联营企业：指两个及两个以上相同或不同所有制性质的企业法人或事业单位法人，按自愿、平等、互利的原则，共同投资组成的经济组织。联营企业包括国有联营企业、集体联营企业、国有与集体联营企业和其他联营企业。

国有联营企业：指所有联营单位均为国有。

集体联营企业：指所有联营单位均为集体。

国有与集体联营企业：指联营单位既有国有也有集体。

其他联营企业：指上述三种联营企业之外的其他联营形式的企业。

5. 有限责任公司：指根据《中华人民共和国公司登记管理条例》规定登记注册，由两个以上，五十个以下的股东共同出资，每个股东以其所认缴的出资额对公司承担有限责任，公司以其全部资产对其债务承担责任的经济组织。有限责任公司包括国有独资公司以及其他有限责任公司。

国有独资公司：指国家授权的投资机构或者国家授权的部门单独投资设立的有限责任公司。

其他有限责任公司：指国有独资公司以外的其他有限责任公司。

6. 股份有限公司：指根据《中华人民共和国公司登记管理条例》规定登记注册，其全部注册资本由等额股份构成并通过发行股票筹集资本，股东以其认购的股份对公司承担有限责任，公司以其全部资产对其债务承担责任的经济组织。

7. 私营企业：指由自然人投资设立或由自然人控股，以雇佣劳动为基础的营利性经济组织。包括按照《公司法》、《合伙企业法》、《私营企业暂行条例》以及《个人独资企业法》规定登记注册的私营独资企业、私营合伙企业、私营有限责任公司、私营股份有限公司和个人独资企业。

私营独资企业：指按《私营企业暂行条例》的规定，由一名自然人投资经营，以雇佣劳动为基础，投资者对企业债务承担无限责任的企业。

私营合伙企业：指按《合伙企业法》或《私营企业暂行条例》的规定，由两个以上自然人按照协议共同投资、共同经营、共负盈亏，以雇佣劳动为基础，对债务承担无限责任的企业。

私营有限责任公司：指按《公司法》、《私营企业暂行条例》的规定，由两个以上自然人投资或由单个自然人控股的有限责任公司。

私营股份有限公司：指按《公司法》的规定，由五个以上自然人投资，或由单个自然人控股的股份有限公司。

个人独资企业：指按《个人独资企业法》、《个人独资企业登记管理办法》的规定，由一个自然人投资，财产为投资人个人所有，投资人以其个人财产对企业债务承担无限责任的经营实体。个人独资企业填表时归入私营独资企业。

8．其他内资企业：指上述第 1 条至第 7 条之外的其他内资经济组织。

9．与港澳台商合资经营企业：指港澳台地区投资者与内地的企业依照《中华人民共和国中外合资经营企业法》及有关法律的规定，按合同规定的比例投资设立，分享利润和分担风险的企业。

10．与港澳台商合作经营企业：指港澳台地区投资者与内地企业依照《中华人民共和国中外合作经营企业法》及有关法律的规定，依照合作合同的约定进行投资或提供条件设立，分配利润、分担风险和亏损的企业。

11．港澳台商独资经营企业：指依照《中华人民共和国外资企业法》及有关法律的规定，在内地由港澳台地区投资者全额投资设立的企业。

12．港澳台商投资股份有限公司：指根据国家有关规定，经商务部（原外经贸部）批准设立，并且其中港、澳、台商的股本占公司注册资本的比例达 25%以上的股份有限公司。凡其中港、澳、台商的股本占公司注册资本的比例小于 25%的，属于内资中的股份有限公司。

13．其他港、澳、台商投资企业：指在中国境内参照《外国企业或个人在中国境内设立合伙企业管理办法》和《外商投资合伙企业登记管理规定》，依法设立的港、澳、台商投资合伙企业。

14．中外合资经营企业：指外国企业或外国人与中国内地企业依照《中华人民共和国中外合资经营企业法》及有关法律的规定，按合同规定的比例投资设立，分享利润和分担风险的企业。

15．中外合作经营企业：指外国企业或外国人与中国内地企业依照《中华人民共和国中外合作经营企业法》及有关法律的规定，依照合作合同的约定进行投资或提供条件设立，分配利润、分担风险和亏损的企业。

16．外资企业：指依照《中华人民共和国外资企业法》及有关法律的规定，在中国内地由外国投资者全额投资设立的企业。

17．外商投资股份有限公司：指根据国家有关规定，经商务部（原外经贸部）批准设立，并且其中外资的股本占公司注册资本的比例达 25%以上的股份有限公司。凡其中外资股本占公司注册资本的比例小于 25%的，属于内资中的股份有限公司。

18．其他外商投资企业：指在中国境内依照《外国企业或个人在中国境内设立合伙企业管理办法》和《外商投资合伙企业登记管理规定》，依法设立的外商投资合伙企业。

统计上大中小微型企业划分办法

一、根据工业和信息化部、国家统计局、国家发展改革委、财政部《关于印发中小企业划型标准规定的通知》（工信部联企业〔2011〕300 号），结合统计工作的实际情况，特制定本办法。

二、本办法适用对象为在中华人民共和国境内依法设立的各种组织形式的法人企业或单位。个体工商户参照本办法进行划分。

三、本办法适用范围包括：农、林、牧、渔业，采矿业，制造业，电力、热力、燃气及水生产和供应业，建筑业，批发和零售业，交通运输、仓储和邮政业，住宿和餐饮业，信息传输、软件和信息技术服务业，房地产业，租赁和商务服务业，科学研究和技术服务业，水利、环境和公共设施管理业，居民服务、修理和其他服务业，文化、体育和娱乐业等 15 个行业门类以及社会工作行业大类。

四、本办法按照行业门类、大类、中类和组合类别，依据从业人员、营业收入、资产总额等指标或替代指标，将我国的企业划分为大型、中型、小型、微型等四种类型。具体划分标准见附表。

五、企业划分由政府综合统计部门根据统计年报每年确定一次，定报统计原则上不进行调整。

六、本办法自印发之日起执行，国家统计局2003年印发的《统计上大中小型企业划分办法（暂行）》（国统字〔2003〕17号）同时废止。

附表：统计上大中小微型企业划分标准

行业名称	指标名称	计量单位	大型	中型	小型	微型
农、林、牧、渔业	营业收入(Y)	万元	Y≥20000	500≤Y<20000	50≤Y<500	Y<50
工业 *	从业人员(X)	人	X≥1000	300≤X<1000	20≤X<300	X<20
	营业收入(Y)	万元	Y≥40000	2000≤Y<40000	300≤Y<2000	Y<300
建筑业	营业收入(Y)	万元	Y≥80000	6000≤Y<80000	300≤Y<6000	Y<300
	资产总额(Z)	万元	Z≥80000	5000≤Z<80000	300≤Z<5000	Z<300
批发业	从业人员(X)	人	X≥200	20≤X<200	5≤X<20	X<5
	营业收入(Y)	万元	Y≥40000	5000≤Y<40000	1000≤Y<5000	Y<1000
零售业	从业人员(X)	人	X≥300	50≤X<300	10≤X<50	X<10
	营业收入(Y)	万元	Y≥20000	500≤Y<20000	100≤Y<500	Y<100
交通运输业 *	从业人员(X)	人	X≥1000	300≤X<1000	20≤X<300	X<20
	营业收入(Y)	万元	Y≥30000	3000≤Y<30000	200≤Y<3000	Y<200
仓储业	从业人员(X)	人	X≥200	100≤X<200	20≤X<100	X<20
	营业收入(Y)	万元	Y≥30000	1000≤Y<30000	100≤Y<1000	Y<100
邮政业	从业人员(X)	人	X≥1000	300≤X<1000	20≤X<300	X<20
	营业收入(Y)	万元	Y≥30000	2000≤Y<30000	100≤Y<2000	Y<100
住宿业	从业人员(X)	人	X≥300	100≤X<300	10≤X<100	X<10
	营业收入(Y)	万元	Y≥10000	2000≤Y<10000	100≤Y<2000	Y<100
餐饮业	从业人员(X)	人	X≥300	100≤X<300	10≤X<100	X<10
	营业收入(Y)	万元	Y≥10000	2000≤Y<10000	100≤Y<2000	Y<100
信息传输业 *	从业人员(X)	人	X≥2000	100≤X<2000	10≤X<100	X<10
	营业收入(Y)	万元	Y≥100000	1000≤Y<100000	100≤Y<1000	Y<100
软件和信息技术服务业	从业人员(X)	人	X≥300	100≤X<300	10≤X<100	X<10
	营业收入(Y)	万元	Y≥10000	1000≤Y<10000	50≤Y<1000	Y<50
房地产开发经营	营业收入(Y)	万元	Y≥200000	1000≤Y<200000	100≤Y<1000	Y<100
	资产总额(Z)	万元	Z≥10000	5000≤Z<10000	2000≤Z<5000	Z<2000
物业管理	从业人员(X)	人	X≥1000	300≤X<1000	100≤X<300	X<100
	营业收入(Y)	万元	Y≥5000	1000≤Y<5000	500≤Y<1000	Y<500
租赁和商务服务业	从业人员(X)	人	X≥300	100≤X<300	10≤X<100	X<10
	资产总额(Z)	万元	Z≥120000	8000≤Z<120000	100≤Z<8000	Z<100
其他未列明行业 *	从业人员(X)	人	X≥300	100≤X<300	10≤X<100	X<10

说明：

1. 大型、中型和小型企业须同时满足所列指标的下限，否则下划一档；微型企业只须满足所列指标中的一项即可。

2. 附表中各行业的范围以《国民经济行业分类》（GB/T4754-2011）为准。带*的项为行业组合类别，其中，工业包括采矿业，制造业，电力、热力、燃气及水生产和供应业；交通运输业包括道路运输业，水上运输业，航空运输业，管道运输业，装卸搬运和运输代理业，不包括铁路运输业；信息传输业包括电信、广播电视和卫星传输服务，互联网和相关服务；其他未列明行业包括科学研究和技术服务业，水利、环境和公共设施管理业，居民服务、修理和其他服务业，社会工作，文化、体育和娱乐业，以及房地产中介服务，其他房地产业等，不包括自有房地产经营活动。

3．企业划分指标以现行统计制度为准。(1)从业人员，是指期末从业人员数，没有期末从业人员数的，采用全年平均人员数代替。(2)营业收入，工业、建筑业、限额以上批发和零售业、限额以上住宿和餐饮业以及其他设置主营业务收入指标的行业，采用主营业务收入；限额以下批发与零售业企业采用商品销售额代替；限额以下住宿与餐饮业企业采用营业额代替；农、林、牧、渔业企业采用营业总收入代替；其他未设置主营业务收入的行业，采用营业收入指标。(3)资产总额，采用资产总计代替。

文化及相关产业分类(2012)

一、目的和作用

（一）为深入贯彻落实党的十七届六中全会关于深化文化体制改革、推动社会主义文化大发展大繁荣的精神，建立科学可行的文化及相关产业统计制度，制定本分类。

（二）本分类为界定我国文化及相关单位的生产活动提供依据，为当前的社会主义文化建设、文化宏观管理提供参考，为文化及相关产业统计提供统一的定义和范围。

二、定义和范围

（一）定义

本分类规定的文化及相关产业是指为社会公众提供文化产品和文化相关产品的生产活动的集合。

（二）范围

根据以上定义，我国文化及相关产业的范围包括：

1．以文化为核心内容，为直接满足人们的精神需要而进行的创作、制造、传播、展示等文化产品（包括货物和服务）的生产活动；

2．为实现文化产品生产所必需的辅助生产活动；

3．作为文化产品实物载体或制作（使用、传播、展示）工具的文化用品的生产活动(包括制造和销售)；

4．为实现文化产品生产所需专用设备的生产活动(包括制造和销售)。

三、分类原则

（一）以《国民经济行业分类》为基础

本分类以《国民经济行业分类》（GB/T 4754—2011）为基础，根据文化及相关单位生产活动的特点，将行业分类中相关的类别重新组合，是《国民经济行业分类》的派生分类。

（二）兼顾部门管理需要和可操作性

根据我国文化体制改革和发展的实际，本分类在考虑文化生产活动特点的同时，兼顾政府部门管理的需要；立足于现行的统计制度和方法，充分考虑分类的可操作性。

（三）与国际分类标准相衔接

本分类借鉴了联合国教科文组织的《文化统计框架—2009》的分类方法，在定义和覆盖范围上可与其衔接。

四、分类方法

本分类依据上述分类原则，将文化及相关产业分为五层。

第一层包括文化产品的生产、文化相关产品的生产两部分，用“第一部分”、“第二部分”表示；

第二层根据管理需要和文化生产活动的自身特点分为10个大类，用“一”、“二”……“十”表示；

第三层依照文化生产活动的相近性分为50个中类，在每个大类下分别用“(一)”、“(二)”、“(三)”……表示；

第四层共有 120 个小类，是文化及相关产业的具体活动类别，直接用《国民经济行业分类》（GB/T 4754-2011）相对应行业小类的名称和代码表示。对于含有部分文化生产活动的小类，在其名称后用“*”标出。

第五层为带“*”小类下设置的延伸层。通过在类别名称前加“—”表示，不设代码和顺序号，其包含的活动内容在表2中加以说明。

五、文化及相关产业分类表

表1　文化及相关产业的类别名称和行业代码

类　别　名　称	国民经济行业代码
第一部分　文化产品的生产	
一、新闻出版发行服务	
（一）新闻服务	
新闻业	8510
（二）出版服务	
图书出版	8521
报纸出版	8522
期刊出版	8523
音像制品出版	8524
电子出版物出版	8525
其他出版业	8529
（三）发行服务	
图书批发	5143
报刊批发	5144
音像制品及电子出版物批发	5145
图书、报刊零售	5243
音像制品及电子出版物零售	5244
二、广播电视电影服务	
（一）广播电视服务	
广播	8610
电视	8620
（二）电影和影视录音服务	
电影和影视节目制作	8630
电影和影视节目发行	8640
电影放映	8650
录音制作	8660
三、文化艺术服务	
（一）文艺创作与表演服务	
文艺创作与表演	8710
艺术表演场馆	8720
（二）图书馆与档案馆服务	
图书馆	8731
档案馆	8732
（三）文化遗产保护服务	
文物及非物质文化遗产保护	8740
博物馆	8750
烈士陵园、纪念馆	8760
（四）群众文化服务	

类　别　名　称	国民经济行业代码
群众文化活动	8770
（五）文化研究和社团服务	
社会人文科学研究	7350
专业性团体（的服务）*	9421
—学术理论社会团体的服务	
—文化团体的服务	
（六）文化艺术培训服务	
文化艺术培训	8293
其他未列明教育*	8299
—美术、舞蹈、音乐辅导服务	
（七）其他文化艺术服务	
其他文化艺术业	8790
四、文化信息传输服务	
（一）互联网信息服务	
互联网信息服务	6420
（二）增值电信服务（文化部分）	
其他电信服务*	6319
—增值电信服务(文化部分）	
（三）广播电视传输服务	
有线广播电视传输服务	6321
无线广播电视传输服务	6322
卫星传输服务*	6330
—传输、覆盖与接收服务	
—设计、安装、调试、测试、监测等服务	
五、文化创意和设计服务	
（一）广告服务	
广告业	7240
（二）文化软件服务	
软件开发*	6510
—多媒体、动漫游戏软件开发	
数字内容服务*	6591
—数字动漫、游戏设计制作	
（三）建筑设计服务	
工程勘察设计*	7482
—房屋建筑工程设计服务	
—室内装饰设计服务	
—风景园林工程专项设计服务	
（四）专业设计服务	
专业化设计服务	7491
六、文化休闲娱乐服务	
（一）景区游览服务	
公园管理	7851
游览景区管理	7852

类　别　名　称	国民经济行业代码
野生动物保护*	7712
—动物园和海洋馆、水族馆管理服务	
野生植物保护*	7713
—植物园管理服务	
（二）娱乐休闲服务	
歌舞厅娱乐活动	8911
电子游艺厅娱乐活动	8912
网吧活动	8913
其他室内娱乐活动	8919
游乐园	8920
其他娱乐业	8990
（三）摄影扩印服务	
摄影扩印服务	7492
七、工艺美术品的生产	
（一）工艺美术品的制造	
雕塑工艺品制造	2431
金属工艺品制造	2432
漆器工艺品制造	2433
花画工艺品制造	2434
天然植物纤维编织工艺品制造	2435
抽纱刺绣工艺品制造	2436
地毯、挂毯制造	2437
珠宝首饰及有关物品制造	2438
其他工艺美术品制造	2439
（二）园林、陈设艺术及其他陶瓷制品的制造	
园林、陈设艺术及其他陶瓷制品制造*	3079
—陈设艺术陶瓷制品制造	
（三）工艺美术品的销售	
首饰、工艺品及收藏品批发	5146
珠宝首饰零售	5245
工艺美术品及收藏品零售	5246
第二部分　文化相关产品的生产	
八、文化产品生产的辅助生产	
（一）版权服务	
知识产权服务*	7250
—版权和文化软件服务	
（二）印刷复制服务	
书、报刊印刷	2311
本册印制	2312
包装装潢及其他印刷	2319
装订及印刷相关服务	2320
记录媒介复制	2330
（三）文化经纪代理服务	

类　别　名　称	国民经济行业代码
文化娱乐经纪人	8941
其他文化艺术经纪代理	8949
（四）文化贸易代理与拍卖服务	
贸易代理*	5181
—文化贸易代理服务	
拍卖*	5182
—艺（美）术品、文物、古董、字画拍卖服务	
（五）文化出租服务	
娱乐及体育设备出租*	7121
—视频设备、照相器材和娱乐设备的出租服务	
图书出租	7122
音像制品出租	7123
（六）会展服务	
会议及展览服务	7292
（七）其他文化辅助生产	
其他未列明商务服务业*	7299
—公司礼仪和模特服务	
—大型活动组织服务	
—票务服务	
九、文化用品的生产	
（一）办公用品的制造	
文具制造	2411
笔的制造	2412
墨水、墨汁制造	2414
（二）乐器的制造	
中乐器制造	2421
西乐器制造	2422
电子乐器制造	2423
其他乐器及零件制造	2429
（三）玩具的制造	
玩具制造	2450
（四）游艺器材及娱乐用品的制造	
露天游乐场所游乐设备制造	2461
游艺用品及室内游艺器材制造	2462
其他娱乐用品制造	2469
（五）视听设备的制造	
电视机制造	3951
音响设备制造	3952
影视录放设备制造	3953
（六）焰火、鞭炮产品的制造	
焰火、鞭炮产品制造	2672
（七）文化用纸的制造	
机制纸及纸板制造*	2221

类　　别　　名　　称	国民经济行业代码
—文化用机制纸及纸板制造	
手工纸制造	2222
（八）文化用油墨颜料的制造	
油墨及类似产品制造	2642
颜料制造*	2643
—文化用颜料制造	
（九）文化用化学品的制造	
信息化学品制造*	2664
—文化用信息化学品的制造	
（十）其他文化用品的制造	
照明灯具制造*	3872
—装饰用灯和影视舞台灯制造	
其他电子设备制造*	3990
—电子快译通、电子记事本、电子词典等制造	
（十一）文具乐器照相器材的销售	
文具用品批发	5141
文具用品零售	5241
乐器零售	5247
照相器材零售	5248
（十二）文化用家电的销售	
家用电器批发*	5137
—文化用家用电器批发	
家用视听设备零售	5271
（十三）其他文化用品的销售	
其他文化用品批发	5149
其他文化用品零售	5249
十、文化专用设备的生产	
（一）印刷专用设备的制造	
印刷专用设备制造	3542
（二）广播电视电影专用设备的制造	
广播电视节目制作及发射设备制造	3931
广播电视接收设备及器材制造	3932
应用电视设备及其他广播电视设备制造	3939
电影机械制造	3471
（三）其他文化专用设备的制造	
幻灯及投影设备制造	3472
照相机及器材制造	3473
复印和胶印设备制造	3474
（四）广播电视电影专用设备的批发	
通讯及广播电视设备批发*	5178
—广播电视电影专用设备批发	
（五）舞台照明设备的批发	
电气设备批发*	5176
—舞台照明设备的批发	

表 2　对延伸层文化生产活动内容的说明

序号	类别名称及代码		文化生产活动的内容
	小类	延伸层	
1	专业性团体（的服务）（9421）	学术理论社会团体的服务	包括党的理论研究、史学研究、思想工作研究、社会人文科学研究等团体的服务。
		文化团体的服务	包括新闻、图书、报刊、音像、版权、广播、电视、电影、演员、作家、文学艺术、美术家、摄影家、文物、博物馆、图书馆、文化馆、游乐园、公园、文艺理论研究、民族文化等团体的服务。
2	其他未列明教育(8299)	美术、舞蹈、音乐辅导服务	包括美术、舞蹈和音乐等辅导服务。
3	其他电信服务（6319）	增值电信服务(文化部分)	包括手机报、个性化铃音、网络广告等业务服务。
4	卫星传输服务(6330)	传输、覆盖与接收服务	包括卫星广播电视信号的传输、覆盖与接收服务。
		设计、安装、调试、测试、监测等服务	包括卫星广播电视传输、覆盖、接收系统的设计、安装、调试、测试、监测等服务。
5	软件开发(6510)	多媒体、动漫游戏软件开发	包括应用软件开发及经营中的多媒体软件和动漫游戏软件开发及经营活动。
6	数字内容服务(6591)	数字动漫、游戏设计制作	包括数字动漫制作和游戏设计制作等服务。
7	工程勘察设计（7482）	房屋建筑工程设计服务	包括房屋（住宅、商业用房、公用事业用房、其他房屋）建筑工程设计服务。
		室内装饰设计服务	包括住宅室内装饰设计服务和其他室内装饰设计服务。
		风景园林工程专项设计服务	包括各类风景园林工程专项设计服务。
8	野生动物保护(7712)	动物园和海洋馆、水族馆管理服务	包括动物园管理服务，放养动物园管理服务，鸟类动物园管理服务，海洋馆、水族馆管理服务。
9	野生植物保护(7713)	植物园管理服务	包括各类植物园管理服务。
10	园林、陈设艺术及其他陶瓷制品制造（3079）	陈设艺术陶瓷制品制造	包括室内陈设艺术陶瓷制品、工艺陶瓷制品、陶瓷壁画、陶瓷制塑像和其他陈设艺术陶瓷制品的制造。
11	知识产权服务（7250）	版权和文化软件服务	版权服务包括版权代理服务，版权鉴定服务，版权咨询服务，海外作品登记服务，涉外音像合同认证服务，著作权使用报酬收转服务，版权贸易服务和其他版权服务。文化软件服务指与文化有关的软件服务，包括软件代理、软件著作权登记、软件鉴定等服务。
12	贸易代理（5181）	文化贸易代理服务	包括文化用品、图书、音像、文化用家用电器和广播电视器材等国际国内贸易代理服务。
13	拍卖(5182)	艺（美）术品、文物、古董、字画拍卖服务	包括艺（美）术品拍卖服务，文物拍卖服务，古董、字画拍卖服务。
14	娱乐及体育设备出租(7121)	视频设备、照相器材和娱乐设备的出租服务	包括视频设备出租服务，照相器材出租服务，娱乐设备出租服务。
15	其他未列明商务服务业（7299）	公司礼仪和模特服务	公司礼仪服务包括开业典礼、庆典及其他重大活动的礼仪服务。模特服务包括服装模特、艺术模特和其他模特等服务。
		大型活动组织服务	包括文艺晚会策划组织服务，大型庆典活动策划组织服务，艺术、模特大赛策划组织服务，艺术节、电影节等策划组织服务，民间活动策划组织服务，公益演出、展览等活动的策划组织服务，其他大型活动的策划组织服务。
		票务服务	包括电影票务服务，文艺演出票务服务，展览、博览会票务服务。
16	机制纸及纸板制造(2221)	文化用机制纸及纸板制造	包括未涂布印刷书写用纸制造，涂布类印刷用纸制造，感应纸及纸板制造。
17	颜料制造(2643)	文化用颜料制造	包括水彩颜料、水粉颜料、油画颜料、国画颜料、调色料、其他艺术用颜料、美工塑型用膏等制造。
18	信息化学品制造	文化用信息化学	包括感光胶片的制造，摄影感光纸、纸板及纺织物制造，摄影用化学

序号	类别名称及代码		文化生产活动的内容
	小类	延伸层	
	(2664)	品的制造	制剂、复印机用化学制剂制造，空白磁带、空白磁盘、空盘制造。
19	照明灯具制造(3872)	装饰用灯和影视舞台灯制造	包括装饰用灯（圣诞树用成套灯具、其他装饰用灯）和影视舞台灯的制造。
20	其他电子设备制造(3990)	电子快译通、电子记事本、电子词典等制造	包括电子快译通、电子记事本、电子词典等电子设备的制造。
21	家用电器批发(5137)	文化用家用电器批发	包括电视机、摄录像设备、便携式收录放设备、音响设备等的批发。
22	通讯及广播电视设备批发(5178)	广播电视电影专用设备批发	包括广播设备、电视设备、电影设备、广播电视卫星设备等的批发。
23	电气设备批发(5176)	舞台照明设备的批发	包括各类舞台照明设备的批发。

第二产业卷

工业

工业销售产值（当年价格） 指以货币形式表现的，工业企业在报告期内销售的本企业生产的工业产品或提供工业性劳务价值的总价值量。工业销售产值包括的内容为：

（1）销售成品价值：指企业在报告期内实际销售（包括本期生产和非本期生产）的全部成品、半成品的总价值，即按报告期产品的实际销售数量乘以不含增值税（销项税额）的产品实际销售平均单价计算。销售成品价值中包括企业生产的自制设备及提供给本企业在建工程、其他非工业部门和生活福利部门等单位使用的成品价值，但不包括用订货者来料加工，并且只收取加工费的成品（半成品）价值。

（2）对外加工费收入：指企业在报告期内完成的对外承接的工业品加工（包括用定货者来料加工的产品）的加工费收入；对外工业品修理作业可收取的加工费收入和对内非工业部门提供的加工修理、设备安装等收入。对外加工费收入按不含增值税（销项税额）的价格计算。

对于以对外加工生产为主，对外加工费收入所占比重较大的企业，如果对外加工费收入出现跨报告期支付的情况，为保证总产值生产口径计算的准确性，则应将对外加工费收入按实际情况调整，记录本报告期应实际收取的对外加工费收入。

区分来料加工与自备原材料生产的依据同工业总产值中的规定。

出口交货值 指工业企业交给外贸部门或自营（委托）出口（包括销往香港、澳门、台湾），用外汇价格结算的产品价值，以及外商来样、来料加工、来件装配和补偿贸易等生产的产品价值。在计算出口交货值时，要把外汇价格按交易时的汇率折成人民币计算。

资产总计 指企业过去的交易或者事项形成的、由企业拥有或者控制的、预期会给企业带来经济利益的资源。资产一般按流动性（资产的变现或耗用时间长短）分为流动资产和非流动资产。其中流动资产可分为货币资金、交易性金融资产、应收票据、应收账款、预付款项、其他应收款、存货等；非流动资产可分为长期股权投资、固定资产、无形资产及其他非流动资产等。根据会计“资产负债表”中“资产总计”项目的期末余额数填报。

执行 2006 年《企业会计准则》或 2011 年《小企业会计准则》的企业：资产总计=流动资产合计+非流动资产合计；执行其他企业会计制度的企业资产包括流动资产、长期投资、固定资产、无形资产和其他资产等。

固定资产合计 指企业为生产商品、提供劳务、出租或经营管理而持有的，使用寿命超过一个会计年度的有形资产。包括使用期限超过一年的房屋、建筑物、机器、机械、运输工具以及其他与生产、经营有关的设备、器具、工具等。固定资产合计是时点指标，表示固定资产经过扣减折旧、减值准备等后的期末余额。执行 2006 年《企业会计准则》或 2011 年《小企业会计准则》的企业，根据会计“资产负债表”中“固定资产”项目的期末余额数填报。

固定资产原价　指固定资产的成本，包括企业在购置、自行建造、安装、改建、扩建、技术改造某项固定资产时所发生的全部支出总额。根据会计“固定资产”科目的期末借方余额填报。

累计折旧　指企业在报告期末提取的历年固定资产折旧累计数。根据会计“累计折旧”科目的期末贷方余额填报。

流动资产合计　资产满足以下条件之一应归为流动资产：（1）预计在一个正常营业周期中变现、出售或耗用，主要包括存货、应收账款等；（2）主要为交易目的而持有；（3）预计在资产负债表日起一年内（含一年）变现；（4）自资产负债日起一年内，交换其他资产或清偿负债的能力不受限制的现金或现金等价物。包括货币资金、应收票据、应收账款、存货等项目。根据会计“资产负债表”中“流动资产合计”项目的期末余额数填报。

应收账款　指企业因销售商品、提供劳务等经营活动，应向购货单位或接受劳务单位收取的款项，主要包括企业销售商品或提供劳务等应向有关债务人收取的价款及代购货单位垫付的包装费、运杂费等。根据会计“资产负债表”中“应收账款”项目的期末余额数填报。

存货　指企业在日常活动中持有以备出售的产成品或商品、处在生产过程中的在产品、在生产过程或提供劳务过程中耗用的材料或物料等，通常包括原材料、在产品、半成品、产成品、商品以及周转材料等。根据会计“资产负债表”中“存货”项目的期末余额数填报。其中：“年初存货”根据会计“资产负债表”中“存货”项目的年初余额数填报。注意：“存货”具有实物形态，不属于无形资产，由于企业持有存货的最终目的是为了出售，所以房地产开发企业（单位）购置的土地、尚未销售的商品房等均计入“存货”。

产成品　指企业已经完成全部生产过程并验收入库，可以按照合同规定的条件送交订货单位，或者可以作为商品对外销售的产品。根据会计“产成品”科目的借方余额填报。

负债合计　指企业过去的交易或者事项形成的，预期会导致经济利益流出企业的现时义务。负债一般按偿还期长短分为流动负债和非流动负债。根据会计“资产负债表”中“负债合计”项目的期末余额数填报。

执行 2006 年《企业会计准则》或 2011 年《小企业会计准则》的企业：负债合计=流动负债合计+非流动负债合计；执行其他企业会计制度的企业负债包括流动负债和长期负债。

流动负债合计　负债满足下列条件之一的应归为流动负债：（1）预计在一个正常营业周期中清偿；（2）主要为交易目的而持有；（3）自资产负债表日起一年内到期应予清偿；（4）企业无权自主地将清偿推迟至资产负债表日后一年以上。包括短期借款、应付票据、应付账款、应付职工薪酬、应交税费等项目。根据会计“资产负债表”中“流动负债合计”项目的期末余额数填报。

应付账款　指企业因购买材料、商品和接受劳务供应等经营活动应支付的款项。根据会计“资产负债表”中“应付账款”项目的期末余额数填报。

所有者权益合计　指企业资产扣除负债后由所有者享有的剩余权益。公司的所有者权益又称股东权益。包括实收资本、资本公积、盈余公积、未分配利润等。根据会计“资产负债表”中“所有者权益合计”项目的期末余额数填报。

实收资本　指企业各投资者实际投入的资本（或股本）总额，包括货币、实物、无形资产等各种形式的投入。实收资本按投资主体可分为国家资本、集体资本、法人资本、个人资本、港澳台资本和外商资本。根据会计“资产负债表”中“所有者权益”项下“实收资本”的期末余额数填报。

国家资本　指有权代表国家投资的政府部门或机构、直属事业单位对企业形成的资本金。根据会计“实收资本”科目计算填报。

集体资本　指由本企业职工等自然人集体投资或各种机构对企业进行扶持形成的集体性质的资本金。根据会计“实收资本”科目计算填报。

法人资本 指法人以其依法可支配的资产投入企业形成的资本金。根据会计“实收资本”科目计算填报。

个人资本 指自然人实际投入企业的资本金。根据会计“实收资本”科目计算填报。

港澳台资本 指我国香港、澳门和台湾地区投资者实际投入企业的资本金。根据会计“实收资本”科目计算填报。

外商资本 指外国投资者实际投入企业的资本金。根据会计“实收资本”科目计算填报。

主营业务收入 指企业确认的销售商品、提供劳务等主营业务的收入。根据会计“主营业务收入”科目的期末贷方余额（结转前）填报。执行2006年《企业会计准则》或2011《小企业会计准则》的企业，如未设置该科目，以“营业收入”代替填报。

主营业务成本 指企业经营主要业务所发生的成本总额。根据会计“主营业务成本”科目的期末借方余额（结转前）填报。执行2006年《企业会计准则》或2011《小企业会计准则》的企业，如未设置该科目，以“营业成本”代替填报。

主营业务税金及附加 指企业经营主要业务应负担的营业税、消费税、城市维护建设税、教育费附加等。根据会计“主营业务税金及附加”科目的期末借方余额（结转前）填报。执行2006年《企业会计准则》或2011《小企业会计准则》的企业，如未设置该科目，以“营业税金及附加”代替填报。包装费、展览费和广告费、商品维修费、预计产品质量保证损失、运输费、装卸费等以及为销售本企业商品而专设的销售机构（含销售网点、售后服务网点等）的职工薪酬、业务费、折旧费等经营费用。建筑业企业销售费用指企业从事施工生产活动过程中发生的各项费用，包括应由企业负担的运输费、装卸费、包装费、保险费、维修费、展览费、差旅费、广告费和其他经费。房地产企业销售费用指企业在从事主要经营业务过程中所发生的各项销售费用，包括转让、销售、结算和出租开发产品等。执行2006年《企业会计准则》或2011年《小企业会计准则》的企业,根据会计“利润表”中“销售费用”项目的本期金额数填报。执行其他企业会计制度的企业，根据会计“利润表”中“营业费用（或经营费用）”项目的本期金额数填报。

销售费用 指企业在销售商品和材料、提供劳务的过程中发生的各种费用，包括保险费、包装费、展览费和广告费、商品维修费、预计产品质量保证损失、运输费、装卸费等以及为销售本企业商品而专设的销售机构（含销售网点、售后服务网点等）的职工薪酬、业务费、折旧费等经营费用。建筑业企业销售费用指企业从事施工生产活动过程中发生的各项费用，包括应由企业负担的运输费、装卸费、包装费、保险费、维修费、展览费、差旅费、广告费和其他经费。房地产企业销售费用指企业在从事主要经营业务过程中所发生的各项销售费用，包括转让、销售、结算和出租开发产品等。执行2006年《企业会计准则》或2011年《小企业会计准则》的企业,根据会计“利润表”中“销售费用”项目的本期金额数填报。执行其他企业会计制度的企业，根据会计“利润表”中“营业费用（或经营费用）”项目的本期金额数填报。

管理费用 指企业为组织和管理企业生产经营所发生的费用，包括企业在筹建期间内发生的开办费、董事会和行政管理部门在企业经营管理中发生的，或者应当由企业统一负担的公司经费等。根据会计“利润表”中“管理费用”项目的本期金额数填报。

税金 指企业按照规定从管理费用中支付的房产税、印花税、车船使用税和土地使用税。根据“管理费用明细账”中“管理费用——税金”的期末借方余额（结转前）分析填报。

财务费用 指企业为筹集生产经营所需资金等而发生的筹资费用，包括企业生产经营期间发生的利息支出（减利息收入）、汇兑损失（减汇兑收益）以及相关的手续费等。根据会计“利润表”中“财务费用”项目的本期金额数填报。

利息收入 指非金融企业存款业务所确认的利息金额。根据企业“财务费用明细账”中“财务费用—利息收入”科目的本期发生额填报。如果企业没有设置该科目，此处可填“0”。

利息支出 指企业短期借款利息、长期借款利息、应付票据利息、票据贴现利息、应付债券利息、长期应付引进国外设备款利息等利息支出。根据企业“财务费用明细账”中“财务费用—利息支出”科目的本期发生额填报。如果企业没有单独设立“利息收入”科目，应填报利息支出减去银行存款等的利息收入后的净额。

投资收益　指企业确认的投资收益或投资损失，反映企业以各种方式对外投资所取得的收益。根据会计“利润表”中“投资收益”项目的本期金额数填报。如为投资损失以“-”号记。

营业利润　指企业从事生产经营活动所取得的利润。执行2006年《企业会计准则》的企业，营业利润为营业收入减去营业成本、营业税金及附加、销售费用、管理费用、财务费用、资产减值损失，再加上公允价值变动收益和投资收益；执行 2011《小企业会计准则》的企业，营业利润为营业收入减去营业成本、营业税金及附加、销售费用、管理费用、财务费用，再加上投资收益后的金额；执行其他企业会计制度的企业，营业利润为主营业务收入减去主营业务成本、主营业务税金及附加，加上其他业务利润后，再减去销售费用、管理费用、财务费用后的金额。根据会计“利润表”中“营业利润”项目的本期金额数填报。

利润总额　指企业在一定会计期间的经营成果，是生产经营过程中各种收入扣除各种耗费后的盈余，反映企业在报告期内实现的盈亏总额。根据会计“利润表”中“利润总额”项目的本期金额数填报。执行2006年《企业会计准则》或2011年《小企业会计准则》的企业，利润总额为营业利润加上营业外收入，减去营业外支出后的金额；执行其他企业会计制度的企业，利润总额为营业利润加上投资收益、补贴收入、营业外收入，再减去营业外支出后的金额。

应交增值税　指企业按税法规定，从事货物销售或提供加工、修理修配劳务等增加货物价值的活动本期应交纳的税金，不含期初未抵扣税额。根据会计相关科目贷方累计发生额，按下述公式计算填报：

应交增值税=销项税额－（进项税额－进项税额转出）－出口抵减内销产品应纳税额－减免税款+出口退税

所得税费用　指企业按税法规定，应从生产经营等活动的所得中缴纳的税金。执行2006年《企业会计准则》或2011年《小企业会计准则》的企业，根据会计“利润表”中“所得税费用”项目的本期金额数填报；执行其他企业会计制度的企业，根据会计“利润表”中 “所得税”项目的本期金额数填报。

从业人员期末人数　指报告期末最后一日24时在本单位工作，并取得工资或其他形式劳动报酬的人员数。该指标为时点指标，不包括最后一日当天及以前已经与单位解除劳动合同关系的人员，是在岗职工、劳务派遣人员及其他从业人员之和。从业人员不包括：

1. 离开本单位仍保留劳动关系，并定期领取生活费的人员；
2. 利用课余时间打工的学生及在本单位实习的各类在校学生；
3. 本单位因劳务外包而使用的人员，如：建筑业整建制使用的人员。

工业企业科技情况

R&D（研究与试验发展）　指在科学技术领域，为增加知识总量、以及运用这些知识去创造新的应用进行的系统的创造性的活动，包括基础研究、应用研究、试验发展三类活动。

主营业务收入　指企业确认的销售商品、提供劳务等主营业务的收入。根据会计“主营业务收入”科目的期末贷方余额（结转前）填报。执行2006年《企业会计准则》的企业，如未设置该科目，以“营业收入”代替填报。

R&D 人员　指单位内部从事基础研究、应用研究和试验发展三类活动的人员。包括直接参加上述三类项目活动的人员以及这三类项目的管理人员和直接服务人员。为研发活动提供直接服务的人员包括直接为研发活动提供资料文献、材料供应、设备维护等服务的人员。

R&D 经费内部支出　指调查单位在报告年度用于内部开展R&D活动（基础研究、应用研究和试验发展）的实际支出。包括用于R&D项目（课题）活动的直接支出，以及间接用于R&D活动的管理费、服务费、与R&D有关的基本建设支出以及外协加工费等。不包括生产性活动支出、归还贷款支出以及与外单位合作或委托外单位进行R&D活动而转拨给对方的经费支出。

机构数 指报告期末企业办科技机构的数量。企业办科技机构指企业自办（或与外单位合办），管理上同生产系统相对独立（或单独核算）的专门科技活动机构，如企业办的技术中心、研究院所、开发中心、开发部、实验室、中试车间、试验基地等。企业办科技活动机构经过资源整合，被国家或省级有关部门认定为国家级或省级技术中心的，应按一个机构填报。与外单位合办的科技活动机构若主要由本企业出资兴办，则由本企业统计，否则应由合办方统计。企业科技管理职能处（科）室（如科研处、技术科等）一般不统计在内；若科研处、技术科等同时挂有科技活动机构的牌子，视其报告期内主要工作任务而定，主要任务是从事科技活动的可以统计，否则不予统计。本指标不含企业在国外或港澳台设立的科技活动机构数。

机构人员数 指报告期内企业办科技活动机构中从事科技活动的人员合计。

机构人员数中博士毕业 指报告期内企业办科技机构中从事科技活动具有博士学历或博士学位的人员。

机构人员数中硕士毕业 指报告期内企业办科技机构中从事科技活动具有硕士学历或硕士学位的人员。

机构人员数中本科毕业 指报告期内企业办科技机构中从事科技活动具有大学本科学历或学士学位的人员。

机构经费支出 指报告期内企业办科技机构用于内部开展科技活动实际支出的总费用。包括机构人员劳务费（含工资）支出、机构业务费支出、管理费支出、固定资产购建支出以及其他维持机构正常工作的日常费用等的支出总和。不包括相关折旧费用、长期费用摊销和无形资产摊销等费用。

仪器和设备原价 指报告期末企业办科技机构固定资产中仪器和设备的原价， 不包括长期闲置不用的仪器和设备。

仪器和设备原价中进口 指报告期末企业办科技机构固定资产中从国外购入的仪器和设备的原价，不包括长期闲置不用的仪器和设备。

新产品开发经费支出 指报告年度内企业科技活动经费内部支出中用于新产品研究开发的经费支出。包括新产品的研究、设计、模型研制、测试、试验等费用支出。

新产品销售收入 指报告期内企业销售新产品实现的销售收入。

新产品销售收入中出口 指报告期内企业将新产品销售给外贸部门和直接出售给外商所实现的销售收入。

专利申请数 指报告期内企业作为第一申请人向境内外知识产权行政部门提出专利申请并被受理的件数。

专利申请数中发明专利 指报告期内企业作为第一申请人向境内外知识产权行政部门提出发明专利申请并被受理的件数。

有效发明专利数 指报告期末企业作为第一专利权人拥有的、经境内外知识产权行政部门授权且在有效期内的发明专利件数。

有效发明专利数中境外授权 指报告期末企业作为第一专利权人拥有的、经国外或港澳台知识产权行政部门授予且在有效期内的发明专利件数。

专利所有权转让及许可数 指报告期内企业向外单位转让专利所有权或允许专利技术由被许可单位使用的专利件数。

专利所有权转让及许可收入 指报告期内企业向外单位转让专利所有权或允许专利技术由被许可单位使用而得到的收入。包括当年从被转让方或被许可方得到的一次性付款和分期付款收入，以及利润分成、股息收入等。

拥有注册商标数 指报告期末企业作为第一商标注册人拥有的、经境内外商标行政部门核准注册且在有效期内的商标件数。包括在境内和境外注册的商标件数，一件商标在境内外同时注册时只统计一件。

拥有注册商标中境外注册 指报告期末企业作为第一商标注册人拥有的、经国外或港澳台商标行政部门核准注册且在有效期内的商标件数。

形成国家或行业标准数 指报告期内企业在自主研发或自主知识产权基础上形成的经有关部门批准的国家或行业标准项数。

使用来自政府部门的科技活动资金 指报告期内企业使用的从政府有关部门得到的科技活动资金，包括纳入国家计划的中间试验费、政府科技贷款等。

研究开发费用加计扣除减免税 指报告期内企业按有关政策和税法规定税前加计扣除的研究开发活动费用所得税，按当年税务部门实际减免的税额填报。对尚未得到当年减免税额的企业，按上年实际减免税额填报。

高新技术企业减免税 指报告期内高新技术企业按照国家有关政策依法享受的企业所得税减免额，按当年税务部门实际减免的税额填报。对尚未得到当年减免税额的企业，按上年实际减免税额填报。

引进技术经费支出 指报告期内企业用于购买国外或港澳台技术的费用支出，包括产品设计、工艺流程、图纸、配方、专利等技术资料的费用支出，以及购买关键设备、仪器、样机和样件等的费用支出。

消化吸收经费支出 指报告期内企业引进技术的消化吸收经费支出。引进技术的消化吸收指对引进技术的掌握、应用、复制而开展的工作，以及在此基础上的创新。引进技术的消化吸收经费支出包括：人员培训费、测绘费、参加消化吸收人员的工资、工装、工艺开发费、必备的配套设备费、翻版费等。消化吸收经费支出中属于科技活动的经费支出，除包含在本项外，还要计入企业科技活动经费支出中。

购买国内技术经费支出 指报告期内企业购买境内其他单位科技成果的经费支出。包括购买产品设计、工艺流程、图纸、配方、专利、技术诀窍及关键设备的费用支出。

技术改造经费支出 指报告期内企业进行技术改造而发生的费用支出。技术改造指企业在坚持科技进步的前提下，将科技成果应用于生产的各个领域（产品、设备、工艺等），用先进工艺、设备代替落后工艺、设备，实现以内涵为主的扩大再生产，从而提高产品质量、促进产品更新换代、节约能源、降低消耗，全面提高综合经济效益。

建筑业

签订的合同额 指建筑业企业在报告期直接同建设单位签订合同的总价款和以前年度同建设单位签定合同的未完工程跨入本年度继续施工工程合同的总价款余额。

本年新签合同额 指建筑业企业在报告期内同建设单位直接新签订的各种国内工程合同的总价款，不包括与其他建筑业企业新签的分包合同额。

上年结转合同额 指以前年度同建设单位签订合同的未完工程跨入本年度继续施工工程合同的总价款余额。

建筑业总产值 是以货币形式表现的建筑业企业在一定时期内生产的建筑业产品和提供的服务的总和。建筑业总产值包括：

(1) 建筑工程产值 指列入建筑工程预算内的各种工程价值。

(2) 安装工程产值 指设备安装工程价值，不包括被安装设备本身价值。

(3) 其他产值 建筑业总产值中除建筑工程、安装工程以外的产值。包括房屋构筑物修理产值、非标准设备制造产值、总包企业向分包企业收取的管理费以及不能明确划分的施工活动所完成的产值。

a. 房屋构筑物修理产值 指房屋和构筑物修理所完成的产值，但不包括被修理房屋、构筑物本身价值和生产设备的修理价值。

b. 非标准设备制造产值 指加工制造没有定型的非标准生产设备的加工费和原材料价值(如化工厂、炼油厂用的各种罐、槽，矿井生产统一使用的各种漏斗、三角槽、阀门等)以及附属加工厂为本企业承建工程制作的非标准设备的价值。

建筑业增加值 指建筑业企业在报告期内以货币表现的建筑业生产经营活动的最终成果。建筑业现价增加值按生产法和分配法（收入法）两种方法计算，以收入法的计算结果为准，即从收入的角度出发，根据生产要素在生产过程中应得的收入份额计算。

直接从建设单位承揽工程完成的产值 指总承包企业或专业承包企业直接与建设单位（业主）签订的承包合同（包括报告期及以往年度签订的合同，不包括无效合同和中途解除的合同），在报告期内完成的工程总值。包括企业向其他专业承包企业或劳务分包企业分包出去的工程所完成产值，还包括分包企业缴纳的管理费。

自行完成施工产值 指总承包企业或专业承包企业直接与建设单位（业主）签订的总承包合同或专业承包合同中，自行完成的工程总值。包括总承包企业和专业承包企业自行完成的工作量和分包企业缴纳的管理费。

分包出去工程的产值 指专业承包企业或劳务分包企业与总承包企业或专业承包企业签订的专业承包或劳务分包合同中在报告期所完成的产值。分包企业如果是一个独立核算的经济实体，其完成的产量产值，不包括在总承包企业或专业承包企业自行完成产值中。

从建设单位以外承揽工程完成的产值 指总承包企业或专业承包企业从其他总承包企业或专业承包企业处承揽工程而完成的产值。不包括总承包企业或专业承包企业从建设单位承揽工程中自行完成的产值和分包企业缴纳的管理费。

装饰装修产值：包括装饰、装修两部分产值。装修装饰指对新旧房屋及建筑物进

竣工产值 一般是以单位工程为对象，当该工程按照设计所规定的工程内容全部完成，达到了设计规定的交工条件，经有关部门检查验收鉴定合格的单位工程价值，即为竣工产值。竣工产值包括范围应是报告期内竣工单位工程从开工到竣工的全部自行完成的价值，竣工产值不包括附属辅助企业或内部核算的其他单位为外单位生产和服务的价值。

房屋建筑施工面积 指在报告期内施过工的全部房屋建筑面积，包括本期新开工的房屋面积、上期施工跨入本期继续施工的房屋面积、上期停缓建在本期恢复施工的房屋面积、本期竣工的房屋面积及本期施工后又停缓建的房屋面积。

房屋建筑竣工面积 指在报告期内房屋建筑按照设计要求全部完工，达到了住人和使用条件，经验收鉴定合格，正式移交使用单位的房屋建筑面积。

房屋竣工价值 指在报告期内按规定已经上报竣工的房屋本身的建造价值。一般按房屋设计和预算规定的内容计算。一般按结算价格（或中标价）计算。

年末自有施工机械设备净值：指本企业（或单位）自有施工机械设备经过使用、磨损后实际存在的价值，即原值减去折旧后的净额。

自有机械设备台数 指归本企业所有，属于本企业固定资产的生产性机械设备年末总台数。包括施工机械、生产设备、运输设备以及其他设备。

自有机械设备总功率 指本企业自有施工机械、生产设备、运输设备以及其他设备等列为在册固定资产的生产性机械设备年末总功率，按设定能力或查定能力计算。包括机械本身的动力和为该机械服务的单独动力设备，如电动机等。计算单位用千瓦，动力换算可按1马力=0.735千瓦折合成千瓦数。电焊机、变压器、锅炉不计算动力。

从事建筑业活动的从业人员平均人数 指建筑业企业(或单位)报告期实际拥有的、与建筑施工活动有关的人员的平均人数，包括参加本企业(或单位)建筑施工活动的非本企业(或单位)人员，但不包括企业内部社会服务性机构的人员以及由本企业支付工资但所从事的工作与本企业主营生产基本无关的人员。

固定资产合计 指企业为生产商品、提供劳务、出租或经营管理而持有的，使用寿命超过一个会计年度的有形资产。包括使用期限超过一年的房屋、建筑物、机器、机械、运输工具以及其他与生产、经营有关的设备、器具、工具等。

资产合计 指企业过去的交易或者事项形成的、由企业拥有或者控制的、预期会给企业带来经济利益

的资源。资产一般按流动性分为流动资产和非流动资产。

负债合计 指企业过去的交易或者事项形成的，预期会导致经济利益流出企业的现时义务。负债一般按偿还期长短分为流动负债和非流动负债。

所有者权益合计 指企业资产扣除负债后由所有者享有的剩余权益。公司的所有者权益又称股东权益。包括实收资本、资本公积、盈余公积、未分配利润等。

主营业务收入 指企业确认的销售商品、提供劳务等主营业务的收入。

执行2006年《企业会计准则》的企业，如未设置该科目，以“营业收入”代替填报。

销售费用 指企业从事施工生产活动过程中发生的各项费用，包括应由企业负担的运输费、装卸费、包装费、保险费、维修费、展览费、差旅费、广告费和其他经费。

营业利润 指企业从事生产经营活动所取得的利润。执行2006年《企业会计准则》的企业，营业利润为营业收入减去营业成本、营业税金及附加、销售费用、管理费用、财务费用、资产减值损失，再加上公允价值变动收益和投资收益。执行2011年《小企业会计准则》的企业，营业利润为营业收入减去营业成本、营业税金及附加、销售费用、管理费用、财务费用，再加上投资收益后的金额；执行其他企业会计制度的企业，营业利润为主营业务收入减去主营业务成本、主营业务税金及附加，加上其他业务利润后，再减去销售费用、管理费用、财务费用后的金额。根据会计“利润表”中“营业利润”项目的本期金额数填报。

利润总额 指企业在一定会计期间的经营成果，是生产经营过程中各种收入扣除各种耗费后的盈余，反映企业在报告期内实现的亏盈总额。

执行2006年《企业会计准则》的企业，利润总额为营业利润加上营业外收入，减去营业外支出后的金额。

未执行2006年《企业会计准则》的企业，利润总额为营业利润加上投资收益、补贴收入、营业外收入，再减去营业外支出后的金额。

应付职工薪酬 指企业为获得职工提供的服务而给予各种形式的报酬以及其他相关支出。包括职工工资、奖金、津贴和补贴，职工福利费，医疗保险费、养老保险费、失业保险费、工伤保险费和生育保险费等社会保险费，住房公积金，工会经费和职工教育经费，非货币性福利，因解除与职工的劳动关系给予的补偿，其他与获得职工提供的服务相关的支出。

第三产业卷

批发和零售业和住宿和餐饮业

从业人员期末人数 指报告期末最后一日24时在本单位工作，并取得工资或其他形式劳动报酬的人员数。该指标为时点指标，不包括最后一日当天及以前已经与单位解除劳动合同关系的人员，是在岗职工、劳务派遣人员及其他从业人员之和。

营业收入 指企业经营主要业务和其他业务所确认的收入总额。营业收入合计包括“主营业务收入”和“其他业务收入”。根据会计“利润表”中“营业收入”项目的本期金额数填报。

主营业务收入 指企业确认的销售商品、提供劳务等主营业务的收入。根据会计“主营业务收入”科目的期末贷方余额（结转前）填报。执行2006年《企业会计准则》或2011年《小企业会计准则》的企业，如未设置该科目，以“营业收入”代替填报。

资产总计 指企业过去的交易或者事项形成的、由企业拥有或者控制的、预期会给企业带来经济利益的资源。资产一般按流动性（资产的变现或耗用时间长短）分为流动资产和非流动资产。其中流动资产可分为货币资金、交易性金融资产、应收票据、应收账款、预付款项、其他应收款、存货等；非流动资产可分为长期股权投资、固定资产、无形资产及其他非流动资产等。

批发和零售业年末零售营业面积 指批发和零售业企业用于本企业从事零售业务的对外营业的面积，

不包括其办公用房、仓库、加工场地以及对外出租场地。按年末实有建筑面积统计。

住宿和餐饮业年末餐饮营业面积 指住宿和餐饮业企业对外提供餐饮服务的就餐面积和从事食品加工、烹饪、调制的厨房面积，不包括办公用房和仓库等面积。

房地产业

企业登记注册类型

代码	企业登记注册类型	代码	企业登记注册类型
100	内资企业	174	私营股份有限公司
110	国有企业	190	其他企业
120	集体企业	200	港澳台商投资企业
130	股份合作企业	210	与港澳台商合资经营企业
141	国有联营企业	220	与港澳台商合作经营企业
142	集体联营企业	230	港澳台商独资经营企业
143	国有与集体联营企业	240	港澳台商投资股份有限公司
149	其他联营企业	290	其他港澳台投资
151	国有独资公司	300	外商投资企业
159	其他有限责任公司	310	中外合资经营企业
160	股份有限公司	320	中外合作经营企业
171	私营独资企业	330	外资企业
172	私营合伙企业	340	外商投资股份有限公司
173	私营有限责任公司	390	其他外商投资

资产总计 指企业过去的交易或者事项形成的、由企业拥有或者控制的、预期会给企业带来经济利益的资源。资产一般按流动性（资产的变现或耗用时间长短）分为流动资产和非流动资产。其中流动资产可分为货币资金、交易性金融资产、应收票据、应收账款、预付款项、其他应收款、存货等；非流动资产可分为长期股权投资、固定资产、无形资产及其他非流动资产等。根据会计“资产负债表”中“资产总计”项目的期末余额数填报。

执行 2006 年《企业会计准则》或 2011 年《小企业会计准则》的企业：资产总计=流动资产合计+非流动资产合计；执行其他企业会计制度的企业资产包括流动资产、长期投资、固定资产、无形资产和其他资产等。

流动资产合计 资产满足以下条件之一应归为流动资产：（1）预计在一个正常营业周期中变现、出售或耗用，主要包括存货、应收账款等；（2）主要为交易目的而持有；（3）预计在资产负债表日起一年内（含一年）变现；（4）自资产负债日起一年内，交换其他资产或清偿负债的能力不受限制的现金或现金等价物。包括货币资金、应收票据、应收账款、存货等项目。根据会计“资产负债表”中“流动资产合计”项目的期末余额数填报。

存货 指企业在日常活动中持有以备出售的产成品或商品、处在生产过程中的在产品、在生产过程或提供劳务过程中耗用的材料或物料等，通常包括原材料、在产品、半成品、产成品、商品以及周转材料等。根据会计“资产负债表”中“存货”项目的期末余额数填报。其中：“年初存货”根据会计“资产负债表”中“存货”项目的年初余额数填报。注意：“存货”具有实物形态，不属于无形资产，由于企业持有存货的最终目的是为了出售，所以房地产开发企业（单位）购置的土地、尚未销售的商品房等均计入“存货”。

固定资产原价 指固定资产的成本，包括企业在购置、自行建造、安装、改建、扩建、技术改造某项固定资产时所发生的全部支出总额。根据会计“固定资产”科目的期末借方余额填报。

累计折旧　指企业在报告期末提取的历年固定资产折旧累计数。根据会计“累计折旧”科目的期末贷方余额填报。

本年折旧　指企业在报告期内提取的固定资产折旧合计数。可以根据会计“财务状况变动表”中“固定资产折旧”项的数值填报。若企业执行2001年《企业会计制度》，可以根据会计核算中《资产减值准备、投资及固定资产情况表》内“当年计提的固定资产折旧总额”项本年增加数填报。

负债合计　指企业过去的交易或者事项形成的，预期会导致经济利益流出企业的现时义务。负债一般按偿还期长短分为流动负债和非流动负债。根据会计“资产负债表”中“负债合计”项目的期末余额数填报。

执行2006年《企业会计准则》或2011年《小企业会计准则》的企业：负债合计=流动负债合计+非流动负债合计；执行其他企业会计制度的企业负债包括流动负债和长期负债。

所有者权益合计　指企业资产扣除负债后由所有者享有的剩余权益。公司的所有者权益又称股东权益。包括实收资本、资本公积、盈余公积、未分配利润等。根据会计“资产负债表”中“所有者权益合计”项目的期末余额数填报。

实收资本　指企业各投资者实际投入的资本（或股本）总额，包括货币、实物、无形资产等各种形式的投入。实收资本按投资主体可分为国家资本、集体资本、法人资本、个人资本、港澳台资本和外商资本。根据会计“资产负债表”中“所有者权益”项下“实收资本”的期末余额数填报。

营业收入　指企业经营主要业务和其他业务所确认的收入总额。营业收入合计包括“主营业务收入”和“其他业务收入”。根据会计“利润表”中“营业收入”项目的本期金额数填报。

主营业务收入　指企业确认的销售商品、提供劳务等主营业务的收入。根据会计“主营业务收入”科目的期末贷方余额（结转前）填报。执行2006年《企业会计准则》或2011年《小企业会计准则》的企业，如未设置该科目，以“营业收入”代替填报。

土地转让收入　指房地产开发企业按国家规定在报告期转让已经开发的土地和未经开发的土地所得到的收入。根据会计“利润表”和相关核算资料计算填报。

商品房销售收入　指房地产开发企业在报告期售出商品房屋的收入，一次收款的，一次性全部计入销售收入，按合同规定分期收款的，可按合同规定的时间分次计入收入。根据会计“利润表”和相关核算资料计算填报。

房屋出租收入　指房地产开发企业在报告期内，在不改变现有财产所有权关系的条件下，将企业的全部或部分房屋出租给其他单位或个人使用所得到的租金收入。根据会计“利润表”和相关核算资料计算填报。

其他（主营业务）收入　指房地产开发企业在报告期内从事除以上收入外的其他业务活动所得到的收入，包括配套设施销售收入、代建工程结算收入等。根据会计“利润表”和相关核算资料计算填报。

主营业务成本　指企业经营主要业务所发生的成本总额。根据会计“主营业务成本”科目的期末借方余额（结转前）填报。执行2006年《企业会计准则》或2011年《小企业会计准则》的企业，如未设置该科目，以“营业成本”代替填报。

主营业务税金及附加　指企业经营主要业务应负担的营业税、消费税、城市维护建设税、教育费附加等。根据会计“主营业务税金及附加”科目的期末借方余额（结转前）填报。执行2006年《企业会计准则》或2011年《小企业会计准则》的企业，如未设置该科目，以“营业税金及附加”代替填报。

其他业务利润　指企业经营除主要业务以外的其他业务实现的利润。根据会计“其他业务收入”科目的期末贷方余额减“其他业务成本”科目的期末借方余额计算填报。执行2006年《企业会计准则》或2011年《小企业会计准则》的企业，如果未设置该科目，则在此处填0。

投资收益　指企业确认的投资收益或投资损失，反映企业以各种方式对外投资所取得的收益。根据会计“利润表”中“投资收益”项目的本期金额数填报。如为投资损失以“-”号记。

利润总额 指企业在一定会计期间的经营成果，是生产经营过程中各种收入扣除各种耗费后的盈余，反映企业在报告期内实现的盈亏总额。根据会计“利润表”中“利润总额”项目的本期金额数填报。执行2006年《企业会计准则》或2011年《小企业会计准则》的企业，利润总额为营业利润加上营业外收入，减去营业外支出后的金额；执行其他企业会计制度的企业，，利润总额为营业利润加上投资收益、补贴收入、营业外收入，再减去营业外支出后的金额。

应交所得税 指企业按税法规定，应从生产经营等活动的所得中缴纳的税金。执行2006年《企业会计准则》或2011年《小企业会计准则》的企业，根据会计“利润表”中“所得税费用”项目的本期金额数填报；执行其他企业会计制度的企业，根据会计“利润表”中 “所得税”项目的本期金额数填报。

应付职工薪酬 指企业为获得职工提供的服务而给予各种形式的报酬以及其他相关支出。包括职工工资、奖金、津贴和补贴，职工福利费，医疗保险费、养老保险费、失业保险费、工伤保险费和生育保险费等社会保险费，住房公积金，工会经费和职工教育经费，非货币性福利，因解除与职工的劳动关系给予的补偿，其他与获得职工提供的服务相关的支出。执行2006年《企业会计准则》或2011年《小企业会计准则》的企业，根据会计科目“应付职工薪酬”的本年贷方累计发生额填报；执行其他企业会计制度的企业，应将本年上述职工薪酬包含的科目归并填报。

完成投资 指各种登记注册类型的房地产开发法人单位统一开发的包括统代建、拆迁还建的住宅、厂房、仓库、饭店、宾馆、度假村、写字楼、办公楼等房屋建筑物，配套的服务设施，土地开发工程（如道路、给水、排水、供电、供热、通讯、平整场地等基础设施工程）和土地购置的投资；不包括单纯的土地开发和交易活动。

投资额按工程用途分组：

（1）住宅：指专供居住的房屋，包括别墅、公寓、职工家属宿舍和集体宿舍（包括职工单身宿舍和学生宿舍）等。但不包括住宅楼中作为人防用、不住人的地下室等。住宅按照用途可以划分为经济适用住房和别墅、高档公寓等。按照户型结构可以划分为90平方米以下住房，144平方米以上住房等。

①90平方米及以下住房：指在房地产开发企业投资建设的商品住宅中，套型建筑面积不超过90平方米（包括90平方米）的住房。套型建筑面积是指单套住房的建筑面积，由套内建筑面积和分摊的共有建筑面积组成。现房应以商品房销售合同中实际测绘的建筑面积为统计标准，期房根据商品房预售合同中规划设计面积进行统计，待住宅竣工交付使用后，应根据实际测绘面积进行相应调整。

②144平方米以上住房：指在房地产开发企业投资建设的商品住宅中，套型建筑面积超过144平方米（不包括 144 平方米）的住房。现房应以商品房销售合同中实际测绘的建筑面积为统计标准，期房根据商品房预售合同中规划设计面积进行统计，待住宅竣工交付使用后，应根据实际测绘面积进行相应调整。

③别墅、高档公寓：指建筑造价和销售价格明显高于一般商品住宅的商品住宅。别墅一般指地处郊区，独立成栋的商品住宅；高档公寓一般指地处市内高档社区，高层或多层的商品住宅。别墅、高档公寓的确定标准：一是经有房地产投资计划审批权的主管部门审批建设的别墅、高档公寓开发项目；二是销售价格高于当地同等地段商品住宅平均销售价格一倍以上的别墅、公寓开发项目。该指标可以分析房地产投资结构，反映高收入家庭商品住宅的供求平衡情况。

（2）办公楼：指企业、事业、机关、团体、学校、医院等单位使用的各类办公用房（又称写字楼）。

（3）商业营业用房：指商业、粮食、供销、饮食服务业等部门对外营业的用房，如度假村、饭店、商店、门市部、粮店、书店、供销店、饮食店、菜店、加油站、日杂等房屋。

（4）其他：凡不属于上述各项用途的房屋建筑物，如中小学教学用房、托儿所、幼儿园、图书馆、体育馆等。

本年新增固定资产 指在报告期已经完成建造和开发过程并交付使用的房屋和土地开发面积的价值。指房地产开发公司进行开发经营活动的最终成果，即为社会提供的固定资产，而且是在报告期内新增加的。不是反映房地产开发企业本身固定资产的增加。

房屋施工面积　指报告期内施工的全部房屋建筑面积。包括本期新开工的房屋建筑面积、上期跨入本期继续施工的房屋建筑面积、上期停缓建在本期恢复施工的房屋建筑面积、本期竣工的房屋建筑面积以及本期施工后又停缓建的房屋建筑面积。多层建筑应填各层建筑面积之和。

房屋新开工面积　指报告期内新开工建设的房屋建筑面积，以单位工程为核算对象，即整栋房屋的全部建筑面积，不能分割计算。不包括在上期开工跨入报告期继续施工的房屋建筑面积和上期停缓建而在本期恢复施工的房屋建筑面积。房屋的开工应以房屋正式开始破土刨槽（地基处理或打永久桩）的日期为准。

房屋竣工面积　指报告期内房屋建筑按照设计要求已全部完工，达到住人和使用条件，经验收鉴定合格或达到竣工验收标准，可正式移交使用的各栋房屋建筑面积的总和。

竣工面积以房屋单位工程（栋）为核算对象，在整栋房屋符合竣工条件后按其全部建筑面积一次性计算，而不是按各栋施工房屋中已完成的部分或层次分割计算。

计算房屋竣工面积，要求严格执行房屋竣工验收标准。民用建筑一般应按设计要求在土建工程和房屋本身附属的水、电、卫（包括设计中有的煤气、暖气）工程已经完工，通风、电梯等设备已经安装完毕，做到水通、灯亮，经验收鉴定合格，并正式交付给使用单位后，才能计算竣工面积。工业及科研等生产性房屋建筑一般应按设计要求在土建工程（包括水、暖、电、卫、通风）及属于房屋组成部分的生活间、操作间等已经完成（不包括安装设备的基础工程），可以进行工艺设备和管线安装时，方可计算房屋竣工面积。

房屋竣工价值　指报告期内按规定已经上报竣工的房屋本身的建造价值。一般按房屋设计和预算规定的内容计算。包括竣工房屋本身的基础、结构、屋面、装修以及水、电、卫等附属工程的建筑价值；也包括作为房屋建筑组成部分而列入房屋建筑工程预算内的设备（如电梯、通风设备等）的购置和安装费用。不包括厂房内的工艺设备、工艺管线的购置和安装，工艺设备基础的建造；室外的水、暖、电、卫、道路工程、挡土墙等环境工程的费用；办公和生活用家具的购置等费用；购置土地的费用；迁移补偿费和场地平整的费用及城市建设配套投资。

房屋竣工价值不仅包括该竣工房屋在报告期内完成的价值，也包括跨年施工的房屋在本期以前完成的价值。未竣工而转让给其他单位的房屋建筑工程，出让单位不计算竣工价值，待接受单位继续施工并符合竣工条件后，由接受单位计算其竣工价值，包括出让单位在出让前所完成的价值。房屋竣工价值一般按结算价格（或中标价）计算。

商品房销售面积　指报告期内出售商品房屋的合同总面积（即双方签署的正式买卖合同中所确定的建筑面积）。本月销售面积指从本月 1 日起至本月最后一天止出售商品房屋的合同总面积。商品房销售面积由现房销售面积和期房销售面积两部分组成。

（1）现房销售面积：指在报告期内正式签订买卖合同、已经竣工达到入住条件的商品房屋建筑面积。包括以一次性付款方式和分期付款方式销售的现房建筑面积。

（2）期房销售面积：指在报告期内正式签订买卖合同、正在建设尚未竣工交付使用的商品房屋建筑面积。包括以一次性付款方式和分期付款方式销售的商品房屋建筑面积。期房销售建筑面积竣工后不再结转为现房销售建筑面积。

商品房销售额　指报告期内出售商品房屋的合同总价款（即双方签署的正式买卖合同中所确定的合同总价）。本月销售额指从本月 1 日起至本月最后一天止出售商品房屋的合同总价款。该指标与商品房销售面积同口径，由现房销售额和期房销售额两部分组成。

（1）现房销售额：指报告期内销售的已竣工商品房屋的合同总价款。包括现房销售前期预收的定金、预收款、首付款及全部按揭贷款的本金等款项。该指标与现房销售面积同口径。

（2）期房销售额：指报告期内销售的正在建设尚未竣工的商品房屋的合同总价款。包括预售房屋前期预收的定金、预收款、首付款及全部按揭贷款的本金等项。该指标与期房销售面积同口径。

商品住宅销售套数　指报告期内出售商品房屋合同中总的成套住宅数量（即双方签署的正式买卖合同中所确定的成套住宅数量）。由现房销售套数和期房销售套数两部分组成。

（1）现房销售套数：指报告期内销售的已竣工商品房屋合同中总的成套住宅数量。

（2）期房销售套数：指报告期内销售的正在建设尚未竣工的商品房屋合同中总的成套住宅数量。

本年实际到位资金小计　指房地产开发企业实际拨入的，用于房地产开发的各种货币资金。包括国内贷款、利用外资、自筹资金和其他资金。

待开发土地面积　指经有关部门批准，通过各种方式获得土地使用权，但尚未开工建设的土地面积。

本年土地购置面积　指在本年内通过各种方式获得土地使用权的土地面积。

其他服务业

固定资产原价　指固定资产的成本，包括企业在购置、自行建造、安装、改建、扩建、技术改造某项固定资产时所发生的全部支出总额。根据会计“固定资产”科目的期末借方余额填报。

本年折旧　指企业在报告期内提取的固定资产折旧合计数。可以根据会计“财务状况变动表”中“固定资产折旧”项的数值填报。若企业执行 2001 年《企业会计制度》，可以根据会计核算中《资产减值准备、投资及固定资产情况表》内“当年计提的固定资产折旧总额”项本年增加数填报。

资产总计　指企业过去的交易或者事项形成的、由企业拥有或者控制的、预期会给企业带来经济利益的资源。资产一般按流动性（资产的变现或耗用时间长短）分为流动资产和非流动资产。其中流动资产可分为货币资金、交易性金融资产、应收票据、应收账款、预付款项、其他应收款、存货等；非流动资产可分为长期股权投资、固定资产、无形资产及其他非流动资产等。根据会计“资产负债表”中“资产总计”项目的期末余额数填报。

执行 2006 年《企业会计准则》或 2011 年《小企业会计准则》的企业：资产总计=流动资产合计+非流动资产合计；执行其他企业会计制度的企业资产包括流动资产、长期投资、固定资产、无形资产和其他资产等。

负债合计　指企业过去的交易或者事项形成的，预期会导致经济利益流出企业的现时义务。负债一般按偿还期长短分为流动负债和非流动负债。根据会计“资产负债表”中“负债合计”项目的期末余额数填报。

执行 2006 年《企业会计准则》或 2011 年《小企业会计准则》的企业：负债合计=流动负债合计+非流动负债合计；执行其他企业会计制度的企业负债包括流动负债和长期负债。

所有者权益合计　指企业资产扣除负债后由所有者享有的剩余权益。公司的所有者权益又称股东权益。包括实收资本、资本公积、盈余公积、未分配利润等。根据会计“资产负债表”中“所有者权益合计”项目的期末余额数填报。

营业收入　指企业经营主要业务和其他业务所确认的收入总额。营业收入合计包括“主营业务收入”和“其他业务收入”。根据会计“利润表”中“营业收入”项目的本期金额数填报。

营业成本　指企业经营主要业务和其他业务所发生的成本总额。包括企业（单位）在报告期内从事销售商品、提供劳务等日常活动发生的各种耗费。包括“主营业务成本”和“其他业务成本”。根据会计“利润表”中“营业成本”项目的本期金额数填报。

营业税金及附加　指企业因从事生产经营活动按税法规定缴纳的应从经营收入中抵扣的税金和附加，包括营业税、消费税、城市维护建设税、教育费附加等。根据会计“利润表”中“营业税金及附加”项目的本期金额数填报。

销售费用　指企业在销售商品和材料、提供劳务的过程中发生的各种费用，包括保险费、包装费、展览费和广告费、商品维修费、预计产品质量保证损失、运输费、装卸费等以及为销售本企业商品而专设的销售机构（含销售网点、售后服务网点等）的职工薪酬、业务费、折旧费等经营费用。建筑业企业销售费用指企业从事施工生产活动过程中发生的各项费用，包括应由企业负担的运输费、装卸费、包装费、保险费、维修费、展览费、差旅费、广告费和其他经费。房地产企业销售费用指企业在从事主要经营业务过程中所发生的各项销售费用，包括转让、销售、结算和出租开发产品等。执行 2006 年《企业会计准则》或 2011

年《小企业会计准则》的企业,根据会计“利润表”中“销售费用”项目的本期金额数填报。执行其他企业会计制度的企业，根据会计“利润表”中“营业费用（或经营费用）”项目的本期金额数填报。

管理费用　指企业为组织和管理企业生产经营所发生的费用，包括企业在筹建期间内发生的开办费、董事会和行政管理部门在企业经营管理中发生的，或者应当由企业统一负担的公司经费等。根据会计“利润表”中“管理费用”项目的本期金额数填报。

财务费用　指企业为筹集生产经营所需资金等而发生的筹资费用，包括企业生产经营期间发生的利息支出（减利息收入）、汇兑损失（减汇兑收益）以及相关的手续费等。根据会计“利润表”中“财务费用”项目的本期金额数填报。

投资收益　指企业确认的投资收益或投资损失，反映企业以各种方式对外投资所取得的收益。根据会计“利润表”中“投资收益”项目的本期金额数填报。如为投资损失以“-”号记。

营业利润　指企业从事生产经营活动所取得的利润。执行2006年《企业会计准则》的企业，营业利润为营业收入减去营业成本、营业税金及附加、销售费用、管理费用、财务费用、资产减值损失，再加上公允价值变动收益和投资收益。执行2011年《小企业会计准则》的企业，营业利润为营业收入减去营业成本、营业税金及附加、销售费用、管理费用、财务费用，再加上投资收益后的金额；执行其他企业会计制度的企业，营业利润为主营业务收入减去主营业务成本、主营业务税金及附加，加上其他业务利润后，再减去销售费用、管理费用、财务费用后的金额。根据会计“利润表”中“营业利润”项目的本期金额数填报。

利润总额　指企业在一定会计期间的经营成果，是生产经营过程中各种收入扣除各种耗费后的盈余，反映企业在报告期内实现的盈亏总额。根据会计“利润表”中“利润总额”项目的本期金额数填报。执行2006年《企业会计准则》或2011年《小企业会计准则》的企业，利润总额为营业利润加上营业外收入，减去营业外支出后的金额；执行其他企业会计制度的企业，利润总额为营业利润加上投资收益、补贴收入、营业外收入，再减去营业外支出后的金额。

应交所得税　指企业按税法规定，应从生产经营等活动的所得中缴纳的税金。执行2006年《企业会计准则》或2011年《小企业会计准则》的企业，根据会计“利润表”中“所得税费用”项目的本期金额数填报；执行其他企业会计制度的企业，根据会计“利润表”中 “所得税”项目的本期金额数填报。

应付职工薪酬　指企业为获得职工提供的服务而给予各种形式的报酬以及其他相关支出。包括职工工资、奖金、津贴和补贴，职工福利费，医疗保险费、养老保险费、失业保险费、工伤保险费和生育保险费等社会保险费，住房公积金，工会经费和职工教育经费，非货币性福利，因解除与职工的劳动关系给予的补偿，其他与获得职工提供的服务相关的支出。执行2006年《企业会计准则》或2011年《小企业会计准则》的企业，根据会计科目“应付职工薪酬”的本年贷方累计发生额填报；执行其他企业会计制度的企业，应将本年上述职工薪酬包含的科目归并填报。

应交增值税　指按税法规定，从事货物销售或提供加工、修理修配劳务等增加货物价值活动企业本期应交纳的税金，不含期初未抵扣税额。根据企业增值税申报表或会计相关科目贷方累计发生额，按下述公式计算填报：

应交增值税=销项税额－(进项税额－进项税额转出)－出口抵减内销产品应纳税额－减免税款＋出口退税

进项税额　指企业在报告期内购入货物或接受应税劳务而支付的、准予从销项税额中抵扣的增值税额。

销项税额　指企业在报告期内销售货物或提供应税劳务应收取的增值税额。

从业人员期末人数　指报告期末最后一日24时在本单位工作，并取得工资或其他形式劳动报酬的人员数。该指标为时点指标，不包括最后一日当天及以前已经与单位解除劳动合同关系的人员，是在岗职工、劳务派遣人员及其他从业人员之和。从业人员不包括：

1. 离开本单位仍保留劳动关系，并定期领取生活费的人员；
2. 利用课余时间打工的学生及在本单位实习的各类在校学生；
3. 本单位因劳务外包而使用的人员，如：建筑业整建制使用的人员。